AWS
마이크로서비스 보안

AWS
마이크로서비스 보안

AWS에서 마이크로서비스를 안전하게
운영하기 위한 보안 설계

박상영 옮김   고라브 라제 지음

i!i
에이콘

에이콘출판의 기틀을 마련하신 故 정완재 선생님 (1935-2004)

옮긴이 소개

박상영(intothesec@gmail.com)

'미래 유망 직종 1위'라는 달콤한 말에 현혹돼 보안 분야에 입문한, 여전히 자기 계발의 끈을 놓지 않고 있는 이커머스 기업의 ⁽개인⁾정보 보호 담당자다. 좋아하는 분야의 전문가가 되고 싶다는 뚜렷한 목표와 해외에서 일하며 가족들에게 글로벌 경험을 쌓게 해주고 싶단 포부를 갖고 오늘도 하루를 살아간다.

옮긴이의 말

AWS 클라우드에 마이크로서비스를 구축해 비즈니스 기능을 운영하는 사례는 이미 대세가 됐다. 그러나 많은 보안 정책은 이러한 기술을 고려하지 않고 작성한 레거시 성격을 띠고 있어 AWS 기반 마이크로서비스 보안에 관해 참고할 수 있는 자료가 많지 않은 것이 사실이다. AWS, 마이크로서비스 아키텍처, 보안에 대한 기본 지식을 가진 독자가 AWS가 제공하는 도구를 활용해 마이크로서비스 보호 대책을 수립 및 적용할 수 있게 해줌으로써 보안 이슈에 대한 해결책을 제시하는 책이다.

마이크로서비스나 AWS 클라우드 전반을 다룬 책은 시중에 많지만 AWS 클라우드에 구축한 마이크로서비스 보안을 핵심 주제로 집필한 책은 아직 없다. 이 책이 관련 주제를 고민 중인 보안 담당자에게 도움을 줄 수 있기를 바란다.

이 책의 구성은 다음과 같다.

1장, 클라우드 기반 마이크로서비스 소개

정보 보안 용어에 대한 정의를 시작으로 클라우드와 마이크로서비스 아키텍처에 대한 기본 지식을 소개함으로써 AWS 클라우드 기반 마이크로서비스를 보호하는 데 필요한 배경지식을 전달한다.

2장, 인가와 인증 기초

모놀리식과 마이크로서비스 애플리케이션의 접근 통제 정책을 비교하고 접근 정책을 중앙 집중화해 관리할 수 있는 AWS IAM 서비스를 사용해 마이크로서비스 아키텍처에서 비인가 요청을 차단하기 위한 인증과 인가 정책을 구현하는 방법을 설명한다.

3장, 암호화의 기초

물리적 인프라를 여러 고객이 공유해서 사용하는 클라우드 리소스의 특성을 고려한 심층 방어 전략의 일환으로, 인증이나 인가 절차 등 다른 통제가 동작하지 않을 때 비인가자에게 데이터를 노출하지 않도록 보호하기 위한 암호화의 개념과 구현 방법도 알아본다.

4장, 저장된 데이터 보안

데이터를 분산해 저장하는 마이크로서비스 아키텍처의 특징을 알아보고 암호화와 접근 통제를 사용해 S3, 람다, 데이터베이스 등 AWS의 저장소 메커니즘을 보호하는 방법을 소개한다.

5장, 네트워크 보안

AWS 네트워킹에 대한 이해를 도울 수 있는 배경지식을 전달하고 VPC 간 통신을 가능하게 하는 방법들과 AWS에 추가할 수 있는 다양한 네트워크 통제에 대해 다룬다.

6장, 대외 공개 서비스

최종 사용자와 상호작용의 필요성 때문에 퍼블릭 영역에서 운영해야 하는 서비스를 API Gateway, 배스천 호스트, AWS CloudFront, WAF, Shield 등으로 안전하게 설계하고 보호하는 방법을 설명한다.

7장, 전송 보안

전송 암호화를 구현하는 데 사용할 TLS 관련 배경지식과 다양한 마이크로서비스 통신 패턴에 TLS를 적용하는 방법을 전달하고 CloudFront의 필드 수준 암호화 기능을 소개한다.

8장. 조직의 복잡성을 고려한 보안 설계

마이크로서비스를 개발 및 운영하는 조직 구조에 맞게끔 보안 조치를 설계하는 방법과 이를 지원하는 AWS 도구들을 살펴본다.

9장. 모니터링과 사고 대응

미국 국립 표준 기술원의 사고 대응 프레임워크를 간략히 소개하고, 해당 프레임워크에 맞춰 대응할 수 있도록 도와주는 AWS의 서비스 및 도구를 살펴볼 뿐만 아니라 보안 인프라를 보호하기 위한 모범 사례를 다룬다.

지은이 소개

고라브 라제 Gaurav Raje

소프트웨어 아키텍트로 10년 이상 근무했으며, 민감한 데이터를 호스팅하고 높은 가용성을 요구하는 애플리케이션을 구축하고 확장하는 데 빼어난 경험을 보유하고 있다. 또한 보안 모범 사례를 적용해 모든 이용자의 정보를 보호하는 데 특별히 주의를 기울여왔다. 그 외에도 AWS Certified Database Specialty 시험의 전문가로서 공식 시험에 다양한 문제를 출제하고 조정해왔고 자이썬^{Jython} 프로그래밍 언어 SHA-224 패키지의 저자이기도 하다. 뿐만 아니라 뉴욕대학교 스턴 경영대학^{NYU Stern School of Business}에서 금융 MBA를, 로체스터 공과대학^{Rochester Institute of Technology}에서 컴퓨터 과학 석사 학위를 받았다.

감사의 말

학교 성적이 좋지 않았음에도 변함없는 신뢰를 보내주고 계신 나의 부모님 바르샤[Varsha]와 라빈드라 라제[Ravindra Raje]에게 감사드린다. 부모님의 끊임없는 믿음과 지원으로 인해 포기하지 않고 앞으로 나아갈 수 있는 용기와 헌신을 얻었다. 또한 지속적인 동기 부여와 지원을 아끼지 않은 엘리자베스 워커[Elizabeth Walker]에게도 감사를 표한다.

협업 과정에서 매 순간 한 팀과 같은 느낌을 받게 해준 오라일리 미디어 팀의 도움에도 감사드리며 구체적으로 제니퍼 폴락[Jennifer Pollock], 코빈 콜린스[Corbin Collins], 쉬라 에반스[Shira Evans], 리타 페르난도[Rita Fernando], 질 레너드[Jill Leonard], 케이틀린 게간[Caitlin Ghegan], 캐롤 케일러[Carol Keller], 섀넌 털링턴[Shannon Turlington] 등이 떠오르지만 겉으로 드러나지 않게 이 책이 출판되게 힘써주신 더 많은 분이 있음을 잘 알고 있다. 그 분들께도 감사를 표한다. 집필의 가장 큰 장점은 책의 품질이 떨어지지 않게 도움을 주는 업계를 선도하는 전문가들과 교류할 기회를 얻을 수 있다는 것이다. 집필 과정에서 거친 수많은 논의는 나만의 의견과 견해를 형성하고 새로운 지식을 배우는 데 도움을 줬다. 이를 위해 세세한 부분까지 신경써주신 리 애치슨[Lee Atchison], 존 컬킨[John Culkin], 제이슨 카처[Jason Katzer]에게도 감사드린다. 또한 집필 과정에서 방향성을 잃을 때마다 나를 인도해준 소중한 멘토인 오라일리 미디어의 작가인 에일린 닐슨[Aileen Nielsen]에게도 감사드린다. 결과물을 완성할 수 있게 자발적으로 시간을 할애해주는 친구들 없이 한 권의 책을 완성하는 것은 불가능한 작업이다. 그래서 시간을 할애해 원고를 읽고 미흡한 점을 수정할 수 있게 도와준 줄리언 칸드로스[Julian Khandros], 율리시스 멜렌데즈[Ulises Melendez],

로힛 살레차^{Rohit Salecha}에게 감사드린다.

내 기준에서 전달할 가치가 있는 모든 것을 편집하고자 수많은 온라인 자료를 사용하고 많은 책과 영상을 봤다. 이 책을 집필한 유일한 동기는 지식을 전파하는 것이다. 이 책이 지식을 탐구하는 사람들에게 도움을 줄 수 있었으면 좋겠고 독자들 또한 다른 사람들에게 도움을 줄 것이라 믿는다. 이 책으로 벌어들이는 인세나 수당 등 모든 수익을 자선 단체에 기부할 것을 약속하며, 이러한 기부 활동을 IT 커뮤니티를 위한 자원 봉사로 생각한다. 이 책을 통해 도움을 받거나 삶의 가치를 더하게 된 독자들이 있다면 여러분도 훌륭한 비영리 단체에 기부해줄 것을 권장한다. 독자 여러분의 나눔에 미리 감사드린다.

차례

5장   네트워크 보안

들어가며

보안은 중요하며 보안이 없다면 성장하는 조직의 가치가 크게 훼손될 수 있음을 부인할 수 없다. 이 점에서 조직 문화에 보안 활동을 포함하는 것은 중요하다. 하지만 보안 문화가 'No! 문화'가 돼서는 안 된다. 내 전문적인 의견으로는 보안 전문가들은 많은 조직에서 가치 창출 활동의 마찰점으로 악명 높은 명성을 얻고 있다.

수많은 비즈니스에서 가치 창출 활동의 마찰점으로 보안 전문가는 악명 높은 평판을 얻었다. 보안 전문가들은 개발자들이 가치를 창출하는 활동에 방해가 되지 않게 도와야 한다.

나는 몇 년 전에 마이크로서비스 아키텍처를 처음 접했고 다양한 조직에서 마이크로서비스를 연구하고 구현한 후 애플리케이션 보안에 도움을 줄 수 있는 몇 가지 원칙을 활용할 수 있다는 것을 알게 됐다.

이 책의 목적

이미 아마존 웹 서비스^{AWS, Amazon Web Services}, 마이크로서비스 아키텍처 및 보안에 대한 기본 지식을 갖고 있고 이를 유기적으로 활용해 운영 중인 애플리케이션의 가치를 끌어올리고자 하는 독자를 위한 책이다.

보안 전문가와 개발자가 협력함으로써 엔터프라이즈 애플리케이션의 가치를 높일 수 있는 방법을 전파하고, 효율적인 설계와 간단한 솔루션 및 AWS가 제공하는 도구 등을 활용해 보안을 구현함으로써 보안 문제에 대한 혁신적인 해결책을 이 책을 통해 제시하고자 한다.

나는 다른 어떤 개발자보다도 보안으로 발생하는 불편을 싫어하기 때문에 단순한 방법으로 보안의 중요성을 전달하고 회사 내 개발자나 관리자와 마찰을 유발하는 보안 통제를 구현하지 않도록 최선을 다할 것이다.

이 책과 향후 내 모든 활동을 통해 가능한 한 많은 지식을 전파하는 것이 목표지만 소득 격차와 사회적 불평등이 많은 사람에게 영향을 미친다는 것을 알고 있다. 그만한 가치가 있음을 알고 있기에 이 책의 모든 저작료를 IT 업계의 성별 격차를 줄이는 것을 목표로 하는 훌륭한 비영리단체 Girls Who Code에 기부하기로 결정했다. Girls Who Code는 받을 수 있는 모든 찬사를 받을 자격이 있는 이 시대의 진정한 챔피언이며, 이번 집필은 Girls Who Code를 위한 자원 봉사의 일종이다.

이 책의 대상 독자

여러분은 AWS에 마이크로서비스 시스템을 구현하고 나서 갑자기 시스템을 보호해야 할 필요를 깨달았거나 보안을 중요한 요소로 고려하는 산업계에 재직 중일 수도 있다. 또는 여태껏 개발된 적이 없는 애플리케이션을 개발하는 과정 중에 마이크로서비스를 막 발견한 사람일지도 모른다. 아니면 마이크로서비스를 사용하는 회사에 입사해 보안 측면의 모범 사례를 따르고 있는지를 궁금해하고 있거나 다양한 유형의 클라우드 설계 패턴을 배우고 AWS가 클라우드 환경에서 제공하는 도구에 관한 추가 정보를 찾는 데 관심이 있는 사람일 수도 있다. 당신이 어떤 사람인지는 중요하지 않다. 누구든지 이 책을 통해 새로운 지식을 배울 것이라 확신한다.

편집 규약

이 책에서는 다음과 같은 표기법을 사용한다.

고딕 글자

본문 중에서 새로 나온 용어나 메뉴 항목 등을 표시한다.

고정폭 글자

변수 또는 함수 이름, 데이터베이스, 데이터 유형, 환경 변수, 명령, 키워드와 같은 프로그램 요소를 참조하고자 단락 내에서뿐만 아니라 프로그램 목록에 사용한다.

고정폭 굵은 글자

사용자가 입력해야 하는 명령을 표시한다.

 이 요소는 팁이나 제안을 의미한다.

 이 요소는 일반적인 참고를 의미한다.

 이 요소는 경고나 주의를 나타낸다.

코드 예제 사용

예제 코드와 실습에 쓰인 보충 자료는 깃허브(https://github.com/chimbs86/Security-And-Microservices-On-AWS)에서 받을 수 있다.

에이콘출판사의 도서정보 페이지 http://www.acornpub.co.kr/book/security-msa-aws에서도 다운로드할 수 있다.

기술적인 질문이 있거나 코드 예제 사용에 문제가 있는 경우 bookquestions@oreilly.com으로 이메일을 보내주길 바란다.

일반적으로 이 책과 함께 예제 코드가 제공되는 경우 프로그램 및 문서에서 사용할 수 있다. 코드를 너무 많이 재사용하지만 않는다면 허가를 위해 당사에 연락할 필요가 없다. 예를 들어 이 책에 있는 여러 코드 덩어리를 사용하는 프로그램을 작성하는 데는 권한이 필요하지 않다. 오라일리 책의 예제를 판매하거나 배포하려면 허가가 필요하다. 또한 이 책을 인용하고 예제 코드를 인용해 질문에 답하는 것은 허가가 필요하지 않다. 하지만 이 책의 상당한 양의 예제 코드를 제품 설명서에 통합하려면 허가가 필요하다.

예제 코드 사용이 일반적인 범위를 벗어나거나 위에서 언급한 권한을 벗어났다고 생각할 경우 permissions@oreilly.com으로 메일을 보내주길 바란다.

문의

이 책에 관한 의견이나 문의는 출판사로 보내주기 바란다.

이 책의 오탈자 목록, 예제, 추가 정보는 책의 웹 페이지인 https://www.oreilly.com/library/view/security-and-microservice/9781098101459/를 참고한다. 한국어판의 정오표는 에이콘출판사의 도서정보 페이지(http://www.acornpub.co.kr/book/security-msa-aws)에서 확인할 수 있다.

이 책의 기술적인 내용에 관한 의견이나 문의는 메일 주소 bookquestions@oreilly.com으로 보내주길 바란다. 그리고 한국어판에 관해 질문이 있다면 에이콘출판사 편집 팀(editor@acornpub.co.kr)으로 연락주길 바란다.

표지 설명

책의 표지에 있는 동물은 큰화식조^{Southern Cassowary}(학명: Casuarius casuarius)로, 이중 턱볏을 가진 호주 화식조로도 알려져 있다.

크고 튼튼한 새인 큰화식조는 달릴 수 있는 강력한 다리와 자기 방어를 위한 최대 12cm 길이의 발톱을 갖고 있지만 날지는 못한다. 거의 소리를 내지 않고 움직일 수 있지만 놀라면 빽빽한 덤불 속을 시속 50km에 가까운 속도로 달릴 수 있으며, 이동하면서 초목을 부수기도 한다. 몸은 짙은 갈색이나 검은색 깃털로 덮여 있어 두껍고 거친 털을 가진 것처럼 보이고 머리는 대부분 대머리이며 파란색과 빨간색을 띤다.

화식조는 과일을 주식으로 삼고 땅에 떨어진 과일을 주로 먹는다. 암컷은 연 2~3회 밝은 녹색 알을 낳지만 둥지를 품어 알을 부화시키는 일은 수컷의 역할이다. 수컷 화식조는 새끼가 독립할 때까지 약 9개월 동안 새끼를 보살핀다.

오라일리 표지에 나오는 많은 동물은 멸종 위기에 처해 있으며, 모두 전 세계에 중요한 존재다.

표지는 카렌 몽고메리^{Karen Montgomery}의 작품으로, 카셀^{Cassell}의 자연사^{Natural History}에 나오는 흑백 판화를 바탕으로 제작했다.

1장

클라우드 기반 마이크로서비스 소개

클라우드 컴퓨팅과 마이크로서비스는 소프트웨어 아키텍처 세계의 대세적인 주제(https://oreil.ly/tPh02)다. 마이크로서비스는 공격자에 의한 보안 사고가 점점 더 빈번하게 발생하는 이 시대에 복잡성을 가중시켰고, 모든 조직에서 보안 담당자의 중요성을 높여왔다.

유튜브(https://oreil.ly/nsNzy)에서 처음 접했던 이러한 얘기는 대부분의 독자에게 친숙할 수 있는 얘기다. 발 빠른 회사는 마이크로서비스 기반 애플리케이션을 이미 구축하는 과정에 있으며 여러분은 보안 팀에 속해 있을 가능성이 높다. 아니면 시장 점유율을 확보하고자 제품을 적시에 출시하기를 원하는 CEO나 프로덕트 매니저^{PM, Product Manager} 등의 이해관계자일 수도 있다. 사내 개발자는 마감 기한을 준수하고 빠르게 코드를 개발하고자 최선을 다하고 있다. 개발 프로세스가 끝나면 보안 담당자가 참여해 최종 제품이 안전한지 확인하는데, 이렇게 하면 위험 신호가 발생한다. 제품 개발 프로세스를 보안 담당자의 참여 없이 독립적으로 처리한다면 보안 담당자는 회사의 가치 창출 제품을 가로막는 유일한 사람이 될 가능성이 높다. 그간의 경험에 비춰보면 개발 프로세스가 적절하지 않은 많은 회사에서 보안 전문가들은 조직 내 개발 팀, 프로덕트 매니저, 기타 이해관계자의 의견에 반대하는 사람으로 여겨져 왔다.

전문성이 떨어지는 보안 정책은 가치 창출 활동을 방해하고, 적절하지 않은 보안 정책은 개발자들 사이에서 불만을 야기하는 것으로 악명 높다. 일반적으로 적절하지 않은 보안 정책을 수립하는 이유는 업계에 만연한 잘못된 설계와 구현 때문이다. 보안 정책은 때때로 기업 관료주의와 관련이 있기도 하고 회의 중에 불쾌한 대화를 야기하기도 해서 많은 개발자가 개발 속도를 높이고자 보안 조치를 우회해야 했다. 더 중요한 것은 많은 보안 정책이 클라우드 컴퓨팅이나 마이크로서비스 시대 이전에 수립됐기 때문에 새로운 소프트웨어 설계 및 기술이 제공하는 이점 중 일부를 감안하지 못한다는 것이다.

현재의 보안 정책은 개선이 필요하다. 1장에서는 마이크로서비스 설계 아키텍처 단계에서 보안을 통합하는 방법을 설명한 다음 AWS가 제공하는 일부 도구를 사용해 간단하고 안전하면서도 빠르게 개발할 수 있는 시스템을 만드는 데 도움을 줄 수 있는 방법을 설명하고자 한다. 또한 보안 관점에서 더 안전한 결과와 관련 있는 보안 시스템의 몇 가지 바람직한 특성에 대해 얘기하는 것을 시작으로 해당 특성을 가진 시스템을 만드는 데 마이크로서비스가 어떻게 도움을 주는지를 설명한다. 마지막으로 AWS가 마이크로서비스를 설계하고 확장해 보안 시스템을 구축하는 데 어떻게 도움을 줄 수 있는지 살펴본다.

클라우드 정보 보안의 기초

클라우드 보안의 기초에 대해 설명하기 전에 잘못 사용하거나 혼란을 야기하는 경우가 많은 몇 가지 정보 보안 기본 용어를 정의한다.

취약점

취약점은 시스템의 보안을 약화시키는 시스템의 모든 결함으로 공격자가 악용할 수 있다면 소프트웨어를 구성하는 모든 요소에 존재할 수 있다. 보통 시스템이 악용 가능한 오래된 버전의 운영체제나 라이브러리를 사용하고 있기 때문에 발생한다.

위협

취약점이 있다고 해서 누군가가 취약점을 악용할 것이란 의미는 아니다. 실제로 취약점은 하트블리드 버그^{Heartbleed bug}(https://heartbleed.com)처럼 드러나지 않은 채로 수년간 애플리케이션에 존재하기도 하지만 취약점이 악용 가능해지는 순간 잠재적인 위협으로 여겨질 수 있다. 취약점을 악용하면 위협이 실현됐다고 한다. 예를 들어 집 열쇠 분실은 취약점이고 열쇠를 찾는 가상의 도둑은 잠재적인 위협이며, 도둑이 실제로 열쇠를 찾게 되면 위협이 실현되는 것이다. 위협이 실현되면 조직에 금전적, 평판적, 운영상의 부정적 영향을 끼친다.

악의적 행위자/위협 행위자/위협 에이전트

악의적 행위자, 위협 행위자, 위협 에이전트는 모두 같은 의미로, 취약점을 이용해 위협을 유발하는 모든 사람을 의미한다.

책임

보안 관점에서 책임은 잠재적 위협이 결코 현실화되지 않게 보장할 책임이 누구에게 있는지를 결정한다. 이러한 책임은 직원이나 자동화된 시스템이 맡거나 서드파티 제품 또는 서비스 제공업체에 전가할 수 있다. 은행을 예로 들면 물리적 도난방지 책임은 경비 업체에서 맡는다.

위험

손실을 초래할 수 있는 위협이 실현될 확률을 평가하는 지표다. 손실은 금전적, 평판상 또는 운영상의 손실일 수 있으며 애플리케이션에서 위험의 합은 직면할 수 있는 위협의 확률 가중 합계다. 모든 보안 설계의 궁극적인 목표는 위험의 합을 줄이는 것이다.

통제/대책

위험의 합이나 위험을 일으킬 잠재적 위협의 부정적인 영향을 낮출 수 있는 모든 활동이다. 통제는 일반적으로 특정 위협을 대상으로 하고 범위가 잘 정의돼 있다. 조직의 사이버 보안 인식 제고 및 훈련 활동을 촉진하는 경우 사고를 줄일 수 있는 것처럼, 조직의 위험의 합을 줄이는 간접적인 특정 활동도 통제에 포함된다.

위험과 보안 통제

보안 설계 프로세스는 조직의 총체적 위험을 줄일 목적으로 구현하는 통제 활동들을 식별하는 작업을 포함한다. 예를 들어 방화벽 없이 네트워크 시스템을 운영하는 조직은 잘 설정한 방화벽을 가진 조직보다 위험의 합이 더 높기 때문에 대부분의 보안 전문가는 방화벽을 추천한다. 좀 더 구체적인 통제는 비인가자의 네트워크 접근 위협에 대응하기 위한 대책으로 방화벽을 추가하는 것이다. 이 경우 잠재적인 위협을 식별하고 위협의 확률 및 영향을 줄이고자 선제적으로 대책을 구현했는데, 이로 인해 애플리케이션이 처한 위험도 줄어들었다. 이러한 과정을 위협 모델링^{threat modeling}이라 한다.

많은 보안회사는 일반적인 위협 시나리오를 식별하기 위한 프레임워크를 광범위하게 연구하고 준비했다. 훌륭한 프레임워크의 예로는 공격자가 목표를 달성하고자 완료해야 하는 항목을 식별한 록히드 마틴(Lockheed Martin)의 사이버 킬 체인을 들 수 있다.

집주인이 맞는지를 확인하지 않고 모든 사람이 지나가지 못하게 차단하는 집 주변 울타리처럼 문맥이나 구체적인 내용을 파악하지 않고 일방적으로 모든 요청을 차단하는 보안 통제를 무딘 보안 통제라 한다. 예를 들어 문을 열 수 있는 열쇠를 가진 사람에게만 출입을 허용하는 잠금장치가 있어 정당한 사용자를 차단하진 않지만 열쇠가 없는 사람의 출입을 차단하는 것처럼, 통제가 비인가 요청만 식별하고 차단한다면 통제는 정확하고 예리하다고 한다. 경험상 무딘 통제는 강력하고 구현하기 쉬운 경우가 많지만 정당한 사용자 간에 마찰을 일으키기도 하고 직원이 업무를 하지 못하게 방해하기도 한다. 반면에 예리한 통제는 효과가 있더라도 적절하게 조정하는 데 상당한 시간이 걸릴 수 있다. 애플리케이션에 따라 서로 다른 유형의 공격을 방어하고자 무딘 통제와 예리한 통제가 모두 필요할 수 있다. 2장에서 매우 예리하고 조직에 대한 잠재적인 위협에 대응해 세분화된 보호를 제공할 수 있는 인가와 인증 통제를 다루고 5장에서 강력하지만 무딘 도구 역할을 하는 네트워크 보안을 설명한다.

일부 통제는 잠재적인 위협을 구체적인 대상으로 삼지 않지만 애플리케이션에서 위험의 합을 줄이는 효과를 가져 온다. 적절한 모니터링과 알림 체계를 구현하는 것이 이러한 통제의 예이며, 구현을 통해 보안 팀의 신속한 조치가 가능해진다. 조직은 악의적인 행위자가 시스템을 공격하지 못하게 하도록 **탐지 통제**detective controls로 불리는 강력한 모니터링 시스템 구현을 선택해 위험의 합을 줄일 수 있다.

 통제를 모든 조직의 보안 전문가가 보안 태세와 모든 애플리케이션에서 위험의 합을 조절하고자 당길 수 있는 지렛대라고 생각해도 무방하다.

조직의 보안 정책

모든 잠재적인 위협에 대처하고 모든 취약점에 대응하기 위한 강력한 통제를 구현하려는 유혹이 있을 수 있다. 하지만 소프트웨어 엔지니어링 측면과 마찬가지로 통제 구현에도 절충점이 있다.

많은 조직에서 보안 통제를 구현할 때 총체적 접근이 아닌 단편적인 접근 방식을 채택한다. 나는 종종 다음과 같은 상황에 처한 자신을 발견한다.

1. 보안 전문가는 매우 구체적인 취약점을 식별한다.

2. 조직은 취약점에 대처하는 통제 활동이나 마켓플레이스의 보안 솔루션을 식별한다.

3. 취약점은 보통 보안 솔루션으로 대처할 수 있지만 더 넓은 범위의 취약점이 계속 나타날 수 있다. 보안 솔루션을 사용한 통제는 전체 애플리케이션상 변화의 광범위한 영향을 고려하지 못한 해결책을 제공할 수 있다.

4. 통제가 너무 정밀해 시간이 지남에 따라 통제를 풀어줄 필요가 있거나 통제가 너무 광범위해 개발자의 정당한 활동을 방해할 수도 있다.

용도가 구체적이고 전문 기능에 특화된 포인트 솔루션point solution들은 개발자와 마찰을 일으키는 등 부작용이 있는 경우가 많기 때문에 보안 통제를 적용함으로써 발생하는 실제 비용을 위험의 잠재적 영향과 비교해 정량화하는 것은 거의 불가능하다. 비용, 일정, 수익 목표와 같은 개별 문제점을 완화시키는 조직의 능력을 제한하는 많은 요인이 있다.

보안 정책은 보안 통제를 식별하고 구현하기 위한 좀 더 광범위한 비전을 제시하는 추상적인 계획으로, 조직에서 보안과 통제가 수행하는 역할을 정의한다. 보안 정책의 목적은 대책 구현 비용과 잠재적 사고의 비용을 정량화하고 비교하는 것이다. 비용은 금전적 비용이거나 가치 창출 활동을 방해하는 조직의 운영 효율성에 대한 비용일 수 있다. 보안 정책은 보안 팀에게 업무에 대한 적합한 통제를 선택하고 현재 적용하고 있는 통제가 허용 가능한지와 효율적으로 변경하고자 강화할 필요가 있는지 등을 결정하는 데 도움을 주는 높은 수준의 비전을 제공한다.

보안 통제가 애플리케이션의 잠재적 위험을 조절하는 데 사용할 수 있는 수단이라면 보안 정책은 고위 경영진이 수용할 수 있는 최적의 지점을 찾고자 이러한 보안 통제를 얼마나 적용해야 하는지를 안내한다. 보안 정책은 높은 수준이어야 하고 보호해야 하는 광범위한 위협을 식별해야 하며, 구현자는 식별된 위험을 기반으로 조직에 잘 맞는 더 광범위한 도구 모음을 혁신하고 제안할 수 있다.

보안 정책을 설계할 때 위협이 발생 가능한지, 타당한지, 현실화될 수 있는지를 고려하는 것이 중요하다. 대부분의 위협이 발생할 가능성이 있지만 이러한 위협의 상당히 더 작은 하위집합이 실현될 가능성이 더 높고 훨씬 더 작은 하위집합도 있을 수 있다. 보안 사고의 영향을 중시하지 않는 회사에서는 발생 가능한 모든 위협에 대비해 통제를 설정하는 것이 현명하지 않을 수 있지만 현실화될 수 있는 모든 위협에 대비해 통제를 설정하는 것이 바람직한 방향일 수도 있다. 반면에 보안 사고를 민감하게 받아들여야 하는 업종의 회사는 위협 유형이 타당하지 않거나 현실화되지 않더라도 발생 가능성이 있는 위협을 무시할 여유가 없다.

 이 책의 주목표는 조직이 잘 짜인 보안 정책을 기반으로 통제를 구축 및 구현할 수 있게 하는 것이다. 조직 내 통제 효율성을 결정하고자 CIS 벤치마크(Center for Internet Security Benchmarks)[1]와 같은 참고 지표를 활용할 수 있다.

보안 사고와 보안의 3 요소

보안 사고는 악의적인 행위자가 취약점을 악용해 잠재적인 위험이 실현될 때 발생한다.

모든 보안 사고는 보안의 3 요소인 기밀성, 무결성, 가용성 중 하나를 손상시킬 수 있으며 보안의 3 요소를 CIA Triad(https://oreil.ly/EZQ2r)로 부르기도 한다.

기밀성Confidentiality

접근 권한이 없는 사람에게 데이터나 정보가 노출이나 유출되는 보안 사고가 발생하면 시스템의 기밀성에 영향을 끼친다고 한다. 기밀성을 손상시키는 사고의 예로는 민감 데이터 유출, 비밀번호 유출 등이 있다.

무결성Integrity

허가받지 않은 시스템 변경이 지속돼 원하지 않는 상태를 발생시키는 보안

---

1. 2000년 10월에 설립된 사이버 보안 목적의 비영리 단체인 인터넷 보안센터에서 제공하는 보안 모범 사례로 https://oreil.ly/bHtUN에서 확인할 수 있다. - 옮긴이

사고를 시스템의 무결성에 영향을 미친다고 한다. 무결성을 손상시키는 사고의 예로는 데이터 변조, 바이러스나 랜섬웨어 감염 등이 있다.

가용성^{Availability}

정상적인 작업을 수행하지 못하게 악의적인 행위자가 시스템을 장악하는 보안 사고는 시스템의 가용성에 영향을 미친다고 한다. 가용성을 떨어뜨리는 사고의 예로는 무차별 대입^{brute force} 공격(https://oreil.ly/txG5C)이나 서비스 거부^{DoS, Denial of Service} 공격 등이 있다.

보안 사고나 공격은 보안의 3 요소 중 하나 이상에 부정적인 영향을 미칠 수 있다. 보안 전문가의 임무는 위험의 영향을 정량화하고 위험의 발생을 막는 데 투입해야 하는 대책의 비용과 비교하는 것이다.

AWS 공동 책임 모델

이미 용어 정의를 통해 보안 관점에서의 책임에 대해 얘기한 적이 있다. AWS에서 호스팅하는 애플리케이션을 대상으로 한 특정 위협을 보호할 책임이 누구에게 있는지를 파악하는 것은 보안 전문가에게 매우 중요한 일이며, AWS는 AWS 공동 책임 모델^{Shared Responsibility Model}(https://oreil.ly/QmVTq)을 통해 책임 소재를 정의하고 있다. 공동 책임 모델을 이해하면 AWS가 자동으로 제공해주는 행동에 의존하지 않고 대책을 직접 제공해야 할 필요가 있는 잠재적 위협과 취약점을 식별하는 데 도움이 된다.

AWS와 고객 간의 책임 분할을 이해하는 한 가지 간단한 방법은 AWS가 클라우드 보안에 대한 책임이 있음을 이해하는 것이고, 이는 AWS가 AWS에서 제공하는 모든 서비스를 지원하는 인프라를 보호할 책임이 있음을 의미한다. 이러한 책임에는 도난으로부터 애플리케이션을 실행하는 시스템을 보호하는 물리적인 보안도 포함된다. 또한 AWS는 다른 고객과 논리적으로 분리된 가상 환경에서 애플리케이션이 실행되게 할 책임이 있다.

반면 고객은 클라우드 환경의 애플리케이션 보안에 대한 책임이 있다. 소프트웨어를 정기적으로 패치하고 접근 통제, 암호화, 인증 요구 사항을 구현하는 것은 AWS에서 고객이 부담해야 할 책임들이다.

더 중요한 것은 고객이 자신의 보안 정책에 따라 안전한 컴퓨팅 작업을 할 수 있게 하는 적절한 설정을 갖춰야 한다는 것이다.

AWS에서 단순하게 물리적 클라우드 인프라를 보호하는 것보다 더 큰 책임을 지는 AWS 관리형 서비스의 경우에는 앞에서 설명한 것과는 책임 범위가 다르며, 이에 대해선 1장 후반부에서 자세히 설명한다.

특정 규정 준수가 필요하고 규정을 준수하는지 빈번히 감사를 받는 환경에 있는 조직을 위해 AWS는 AWS 아티팩트(https://aws.amazon.com/artifact)에 모든 규정 준수 관련 문서를 모아뒀다. AWS 아티팩트에서 제공하는 문서는 AWS의 관리형 서비스에 대한 규정 준수 보고서와 규제를 준수하고 있다는 증빙을 포함한다. AWS 아티팩트를 통해 감사인에게 AWS의 관리형 서비스와 고객의 소프트웨어 애플리케이션이 규제를 준수하고 있음을 확신시킬 수 있다.

클라우드 아키텍처와 보안

시스템을 안전하게 설계하려면 높은 수준의 지식을 갖고 시스템 관점에서 주도면밀하게 소프트웨어 애플리케이션을 살펴봐야 한다. 아키텍트들은 일반적으로 부분보다는 전체를 바라보고 판단하는 것을 목표로 추상적인 디자인 원칙을 세우는 역할을 하지만 실제 구현은 개발자에게 맡겨둔다. 안전한 아키텍처 설계는 더 나은 보안 통제를 위한 조력자 역할을 한다. 애플리케이션을 설계할 때 몇 가지 기본적인 보안 원칙을 준수한다면 애플리케이션의 보안 태세를 강화할 수 있다. 보안 아키텍처의 원칙에 대해 궁금하다면 니콜라스 셔우드^{Nicholas Sherwood}가 쓴 『Enterprise Security Architecture』(CRC Press, 2005)를 읽어보는 것을 추천한다.

정보 보안 아키텍처 원칙은 마이크로서비스와 클라우드 시스템보다 먼저 탄생했지만 여러 연구원은 클라우드 기반 마이크로서비스 시스템의 이점을 활용해 애플리케이션 위험의 합을 줄이는 방법을 발견했다. '클라우드 아키텍처와 보안' 절에서 이러한 아키텍처 패턴 중 일부를 검토한다. 이러한 아키텍처 패턴은 상호 독점적이지 않으며, 아키텍처 패턴의 도움을 받아 클라우드 기반 마이크로서비스가 애플리케이션의 위험을 줄이는 방법을 설명하겠다.

모듈화를 통한 보안

대부분의 요즘 애플리케이션은 복잡하다. 소프트웨어 개발에 대한 시스템 접근법은 소프트웨어 애플리케이션을 더 작고 관리하기 쉬운 모듈로 구성하는 것을 고려한다. 모듈형 애플리케이션은 독립적으로 작업할 수 있는 더 작은 조각으로 나눌 수 있고 패치가 수월해 취약점을 제거하기가 더 쉽다. 모듈화는 마이크로서비스가 제공하는 주요 이점으로, 보안 전문가 관점에서는 보안 정책을 더 유연하게 만들고 애플리케이션의 윤곽에 더 잘 맞출 수 있기 때문에 모듈화한 애플리케이션을 대상으로 한 보안 정책을 수립하는 것은 쉬운 일이다.

단순화를 통한 보안

단순한 시스템은 복잡한 시스템보다 보호하기 수월하다. 소프트웨어의 복잡성을 잘 관리하지 못하면 소프트웨어가 불안정해질 수 있다. 작고 격리된 애플리케이션의 취약점은 더 크고 복잡한 애플리케이션보다 발견하고 패치하기 더 쉬운데, 복잡한 미로보다 입구가 제한된 작은 건물을 보호하는 것이 더 쉬운 것과 동일한 이치다. 따라서 애플리케이션이 작은 경우 위협이 실현되기 전에 취약점을 제거할 수 있어 애플리케이션의 위험을 줄일 수 있다.

더 작고 단순한 모듈로 구성한 대규모 모듈형 애플리케이션은 관리 및 보안이 더 수월하기 때문에 안전한 애플리케이션을 설계할 때의 가이드 원칙은 애플리케이션을 가능한 한 간단하게 만드는 것이다. 복잡한 애플리케이션을 보호하는 것이 본질적으로 더 어렵기 때문에 관리 용이성 측면에서뿐만 아니라 보안 측면에서도 단순화하지 않은 모든 것을 평가해야 한다.

경험상 complex와 complicated는 소프트웨어 아키텍처를 설명하고자 모두 복잡함이란 같은 의미로 사용되지만 실제 의미는 다르다. 소프트웨어 아키텍처는 작고 단순한 수많은 애플리케이션으로 구성할수록 복잡하고 애플리케이션의 규모가 커지면 복잡해질 수밖에 없다. 복잡한 소프트웨어는 모놀리식(monolithic)일 수도 있고 이해하기 어렵거나 안전하지 않은 큰 구성 요소를 가진 소프트웨어일 수도 있는데, 복잡한 소프트웨어를 유지 관리하려면 전문 기술이 필요하기 때문에 조직은 애플리케이션을 복잡하게 만드는 것을 피해야 한다.

AWS의 완전 관리형 서비스를 통한 보안

클라우드 보안에서 AWS 책임이 있는 영역에 대해서는 'AWS 공동 책임 모델' 절에서 언급했다. AWS 관리형 서비스는 부가적인 책임을 AWS에 떠넘기는 방법이다.

관리형 서비스에서 AWS는 고객을 위해 특정 인프라 실행에 관련한 더 많은 책임을 부담한다. 예를 들어 MySQL을 실행한다면 AWS는 최종 사용자에게 여러 MySQL 옵션을 제공하는 AWS 관계형 데이터베이스 서비스^{RDS, Relational Database Service}를 제공한다. 아마존 RDS를 사용하면 데이터베이스 엔진과 데이터베이스의 운영체제를 실행하고 패치할 책임이 AWS에게 있기 때문에 AWS는 RDS를 구동하는 운영체제를 최신 상태로 유지하고 발견된 모든 취약점을 제거한다.

AWS 관리형 서비스를 사용한다는 이유만으로 보안 책임에서 완전히 벗어난다는 의미는 아니다. AWS의 고객은 여전히 서비스에 대한 접근을 통제하고 방화벽이나 기타 기본적인 보안 조치를 구성할 책임이 있다. 관리형 서비스를 사용할 때마다 AWS가 담당하는 보안 책임의 양과 고객이 담당하는 보안 책임의 양이 어느 정도인지 파악하는 것이 중요하다.

관리형 서비스를 사용하면 보안 팀의 책임을 줄이면서 집중력을 잃지 않고 조직을 확장할 수 있다. 현재 인프라 구성 요소를 AWS 관리형 서비스로 교체한다면 AWS가 애플리케이션의 위험을 줄이기 위한 적절한 대책을 제공할 것임을 신뢰할 수 있다.

 대부분의 관리형 서비스는 알려진 대부분의 규제(HIPAA, HITRUST, GDPR, SOC, NIST, ISO, PCI, FedRAMP) 요건을 준수하기 때문에 관리형 서비스를 사용하면 규정 준수에 따른 부담을 줄일 수 있다. 이 책은 보안 강화에 도움을 주는 AWS 관리형 서비스 사용을 권장하는 내용을 포함하고 있다.

폭발 반경과 격리

위협 모델링 과정으로 돌아가 보자. 위협 모델링 과정에서 보안 전문가는 애플리케이션의 취약점을 식별하고 취약점을 악용할 수 있는 잠재적인 위협 행위자를 생각하기 시작하면서 악의적인 행위자가 실제로 취약점을 악용해 애플리케이션에 비인가 이슈를 발생시켜 추적 중인 보안의 3 요소 지표에 영향을 미쳤다고 가정하는 가상의 시나리오를 작성한다.

위협 모델링 시나리오에서 가상의 위협 행위자가 영향을 미칠 수 있는 애플리케이션의 범위를 애플리케이션의 **폭발 반경**blast radius이라 한다.

잘 설계한 시스템은 폭발 반경을 최소화해 유지하려 하는데, 이렇게 하면 위협 행위자가 비인가 접근에 성공하더라도 애플리케이션의 나머지 부분은 영향을 받지 않는다. 아키텍처 설계 관점에서 격리 개념을 사용해 폭발 반경을 줄이는 목표를 달성하는 것이 가능하다. 모듈화한 거대한 애플리케이션은 건물 내의 잠긴 방과 같다. 방 하나가 비인가자에게 침해됐다는 사실이 다른 방도 침해됐음을 의미하지는 않는다. 개별 모듈을 서로 분리하고 강력한 인증을 적용한 모듈형 애플리케이션은 위협 행위자를 침해할 수 있는 모듈에만 격리함으로써 나머지 애플리케이션을 보호한다.

심층 방어와 보안

수십 년간 모든 상업용 항공기에서 흡연이 금지됐음에도 여전히 모든 항공기에 재떨이가 있는 이유가 궁금한 적이 있는가?(https://oreil.ly/VpXY3) 항공기가 이륙하기 전에 승무원은 연기 감지기를 조작하는 것이 범죄행위임을 승객들에게 상기시킨다. 법령 문구를 써놓은 표지판도 있지만 그 표지판 바로 아래에 재떨이가 있다. 심지어 2009년에는 재떨이가 없다는 이유로 비행이 중단된 사례도 있다 (https://oreil.ly/cDU4s).

미국 연방 항공청FAA, Federal Aviation Authority에 따르면 흡연이 금지돼 있지만 여전히 비행기에서 몰래 담배를 피우는 사람이 일부 있다고 한다. 흡연 후 승객이 담배 꽁초를 쓰레기통에 버린다면 화재의 위험이 있다. 보안 관점에서 재떨이를 마련하지 않는 것은 항공기 화재 위험을 높일 수 있는 위협이다. 재떨이를 비치하면 승객들이 담배를 소지하고 탑승하더라도 담배꽁초를 안전하게 버릴 장소를 제공하는 것이기 때문에 재떨이 구비는 화재 위험을 줄이는 통제 방법이다.

비행 중 흡연이 얼마나 위험한지 알면 왜 승객이 비행기에 담배를 갖고 탈 수 없도록 공항에서 더 강력한 보안 통제를 시행하지 않는지 궁금할 것이다. 왜 전 세계 모든 항공기에 비용을 써가면서 불필요한 재떨이를 구비해야 할까?

해답은 심층 방어defense-in-depth라는 보안 개념에 있다. 보안 시스템에서는 다층적이고 때로는 중복된 통제나 심지어는 한물간 통제가 단일 지점 솔루션보다 더 효과적인 것으로 나타났다. 하나의 완벽하게 신뢰할 수 있는 통제보다 여러 계층에 분산돼 있는 다수의 통제를 적용하면 애플리케이션의 위험을 낮출 수 있다. 개별 통제를 설계할 때 상위 계층의 통제가 침입자를 막지 못했다고 가정하면 단일 실패 지점이 없다. 즉, 항공사는 공항 보안 검색대에서 담배를 발견하지 못할 수 있음을 가정해 항공기 화재 위험을 줄이고자 재떨이를 항공기에 구비한다.

보안 시스템은 개별 통제의 효율성을 독립적으로 평가해야 한다. 여러 통제의 존재가 불필요한 중복으로 보일 수 있지만 심층 방어를 통해 통제의 존재와 사용을 정당화할 수 있다. 예를 들어 5장에서는 네트워크 계층에서 동작하는 통제를 권장하고, 7장에서는 주로 전송 계층에서 동작하는 전송 암호화에 대해 설명하는 등 이 책은 다중 통제 도입을 권장한다.

주위를 둘러보면 일상에서도 심층 방어 적용 사례를 찾아볼 수 있다. 스프링쿨러가 있는 건물에는 여전히 소화기가 있고 입구에서 출입자를 통제하는 건물의 개별 사무 공간 출입문에도 잠금장치가 있다. 중첩된 보안 통제는 개별 통제가 실패할 가능성이 있음을 인정하고 실패할 경우에 대비한 보호 수단이기 때문에 이러한 현실을 수용하는 것이 보안 전략의 진화에 도움이 된다.

경계 보호를 통한 보안

이 책을 쓰고 있는 나 자신도 경계 보호를 부정적으로 생각한다. 경계 보호 접근법에서 조직은 퍼블릭 인터넷에서 들어오는 모든 요청을 대상으로 한 강력한 방화벽을 만든다. 이러한 방화벽은 외부 위협에서 애플리케이션을 보호하기 위한 경계 지점으로 알려져 있다. 원격지 직원에게는 VPN 솔루션을 제공해 사무실에서 근무하는 직원과 유사한 환경을 제공한다. 보안 맥락에서 신뢰는 접근 시도자가 누구인지, 왜 접근이 필요한지를 전혀 확인하지 않거나 허술하게 확인해 시스템 접근을 허용하는 것을 의미한다. 경계 보호 아키텍처에서 조직의 데이터센터나 VPN으로 연결된 네트워크 등의 신뢰 경계 내에 있는 사용자나 서비스는 신뢰받기 때문에 추가 인증 계층을 거치지 않는다. 대부분의 공격자는 조직 외부에 있고 신뢰할 수 있는 사용자는 악의적인 의도를 갖고 있지 않다고 가정하기 때문에 경계를 보호하는 아키텍처의 통제는 주로 외부 위협을 대상으로 한다. 많은 보안 전문가는 경계 보호 아키텍처가 외부 공격으로부터 성을 방어하는 것과 유사하다고 말한다. 많은 규제 기관은 여전히 경계 보호 구성을 요구하므로 규제가 심한 업계에서 일하고 있다면 경계 보호 유지 여부에 대한 선택권이 없을 수 있다.

제로 트러스트 아키텍처를 통한 보안

근래 들어 외부뿐만 아니라 내부의 공격자가 조직에 심각한 위협을 가할 수 있음이 분명해졌다. 경계를 견고하게 보호하는 것만으로 보안 목표를 달성할 수 있다는 생각은 구시대적인 발상이다. 따라서 애플리케이션의 위협이 조직 내/외부를 가리지 않고 어디에나 존재한다고 가정하는 제로 트러스트 아키텍처^{zero} trust architecture를 많은 조직에서 사용하는 중이다. 따라서 내부 서비스를 신뢰할 수 없으며 신뢰할 수 있는 경계 내에도 악의적인 행위자가 있다고 가정하고 통제를 구현해야 한다. 다시 말해 제로 트러스트 아키텍처는 공격자가 이미 성 안에 있다고 가정해 성의 경계가 아닌 모든 자원을 개별 보호하는 방안을 고려해야 한다. 2019년에 발생한 캐피털 원^{Capital One} 침해 사례[2]에서 알 수 있듯이 최근 세간의 이목을 끄는 많은 사고는 실제로 신뢰할 수 있는 내부자 또는 내부자로 가장한 악의적인 행위자에 의해 발생하고 있어 제로 트러스트 아키텍처가 점차 선호되고 있다.

8장에서 개발 팀과의 마찰을 줄이면서 조직에서 제로 트러스트 아키텍처를 구현하는 데 도움을 주는, AWS가 제공하는 몇 가지 도구를 소개한다.

제로 트러스트 아키텍처를 선호하는 사람은 나뿐이 아니다. 2021년 5월 12일, 조 바이든(Joe Biden) 미국 대통령은 미국의 정보 보안 아키텍처 개선을 목표로 한 행정 명령(https://oreil.ly/Oojeg)에 서명했다. 해당 행정 명령의 일환으로 연방 정부는 제로 트러스트 아키텍처 구현을 위한 계획 수립을 다른 업무보다 빠르게 처리하란 임무를 받았다.

소프트웨어 아키텍처에 대한 간략한 소개

마이크로서비스에 관한 배경지식과 장점에 대해 이미 알고 있을 수도 있지만

---

2. 2019년 7월에 미국 대형 은행 중의 하나인 캐피털 원에서 약 1억600만 명의 개인정보가 유출된 사례 – 옮긴이

마이크로서비스 설계의 기본에 대해 복습하는 시간을 가지려 한다. 애플리케이션 아키텍처는 일반적으로 소프트웨어 설계에 대한 시스템 접근 방식을 취한다. 대부분의 엔터프라이즈 소프트웨어는 원하는 시스템을 만들기 위해 결합되는 작은 부분으로 구성된다.

계층형 아키텍처

일반적인 전자상거래 웹 애플리케이션이 있고 해당 애플리케이션이 최종 사용자에게 다음과 같은 4가지 기능을 제공한다고 가정해보자.

- 제품 구매

- 제품 환불

- 잔액 확인

- 재고 수급 현황 확인

계층형 아키텍처는 사용자 인터페이스 구성, 애플리케이션 관리, 데이터 관리 기능을 서로 분리하는 것을 목표로 하며 단순성, 친숙함, 저비용 등의 장점 때문에 대부분의 애플리케이션에서 도입한 사실상 표준이다. 그림 1-1은 계층형 애플리케이션의 일반적인 모습을 보여준다.

아키텍처를 계층화하면 많은 이점도 있지만 몇 가지 뚜렷한 단점도 있다. 단점 중 하나는 민첩성과 확장성 부족인데, 이러한 단점 때문에 다른 아키텍처 유형이 발견될 수 있었다. 닐 포드[Neal Ford]와 마크 리차드[Mark Richards]가 쓴 『소프트웨어 아키텍처 101: 엔지니어링 접근 방식으로 배우는 소프트웨어 아키텍처 기초』(한빛미디어, 2021)는 계층형 아키텍처의 모든 단점을 자세히 설명한다.

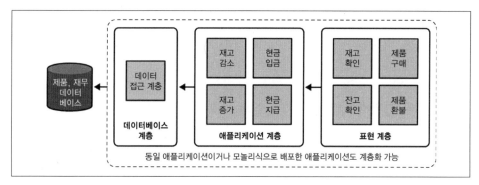

그림 1-1. 계층화된 접근 방식은 애플리케이션 로직을 애플리케이션을 실행하는 계층에 따라 여러 계층으로 구분한다.

도메인 주도 설계

도메인 주도 설계^{DDD, Domain-Driven Design}와 전통적인 계층 기반 설계는 대조적인 개념이다. 도메인 주도 설계에서 모든 소프트웨어 프로그램은 사용자나 비즈니스 기능의 일부 활동이나 관심사와 관련이 있다고 가정한다. 아키텍처 설계자는 애플리케이션 로직을 기능적 도메인(종종 하위 도메인으로 더 세분화하기도 함)에 연결함으로써 비즈니스 및 기능 단위에 맞춰 조정하는 방식으로 애플리케이션을 분할할 수 있다.

예를 들어 그림 1-1의 서비스를 도메인 기반으로 그룹화하면 다음과 같은 3가지 기능 도메인으로 구분할 수 있다.

재고 또는 제품 도메인

제품 관리와 관련한 모든 서비스를 다루는 도메인으로 제품의 재고, 가격, 설명을 추적한다.

고객 도메인

제품 구매나 환불 등의 고객 요청을 수락하는 도메인이다.

재무 도메인

고객에게 비용을 청구하고 잔액 및 기타 모든 자금 이동을 추적하는 도메인
이다.

그림 1-1의 서비스를 기능적 도메인으로 분할하면 그림 1-2와 같다.

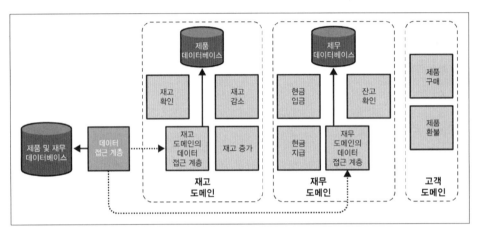

그림 1-2. 도메인 주도 설계를 사용해 기능적 도메인으로 구분한 그림 1-1과 동일한 모듈 구성 요소를 가진
애플리케이션. 도메인 주도 설계는 애플리케이션을 분할하는 동안 비즈니스 도메인을 보존한다.

도메인 주도 접근법에서 같은 비즈니스 도메인의 기능을 처리하는 서비스는
서로 밀접한 관계를 가질 가능성이 높으므로 함께 그룹화하는 것이 타당하다.
게다가 도메인 주도 설계는 소프트웨어 아키텍처를 비즈니스 요구 사항과 좀
더 밀접하게 조정해 대규모 비즈니스 프로젝트를 더 쉽게 관리할 수 있다. 이러
한 서비스 그룹들은 일반적으로 경계 콘텍스트로 불리며 콘텍스트 내부 서비스
간에는 서로 밀접한 관계를 공유하지만 콘텍스트 외부와의 상호작용은 미리
정의하지 않는 이상 제한적이다. 경계 콘텍스트 내부의 모든 서비스는 경계
콘텍스트 외부의 모든 서비스와 느슨한 관계를 가져야 한다.

경계 콘텍스트 내의 애플리케이션은 상호 운영 가능성을 고려해 설계하기 때문
에 같은 규약을 사용해 통신한다. 경계 콘텍스트와 하위 도메인을 동일한 서비
스로 구성하는 것이 이상적이지만, 실제로는 특히 레거시 소프트웨어 시스템과

관련이 있을 때 지켜지지 못하고 있다.

결합도와 응집도

『소프트웨어 아키텍처 101: 엔지니어링 접근 방식으로 배우는 소프트웨어 아키텍처 기초』는 도메인 주도 설계의 품질을 측정하는 데 사용할 수 있는 2가지 기본적인 지표를 소개한다.

결합도 Coupling

결합도는 경계 콘텍스트 간의 상호 의존성으로 한 콘텍스트의 서비스가 다른 콘텍스트의 서비스와 밀접하게 관련이 있는지 식별하며, 비즈니스 로직이나 내부 프로세스에 관한 지식을 공유하는 콘텍스트로 인해 결합이 발생한다. 느슨한 결합은 종종 안정적인 개발과 관련이 있다. 보안 관점에서 콘텍스트를 느슨하게 결합하면 보안 사고가 콘텍스트 중 하나를 위협하더라도 나머지 콘텍스트는 중단 없이 계속 동작이 가능하며, 사고를 당한 콘텍스트의 시스템에 신속하게 대책을 배포하는 것이 가능하다. 도메인 주도 설계 모델은 콘텍스트 간의 결합을 줄이는 것을 목표로 해야 한다.

응집도 Cohesion

응집도는 경계 콘텍스트 내에서 서비스가 얼마나 관련돼 있는지 측정한다. 높은 응집도는 견고성, 안전성, 재사용성, 이해 가능성, 가장 중요한 보안을 포함한 여러 바람직한 소프트웨어 특성과 관련이 있다. 그림 1-1로 돌아가 응집도를 표현 계층 내 서비스에 적용해보면 계층 내 서비스가 여러 기능 도메인에 속해 있기 때문에 응집도가 매우 낮음을 알 수 있다. 이에 비해 그림 1-2처럼 공통 도메인을 가진 서비스를 함께 묶으면 응집도는 증가한다.

마이크로서비스

다른 아키텍처와 마이크로서비스 아키텍처는 어떤 차이가 있을까? 모놀리식 애플리케이션과 달리 마이크로서비스 기반 애플리케이션은 경량화한 수많은 서비스로 구성되며 다음과 같은 특징을 가진다.

독립적인 배포

애플리케이션의 나머지 부분에 영향을 주지 않고 개별 마이크로서비스를 업그레이드, 패치 또는 삭제할 수 있다.

독립적인 확장

특정 애플리케이션에 부하가 발생하는 경우 애플리케이션의 나머지 부분에 영향을 주지 않고 개별 마이크로서비스를 확장하거나 축소할 수 있다.

느슨한 결합

개별 마이크로서비스에 대한 성능 저하나 변경이 애플리케이션의 나머지 부분에 영향을 미치지 않아야 한다.

도메인 주도

마이크로서비스를 모듈화하고 속한 비즈니스 도메인에 따라 콘텍스트로 그룹화한다.

단일 비즈니스 작업 담당

마이크로서비스는 단일 책임 원칙SRP, Single Responsibility Principle을 따라야 한다.

마이크로서비스 아키텍처를 설계할 때는 개별 마이크로서비스가 어느 정도 규모로 커져야 하는지를 파악해야 한다. 마이크로서비스가 일반 애플리케이션과 다른 점은, 마이크로서비스는 단일 책임 원칙을 따라야 한다는 것이다.

단일 책임 원칙은 모든 마이크로서비스가 단일 애플리케이션 기능만 포함해 캡슐화할 것을 제안하는데, 이렇게 하면 개별 마이크로서비스는 필수 기능만 포함하고 가벼우며 배포에 구애받지 않으면서도 이해하기 쉬워진다.

마이크로서비스에 관한 온라인 문헌들을 살펴보면 마이크로서비스를 레고^{LEGO®}
의 브릭과 많이 비교하곤 한다(https://oreil.ly/49YGT). 마이크로서비스 아키텍트는 모
든 대규모 애플리케이션을 레고 구성과 유사하게 결합한 여러 마이크로서비스
로 구성한다. 애플리케이션을 구성하는 개별 마이크로서비스는 단일 책임 원칙
을 따라야 하고 자율적이어야 하며, 다른 마이크로서비스와의 종속성이 약하거
나 없어야 한다.

 단일 책임 원칙이 마이크로서비스 아키텍처를 설계할 때 기억해야 할 가장 중요한 원
칙이기 때문에 책의 여러 부분에서 자주 언급할 예정이다.

1장의 '클라우드 아키텍처와 보안' 절에서 클라우드 마이크로서비스 아키텍처
가 보안 설계 패턴을 실현하는 데 도움을 줄 수 있음을 언급했었는데, 다음과
같은 마이크로서비스의 공식적인 정의는 패턴 실현에 도움을 주는 이유를 설명
해준다.

모듈화를 통한 보안

마이크로서비스 애플리케이션은 소규모 모듈형 서비스로 구성돼 보안 통제
구현이 쉽다.

단순화를 통한 보안

개별 모듈형 마이크로서비스는 작고 단일 책임 원칙을 따르기 때문에 마이
크로서비스 아키텍처에서 단순성 목표를 달성하는 것이 훨씬 쉽다.

격리를 통한 보안

마이크로서비스는 도메인 주도 설계를 따르기 때문에 개별 마이크로서비스
를 실행하고자 격리된 환경을 구성하는 것이 더 쉽다.

제로 트러스트 아키텍처를 통한 보안

AWS 공동 책임 모델을 잘 활용하고 마이크로서비스 아키텍처가 제공하는

세분화된 통제를 사용한다면 제로 트러스트 아키텍처를 좀 더 쉽게 구현할 수 있다.

요약하자면 마이크로서비스는 단일 기능을 가진, 쪼갤 수 없는 성격의 개별적인 비즈니스 기능이다. 마이크로서비스 개발자는 의도한 단일 작업을 수행하고자 특정 마이크로서비스를 설계하는 과정에서 최상의 결과를 얻을 수 있는 도구를 자유롭게 선택할 수 있어야 한다. 개별 마이크로서비스를 더 크고 응집력 있는 애플리케이션으로 통합하는 일을 담당하는 아키텍트에게 가장 중요한 것은 마이크로서비스의 비즈니스 기능이다. 비즈니스 기능을 제외한 다른 모든 것은 참고 요소인 선택적 사항으로 정책 결정에 영향을 줘서는 안 된다.

AWS에서 마이크로서비스 구현

마이크로서비스를 실제 구현할 때 따라야 하는 규칙은 없다. 그럼에도 애플리케이션을 모듈화하고 모듈을 느슨하게 결합해 마이크로서비스가 다른 서비스에 영향을 주지 않고 교환, 업그레이드, 대체 또는 확장할 수 있게 하는 것은 중요하다.

지난 몇 년간 여러 가지 이유로 업계에서는 다음 2가지 방법 중 하나를 채택해 AWS에서 마이크로서비스를 구현해왔다.

컨테이너 기반 접근법

컨테이너 기반 접근법은 마이크로서비스를 도커 컨테이너(https://oreil.ly/0bEb4) 같은 경량화, 독립화한 컨테이너로 캡슐화해 도커 엔진Docker Engine(https://oreil.ly/YhriQ) 같은 컨테이너 엔진의 상위에서 실행되게 만든다. 컨테이너를 실행할 수 있는 도커 엔진이 있는 한 개발자는 컨테이너 내부에 마이크로서비스를 구현하는 데 필요한 도구, 언어, 런타임을 제약 없이 선택해 사용할 수 있다. 노드로 불리는 개별 물리적 서버는 도커 엔진을 실행하고 도커 엔진에 여러 컨테이너를 배포할 수 있다.

FaaS 기반 접근법

서비스형 함수^{FaaS, Function as a Service} 기반 접근법은 비즈니스 기능을 FaaS 플랫폼에서 직접 실행한다. 애플리케이션을 컨테이너 내부에 패키징하는 대신 비즈니스 기능을 표준화된 방식으로 작성해 클라우드 플랫폼에서 직접 실행할 수 있게 하면 안전하게 실행해야 하는 책임이 클라우드 서비스 제공자에게 넘어간다.

컨테이너 기반 및 FaaS 기반 접근법 모두 보안과 확장성 관점에서 장점과 한계가 있다. 접근법과 장단점에 대한 온라인 문헌이 많은데, 그중 serverless.com의 "Serverless (FaaS) vs. Containers – when to pick which?" 글을 읽어보길 권한다 (https://oreil.ly/Z4UdQ). 이 책에서는 AWS에서 제공하는 도구를 활용해 컨테이너 기반과 FaaS 기반 접근법에 대한 보안을 강화하는 방법을 중점적으로 설명하겠다.

컨테이너 기반 마이크로서비스 아키텍처

컨테이너 기반 접근법은 "마이크로서비스의 비즈니스 기능 외적인 다른 모든 것은 선택적 요소이기 때문에 비즈니스 기능 및 종속성 있는 요소만 전용 샌드박스 가상 환경에 패키징한 다음 패키징 상태로 모든 곳에 배포할 수 있다면 좋지 않을까?"란 질문에서 출발한다.

컨테이너 기반 접근법은 종속성과 모든 비즈니스 로직을 가볍고 이식 가능하며 배포 가능한 컨테이너에 패키징한다. 컨테이너는 컨테이너 실행을 지원하는 모든 환경에서 애플리케이션 코드를 실행하는 데 필요한 정확한 지침과 함께 마이크로서비스가 수행해야 하는 비즈니스 기능을 포함한다. 애플리케이션 로직을 포함한 컨테이너는 다양한 개발 환경에서 테스트한 다음 애플리케이션 환경으로 배포하는데, 해당 컨테이너는 애플리케이션의 요구에 따라 확장, 업그레이드 또는 교체 가능하다. 도커는 업계에서 널리 사용하는 컨테이너 기술임이 입증됐기 때문에 이 책의 예제에서는 도커를 사용할 예정이다.

이제 전체 애플리케이션은 애플리케이션을 실행하는 데 필요한 비즈니스 기능을 제공하는 컨테이너들을 그물처럼 연결한 구조를 가진다. 컨테이너 기반 접근법을 구현할 때 아키텍트는 일반적으로 운영 환경에서 실행해야 하는 컨테이너를 지정하는 스펙spec으로 불리는 문서를 만들어 전체 애플리케이션의 청사진을 제작한다. 스펙에서 정의한 모든 서비스를 사용할 수 있는 한 애플리케이션 상태를 정상으로 간주한다.

그림 1-3은 통합 제품 주문 기능을 제공하고자 컨테이너화한 마이크로서비스들로 구성한 애플리케이션이다.

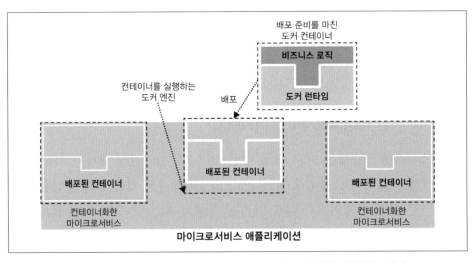

그림 1-3. 모듈화 및 컨테이너화한 마이크로서비스로 만들어진 통합 제품 주문 기능을
구성하고 생성할 수 있도록 배포된 도커 컨테이너

보안 관점에서 비즈니스 로직을 격리하고 컨테이너화하는 역할을 도커에게 맡기는데, 여러 컨테이너를 하나의 물리적 서버에서 실행할 수 있으므로 개별 컨테이너가 다른 컨테이너에서 실행 중인 코드를 방해하지 않도록 격리하는 도커 엔진의 기능에 크게 의존한다. 한 컨테이너의 서비스가 다른 컨테이너 또는 호스트 운영체제를 방해할 수 있는 모든 취약점을 브레이크아웃 취약점breakout vulnerability이라 부르는데, 브레이크아웃을 방지할 책임이 사용자에게 있지만 기술적인 측면에선 도커에 의존해야 하기 때문에 도커 컨테이너와 이러한 컨테이너를 실행하는 엔진의 최신 버전을 실행하는 것이 중요하다.

최신 버전의 컨테이너는 일반적으로 도커 컨테이너 전용 저장소인 컨테이너 레지스트리에 저장하며, AWS는 컨테이너를 안전하게 저장할 수 있도록 아마존 ECR^{Elastic Container Registry} 서비스를 제공한다.

 도커에 대해 상세히 알아보려면 션 케인(Sean Kane)과 칼 마티아스(Karl Matthias)가 쓴 『도커: 설치에서 운영까지』(제이펍, 2016)를 읽어보는 것을 추천한다.

쿠버네티스의 매우 간략한 소개

개별 도커 컨테이너는 배포 단위지만 대부분의 운영 환경에서는 응집력 있는 단위로 작동하게끔 컨테이너를 함께 결합하려고 한다. 쿠버네티스^{Kubernetes}(https://kubernetes.io) 같은 컨테이너 오케스트레이터를 사용하면 여러 개의 도커 컨테이너 기반 마이크로서비스를 실행할 수 있다. 쿠버네티스 클러스터에게 필요한 만큼의 개별 도커 컨테이너를 실행하게 지시할 수 있으며, 쿠버네티스는 이를 실제 실행할 수 있다.

쿠버네티스 클러스터 설정은 다른 책에서도 즐겨 다루는 주제기 때문에 이 책에서는 중요 내용만 선별해 다룰 예정이다. 쿠버네티스 설정에 대해 상세히 알아보려면 마르코 룩샤^{Marko Luksa}가 쓴 『쿠버네티스 인 액션: 그림과 상세한 설명으로 명확하게 이해하는』(에이콘, 2020) 책을 읽어보는 것을 추천한다. 또한 쿠버네티스 공식 문서(https://oreil.ly/sccOl)에도 클러스터를 실행하는 데 도움을 주는 훌륭한 자료가 있다. 알다시피 쿠버네티스는 언제든지 여러 서비스를 실행하는 데 사용할 수 있는 오케스트레이터다. 쿠버네티스에게 실행 상태를 유지해야

할 개별 서비스의 인스턴스 수가 적힌 스펙을 제공하면 쿠버네티스는 스펙이
정의한 설정을 기반으로 새 컨테이너를 구동한다.

쿠버네티스 클러스터에서 가장 기본적인 마이크로서비스 단위를 파드^{pod}로 부른
다. 파드는 공유 저장소 및 네트워크 자원을 가진 하나 이상의 컨테이너 그룹이
다. 노드는 쿠버네티스의 작업자 시스템으로 가상화 시스템이거나 실제 시스템
이다. 쿠버네티스는 노드에서 실행할 파드에 컨테이너를 배치해 마이크로서비
스를 실행한다. 당연한 얘기지만 클러스터에 새 파드를 추가해 개별 마이크로
서비스를 확장할 수 있다. 파드는 마이크로서비스의 런타임을 가상화하며 클러
스터에 새 노드를 추가함으로써 확장할 수 있는 하드웨어에서 실행된다. 쿠버
네티스 클러스터에서 파드의 오케스트레이션을 관리하고 용이하게 하는 것을
쿠버네티스 **컨트롤 플레인**^{control plane}이라 부른다. 그림 1-4는 쿠버네티스 운영 과
정을 보여준다.

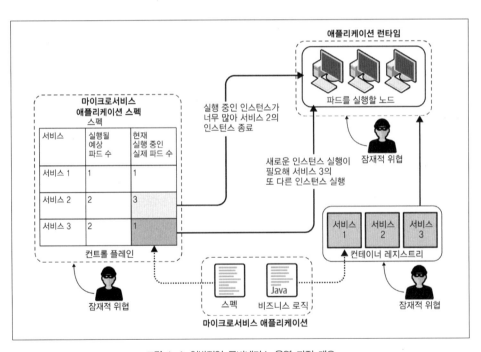

그림 1-4. 일반적인 쿠버네티스 운영 과정 개요

요약하자면 쿠버네티스를 운영하는 주목적은 컨테이너 레지스트리에 컨테이너 화해 저장한 애플리케이션 로직을 실행하는 것이다. 쿠버네티스 클러스터에 제공한 스펙에 기반을 두고 컨테이너는 노드에서 비즈니스 로직을 실행한다. 악의적 행위자는 컨트롤 플레인, 컨테이너 저장소 또는 애플리케이션 런타임 실행 환경(노드) 중 하나를 대상으로 삼아 애플리케이션에 원치 않는 문제를 일으킬 수 있다.

 스펙을 쿠버네티스 클러스터에 제공하는 레시피라고 생각해보면 레시피를 참고해 쿠버네티스는 실행해야 할 모든 서비스(컨테이너) 목록을 만들고 컨테이너 레지스트리에서 모든 컨테이너를 가져와 노드상에서 서비스를 실행한다. 따라서 단순히 스펙을 기반으로 전체 마이크로서비스 애플리케이션을 구동한다. 클러스터에 노드를 구성해 스펙에 정의된 마이크로서비스가 실행되는 위치를 설정할 수 있다.

AWS는 쿠버네티스 클러스터를 실행할 수 있도록 다음과 같은 2가지 관리형 옵션을 제공한다.

- 아마존 EKS^Elastic Kubernetes Service

- 아마존 EKS Fargate 모드^Elastic Kubernetes Service, Fargate Mode

AWS는 AWS 람다^Lambda에서 기능 실행, 확장, 배포 책임을 지기 때문에 별도의 오케스트레이터가 필요 없다.

그렇다면 마이크로서비스를 실행하는 방법을 어떻게 결정할까? 마이크로서비스를 실행하는 방법을 결정하는 과정에서도 보안은 중요하기 때문에 방법을 결정할 때 따를 수 있는 간단한 순서도를 그리면 그림 1-5와 같다.

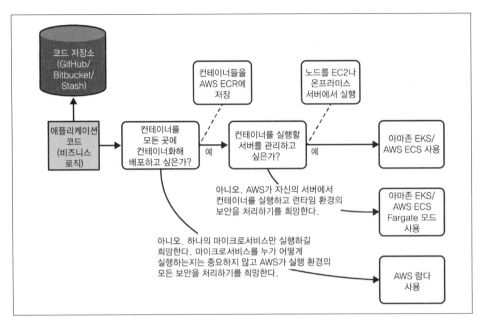

그림 1-5. 아키텍트가 마이크로서비스를 실행하는 방법을 결정할 때 도움을 줄 수 있는 순서도

그림 1-5에서 설명한 클라우드 환경에 마이크로서비스를 구현하는 방법은 1장의 나머지 부분에서 설명한다.

 아마존 ECS(Elastic Container Service)는 AWS에서 컨테이너를 오케스트레이션하게 하는 경우에도 선택 가능한 옵션이다. 아마존 ECS는 아마존 EKS와 약간 다르지만 보안 관점에서 상당히 많은 영역이 겹친다. 따라서 반복을 피하고자 이 책은 아마존 EKS와 AWS 람다에 집중한다. AWS 공식 문서(https://oreil.ly/DMliv) 외에 ECS에 대해 상세히 설명한 자료가 필요하다면 저스틴 멘가(Justin Menga)가 쓴 『Docker on Amazon Web Services』(Packt Publishing, 2018)를 읽어보는 것을 추천한다.

서비스형 함수: AWS 람다를 사용한 FaaS

FaaS는 마이크로서비스에 접근하는 다른 방식이다. AWS는 비즈니스 기능이 모든 마이크로서비스의 핵심 기능이란 것을 깨달았기 때문에 고객이 컨테이너화나 패키징을 사용하지 않고도 비즈니스 로직을 실행할 수 있는 환경을 제공한다. 지원하는 언어로 작성해 클라우드 환경에 연결하기만 하면 비즈니스 기능을 바로 실행하는 AWS 람다는 런타임 기능을 제공한다. 그림 1-6은 통합 제품 주문 기능을 제공하고자 AWS 람다로 구축한 마이크로서비스 애플리케이션을 보여준다.

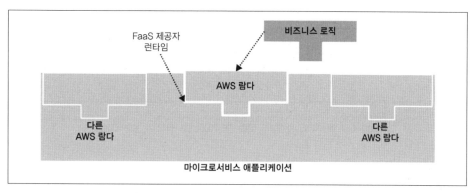

그림 1-6. 비즈니스 로직을 제공하는 함수를 AWS 람다에 배포해 함께 실행함으로써 통합 제품 주문 기능 제공

AWS 람다가 훌륭한 이유는 AWS가 함수를 실행하는 책임을 맡기 때문에 공동 책임 모델에 따라 고객이 신경 써야 할 보안 책임 중 일부를 덜어준다는 것이다. AWS 람다를 사용하면 컨테이너 보안, 노드 실행, 오케스트레이션 설정 보안에 대해 걱정할 필요가 없다.

클라우드 마이크로서비스 구현 개요

보안 전문가 관점에서는 마이크로서비스 환경에서 보안 사고가 발생할 만한 많은 지점을 예상할 수 있다. 전형적인 마이크로서비스는 그림 1-7과 같은데, 개별 계층의 의미와 공격자가 각 계층에서 애플리케이션을 악용해 비인가 접근을 하는 방법을 간략하게 살펴보자.

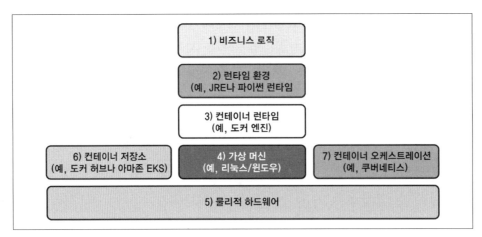

그림 1-7. 클라우드 환경에서 실행 중인 마이크로서비스의 계층적 표현

비즈니스 로직

비즈니스 로직은 함수 또는 애플리케이션 로직으로 불리며, 마이크로서비스가 처리하고자 하는 핵심 비즈니스 기능을 실행하는 애플리케이션 코드다. 애플리케이션 코드는 도메인별로 다르며 단일 책임 원칙을 준수해야 하고, 고객이 선택한 프로그래밍 언어로 개발할 수도 있다. 애플리케이션 코드를 도메인에 맞게끔 작성하기 때문에 악의적인 행위자가 코드를 탈취한다면 비인가 행동을 할 수 있다.

런타임 환경(컨테이너 환경)

컨테이너 환경은 비즈니스 로직에서 애플리케이션 로직을 실행하는 데 필요한 언어 런타임 환경을 포함해야 한다. 런타임 환경은 샌드박스 환경에서 애플리케이션 로직을 실행하는 환경이라 런타임을 격리하고 마이크로서비스의 폭발 반경 최대 범위를 포함한다. 하지만 모든 애플리케이션 런타임과 마찬가지로 컨테이너 버전을 최신 상태로 유지하고 컨테이너와 런타임의 오래된 취약점을 패치하는 것이 애플리케이션을 보호하는 데 중요하다.

컨테이너 런타임(컨테이너 엔진)

런타임 환경에서 컨테이너를 실행할 수 있는 소프트웨어다. 컨테이너에서 실행되는 마이크로서비스는 격리된 샌드박스 환경에서 실행되기 때문에 컨테이너 런타임 가상화 계층의 보안 취약점이 호스트 운영체제나 동일 시스템에서 실행 중인 다른 컨테이너에 영향을 미치지 않게 하는 것이 중요하다. 격리시켜야 하는 책임은 컨테이너 런타임이 갖고 있다. 브레이크아웃 취약점(https://oreil.ly/Oom5c)은 종종 발견돼 도커에 의해 즉시 패치되기 때문에 최신 도커 엔진을 실행하고 있는지 확인하고자 컨테이너 런타임을 지속적으로 업데이트하는 것이 중요하다.

가상 머신 ^{VM, Virtual Machine}

가상 머신은 컨테이너 엔진을 실행할 가상의 시스템이다. 개별 가산 머신은 컨테이너를 실행할 수 있는 여러 컨테이너를 포함할 수 있고 개별 가상 머신에서 여러 마이크로서비스를 호스팅하는 것도 가능하다. 가상 머신이 다른 운영체제와 유사하기 때문에 공격자는 특히 최신 버전의 운영체제를 실행하지 않는 가상머신을 대상으로 운영체제 수준의 취약점을 악용할 수 있다.

물리적인 하드웨어

마이크로서비스 인프라에서 가장 기본적인 계층이며 마이크로서비스를 실행하는 데 필요한 컴퓨팅 능력을 제공할 수 있는 물리적 하드웨어를 나타낸다. 다른 물리적 구성 요소와 마찬가지로 서버들은 도난, 기물 파손, 플래시 드라이브나 물리적 장치를 사용한 해킹(https://oreil.ly/8mPU0)에 취약하다.

컨테이너 저장소

개발 프로세스 과정에서 미리 빌드해 놓은 컨테이너를 전용 저장소 시스템에 저장해 두는 것은 일반적인 방법이다. 미리 빌드해 놓은 컨테이너가 안전하게 저장돼 있지 않으면 공격자는 빌드된 이미지에 악성코드를 삽입하거나 악성코드를 포함한 이미지로 교체해 빌드된 이미지를 변조할 수 있다.

컨테이너 오케스트레이션

오케스트레이터는 애플리케이션이 정상 상태를 유지하게 계속 실행해야 하는 특정 서비스의 인스턴스 수를 결정한다. 오케스트레이션은 여러 컨테이너에 걸쳐 있는 애플리케이션 서비스를 구축하고 클러스터 전체에서 컨테이너를 예약하고 해당 컨테이너를 확장하며, 시간 경과에 따른 상태를 관리할 수 있다. 오케스트레이터는 서비스가 중단될 때마다 서비스가 계속 실행되거나 재시작되게 해야 하며, 처리하는 트래픽에 맞게끔 서비스를 확장하거나 축소하는 것과 관련한 결정을 내릴 수도 있다.

지금부터 다양한 마이크로서비스 런타임 옵션을 살펴보고 보안 관점에서 AWS가 아닌 고객의 책임에 대해 설명할 예정이다. 3가지 선택지 중에서 고객이 가장 많은 책임을 지는 옵션으로 시작해 AWS가 대부분의 책임을 지는 옵션으로 끝을 맺는다.

아마존 EKS

컨트롤 플레인은 런타임 서비스가 스펙에 따라 작동하는 것을 보장해 애플리케이션의 가용성을 지속적으로 제어하기 때문에 쿠버네티스 설정에서 중요한 역할을 한다. 컨트롤 플레인의 중요성을 감안해 AWS는 아마존 EKS에서 컨트롤 플레인을 완전 관리형으로 고객에게 제공하며 그렇게 함으로써 AWS는 공동 책임 모델에 따라 클러스터를 실행하는 컨트롤 플레인 인프라에 대한 책임을 진다. 하지만 여전히 컨트롤 플레인을 안전하게 하는 설정을 적용하고 보호할 책임은 고객에게 있다.

그림 1-8은 아마존 EKS를 사용한 운영과정을 보여준다. AWS는 공동 책임 모델에 따라 악의적인 행위자가 컨트롤 플레인을 장악할 위험을 완화한다.

AWS는 공동 책임 모델의 일환으로 컨트롤 플레인을 장악하는 악의적인 행위자의 위험을 완화하지만 아마존 EKS를 사용하는 고객은 여전히 노드를 실행할 책임이 있어 악의적인 행위자가 노드를 장악할 위험이 여전히 남아 있다.

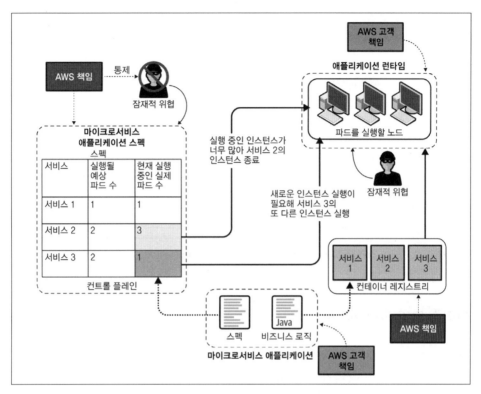

서비스	실행될 예상 파드 수	현재 실행 중인 실제 파드 수
서비스 1	1	1
서비스 2	2	3
서비스 3	2	1

그림 1-8. 고객이 관리해야 할 서버에서 실행되는 마이크로서비스를 오케스트레이션할 수 있는
완전 관리형 쿠버네티스 컨트롤 플레인인 아마존 EKS

그림 1-9는 주체별 책임과 아마존 EKS가 AWS 공동 책임 모델을 활용해 그림
1-7에서 설명한 모델과 비교해 실행 중인 컨테이너의 보안 책임 일부를 어떻게
덜어주는지 보여준다.

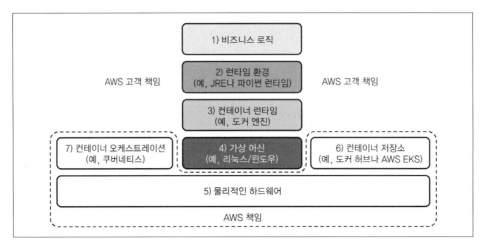

그림 1-9. 컨테이너 오케스트레이션, 컨테이너 저장소 및 물리적 하드웨어 보안이 AWS 책임 범위인 모델

아마존 EKS Fargate 모드

앞서 언급한 일반 EKS 모드의 단점은 노드를 실행하는 책임을 고객이 져야 한다는 것으로, 많은 관리자에게 때론 불필요한 부담으로 작용한다. 마이크로서비스 아키텍처에서 유일한 관심사가 단일 비즈니스 기능이라면 실행 중인 노드를 실행하는 책임을 AWS에 위임하는 것이 바람직하며, 이럴 때 사용할 수 있는 것이 Fargate 모드다.

Fargate 모드에서는 운영 환경에서 실행하려는 도커 컨테이너를 생성할 수 있고, 이러한 컨테이너들의 클러스터를 생성하게 EKS를 설정한 다음 생성한 컨테이너들을 AWS의 서버에서 실행할 수 있다. 이러한 방식으로 사용자가 백엔드 인프라 대신 마이크로서비스 자체에 집중하는 동안 AWS는 서버와 서버 운영체제를 최신 상태로 유지해 보호하고 서버를 실행하기 위한 네트워크와 하드웨어 물리적 보안을 유지한다.

그림 1-10은 그림 1-8과 동일한 아키텍처지만 Fargate 모드이기 때문에 노드 실행 책임이 AWS에 있다.

60

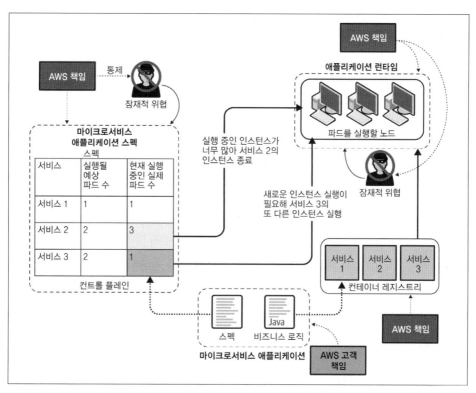

그림 1-10. AWS Fargate 모드는 AWS가 노드 실행에 대한 책임을 지기 때문에 사용자 책임이 감소함

이제 도커 엔진을 실행하는 노드에 대한 책임을 AWS에게 넘겼기 때문에 고객의 보안 책임이 감소한 것이 사실이지만 컨테이너 자체와 이러한 컨테이너에서 실행되는 비즈니스 로직에 대한 책임은 여전히 고객에게 있다. 애플리케이션 런타임 스택을 다시 그려보면 그림 1-11과 같다. 앞서 언급했듯이 도커 엔진을 노드에서 실행하기 때문에 도커 엔진에 대한 책임이 AWS에 있고 올바른 도커 컨테이너 사용과 해당 컨테이너에서 실행되는 비즈니스 로직에 한해서만 사용자에게 책임이 있다.

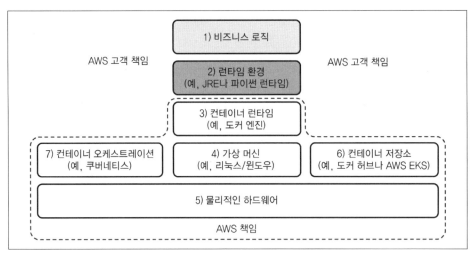

그림 1-11. 컨테이너 오케스트레이션, 컨테이너 저장소, 물리적 하드웨어,
가상 머신 및 컨테이너 런타임이 AWS 책임 범위인 모델

AWS 람다를 사용한 서비스형 함수

FaaS 기반 서비스는 실행 중인 서비스가 모든 유형의 보안 책임을 맡음에 따라 개발자가 본연의 업무에만 충실할 수 있게 해주는 유형의 마이크로서비스로, 개발자는 비즈니스 로직에만 집중할 수 있다. AWS는 람다를 통해 개발자가 FaaS 환경에서 기능을 실행할 수 있게 지원한다.

AWS 람다는 대부분의 통제를 구현하는 책임이 AWS에 있지만, 고객은 여전히 AWS가 고객을 대신해 보안을 활성화할 수 있도록 접근을 설정하고 네트워크 통제 및 기타 설정을 해야 한다. AWS 람다 스펙(https://oreil.ly/ct7qf)에 작성돼 있는 한 AWS는 샌드박스 환경에서 서버를 프로비저닝하고 코드를 실행할 책임이 있다. AWS 람다는 강력하고 확장 가능하며 AWS에서 마이크로서비스를 가장 안전한 방법으로 실행할 수 있게 해주는 가장 중요한 서비스다. AWS 람다에서 실행하는 마이크로서비스의 런타임 아키텍처 스택은 그림 1-12와 같다. 앞서 언급했듯이 AWS 고객은 비즈니스 로직만 책임지고 다른 모든 것을 AWS에서 관리한다. 람다 기반 아키텍처에서 AWS 고객은 운영체제, 도커 버전 또는 인프라에 관련한 패치에 대해 걱정할 필요가 없다.

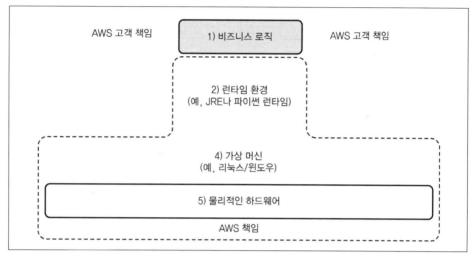

그림 1-12. 비즈니스 로직 및 비즈니스 로직 구성을 제외한 모든 책임을 AWS에게 부여

 이 책을 쓴 시점에 AWS 람다에서 도커 컨테이너를 실행할 수 있었지만 이 책의 목적에 맞게끔 범위를 제한해 함수 형태로 실행하는(FaaS) 것에 관한 내용만 책에 포함했다.

마이크로서비스 구현 요약

그림 1-13은 선택한 마이크로서비스 구현 방법에 따라 보안 책임이 어떻게 변하는지 보여준다.

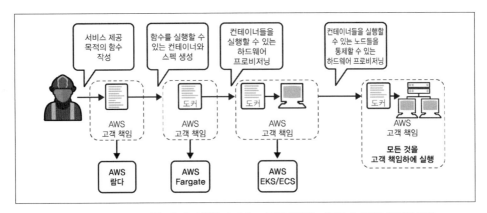

그림 1-13. AWS는 동일한 기능을 실행할 수 있는 다양한 방법을 제공하며 선택한 방법에 따라
보안 책임 준수를 위한 비용, 유연성, 구성 가능성 등에 차이가 발생

아키텍트는 자신의 생각에 따라 애플리케이션을 실행해 얻을 수 있는 유연성에 대한 대가로 얼마나 많은 책임을 지고 싶은지를 결정해야 한다.

마이크로서비스 통신 패턴 예

마이크로서비스를 레고에 비유했던 이전 내용으로 돌아가 보자. 레고 브릭 1개로는 할 수 있는 것이 많지 않지만 10개로는 몇 가지 다른 모양을 만들 수 있고 100개가 있다면 다양한 가능성을 얻을 수 있다. 대부분의 대규모 애플리케이션은 수백 개의 중소규모 마이크로서비스로 구성돼 있으며, 모든 마이크로서비스는 서로 간에 협력과 통신을 반복한다. 통신 경로는 모든 애플리케이션의 가장 취약한 지점이기 때문에 이러한 서비스 간 통신은 애플리케이션 위험의 합을 증가시킨다. 마이크로서비스는 모놀리식 애플리케이션에서 발생할 수 있는 익숙한 인메모리 호출 대신 새로운 외부 통신 채널을 확보해야 한다. 통신 경로 보호의 중요성을 고려해 이 책의 대부분을 서비스 간 통신을 보호하는 내용으로 구성했다. 이 책 전반에 걸쳐 보안 개념을 어떻게 적용하는지 설명하고자 아키텍트가 마이크로서비스 통신에서 사용하는 여러 패턴 중 일부를 골라 간략히 소개하려 한다. 책에서 다루는 패턴들은 실무에서 사용 중인 모든 것이 아니며, 업계에서는 다른 많은 통신 패턴을 따른다. microservices.io 블로그(https://oreil.ly/uSPHX)나 마이크로소프트 아키텍처 전자책(https://oreil.ly/9TEKt)은 다른 마이크로서비스 통신 패턴에 관심 있는 사람에게 훌륭한 참고 자료다.

느슨한 결합

누군가 마이크로서비스 간 통신을 언급할 때마다 많은 개발자는 자동으로 동기식 REST(표현 상태 전송)(https://oreil.ly/dvMaz)를 자동으로 떠올린다. 마이크로서비스 도입 초기에는 동기식 REST를 실제로 통신에 사용했었지만 이 책에서는 마이크로서비스 커뮤니티가 동기식 통신에서 멀어지고 있음을 알려주고 싶다. 마이크로서비스 통신의 중요한 측면은 서로 다른 경계 콘텍스트 간에 필요한 느슨한 결합이다. 느슨한 결합은 하나의 제한된 콘텍스트 내의 서비스 확장이나 서비스 상태가 다른 콘텍스트 내의 다른 서비스 상태에 영향을 미치지 않아야 함을 의미한다.

예를 들어 전자상거래 회사에서 고객의 구매를 처리하는 구매 서비스가 있다고 가정해보자. 구매 서비스의 일환으로 사용자에게 이메일 알림을 보내려면 이메일 서비스 호출이 필요하다. 느슨한 결합은 이메일 서비스가 보안 공격을 받아 어떤 이유로든 종료되는 경우 이메일 알림을 보낼 수 없는 경우를 제외하곤 구매 서비스가 영향을 받지 않아야 하고 이전처럼 계속 동작해야 함을 나타낸다.

예제 1: 콘텍스트 간 단순 메시지 전달

콘텍스트 간 통신하는 가장 간단한 방법은 서로에게 직접 메시지를 보내는 것이며, 일반적으로 HTTP 요청을 사용한다. 예제 1에서 고객이 제품을 구매할 때마다 구매 서비스는 2개의 메시지를 보낸다. 첫 번째 메시지는 구매 결과를 반영해 재고 수량을 줄이도록 제품 도메인에 보내는 것이고, 두 번째 메시지는 고객 신용카드에 요금을 청구하도록 재무 도메인에 보내는 것이다.

그림 1-14는 콘텍스트 간 직접 통신 예를 보여준다.

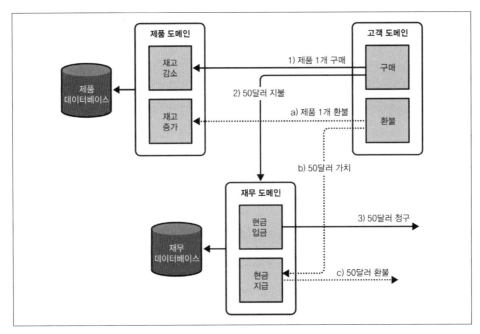

그림 1-14. 메시지를 전달할 수 있는 여러 가지 방법

메시지를 전달하는 전통적인 방법은 동기식 REST 엔드포인트를 사용하는 것인데, REST 엔드포인트 사용이 마이크로서비스 기반 통신의 정의에는 맞지 않지만 전 세계 기업에서 사용하고 있는 중이다. 구매가 발생할 때마다 구매 서비스는 현금 입금 서비스의 POST 엔드포인트를 호출할 것이고 결국에는 재고 도메인의 POST 엔드포인트까지 호출할 것이다. 그러나 REST를 사용한 동기식 통신은 구매 서비스가 작업을 완료하기 전에 현금 입금과 재고 감소 작업이 완료될 때까지 대기함을 의미한다. 따라서 동기식 통신은 종속성이 강하고 재무, 인벤토리, 고객 도메인 간의 결합을 증가시킨다.

REST 엔드포인트를 사용한 통신이 일어나는 상황에서 보안 전문가의 업무는 애플리케이션의 REST 엔드포인트와 HTTP 인프라를 보호하는 것이다. 7장에서 전송 보안 설정의 원칙을 설명한다.

 이러한 동기식 통신을 하면 마이크로서비스는 더 이상 독립적이지 않고 강력한 관계를 계속 유지할 것이기 때문에 마이크로서비스의 본질에 어긋난다고 생각한다. 일부 마이크로서비스 아키텍처는 여전히 동기식 REST 통신을 사용하지만 대부분의 마이크로서비스 아키텍처 모델은 마이크로서비스의 동기식 통신 사용을 만류한다(https://oreil.ly/JTa0v).

예제 2: 메시지 큐

마이크로서비스의 교차 도메인 간 통신에는 일반적으로 메시지 브로커나 메시지 큐를 사용한다. 메시지를 보내려는 서비스는 메시지를 영구 매체에 저장하는 반면에 메시지 수신 측은 영구 매체에서 메시지를 읽는다. 메시지 큐를 사용한 통신은 비동기적으로 발생하기 때문에 메시지를 게시하고 소비하는 엔드포인트는 엔드포인트 간이 아닌 메시지 큐와 통신한다. 메시지 생산자는 보낼 준비가 된 메시지를 큐에 추가할 수 있고 소비자는 충분한 용량이 있는 경우에 한해 메시지를 처리할 수 있다. 시스템의 어떤 생산자도 하위 소비자를 기다리지 않으며, 하위 소비자가 생산자의 신뢰성에 영향을 주지 않는다.

그림 1-15는 메시지 큐 기반 통신을 보여준다.

그림 1-15. 마이크로서비스 간 통신에 메시지 큐 사용

메시지 큐를 사용하면 보안 전문가의 역할이 약간 증가한다. 메시지 큐에 메시지를 저장하기 때문에 보안 전문가는 메시지 큐와 서비스 A와 B가 메시지 큐에 연결하고자 사용하는 엔드포인트 모두를 보호해야 한다.

예제 3: 이벤트 기반 마이크로서비스

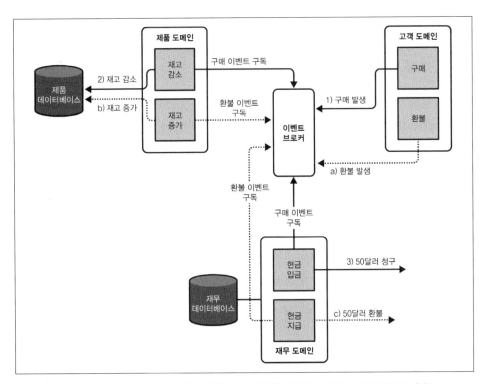

그림 1-16. 마이크로서비스에 대한 체계적인 접근 방식을 제공하는 이벤트 기반 마이크로서비스

이벤트 기반 통신 패러다임은 마이크로서비스 통신을 설계하는 또 다른 인기 있는 방법이다. 이벤트 기반 시스템은 모든 상태 변경 명령이 이벤트를 발생시키고 해당 이벤트를 이벤트 브로커event broker가 애플리케이션의 다른 부분으로 브로드캐스팅한다는 전제하에 작동한다. 다른 콘텍스트의 서비스들은 이러한 이벤트를 구독하며, 이벤트를 수신한 서비스들은 이러한 변경 사항을 반영하도록

자신의 상태를 업데이트할 수 있고 이는 더 많은 이벤트를 발생시킬 수 있다. 그림 1-16은 이벤트 기반 마이크로서비스 애플리케이션의 예다. 이벤트 기반 마이크로서비스에 대해 상세히 알아보려면 애덤 벨메어^{Adam Bellemare}가 쓴 『이벤트 기반 마이크로서비스 구축: 대규모 조직 데이터를 활용하는 기법』(한빛미디어, 2021)을 읽어보는 것을 추천한다.

그림 1-16에서 보안 전문가는 이벤트를 저장, 브로드캐스팅, 호스팅하는 데 필요한 모든 인프라와 이벤트 브로커를 보호해야 한다.

요약

1장에서는 위협과 위험의 기본 개념을 소개하고 통제와 대책의 개념을 설명했다. 클라우드 환경에서 통제 구현은 고객과 AWS의 공동 책임이다. 책임 구분의 개념과 누구에게 책임이 있는지를 이해하는 것이 클라우드 보안의 핵심이다. AWS가 특정 통제에 대해 책임을 지더라도 AWS가 잠재적 공격으로부터 보호할 수 있는 방식으로 통제를 설정하는 것은 여전히 고객의 책임이다. 또한 1장에서는 몇 가지 일반적인 마이크로서비스 아키텍처 패턴과 해당 패턴들을 AWS에서 구현하는 것을 설명했다. 2장에서는 잠재적 위협으로부터 애플리케이션 위험을 줄이는 가장 기본적인 통제 기능 중 인증과 인가를 자세히 설명한다.

인가와 인증 기초

1장에서 보안 전문가가 통제 또는 대책으로 불리는 특정 조치를 사용해 애플리케이션의 위험의 합을 줄이는 방법을 설명했다. 일부 통제는 다른 통제와 미묘하게 다른 보안 논리를 적용해 인가된 사용자의 경험에 영향을 주지 않으면서 비인가 요청만 차단할 수 있다. 비인가 요청을 식별하고 접근을 거부하는 데 효과적인 통제를 정확하거나 예리하다고 표현한다. 2장의 목적은 조직이 AWS에서 사용할 수 있는 가장 정확한 보안 통제인 인가와 인증을 조사하는 것이다. 이러한 통제를 세밀하게 이해하고 적용함으로써 조직 내 보안 수준의 차이를 줄일 수 있을 만큼 충분히 예리하고 잘 조율된 명확성을 얻을 수 있으며, 잠재적인 위협을 대상으로 가장 강력하고 표적화한 방어를 가능케 한다.

 2장의 개념은 마이크로서비스뿐만 아니라 AWS에서 실행하는 모든 애플리케이션에 적용할 수 있다. 신원 확인과 접근 통제는 모든 보안 시스템의 차단 정책 수립 시 기본 구성 요소로 이러한 접근 통제가 모듈화한 마이크로서비스 환경에서도 유익함을 2장 전반에 걸쳐 언급할 예정이다.

인가와 인증을 소개하려면 몇 가지 용어를 정의할 필요가 있다. 클라우드 인프라 내의 개별 상호작용이나 요청은 **권한 주체**principal라고 하는 호출 엔터티에 의해 시작한다. 권한 주체는 조직 내부 또는 외부의 사용자이거나 서비스다. 요청의 수신 측에는 데이터 저장소나 권한 주체가 상호작용하려는 **리소스**resource라고

하는 다른 서비스가 있을 수 있다. 따라서 권한 주체는 클라우드 리소스상에서 다양한 작업을 수행한다.

이제 권한 주체와 리소스 등의 용어를 사용해 인가와 인증을 더 자세히 정의하겠다.

인가Authorization(접근 통제access control)

인가는 특정 리소스에 대한 접근을 정의하는 프로세스다. 접근 요청을 승인할지를 결정할 때 권한 주체의 신원, 대상 리소스, 요청을 보낸 환경 및 요청 위치와 같은 요소들을 고려할 수 있다. 대부분의 경우 접근 통제 시스템은 요청을 평가하기 전에 권한 주체의 신원을 알고 있어야 한다.

인증Authentication(신원 관리identity management)

인증은 권한 주체가 자신을 식별하고 자신의 신원을 대상 시스템에 증명함으로써 다른 사람 행세를 하는 인원과 구별할 수 있는 메커니즘이다. 클라우드 시스템은 최종 사용자를 인증한 다음 사용자의 신원을 미리 정의한, 알려진 신원 집합에 매핑하는 인가 프로세스를 거침으로써 사용자의 모든 인바운드 요청을 통제할 수 있다.

인증과 인가는 함께 작동해 잠재적 위협을 방어하는 세부적인 통제를 제공한다. 인증 프로세스는 정당한 권한 주체만 자신의 신원을 접근 통제(인가) 시스템에 증명할 수 있게 한다. 신원 확인 과정에서 접근 통제 시스템은 요청을 승인해야 할지 차단해야 할지를 결정해야 한다.

마이크로서비스 아키텍처에는 무수히 많은 권한 주체와 리소스가 있어 악의적인 행위자가 취약점을 악용해 시스템을 손상시킬 수 있는 다양한 방법이 있다. 마이크로서비스의 모듈화 특성 때문에 아키텍처의 접근 정책과 전반적인 보안 정책이 상당히 복잡할 수밖에 없어 IAMIdentity and Access Management으로 불리는 신원과 접근 관리가 필요하다. 조직 내 IAM 시스템은 조직의 접근 정책에서 규정한 규칙을 지정하고 해당 규칙을 기반으로 수신한 요청을 평가해 요청 전송자의 접근을 허용해야 할지를 결정한다. 즉, IAM 접근 정책 평가는 요청을 허용할지 말지를 결정하는 과정을 의미한다.

 나는 IAM 정책을 사용해 AWS에서 비즈니스 로직을 작성해야 한다고 생각하며, AWS 는 비즈니스 로직을 기반으로 접근 통제를 시행해 조직의 보안 태세를 강화함으로써 자산에 대한 AWS의 통제력을 강화한다.

AWS IAM의 기초

IAM이 마이크로서비스에 특화되진 않았지만 AWS에서 구현할 수 있는 모든 아키텍처의 기초가 된다. 대부분의 통신이 메모리 내에서 발생하는 모놀리식과 달리 마이크로서비스는 외부 통신채널을 사용한다. AWS IAM은 마이크로서비스 간 통신을 가로채 조직의 접근 정책에 부합하는지를 평가할 수 있다. 따라서 AWS IAM은 접근 통제 및 인증의 중재자로서 마이크로서비스 아키텍처를 보호하는 데 중요한 역할을 한다.

IAM은 글로벌 서비스이자 완전 관리형 서비스로 만들어졌기 때문에 접근 통제 정책과 인증 로직을 클라우드 전반에 분산시키지 않아 클라우드 아키텍트들이 접근 정책을 한곳에서 중앙 집중화해 관리할 수 있다. 또한 접근 통제 메커니즘을 보호할 책임을 AWS가 맡음으로써 보안 엔지니어링의 모범 사례 형태로 구현할 수 있다. AWS IAM은 AWS 공동 책임 모델의 일부로 가용성과 확장성이 우수하고 AWS에서 전적으로 관리한다.

그림 2-1은 개별 요청을 대상으로 중앙 집중식 인가 서비스를 제공하는 AWS IAM을 사용하는 전자상거래 회사의 일반적인 마이크로서비스 애플리케이션이다. AWS IAM은 정당한 통신 요청을 허용하도록 프로그래밍돼 있다. 그림에서 볼 수 있듯이 요청 1)과 2)는 허용하지만 요청 3)은 IAM 정책에서 허용하지 않아 거부된다.

IAM은 인증 서비스도 제공한다. 요청 4)처럼 악의적인 목적으로 구매 서비스인 척 통신을 시도하면 IAM은 요청을 거부한다.

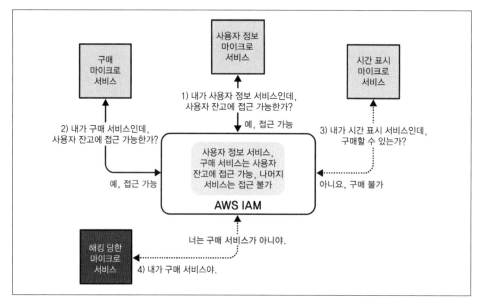

그림 2-1. AWS IAM은 마이크로서비스 아키텍처의 인증과 인가 서비스를 제공하는 중앙 집중식 서비스 역할 수행

그림 2-1에서 구매를 허용할 필요 없는 시간 표시 마이크로서비스의 구매 요청을 허용하지 않은 것처럼 AWS IAM에서 접근 통제 규칙을 적절히 설정해야 클라우드 환경에서 마이크로서비스를 안전하게 실행할 수 있다.

요약해보면 애플리케이션 내에서 어떤 사용자와 마이크로서비스가 서로 통신할 수 있는지를 규정하는 보안 정책(접근 정책)을 마련하는 것은 보안 전문가의 책임으로, 해당 보안 정책은 잠재적인 위협 행위자가 취약점을 악용할 수 없도록 설계해야 한다. AWS IAM에 정책을 생성하면 공동 책임 모델에 따라 AWS는 접근 정책을 시행할 책임이 있다.

AWS의 권한 주체

접근 통제를 기반으로 클라우드 리소스 보안을 달성하는 주제에 대해 상세히 살펴보기 전에 AWS 권한 주체의 주요 유형을 간략하게 살펴보자.

IAM 사용자

개인 자격증명으로 AWS에 로그인해 클라우드 인프라와 통신하는 직원, 계약 상대방, 게스트 등의 일상적인 사용자다.

루트 사용자

AWS에 있는 특별한 유형의 IAM 사용자로, AWS 계정에 대한 모든 제어가 가능한 슈퍼유저 권한을 가진 AWS 계정의 소유자다. AWS에서 갖는 강력한 권한을 고려해보면 루트 계정을 보호하고 일상적인 활동에 사용하지 않아야 한다. 루트 사용자 계정은 권한을 더 세부적으로 정의한 IAM 사용자를 생성하는 데만 사용해야 한다.

IAM 그룹

IAM 그룹은 공통적인 권한 정책에 연결할 수 있는 사용자 집합으로, 조직 내 사용자들의 권한을 좀 더 편리하게 관리할 수 있다.

IAM 역할

IAM 역할은 IAM 사용자와 매우 유사하며 개별 신원이 수행할 것으로 예상하는 작업이나 업무 기능 집합에 매핑한다. IAM 역할을 접근에 사용할 자격증명이 없는 IAM 사용자로 생각할 수 있다. 2장 후반부에서 IAM 역할에 대해 상세히 다룬다.

IAM 정책

AWS는 계정의 개별 권한 주체를 대상으로 접근 통제에 관한 권한을 코드화한 JSON^{JavaScript Object Notation} 문서인 IAM 정책으로 접근을 통제한다. AWS는 요청에 대한 접근을 허용할지 여부를 결정할 때 IAM 정책을 참조한다.

접근 통제 정책은 권한 주체와 리소스라는 2가지 유형의 행위자를 포함한다. 권한 주체는 접근을 요청하는 행위자로, 행위자는 직원이거나 때로는 다른 클라우드 서비스일 수 있다. 리소스는 접근하려는 서비스로, 데이터베이스, 아마존 S3 버킷 또는 AWS에서 제공하는 다른 클라우드 서비스일 수 있다.

그림 2-2는 신원 기반 정책과 리소스 기반 정책의 차이를 보여준다.

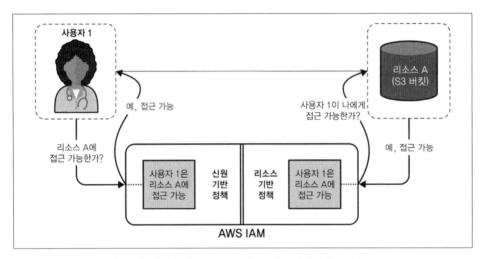

그림 2-2. 접근 통제에 사용된 신원 기반 정책과 리소스 기반 정책

AWS IAM에서 접근 통제 정책을 구현하는 방법에는 2가지가 있다.

- 개별 권한 주체가 클라우드 시스템 내에서 할 수 있는 작업을 제한함으로써 접근을 제한하는 방법으로, 이러한 정책을 권한 주체 기반 정책[principal-based policies] 또는 신원 기반 정책[identity-based policies]이라 한다.

- 리소스에서 할 수 있는 작업을 요청 측 권한 주체에 따라 제한하는 방법으로, 이러한 정책을 리소스 기반 정책[resource-based policies]이라 한다.

IAM 정책은 AWS 관리 콘솔의 Identity and Access Management(IAM) 탭에 있는

정책(Policies) 탭에 있다. IAM 정책은 권한 주체나 리소스와 독립적으로 존재하고 재사용이 가능하게 여러 권한 주체에 적용할 수 있다.

최소 권한의 원칙

마이크로서비스를 보호하기 위한 통제를 정의하는 데 도움을 주는 도구를 소개했기 때문에 이번에는 통제를 구축할 때 따를 수 있는 알 필요성의 원칙^{need to know}으로 알려진 프로세스를 소개하려 한다. 복잡한 환경에서 보안 아키텍트는 조직의 모든 권한 주체 목록을 만들고 권한 주체별로 접근해야 하는 리소스를 결정한 다음 해당 권한 주체 목록을 사용해 권한 주체나 리소스에 적용할 정책을 결정한다.

알 필요성의 원칙 프로세스는 **최소 권한의 원칙**^{PoLP, Principle of Least Privilege}을 적용하는 첫 번째 단계다. 최소 권한의 원칙은 1958년 국제 컴퓨터 학회^{ACM, Association for Computing Machinery}에서 "모든 프로그램과 시스템 권한을 받은 모든 사용자는 작업 완료에 필요한 최소한의 권한만 가져야 한다."고 언급함으로써 최초로 공식화됐다.

최소 권한의 원칙을 시각화하는 좋은 방법은 AWS의 설명_(https://oreil.ly/8gYDk)처럼 그림 2-3의 4가지 규칙을 따르는 것이다.

적절한 접근 권한 부여

올바른 개인에게만 부여

필요한 작업에 한해 수행

필요할 때만 부여

...그 외의 규칙은 불필요...

그림 2-3. 최소 권한의 원칙을 기억하기 위한 **훌륭한** 인용문

최소 권한의 원칙을 준수하면 시스템의 한 영역 내 취약점이 다른 영역에 영향을 주지 않는다. 정책을 최소 권한의 원칙에 따라 할당한다는 것은 작업을 수행할 수 있는 범위 내에서 가장 제한적인 정책을 권한 주체에게 할당한다는 의미다.

최소 권한의 원칙과 폭발 반경

1장에서 폭발 반경의 개념과 공격자를 특정 모듈에 가둬 보안 사고의 영향을 최소화하는, 모듈화한 애플리케이션의 이점을 설명했다. 모듈화한 애플리케이션의 이점은 최소 권한의 원칙과 접근 통제를 구현해 실현할 수 있다.

그림 2-4는 전자상거래 회사의 모놀리식 아키텍처로 구축한 애플리케이션과 마이크로서비스 기반 아키텍처로 구축한 애플리케이션 2개를 비교한다. 애플리케이션은 비즈니스 요구 사항 처리를 위해 마케팅 데이터베이스, 재무 데이터베이스, 사용자 프로필 데이터베이스 등 3개의 다른 데이터베이스와 연결해야 한다.

최소 권한의 원칙을 모놀리식 애플리케이션에 적용하면 애플리케이션의 런타임 신원(애플리케이션을 실행하는 사용자 또는 역할)은 3개의 데이터베이스 모두에 접근할 수 있어야 하지만 마이크로서비스 기반 애플리케이션에 적용하면 특정 데이터베이스로 제한해 접근을 허용할 수 있다.

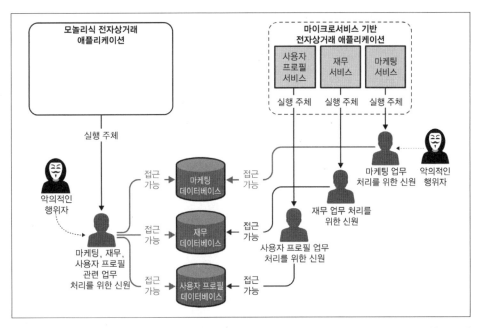

그림 2-4. 모놀리식과 마이크로서비스 기반 애플리케이션의 접근 통제 정책 비교. 마이크로서비스는 모듈화한 구조와 애플리케이션 접근 권한을 좀 더 세분화해 부여하는 기능 때문에 보안 사고 발생 시 모놀리식 애플리케이션보다 더 뛰어난 격리 환경을 제공

그림 2-4처럼 모놀리식 애플리케이션의 런타임 신원이 작업을 지장 없이 처리하려면 3개의 데이터베이스 모두에 접근이 필요해 런타임 신원을 대상으로 한 접근 정책은 광범위한 허용이 필요하다. 반면에 마이크로서비스 기반 애플리케이션의 개별 마이크로서비스는 특정한 하나의 데이터베이스와의 연결만 필요하다. 따라서 최소 권한의 원칙에 따라 개별 신원이 작업을 처리하고자 필요한 특정 데이터베이스에만 접근할 수 있도록 지시할 수 있다. 마이크로서비스에 최소 권한의 원칙을 적용하면 악의적인 행위자가 신원 중 하나를 획득하거나 손상시키더라도 영향 범위가 줄어든다.

모놀리식이라면 악의적인 행위자가 모든 데이터베이스에 접근할 수 있지만 마이크로서비스라면 악의적인 행위자는 그림 2-4처럼 마케팅 데이터베이스에만 접근할 수 있다. 엄밀히 말해 보안 사고가 발생하면 마이크로서비스 애플리케이션은 모놀리식보다 폭발 반경이 작아야 하지만 모든 신원과 리소스의 권한을 설계하는 과정에서 최소 권한의 원칙을 적용하는 경우에만 폭발 반경 최소화가 가능하다.

AWS IAM 정책의 구조

접근 통제의 개념적 정리를 마쳤으므로 AWS IAM에서 접근 통제 설정을 어떻게 하는지 살펴볼 차례다. 다시 말하지만 IAM 정책 내 모든 명령문^{statement}의 목적은 조건^{condition}이나 작업^{action}에 부합하는 권한 주체^{principal}의 접근을 허용하거나 차단할지를 명시하는 것이다. AWS에서 개별 정책은 하나 이상의 명령문을 포함한다.

접근 정책 명령문의 구성 요소를 두문자어로 표현한 PARC-E로 기억하면 쉽게 잊어버리지 않는다. 접근 정책 명령문의 구성 요소를 하나씩 살펴보자.

Principal

principal은 허가를 지시할 수 있는 대상을 나타내는 정책 요소로, 정책 내에 명시적으로 언급하거나 정책을 권한 주체에게 연결하는 방법으로 처리가 가능하다.

Action

action은 허용하거나 거부할 작업을 나타내는 정책 요소로, 데이터를 읽거나 테이블에 데이터를 쓰거나 또는 리소스가 처리할 수 있는 다른 작업을 지정한다.

Resource

resource는 명령문을 적용 가능한 리소스 또는 리소스 집합을 나타내는 정책 요소다.

Condition(선택 사항)

condition은 명령문을 평가할 조건을 나타내는 정책 요소로, action 정책 요소에 명시한 작업들을 effect 정책 요소대로 처리해도 될지를 평가하는 조건이다.

Effect

effect는 접근을 허용할지 거부할지 여부를 지시하는 정책 요소다.

 AWS의 모든 권한 주체와 리소스는 AWS에서 할당한 고유 ID인 ARN(아마존 리소스 이름)으로 명확하게 식별할 수 있다.

AWS IAM 정책은 JSON 형식으로 작성이 필요하며 다음과 같은 정책을 예로 들어 설명해보겠다.

```
{
    "Version": "2012-10-17",
    "Id": "key-default-1",
    "Statement": [
        {
            "Principal": {
                "AWS": "arn:aws:iam::244255116257:root"
            },
            "Action": "kms:*",
            "Resource": "*"
            "Effect": "Allow",
            "Sid": "Enable IAM User Permissions",
        }
    ]
}
```

위 IAM 정책은 ARN(arn:aws:iam::244255116257:root)을 가진 권한 주체는 정책을 적용한

모든 리소스에서 AWS KMS와 관련한 모든 작업(kms:*)을 수행할 수 있음을 의미한다.

대규모 조직에서 최소 권한의 원칙을 적용할 때 사용 가능한 IAM 정책 명령문을 부록 D에서 설명한다.

권한 주체 기반 정책

권한 주체 기반 정책은 AWS 계정의 권한 주체에게 적용돼 해당 권한 주체의 접근 수준을 결정한다. 권한 주체는 AWS 계정의 사용자, 그룹 또는 역할에 해당하며, 권한 주체가 접근하는 리소스는 동일 계정 내에 있을 수도 있지만 다른 계정에 있을 수도 있다.

"특정 사용자/역할/그룹이 접근할 수 있는 리소스가 어떤 건지?"에 대한 답을 알고 있다면 권한 주체 기반 정책을 적용하는 것이 가장 적합하다.

IAM은 디폴트 거부 규칙을 따른다. 즉, 사용자나 역할을 계정에 추가하더라도 관리자나 계정의 루트 사용자가 접근을 허용하는 IAM 정책을 생성하기 전까지는 해당 계정의 모든 리소스에 접근할 수 없다.

권한 주체 기반 정책은 사용자/역할/그룹에 적용한다. 정책의 권한 주체는 항상 정책이 연결된 엔터티라 정책 명령문에서 권한 주체를 명시적으로 나열할 필요가 없을 뿐만 아니라 AWS에서는 허용조차하지 않는다.

정책을 IAM 그룹에 연결하면 권한 주체는 요청을 보내는 해당 그룹 내 IAM 사용자다.

리소스 기반 정책

리소스 기반 정책은 이름에서 알 수 있듯이 리소스 기반 정책을 지원하는 특정 리소스를 대상으로 적용한다. AWS는 리소스 기반 정책을 지원하는 리소스 목록을 https://oreil.ly/fAo9L에서 공개하고 있다. 리소스 기반 정책은 인라인 정책 전용으로 관리형 정책은 없다. 리소스 기반 정책은 AWS 계정에 구속되지 않으므로 리소스를 소유한 AWS 계정이 아닌 모든 AWS 계정의 권한 주체를 포함할 수 있다.

"리소스에 접근할 수 있는 사람이 누구인지(어떤 권한 주체인지)?"에 대한 답을 알고 있다면 리소스 기반 정책을 적용하는 것이 가장 적합하다.

다음 정책은 리소스 기반 정책의 예로 특정 사용자(arn:aws:iam::AWS-account-ID:user/user-name)가 람다 함수(my-function)를 호출할 수 있게 허용한다. 정책은 JSON 형식으로 작성이 필요하며 다음과 같은 정책을 예로 들어 설명해보겠다.

```
{
    "Version": "2012-10-17",
    "Id": "default",
    "Statement": [
        {
            "Sid": "sample-resource-based-policy",
            "Effect": "Allow",
            "Principal": { "AWS": "arn:aws:iam::AWS-account-ID:user/user-name" },
            "Action": "lambda:InvokeFunction",
            "Resource": "arn:aws:lambda:us-east-2::function:my-function"
        }
    ]
}
```

신뢰 영역

단일 계정 환경에서 리소스 기반 정책은 권한 주체 기반 정책 상위에서 부가적인 보호 계층을 제공할 수 있다.

한 계정의 권한 주체가 다른 계정의 리소스를 호출할 수 있게 허용할 수 있다. 계정 B의 리소스 B에 접근하려는 계정 B의 권한 주체 B가 있다고 가정해보자(동일 계정 내 리소스와 권한 주체). 단일 계정 환경에서 리소스 B에 대한 접근을 허용하는 IAM 정책은 권한 주체 B에게 적절한 접근 권한을 제공한다.

기본적으로 리소스 기반 정책을 연결할 필요 없이 접근을 허용하는 자격증명 기반 IAM 정책을 연결하기만 하면 권한 주체 B는 자신의 계정 내 모든 리소스에 접근할 수 있는 권한을 받을 수 있다.

리소스 B는 여전히 계정 B에 있지만 권한 주체 A가 계정 A에 있는 리소스와 권한 주체가 다른 계정에 있는 조금 다른 상황을 생각해보자. 권한 주체 A는 리소스 B에 접근할 수 있는 신원 기반 정책을 갖고 있더라도 단순히 신원 기반 정책을 추가하는 것만으로는 교차 계정 접근을 허용하지 않는다는 것을 알게 될 것이다. 계정 B의 리소스 B에는 신원 기반 정책뿐만 아니라 리소스 기반 정책까지 필요하다. 그림 2-5는 교차 계정 접근 평가 로직을 보여준다.

즉, 계정 A에서 리소스 B로 접근할 수 있는 정책을 권한 주체 A에게 적용하더라도 접근을 허용하는 리소스 기반 정책을 계정 B에 적용하지 않는 한 AWS는 권한 주체 A가 리소스 B에 접근하는 것을 허용하지 않는다.

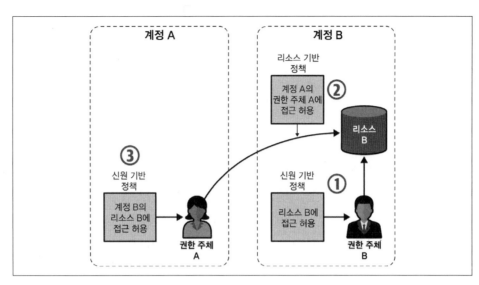

그림 2-5. 권한 주체 B가 리소스 B에 접근하려면 IAM 정책(①)만 필요하지만 권한 주체 A가 리소스 B에 접근하려면
리소스 기반 정책(②)과 IAM 정책(③) 모두 필요

동일 계정 내에서 서비스를 대상으로 들어온 내부 요청은 신뢰 영역^{zone of trust}에서 온 것이라 간주하지만 외부에서의 접근 요청은 해당하지 않는다. 리소스는 신뢰 영역 외부의 신뢰하는 권한 주체(그림 2-5에서는 계정)를 명시적으로 언급해야 한다. 신뢰 영역은 특정 리소스에 접근할 때 리소스 기반 정책이 필요한지 여부를 지정한다.

그림 2-6은 신뢰 영역의 개념이 정책 평가 알고리듬과 어떻게 일치하는지 요약한 벤다이어그램이다. AWS 계정 A에서 정의한 권한 주체 A가 리소스 B에 대한 접근을 요청하는 시나리오를 고려해보자.

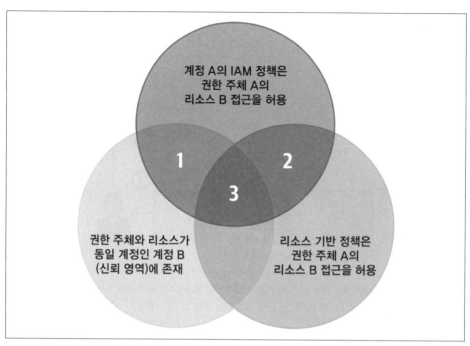

그림 2-6. 지역 1, 2, 3에서 발생한 요청은 리소스에 대한 접근을 허용하지만 다른 모든 요청은 접근 거부

접근을 허용해야 할지 평가할 때 다음 3가지 질문을 할 수 있다.

- 권한 주체 A와 리소스 A는 동일한 계정의 신뢰 영역 내에 있는가?

- 계정 A의 IAM 정책이 권한 주체 A가 리소스 B에 접근하게 허용하는가?

- 리소스 B에 권한 주체 A의 접근을 허용하는 리소스 기반 정책이 있는가?

그림 2-6에서 표현한 3개의 시나리오 중 하나에 해당하는 경우에만 요청을 승인한다.

 AWS에서는 권한 주체가 다른 계정의 역할을 위임 받아 위임 받은 계정 내 리소스를 요청할 수 있다. 이런 경우 정책 평가 로직은 요청이 위임 받은 계정의 역할에서 발생한 것으로 가정하고 신뢰 영역 내에서 온 것으로 가정한다. 이러한 요청을 허용하고자 리소스 기반 정책을 함께 적용할 필요는 없다.

정책 평가

수신한 요청 중에는 여러 요소를 고려해 평가해야 하는 정책 명령문이 있을 수 있다. AWS는 요청을 평가한 다음 접근하려는 리소스나 서비스를 대상으로 한 요청을 허용할지 거부할지를 결정해야 한다.

결정을 내릴 때 AWS는 표준 평가 알고리듬(https://oreil.ly/yLeID)을 따른다.

1. 디폴트로 모든 요청을 거부하려는 의도로 시작(묵시적 거부)한다.

2. 해당하는 모든 정책과 명령문을 살펴보고 조건에 부합하는 경우 조건을 충족하는 명령문만 유지한다.

3. 정책 내에 요청을 명시적으로 거부하는 명령문이 있는 경우 요청을 거부한다. 명시적 거부 정책은 허용 정책보다 우선한다.

4. 요청을 허용하는 정책이 있다면 요청을 다음 단계로 전달한다. 요청을 허용하는 신원 기반 정책이 없으면 요청을 거부하고 평가를 종료한다.

5. 권한 주체가 대상 리소스와 동일한 계정에서 온 경우 요청이 신뢰 영역 내에서 온 것이라고 가정할 수 있고 이럴 경우 리소스 기반 정책이 필요하지 않아 요청이 대상 리소스에 접근할 수 있게 허용한다.

6. 요청이 다른 계정의 권한 주체로부터 왔다면 리소스가 위치한 계정 내에 요청을 허용하는 리소스 기반 정책이 필요하기 때문에 리소스 기반 정책 존재 유무를 확인한다.

그림 2-7은 순서도 형태로 표현한 정책 평가 알고리듬이다.

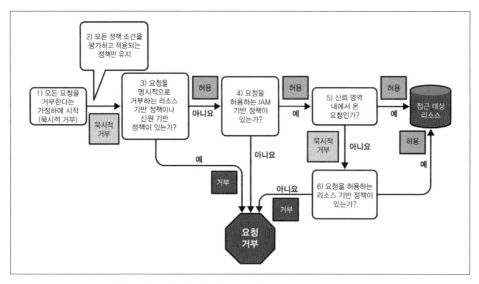

그림 2-7. 개별 요청을 서비스나 리소스에 접근하게 할지 거부할지를 결정하고자 작업 흐름에 따라 순차적으로 평가

AWS IAM 정책의 고급 개념

일반적인 마이크로서비스는 무수히 많은 권한 주체와 리소스를 갖고 있어 보안 정책 설계가 어렵기 때문에 보안 전문가들은 AWS에서 제공하는 일부 고급 도구를 사용해야 보안 정책을 더 잘 설계할 수 있음을 종종 깨닫는다. 이번에는 대규모 조직에서 사용할 수 있는, 정책을 작성하는 데 도움을 줄 수 있는 일반적인 몇 가지 정책 도구의 중요성을 살펴보자.

IAM 정책 조건

AWS는 정책이 포함하고 있는 정책 및 명령문을 조건부 기준으로 평가할 수 있으므로 IAM 프로세스에 더 많은 유연성(조건)을 추가할 수 있다. AWS는 수신한 개별 요청에 대한 콘텍스트를 수집하는데, 이러한 콘텍스트는 다음과 같은 정보를 포함한다.

- AWS에서 수행하려는 작업

- 통신 대상의 리소스 이름과 ARN

- 요청을 수행하는 권한 주체 또는 자격증명

- 요청의 일부를 구성하는 요청자 IP 주소, 사용자 에이전트[user agent], 보안 전송 여부, 권한 주체가 다른 AWS 서비스 인지 등과 같은 다양한 요소의 환경 데이터

- 리소스 태그나 데이터베이스 테이블 등의 대상 리소스에 관한 추가 정보

시스템 관리자는 콘텍스트가 포함하는 정보를 기반으로 조건부 논리를 공식화해 하나 이상의 IAM 정책을 시행할 수 있다. 조건부 평가 프로세스는 정책이 적용될 정책 콘텍스트를 식별하고 적정성을 평가할 때 해당 콘텍스트와 실제 요청 콘텍스트와 비교하는 기능에 의존한다.

예를 들어 요청의 출발지가 회사 사무실 IP인 경우에 한해 리소스 접근을 허용할 수 있으며, 이러한 정책을 예로 들면 다음과 같다.

```
{
    "Version": "2012-10-17",
    "Statement": {
        "Effect": "Deny",
        "Action": "*",
        "Resource": "*",
        "Condition": {
            "NotIpAddress": {
                "aws:SourceIp": [
                    "1.2.3.4/32"
                ]
            }
        }
    }
}
```

```
    }
```

이 정책은 계정 내 모든 리소스에 대한 모든 요청을 거부하지만 IP 주소가 1.2.3.4/32가 아닌 경우에만 적용하는 정책이기 때문에 IP 주소 1.2.3.4/32에서 발생한 요청에 관한 다른 AWS 정책을 방해하지 않고 리소스에 대한 외부 접근을 제한한다.

조건을 사용할 수 있는 또 다른 예로 HTTPS 프로토콜로만 특정 리소스에 접근할 수 있게 하려면 다음 조건을 사용할 수 있다.

```
"Condition": {"Bool": {"aws:SecureTransport": "true"}}
```

위 조건은 리소스에 접근하려는 요청이 HTTPS 같은 안전한 프로토콜을 사용하는 경우 true로 평가한다. AWS 정책에서 지원하는 모든 조건 목록은 https://oreil.ly/FaBG9 에서 확인할 수 있다.

AWS 태그와 속성 기반 접근 통제

애플리케이션 배포를 IDC 내의 정보 시스템에 하던 시절에는 통신 케이블과 서버랙 등의 물리적 장비의 용도, 처리하는 데이터의 민감도를 구분하고자 다른 색상을 적용했고 직원에게 접근 권한을 부여해야 할 경우에는 민감도와 색상 코드를 고려했다. 또한 개별 서버에 메타데이터(예, 처리하는 데이터의 민감도)를 적을 수 있는 스티커를 붙임으로써 서버 자산을 관리하는 팀은 리소스를 식별할 수 있었다. 팀 단위로 리소스를 표시하는 프로세스를 서버 태깅server tagging이라 한다.

AWS에서는 태그를 사용해 클라우드 리소스에 메타 데이터를 할당할 수 있다. 태그는 리소스를 관리하고 검색하며 필터링하는 데 사용할 수 있는 키와 선택적 값으로 구성한 간단한 라벨로, 태그를 사용하면 목적, 소유자, 환경, 경계 콘텍스트[bounded context], 하위 도메인 또는 기타 기준에 따라 리소스를 분류할 수 있다. 마이크로서비스의 모듈화 특성 때문에 태그는 모든 클라우드 리소스를 관리하고 리소스에 대한 접근을 통제할 수 있는 훌륭한 리소스다.

다양한 리소스에 속성(태그)을 지정하면 관리자가 데이터의 민감도와 리소스 접근에 필요한 최소 허용 수준을 지정할 수 있다. 또한 리소스에 대한 접근 권한을 얻고자 권한 주체가 가져야 하는 태그를 지정할 수도 있다. 따라서 "관리자만 level-manager 태그를 지정한 리소스에 접근할 수 있음" 또는 "X팀의 구성원만 team 태그의 값을 team x로 설정한 리소스에 접근할 수 있음" 등의 조건부 정책이 있을 수 있다. 이러한 접근 통제 방법을 속성 기반 접근 통제[ABAC, Attribute-Based Access Control]라 한다.

IAM 정책은 요청 콘텍스트의 태그에 접근할 수 있어 리소스에 지정한 태그와 비교해 요청을 허용할지 여부를 결정하는 데 태그를 사용할 수 있다.

```
"Condition": {
  "StringEquals": {"aws:ResourceTag/project":
    "${aws:PrincipalTag/project}"}
}
```

예상하는 것처럼 마이크로서비스는 속성 기반 접근 통제를 사용하기에 훌륭한 환경이다.

Not 정책 요소: NotPrincipal 및 NotResource

자주 사용하는 2가지 제외 정책 요소는 NotPrincipal과 NotResource로, 구조와 영향이 다소 비슷하기 때문에 함께 묶어 설명하겠다.

둘 다 지정된 정책을 적용하지 않는 항목 목록을 명시하는 데 사용한다. 조직의 일부 인원을 제외한 모든 사용자의 S3 버킷 접근을 거부하는 정책을 생성한다고 가정해보자. NotPrincipal을 사용해 정책에서 언급한 사용자들을 제외한 계정 내의 모든 사용자에게 적용하는 거부 정책을 지정할 수 있다.

```
{
   "Version": "2012-10-17",
   "Statement": [{
     "Effect": "Deny",
     "NotPrincipal": {"AWS": [
        "arn:aws:iam::<accountid>:user/<username>",
     ]},
     "Action": "s3:*",
     "Resource": [
        "arn:aws:s3:::<BucketName|>"
     ]
   }]
}
```

NotResource도 비슷한 방식으로 사용할 수 있는데, 특정 S3 버킷을 제외한 모든 버킷을 대상으로 접근을 거부하려는 경우 사용할 수 있다.

```
{
   "Version": "2012-10-17",
   "Statement": {
     "Effect": "Deny",
     "Action": "s3:*",
     "NotResource": [
        "arn:aws:s3:::<theonlybuckettoaccess>"
     ]
   }
}
```

IAM 정책 마무리

모든 클라우드 애플리케이션, 특히 마이크로서비스 애플리케이션에서 IAM 정책의 중요성은 아무리 강조해도 지나치지 않다. 모듈화 특성으로 인해 마이크로서비스 환경에서 모든 서비스를 통제하려면 상당히 많은 IAM 정책이 필요할 수밖에 없고 IAM 정책이 많아질수록 애플리케이션의 복잡성도 늘어날 수밖에 없다.

하지만 애플리케이션의 복잡성이 늘어나는 반면 통제 설정에 관한 유연성은 증가한다. 마이크로서비스는 모듈화 특성으로 인해 더 나은 통제가 가능하다. 도메인 주도 설계를 사용하면 적용 대상을 구체화한 IAM 정책을 구성할 수 있어 잠재적 위협에 대응한 예방 통제를 제공할 수 있다. AWS는 보안 위협에 대비하고자 IAM 정책을 서비스 요구 사항에 더 잘 맞게 조정하는 데 도움을 줄 수 있는 다양한 조건과 IAM 정책을 추가로 조정할 수 있는 방법을 설명한 문서 (https://oreil.ly/cAyea)를 제공한다.

대상을 구체화해 IAM 정책을 구성하더라도 대규모 조직에선 IAM 정책으로 인해 개발자와 보안 아키텍트 간에 마찰이 발생할 수 있다. 8장에서는 마이크로서비스에 IAM 정책을 적용함으로써 발생하는 복잡성 부담 감소를 목표로 하는 몇 가지 다른 기법을 소개할 예정이다.

역할 기반 접근 통제

마이크로서비스는 서로 다른 신원으로 실행 중인 많은 서비스를 포함하고 있기 때문에 IAM 정책의 양은 금세 늘어나고 복잡해질 수밖에 없다. 이러한 상황에서 AWS 역할role은 보안 정책을 단순하고 확장 가능한 상태로 유지하면서 신원 생성을 단순화하는 것을 목표로 한다. 역할은 사회 과학에서 따온 개념으로, 특정 상황에서 사람들이 정의한 권한, 행동, 자격증명, 규범의 모음이다.

예를 들어 한 학생이 수업을 수강하고 파티에도 참석한다고 가정해보면 동일인이지만 장소에 따라 다른 역할을 한다. 해당 학생이 수업 시간에 큰 소리로 음악을 듣는 것은 허용되지 않지만 파티에서는 이어폰이 터질 만큼 큰 볼륨으로 음악을 듣더라도 문제 삼는 사람은 없다. **역할 기반 접근 통제**[RBAC, Role-Based Access Control]를 사용하면 현재 수행하는 역할에 따라 동일인에게 다른 제한을 두는 것이 가능하다.

역할 기반 접근 통제는 접근 통제 패러다임이자 보안 분야에서 흥미로운 주제다. 역할 기반 접근 통제에 대해 궁금하다면 데이비드 페라이올로[David Ferraiolo] 외 2인이 쓴 『Role-Based Access Control』(Artech House, 2007)을 읽어보는 것을 추천한다.

 역할 기반 접근 통제는 복잡한 조직에서 접근 통제를 구성하는 유일한 방법이 아니며 속성 기반 접근 통제, 강제적 접근 통제(MAC, Mandatory Access Control), 그래프 기반 접근 통제(GBAC, Graph-Based Access Control) 등 다양한 방법이 있다. 접근 통제 방법별로 장점이 있기 때문에 모든 조직은 자신의 보안 요구 사항에 가장 적합한 접근 통제 패러다임을 찾아야 한다. 2장에서 다루고 있는 역할 기반 접근 통제를 업계에서는 현재 폭넓게 사용 중이며 마이크로서비스 개념에도 적합한 접근 통제 방법이다.

조직에 소속된 직원이 리소스에 접근하려 한다면 역할 기반 접근 통제는 해당 직원이 업무를 처리할 수 있게끔 허용한 역할로 책임을 전환하게 지시한다. 직원이 맡게 될 역할은 회사 내 직원의 수명주기와 연결되지 않는 별도의 수명주기를 가질 수 있다. 예를 들어 직원을 조직에서 교체하더라도 후임자는 여전히 동일한 역할을 사용해 동일한 리소스에 접근할 수 있다.

그림 2-8은 개별 사용자가 아닌 역할 기반으로 접근 통제를 적용하는 것이 어떻게 도움을 주는지를 보여준다. 사용자(고라브 라제)는 리소스에 접근할 수 없지만 동일 사용자가 시스템 관리자 역할을 맡을 때엔 리소스에 접근할 수 있다.

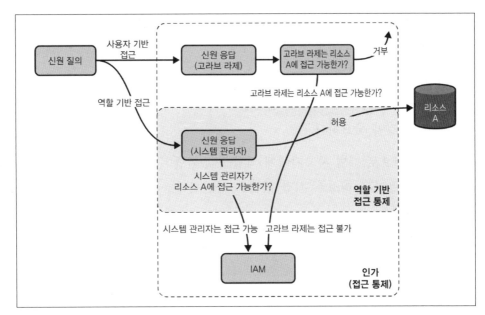

그림 2-8. 역할 기반 접근 통제에서 동일 사용자는 개인의 신원이나 조직 내에서 처리할 수 있게
인가된 역할 중 하나를 사용해 리소스에 대한 접근 요청 가능

역할 기반 접근 통제 적용과 같은 조직 전반의 패러다임 전환을 구현하려면 하향식
(top-down) 조정이 필요하다. 특히 대규모 조직에서 전환에 어려움을 겪을 수 있는데,
구현에 성공한다면 복잡성 감소, 접근 가시성 향상, 규정 준수율 개선, 보안 인프라
관리 수월 등의 이점을 얻을 수 있다.

역할 기반 접근 통제 모델링

역할 기반 접근 통제 모델링의 첫 번째 단계는 다양한 리소스와 리소스에서
수행할 수 있게 인가된 작업을 식별하는 것이다.

1. 리소스에서 수행해야 하는 모든 작업을 나열해 기록한다.

2. 그런 다음 조직을 분석해 조직 내 직원과 해당 직원이 조직의 리소스별
   로 수행하는 작업을 식별한다. 식별 작업은 직원, 직위, 직함, 접근 권한
   에 기반을 둔 그룹화 작업을 포함한다.

3. 단계 2에서 식별한, 조직 내 직원이 작업 수행에 사용할 개별 접근 패턴을 반영하도록 역할을 생성한다.

4. 접근을 통제하는 IAM 정책을 역할에 할당한다. 경험상 역할별로 최소한의 리소스와 작업에 대한 접근만을 허용해 최소 권한의 원칙을 따르게 하는 것이 중요하다.

5. 마지막으로 개별 사용자에게 역할을 부여할 수 있지만 역할이 없는 모든 사용자의 리소스 직접 접근은 차단한다.

그림 2-9는 역할 모델링 프로세스를 보여주고 역할 기반 접근 통제 구현 전후의 접근 패턴을 비교한다.

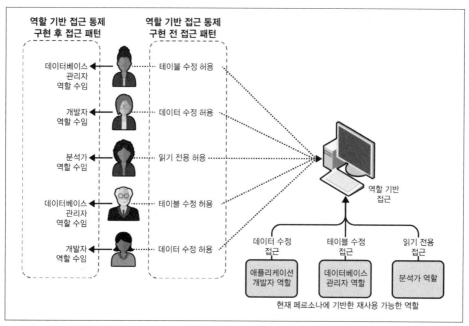

그림 2-9. 조직이 사용자 접근 패턴을 역할로 모델링해 사용자 기반 접근에서 역할 기반 접근으로 전환하는 방법

역할 기반 접근 통제 모델로 전환한 후 리소스에 접근하려는 개별 사용자를, 직접 접근이 아닌 역할을 통해 제한해야 한다.

역할 기반 접근 통제는 최소 권한의 원칙을 조직 내에 적용하는 경우에만 유용하다. 지나치게 관대한 역할은 애플리케이션 보안을 저해하는 반면에 지나치게 제한적인 역할은 정당한 사용자의 작업 수행을 방해할 수 있다.

역할 보호

애플리케이션이 조직의 모든 직원과 마이크로서비스에 필요한 역할을 이미 구현했다고 가정하면 다음 단계는 권한 주체가 역할을 맡을 수 있게 허용하는 것이다. AWS에는 사용자나 서비스가 해야 할 작업을 완료하는 데 필요한 역할을 맡을 수 있는 여러 가지 방법이 있다. AWS의 경우 AWS 보안 토큰 서비스^{STS,} _{Security Token Service}를 사용해 모든 역할 전환 방법을 지원한다. 권한 주체가 역할 전환을 할 수 있으려면 권한 주체에게 STS에서 **AssumeRole** 작업을 호출할 수 있게 허용하는 IAM 정책을 연결해야 한다.

```
{
  "Version": "2012-10-17",
  "Statement": {
    "Effect": "Allow",
    "Action": "sts:AssumeRole",
    "Resource": "arn:aws:iam::ACCOUNT-ID-WITHOUT-HYPHENS:role/<Role>"
  }
}
```

또한 IAM 역할에 IAM 역할 신뢰 정책^{IAM role trust policy}으로 불리는 특수한 유형의 리소스 기반 정책을 연결할 수 있다. IAM 역할 신뢰 정책은 역할을 수임할 수 있게 허용할 권한 주체를 지정함으로써 다른 리소스 기반 정책처럼 작성할 수 있다.

```
{
    "Version": "2012-10-17",
    "Statement": [
        {
            "Effect": "Allow",
            "Principal": {
                "AWS": "arn:aws:iam::<accountid>:user/<username>"
            },
            "Action": "sts:AssumeRole",
        }
    ]
}
```

역할에 접근할 수 있게 허용한 모든 권한 주체를 해당 역할에 대한 신뢰할 수 있는 엔터티로 부른다. 신뢰할 수 있는 엔터티는 그림 2-10에서 볼 수 있는 것처럼 AWS 관리 콘솔의 Identity and Access Management(IAM) 설정 내의 역할 페이지의 신뢰 관계 탭에서 추가할 수 있다.

그림 2-10. 역할의 신뢰 관계를 편집해 IAM 역할에 대한 리소스 정책에 새로운 권한 주체 추가 가능

IAM 역할 신뢰 정책은 리소스 기반 정책과 유사하며 외부 계정의 권한 주체를 허용한다. 동일 계정 내에서 역할을 전환하는 것은 제어된 방식으로 계정 간에 AWS 리소스에 대한 접근 권한을 공유하는 좋은 방법이다.

모든 정책 평가와 마찬가지로 사용자가 IAM으로 역할을 수임하려고 할 때 신뢰 관계와 신원 기반 IAM 정책을 동시에 평가하는데, 역할 수임에 성공하려면 두 정책 모두에서 작업을 허용해야 한다. 정책 중 하나라도 거부한다면 사용자는 역할을 수임할 수 없다.

역할 수임

이미 언급한 것처럼 역할을 수임하는 프로세스에서 AWS는 내부적으로 AWS STS를 사용한다. 역할 수임에는 AWS에서 향후 요청에 사용할 수 있는 임시 자격증명 모음을 요청하는 작업까지 포함한다. 그림 2-11은 밥[Bob]과 앨리스[Alice]라는 2명의 사용자가 AWS STS를 사용해 역할(역할 A) 수임을 시도하는 것을 보여준다. 앨리스와 달리 밥은 역할 A의 신뢰 정책에 포함돼 있지 않다.

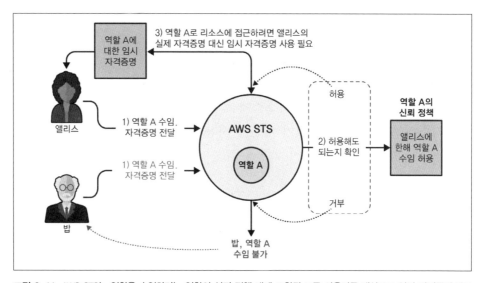

그림 2-11. AWS STS는 역할을 수임하려는 역할의 신뢰 정책 내에 포함된 모든 사용자를 대상으로 임시 자격증명 발급

루트 사용자는 AWS STS를 사용해 역할을 수임할 수 없다. AssumeRole은 IAM 사용자나 역할에 대한 자격증명을 사용해 호출해야 한다.

역할은 리소스에 대한 접근을 허용한다. 리소스에 접근하는 데 사용하는 방법은 다음과 같다.

1. IAM은 역할 수임을 위해 STS 요청을 할 수 있게 허용된 사용자인지 확인한다.

2. 사용자는 특정 역할을 수임하고 임시 자격증명을 얻고자 AWS STS를 호출한다.

3. AWS STS는 IAM을 통해 대상 역할의 신뢰 정책에서 호출 측 권한 주체에게 역할 수임을 허용하는지 확인한다.

4. 호출 측 권한 주체는 자신의 자격증명 대신 수임을 희망하는 역할의 임시 자격증명을 사용해 리소스에 접근한다.

그림 2-12는 역할 수임을 통해 리소스 접근을 허용할 때의 평가 흐름을 보여준다.

수임한 역할이 특정 리소스에 접근할 수 있는 경우 호출 측은 수임한 역할의 임시 자격증명을 사용해 해당 리소스에 접근할 수 있다. 그림 2-12에서 역할 A는 리소스 A에 접근할 수 있기 때문에 사용자 B는 역할 A의 권한을 수임해 리소스 A에 접근할 수 있다.

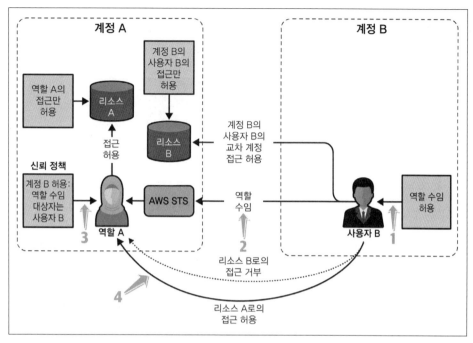

그림 2-12. AWS STS는 동일 계정 또는 외부 계정의 사용자가 접근 대상 리소스가 있는
계정 내 역할의 임시 자격증명을 획득하게 허용

 역할을 수임하면서 원래의 자격증명과 접근 권한을 포기하는 것은 하나의 아마존 S3
버킷에만 접근할 수 있는 역할이 다른 역할에만 접근을 허용하는 버킷에 파일을 복사
하거나 비교하려는 경우처럼 특정 사례에서 문제가 될 가능성이 있다. 이러한 상황에서
는 리소스 기반 정책으로 두 버킷 모두에게 접근할 수 있는 권한을 역할에 부여하는
것이 가장 좋은 해결책이다.

동일한 사용자가 다른 역할로 리소스에 접근할 수 있어 특정 리소스에 접근하
는 데 사용한 정확한 ID를 기억하기 어려운 경우가 있다. AWS CLI^{Command-Line}
^{Interface}에서 AWS와 상호작용할 때 어떤 ID를 사용하는지 확인할 수 있다.

다음 명령을 실행하면 AWS는 그림 2-13처럼 사용자의 현재 신원에 관한 정보
를 알려주는데, 역할 수임 전이라면 사용자를, 역할 수임 이후라면 역할을 보여
준다.

```
aws sts get-caller-identity
```

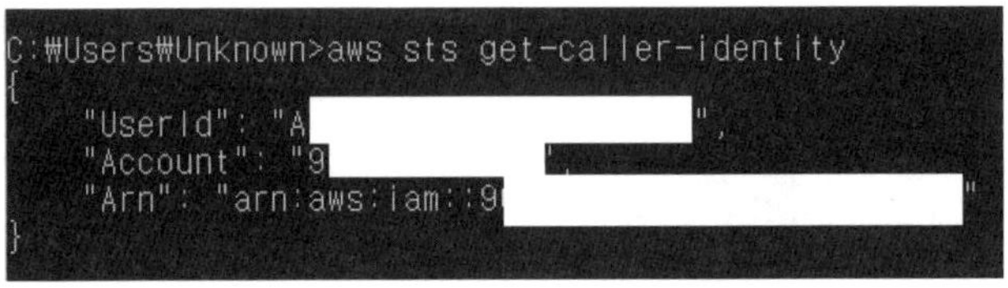

그림 2-13. get-caller-identity 명령을 실행하면 현재 세션의 사용자 ID(UserId), 계정 ID(Account), ARN 반환

AWS CLI를 사용한 역할 수임

AWS CLI에서 다음 명령을 실행하면 AWS STS를 사용해 역할 수임이 가능하다.

```
aws sts assume-role --role-arn arn:aws:iam::123456789012:role/targetrole
  --role-session-name assumed-role-session
```

AWS는 위의 요청을 받고 호출자가 AWS 자원에 접근할 때 사용할 수 있는 임시 자격증명을 발급해 응답한다.

```
{
   "AssumedRoleUser": {
     "AssumedRoleId": "AXAISKDJSALA:assumed-role-session",
     "Arn":
        "arn:aws:sts::123456789012:assumed-role/
        targetrole/assumed-role-session"
   },
   "Credentials": {
     "SecretAccessKey": "9drTJvcXLB89EXAMPLELB8923FB892xMFI",
     "SessionToken": "AQoXdzELDDY//////////
     wEaoAK1wvxJY12r2IrDFT2IvAzTCn3zHoZ7YNtpiQLF0MqZye/
```

```
        qwjzP2iEXAMPLEbw/m3hsj8VBTkPORGvr9jM5sgP+w9IZWZnU+LWhmg+a5f
        Di2oTGUYcdg9uexQ4mtCHIHfi4citgqZTgco40Yqr4lIlo4V2b2Dyauk0eY
        FNebHtYlFVgAUj+7Indz3LU0aTWk1WKIjHmmMCIoTkyYp/k7kUG7moeEYKS
        itwQIi6Gjn+nyzM+PtoA3685ixzv0R7i5rjQi0YE0lf1oeie3bDiNHncmzo
        sRM6SFiPzSvp6h/32xQuZsjcypmwsPSDtTPYcs0+YN/8BRi2/IcrxSpnWEX
        AMPLEXSDFTAQAM6Dl9zR0tXoybnlrZIwMLlMi1Kcgo5OytwU=",
        "Expiration": "2016-03-15T00:05:07Z",
        "AccessKeyId": "ASIAJEXAMPLEXEG2JICEA"
    }
}
```

임시 자격증명은 특정 날짜나 시간이 되면 만료되고 세션에 연결한다는 특성을
제외하면 일반 자격증명과 동일한 용도로 사용할 수 있으며 수신한 임시 자격
증명은 다른 리소스 접근에도 사용할 수 있다.

AWS 관리 콘솔을 사용한 역할 전환

그림 2-14와 2-15에서 볼 수 있는 것처럼 AWS는 현재 로그인한 사용자에서
접근 가능한 다른 역할로 전환할 수 있는 기능을 AWS 관리 콘솔에서 제공한다.

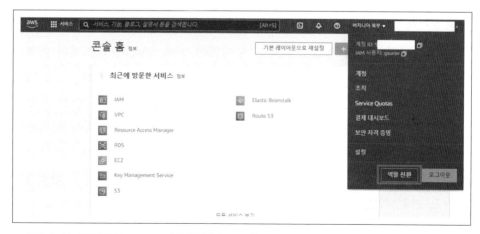

그림 2-14. 역할 전환(Switch Roles)을 클릭하면 로그인한 사용자가 전환할 수 있는 새로운 역할 추가 가능

aws

역할 전환

하나의 사용자 IP 및 암호를 사용하여 Amazon Web Services 계정에서 리소스를 관리할 수 있습니다. Amazon Web Services 관리자가 역할을 구성하고 계정 및 역할 세부 정보를 제공한 후에 역할을 전환할 수 있습니다. 자세히 알아보기.

계정* [　　　　　　] ⓘ

역할* [　　　　　　] ⓘ

표시 이름 [　　　　　　] ⓘ

색상 [a] [a] [a] [a] [a] [a]

*필수   취소   역할 전환

그림 2-15. 새로운 역할을 추가하려면 계정 ID, 역할 이름, 표시 이름(별칭) 추가 필요

이제 조직 내 모든 인원을 대상으로 역할을 설정하고 리소스에 접근할 수 있는 역할로 전환할 수 있으므로 개별 접근을 사용자가 아닌 역할에 연결해 관리함으로써 IAM 정책을 훨씬 명확하게 관리할 수 있고, 애플리케이션의 함수에서 자격증명을 분리하는 효과를 얻을 수 있다.

서비스 연결 역할

클라우드 인프라에서 마이크로서비스를 실행하는 환경에서는 마이크로서비스에게 최소한의 권한을 적용한 역할을 부여해야 한다. AWS는 최소한의 역할을 부여하는 프로세스를 더 쉽게 수행할 수 있도록 지원하는 특정 서비스를 대상으로 한 **서비스 연결 역할**Service-Linked Role 생성을 허용한다. 서비스 연결 역할은 AWS에서 미리 작성해둔 정책과 설명을 갖고 있고 역할 연결 대상 서비스는 서비스 연결 역할을 사전에 정의한다. 서비스 연결 역할은 다른 AWS 서비스를 호출하는 데 필요한 모든 권한을 포함한다. AWS CLI에서 다음 명령을 실행하면 서비스 연결 역할을 만들 수 있다.

```
aws iam create-service-linked-role --aws-service-name <service name>
```

 서비스 연결 역할을 부여할 수 있는 서비스 이름은 AWS 온라인 문서(https://oreil.ly/lhrlj)에서 확인할 수 있다.

인증 및 신원 관리

지금까지는 AWS가 어떻게 사용자의 신원을 알 수 있는지에 대한 설명 없이 AWS는 사용자의 신원을 알고 있다고 가정했다. 접근 통제는 알려진 신원 보유자가 시스템에 가할 수 있는 손실의 양을 제한하기 때문에 AWS가 사용자의 실제 신원을 알고 있어야 접근 통제가 효과적으로 작동한다. 하지만 접근 통제 시스템 관점에서 신원을 어떻게 알 수 있을까? 무엇을 기준으로 결정해야 할까? 당신의 신원이 맞는가? 소유하고 있는 신분증으로 당신의 신원을 증명할 수 있는가? 이번에는 여태껏 설명한 IAM의 나머지 부분들이 비인가 접근에 관한 위협 통제를 성공적으로 적용할 수 있도록 초기 신원을 설정, 증명, 보호할 수 있는 다양한 방법을 알아본다.

신원의 기초

마이크로서비스 환경에서 신원의 개념은 다소 복잡하다. 마이크로서비스를 멀티리전에 위치한 여러 대의 다른 서버에서 실행하더라도 동일한 마이크로서비스에게 공통 신원을 제공하는 서비스 클러스터로 식별하는 것이 바람직할 수 있다. 반면 동일한 워크스테이션을 사용하는 여러 사용자가 하나의 리소스와 통신할 가능성도 있어 접근을 통제하려면 개별 사용자를 고유하게 식별할 필요가 있다. 또한 정보시스템에서 접근 통제를 달성하려면 사용자의 신원을 3가지 측면 또는 기본 빌딩 블록으로 구성해야 한다.

자격 entitlements

자격은 작업 수행을 목적으로 사용자에게 부여한 권리나 특권을 의미하며 사용자별로 직위, 소속 부서의 업무 범위 등이 다르기 때문에 부여한다. 예를 들어 조직의 재무 부서에 근무하는 A 직원은 재무 부서 소속이란 사실만으로 모든 회계 데이터베이스에 대한 접근 권한을 가질 수 있다. 시스템상에서 비인가 접근을 막으려면 A가 재무 부서의 구성원인지 확인해야 한다. 사실상 재무 부서에 입사하면 수행하는 업무 범위 때문에 자동으로 접근 권한을 얻을 수 있다.

속성 attributes

자격과 달리 속성은 신원의 수명주기 내에서만 유효하다. 속성은 관리자가 부여하거나 특정 작업을 수행해 얻을 수 있다. 관리자는 직원에게 권리를 부여하기보단 쉽게 취소할 수 있는 임시 속성을 부여한다. 예를 들어 보안 허가를 받은 조직의 모든 사람은 민감한 데이터에 접근할 수 있다. 시스템상에서 비인가 접근을 막으려면 속성을 변조하거나 도용하지 못하게 해야 한다. 따라서 보안 허가를 받지 못한 B 직원이 보안 허가를 받은 직원인 것처럼 접근 통제 시스템을 속일 수 없게 해야 한다.

특성 traits

특성은 주체의 고유한 특징으로 접근 통제 시스템이 접근 권한을 부여하는 데 사용할 수 있는 사용자의 생물학적 특징이나 다른 신원 정보를 포함할 수 있다. 예를 들어 건물의 보안 관리자가 개인적으로 알고 있는 직원이 있다면 보안 관리자는 외모를 기반으로 직원을 식별할 수 있기 때문에 출입 카드를 제시하지 않고도 건물에 출입할 수 있다.

접근 통제 시스템은 앞에서 언급한 신원 측면 3가지 중 1가지 이상을 사용해 사용자가 작업을 수행할 수 있게 하거나 작업을 완료하지 못하게 할 수 있다. 예를 들어 주류 판매점에서 주류를 구입할 때 운전 면허증 등의 연령 증빙을 요청할 수 있다. 운전 면허증은 국가에서 개인에게 부여한 속성으로, 법적으로 음주가 가능한 연령보다 높아 주류 구매를 허용한 그룹에 속해 있다면 주류를 구입할 자격이 있다. 운전 면허증의 사진과 실제 얼굴이 일치하면 주류 판매점에서 신원 확인이 가능한데, 이게 신원의 특성 측면이다. 신원의 3가지 측면은 주류를 구매할 때 서로 함께 작용한다.

악의적인 행위자나 다른 사람 행세를 하는 인원이 정당한 사용자의 신원을 도용해 시스템에 접근하는 경우 신원이 손상됐다고 한다.

인증의 기초

신원의 무결성을 유지할 수 있다면 접근 통제 시스템은 해당 신원을 사용해 비인가 접근을 방지할 수 있다. 예를 들어 미성년자의 주류 구매를 방지하고자 주류 판매점에서는 모든 고객에게 운전 면허증(속성)을 제시하도록 요구할 수 있고, 이를 통해 증빙이 없는 사람은 주류를 살 수 없도록 강력한 보안 요원을 두는 것이 가능하다. 하지만 운전 면허증 위조가 쉽다면 미성년자가 위조한 면허증을 사용해 접근 통제 시스템을 우회해 무용지물로 만들 수 있다. 신원 손상을 방지하는 것이 인증 시스템의 주된 역할이며, 운전 면허증의 경우 3D 홀로그램이나 컴퓨터 스캐너를 도입해 무결성을 보장하는 방법이 있을 수 있다.

인증은 전자적인 시스템에 제출한 사용자 신원에 대한 신뢰를 설정하는 프로세스다. 인증 프로세스를 거치는 사용자나 서비스는 신원을 설정하고자 AWS 계정이 특정 사용자만 수행할 수 있다고 믿는 작업을 수행해야 한다. AWS는 이러한 특정한 작업을 크게 3가지로 분류한다.

지식 기반 인증

AWS는 정당한 사용자만 알고 있는 지식을 증명하도록 사용자에게 요구한다. 지식 기반 인증의 예는 비밀번호나 비밀 핀 번호 입력, 비밀 문구passphrase 사용, 보안 질문에 대한 답변 등이 있다.

소유 기반 인증

AWS는 정당한 사용자만 소유할 수 있는 물건으로 소유를 증명하도록 요구한다. 소유 기반 인증의 예는 사용자의 휴대폰, 유비키YubiKey 또는 구글 타이탄 키Titan key 등의 물리적 하드웨어 인증 장치를 사용한 인증 등이 있다.

타사 인증

인증에 대한 책임을 AWS가 지는 대신 인증 프로세스를 수행할 다른 시스템을 지정하는 방법이다. 이 방법은 조직의 기존 인증 프로세스를 재사용할 수 있다. 타사 인증federated authentication을 사용하면 AWS는 액티브 디렉터리Active Directory나 조직에서 이미 신원을 등록하는 데 사용 중인 다른 메커니즘 등의 조직 내 시스템에 인증 작업을 위임할 수 있다.

대부분의 보안 조직은 추가 보안 계층을 도입하고자 다른 메커니즘과 소유 기반 인증을 혼합한 멀티팩터 인증(MFA, Multifactor Authentication)을 사용한다. 이 책에서는 멀티팩터 인증의 중요성을 지속적으로 언급할 예정이다.

AWS의 신원 연동

AWS 관리 콘솔에서 복잡한 비밀번호를 설정하도록 요구하는 것은 클라우드 인프라를 보호하는 좋은 시작이지만, 사용자가 로그인 자격증명을 유지해야 할 책임을 갖고 있어 조직 내에서 마찰을 일으킬 수 있다. 또한 IAM 자격증명에 대해 더 엄격한 비밀번호 정책을 사용하면 마찰은 더욱 심해질 수 있다. 회사 직원들은 이미 기업에서 발급한 신원을 갖고 있어 AWS에서 복잡한 비밀번호 정책을 사용해 새로운 계정을 생성하는 것을 요구하면 직원 간 마찰이 더욱 커질 수 있다.

AWS는 AWS의 신원 서비스와 조직의 신원 관리 시스템을 통합할 수 있는 기능을 제공한다. AWS가 인증 측면을 신뢰할 수 있는 서드파티 시스템에 위임하는 이러한 시스템을 **신원 연동**^{identity federation}으로 부른다. 신원 연동의 핵심은 온프레미스 시스템과 AWS IAM 등 2개의 신원 공급자가 있고 서로 간에 자신의 신원을 서로 연결하는 데 동의해야 한다는 것이다(신원 연동에 대해 궁금하다면 크리스 닷슨^{Chris Dotson}이 쓴 『실용적인 클라우드 보안』(에이콘, 2021)를 읽어보는 것을 추천한다). AWS를 대신해 신원을 실제 확인하는 서드파티 시스템을 **신원 공급자**^{IdP, Identity Provider}로 부른다.

신원을 연동하는 방법은 다양하며 대부분은 역할 기반 접근 통제를 사용해 외부 서드파티 신원을 AWS 계정 내에 설정한 역할과 연결하고 이러한 서드파티 신원을 AWS 역할에 대한 자격증명으로 교환하도록 허용하는 것과 관련이 있다.

신원 연동을 달성하는 방법에는 여러 가지가 있지만 모든 방법은 그림 2-16에서 설명한 공통 절차를 따른다. 연동한 신원을 사용해 접근 대상 리소스로 표기한 AWS 내의 리소스에 접근하고 싶어 하는 사용자가 있다고 가정해보자. 온프레미스 시스템은 이미 모든 사용자의 신원을 갖고 있어 이러한 시스템이 신원 공급자 역할을 하고 작업을 수행할 수 있게 허용해야 하는 최소한의 권한 수준이나 역할을 결정한다.

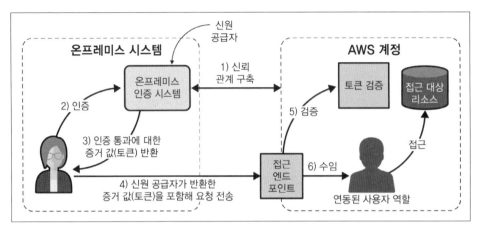

그림 2-16. 연동 대상 신원 출처로부터 인증 요청이 올 때 대부분의 신원 연동 메커니즘이 따르는 절차

그림 2-16에서 설명한 신원 연동 흐름은 다음과 같다.

1. 외부 신원 관리 시스템과 AWS 계정 간에 일종의 신뢰 관계를 설정한다.

2. 리소스에 접근이 필요한 사용자는 온프레미스 시스템의 인증 프로세스
   를 먼저 통과할 필요가 있다(호출자의 신원을 확인하고자 멀티팩터 인증 적용 가능).

3. 온프레미스 인증 시스템은 사용자의 신원을 검증했음을 AWS에서 확신
   할 수 있도록 보증할 수 있는 값(토큰)을 반환한다. AWS는 토큰을 확인해
   유효성을 판단한다.

4. 사용자는 신뢰하기로 동의한 신원 공급자의 인증을 통과했음에 대한 증
   빙으로 토큰을 포함해 AWS로 요청을 전송한다.

5. AWS는 토큰 또는 토큰의 '어설션^{assertion}'을 검증해 사용자가 실제로 신원
   공급자의 검증을 통과했는지 확인한다.

6. 검증 과정을 통과하면 앞서 '역할 기반 접근 통제' 절에서 설명한 것처
   럼 최종 사용자는 자신의 신원을 리소스에 접근 가능한 대상 AWS 계정
   의 역할로 교환 가능하다. 이 경우 외부 AWS 계정 사용자를 AWS에서
   인증하는 것이 아니라 AWS에서 신뢰하는 서드파티 시스템에서 사용

자를 인증하는 형태다. 리소스에 접근 가능한 역할이기 때문에 최종 사용자는 방금 수임한 역할의 신원을 사용해 대상 리소스에 접근할 수 있다.

SAML 2.0과 OpenID Connect를 사용한 신원 연동

SAML^{Security Assertion Markup Language} 2.0은 보안 도메인 간 신원을 교환하는 데 사용하는 가장 일반적인 표준이다. 많은 서드파티 신원 공급자가 SAML 2.0을 완벽히 준수하고 있어, 조직은 SAML을 사용해 다양한 서드파티 인증 공급자와 연동할 수 있다.

부록 B는 신원 공급자와의 연동에 관심 있는 독자를 위한, 서드파티 SAML 공급자와의 통합에 관한 실습 예제를 포함한다.

OIDC^{OpenID Connect}는 AWS 계정에 신뢰할 수 있는 신원 공급자를 추가하는 데 사용할 수 있는 또 다른 도구다. OAuth 2.0 기반으로 개발한 OIDC는 AWS가 최종 사용자의 신원을 HTTP 프로토콜 기반으로 확인할 수 있게 해준다. SAML과 마찬가지로 OIDC는 통합 사용자가 역할 수임 목적으로 자신의 외부 신원을 AWS 계정의 역할로 교환할 수 있게 해준다. 수임할 AWS 역할은 최소 권한 정책과 역할 기반 접근 통제 모델링에서 설명한 모든 개념을 반영해 만들 수 있다.

SAML이나 OIDC 기반 신원 공급자 중 어떤 것을 사용하든 AWS에서 이미 사용 중인 신원 공급자를 대상으로 인증 위임을 허용하기 때문에 직원이 추적 및 관리해야 할 로그인 자격증명의 수를 줄이는 효과가 있다.

AWS는 인증 과정에서 신원 공급자를 신뢰하기 때문에 해당 신원 공급자가 보안 모범 사례를 준수하고 있는지가 중요하다. 보안 모범 사례는 강력한 암호 정책 선택, 멀티팩터 인증 적용, AWS 리소스에 더 이상 접근이 불필요한 사용자를 제거하기 위한 정기적인 권한 검토를 포함한다.

역할 기반 접근 통제와 마이크로서비스

이번엔 AWS 클라우드 시스템의 IAM 기초를 설명할 차례다. IAM 역할, 인증 및 정책은 안전한 마이크로서비스 구축을 돕지만 그럼에도 마이크로서비스 애플리케이션은 실행 중이고 서로 상호작용하는 많은 서비스가 있기 때문에 주의를 기울이지 않으면 IAM 정책이 복잡해질 수밖에 없다. 마이크로서비스 애플리케이션의 복잡성을 유지하면서 접근 통제를 구현하는데 도움을 줄 수 있는 클라우드 인프라 아키텍처 요소 중 몇 가지를 살펴보자.

시작에 앞서 애플리케이션은 도메인 디자인 기반으로 서비스를 명확하게 분리했다고 가정하겠다. 결과적으로 애플리케이션 내의 개별 마이크로서비스는 특정 비즈니스 책임에만 집중한다. 서비스가 비즈니스 목표와 잘 부합한다는 점을 감안해보면 비즈니스 역할 측면에서 서비스를 정의하는 것이 더 쉬울 수 있고 역할 기반 접근 통제는 이러한 사례에서 접근 통제를 구현할 수 있는 좋은 접근법이다.

대부분의 마이크로서비스 애플리케이션에서 서비스에 대한 역할 모델링을 수행할 수 있다. 개별 서비스가 AWS 리소스에 접근하는 방법을 문서화하고 접근 요청 콘텍스트를 기반으로 접근에 필요한 권한에 맞는 역할을 할당해야 한다. 역할을 직원이 아닌 서비스에 부여하는 것을 제외하면 마이크로서비스의 역할 모델링은 직원을 대상으로 모델링하는 것과 매우 유사하다.

역할 기반 접근 통제를 성공적으로 구현한 후에는 개별 마이크로서비스를 인프라 내에서 적절한 수준의 접근 권한이 있는 역할에 매핑할 수 있다. 역할에 최소 권한의 원칙을 적용하면 마이크로서비스가 정의한 역할을 절대로 벗어날 수 없게끔 할 수 있다.

실행 역할

역할 기반 접근 통제를 지원하는 많은 AWS 서비스는 **실행 역할**[execution role]로 불리는 특정 디폴트 역할을 위임받아 서비스를 실행한다. 실행 역할은 사용자가 맡은 역할과 동일하게 만들 수 있다. 역할 기반 접근 통제는 마이크로서비스에 엄청난 이점을 제공하는데, 이러한 이점을 예를 들어 설명해보겠다. 데이터베이스 같은 민감한 클라우드 리소스에 접근이 필요한 애플리케이션을 실행 중인 마이크로서비스가 있다고 가정해보면 서비스를 배포할 수 있는 여러 클라우드 환경이 필요하다. 그중 스테이징[staging] 환경의 데이터베이스에는 테스트 목적으로 생성한 데이터가 있는 반면에 운영[production] 환경은 실제 고객 데이터를 처리한다.

실행 역할과 클라우드 환경이 생기기 전에는 비밀번호나 기타 인증 메커니즘으로 접근을 통제했는데, 비밀번호는 암호화한 설정 파일 형태로 애플리케이션 코드와 함께 사용하거나 서드파티 설정 관리 서비스에 대한 접근이 필요해 애플리케이션의 복잡성을 가중시켰다. 복잡성을 가중시키는 문제는 실행 역할을 구현함으로써 완화할 수 있다. 실행 역할 구현을 위해 해야 할 모든 일은 데이터베이스에 접근할 수 있는 역할을 만들고 해당 역할을 배포한 마이크로서비스의 실행 역할로 만드는 것이다. 이제 애플리케이션 코드는 애플리케이션을 실행하는 역할이 필요한 접근 권한을 갖고 있다고 가정해 클라우드 리소스에 대한 접근을 시도한다. 코드를 운영 환경에 배포하면 운영 역할을 수임해 실행한다. 역할을 수임하면 마이크로서비스는 별도의 인증 로직 없이 운영 환경 데이터에 접근할 수 있다. 비슷한 맥락에서 동일 서비스를 스테이징 환경에 배포하면 마이크로서비스는 스테이징 데이터베이스에 접근할 수 있다. 그림 2-17은 실행 역할을 보여준다.

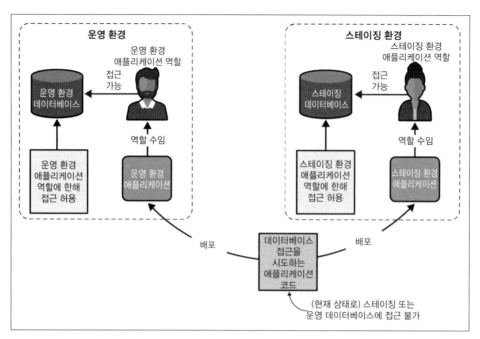

그림 2-17. 실행 역할은 비밀번호 대신 신원(역할)을 사용함으로써 클라우드 리소스에 대한 인증 절차 단순화 가능

실행 역할로 인해 개발자는 비즈니스 로직 개발에 집중하고 보안 전문가는 최소한의 권한으로 실행 역할을 강화하는 등 서로의 업무를 명확하게 구분하는 것이 가능해졌다. 애플리케이션 로직은 보안이나 접근 정책을 인식하지 않기 때문에 프로세스가 매우 간결해진다. 따라서 마이크로서비스를 실행하는 애플리케이션이 비밀번호가 아닌 역할을 사용해 클라우드 리소스에 접근하는 것이 모범 사례며, 비밀번호를 사용해 클라우드 리소스에 접근하면 유지 보수성 관점에서 문제를 일으킬 수 있다. 조직 내에서 실행 중인 마이크로서비스 유형에 따라 마이크로서비스가 역할을 수임하게 하는 방법을 살펴보자.

AWS 람다를 사용한 역할 기반 접근 통제

설정에 큰 부담이 없는 AWS 람다 함수를 사용한 역할 기반 접근 통제부터 설명해보겠다. AWS 람다를 사용한 서버리스 마이크로서비스는 AWS 람다 함수 생성 시점에 실행 역할을 지정할 수 있다. 그림 2-18에서 볼 수 있는 것처럼 람다 함수를 생성하는 과정에 새 역할을 생성하거나 기존 역할을 사용할 수 있다.

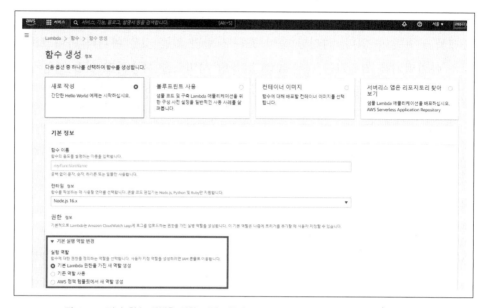

그림 2-18. 람다 함수 실행을 위한 실행 역할을 새로 생성하거나 기존 실행 역할을 지정 가능

실행 역할을 사용하면 개별 람다 함수에 역할을 연결했기 때문에 최소 권한의 원칙을 위반하지 않는 명확한 접근 통제 로직을 갖고 AWS 람다에서 실행되는 전체 마이크로서비스 애플리케이션을 쉽게 설계할 수 있다. 앞서 '실행 역할' 절에서 언급한 것처럼 람다에 배포한 모든 코드는 람다를 생성하는 과정에 지정한 실행 역할을 이미 수임했다. 접근 통제를 깔끔하게 구현하려면 접근할 필요가 있는 민감한 리소스에 대한 접근 권한을 실행 역할에 부여하기만 하면 된다. 환경별로 다른 역할을 사용할 수 있게 됨에 따라 동일한 코드를 여러 환경에서 재사용할 수 있다.

EC2와 인스턴스 메타데이터 서비스로 역할 기반 접근 통제

모든 AWS 람다는 실행 역할을 기반으로 권한을 정의하기 때문에 모든 마이크로서비스를 AWS 람다에서 실행한다면 큰 부담 없이 훌륭한 역할 기반 접근 통제를 구현할 수 있다. 하지만 운이 좋은 사람만 있는 것은 아니라 마이크로서비스 아키텍처를 지원하는 다른 AWS 컴퓨팅 서비스를 사용하고 있을 가능성도 있다. 이번에는 가장 인기 있는 컴퓨팅 엔진 중 하나인 아마존 EC2^{Elastic Cloud Compute}를 살펴보자.

함수만 단독으로 실행하는 AWS 람다와 달리 EC2 인스턴스는 여러 애플리케이션을 실행할 수 있다. AWS의 EC2에서 실행 중인 애플리케이션이 클라우드 리소스로의 접근 권한을 얻으려면 인스턴스 메타데이터 서비스^{IMDS, Instance MetaData Service}로 불리는 약간 수정된 버전의 AWS 람다 실행 역할을 사용할 수 있다.

AWS에서는 사용자가 EC2 인스턴스를 실행하고 실행 중인 인스턴스에 역할을 연결할 수 있다. 그림 2-19는 AWS 관리 콘솔에서 인스턴스 생성 시 역할을 연결하는 예를 보여준다.

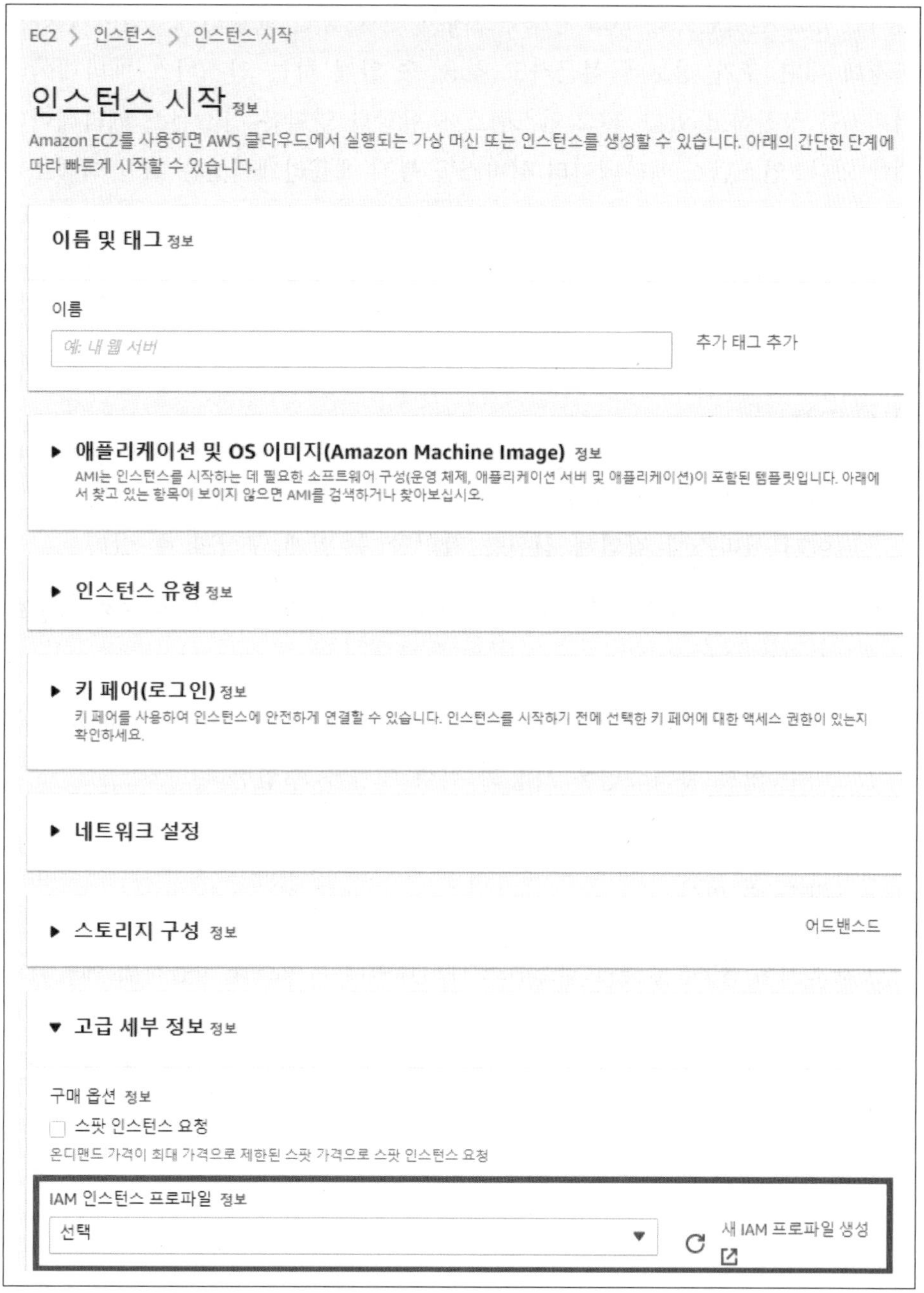
EC2 > 인스턴스 > 인스턴스 시작
인스턴스 시작 정보
Amazon EC2를 사용하면 AWS 클라우드에서 실행되는 가상 머신 또는 인스턴스를 생성할 수 있습니다. 아래의 간단한 단계에 따라 빠르게 시작할 수 있습니다.
이름 및 태그 정보
이름
예: 내 웹 서버
추가 태그 추가
애플리케이션 및 OS 이미지(Amazon Machine Image) 정보
AMI는 인스턴스를 시작하는 데 필요한 소프트웨어 구성(운영 체제, 애플리케이션 서버 및 애플리케이션)이 포함된 템플릿입니다. 아래에서 찾고 있는 항목이 보이지 않으면 AMI를 검색하거나 찾아보십시오.
인스턴스 유형 정보
키 페어(로그인) 정보
키 페어를 사용하여 인스턴스에 안전하게 연결할 수 있습니다. 인스턴스를 시작하기 전에 선택한 키 페어에 대한 액세스 권한이 있는지 확인하세요.
네트워크 설정
스토리지 구성 정보
어드밴스드
고급 세부 정보 정보
구매 옵션 정보
스팟 인스턴스 요청
온디맨드 가격이 최대 가격으로 제한된 스팟 가격으로 스팟 인스턴스 요청
IAM 인스턴스 프로파일 정보
선택
새 IAM 프로파일 생성

그림 2-19. EC2 인스턴스 생성 과정에서 IAM 역할을 EC2 인스턴스에 할당 가능

아마존 EC2 인스턴스는 EC2 인스턴스에서 실행 중인 애플리케이션이 런타임 환경에 대한 추가 정보에 접근하고 찾을 수 있게 하는 인스턴스 메타데이터 서비스를 장착하고 있다. EC2 인스턴스에 할당한 역할은 인스턴스 메타데이터 내에 있다. 인스턴스 메타데이터 서비스를 통해 애플리케이션은 보안 액세스키와 액세스키 ID 등의 정보에 접근할 수 있다. 역할별 보안 자격증명은 역할에 할당한 역할이 할 수 있는 작업 및 리소스에 대한 접근 권한을 애플리케이션에 부여하는 데 사용된다. 이러한 보안 자격증명은 자동으로 교체되는 일시적인 값이다. 마이크로서비스를 개발해 EC2 인스턴스에 배포하면 다음과 같은 일들이 일어난다.

1. 애플리케이션은 신원에 관한 정보를 갖고 있지 않지만 인스턴스 메타데이터 서비스에 질의해 신원을 확인할 수 있게 구성할 수 있다.

2. 인스턴스 메타데이터 서비스는 EC2 인스턴스를 실행하는 실행 역할의 신원을 응답한다.

3. EC2에서 실행 중인 애플리케이션은 인스턴스 메타데이터 서비스가 보내준 임시 자격증명을 사용해 실행 역할을 수임한다.

4. 애플리케이션은 단계 3에서 받은 임시 자격증명을 사용해 리소스를 요청할 수 있다.

그림 2-20에서 볼 수 있듯이 인스턴스 메타데이터 서비스를 사용하면 애플리케이션은 코드에 액세스키나 설정 파일 등을 하드코딩하지 않고도 애플리케이션을 실행할 수 있고 인스턴스 메타데이터 서비스에만 의존해 신원을 제공하고 접근을 허용할 수 있다.

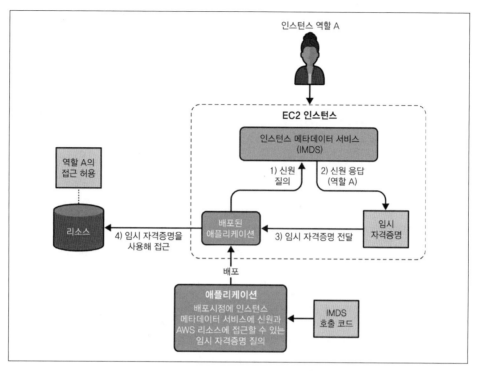

그림 2-20. 인스턴스 메타데이터 서비스를 사용하면 EC2 인스턴스에 연결한 역할의 임시 자격증명에 접근 가능

http://169.254.169.254/latest에 HTTP **curl** 요청을 전송하면 인스턴스 메타데이터를 질의할 수 있기 때문에 EC2에서 실행 중인 애플리케이션이 있다면 다음과 같은 요청을 전송할 수 있다.

```
TOKEN=`curl -X PUT "http://169.254.169.254/latest/api/token"
  -H "X-aws-ec2-metadata-token-ttl-seconds: 21600"` \
  && curl -H "X-aws-ec2-metadata-token: $TOKEN" -v
http://169.254.169.254/latest/meta-data/iam/security-credentials/
  s3access
```

요청은 다음과 같은 결과를 화면에 출력한다.

```
{
    "Code" : "Success",
    "LastUpdated" : "2012-04-26T16:39:16Z",
    "Type" : "AWS-HMAC",
    "AccessKeyId" : "ASIAIOSFODNN7EXAMPLE",
    "SecretAccessKey" : "wJalrXUtnFEMI/K7MDENG/bPxRfiCYEXAMPLEKEY",
    "Token" : "token",
    "Expiration" : "2017-05-17T15:09:54Z"
}
```

애플리케이션이 AWS 액세스키 ID와 보안 액세스키를 보유하고 있기 때문에 AWS STS를 사용해 원하는 역할을 수임할 수 있어 AWS 람다가 수행하는 방식과 매우 유사하게 원하는 리소스에 접근할 수 있다.

이는 선택한 모든 환경에서 코드가 역할을 수임할 수 있음을 의미한다. 즉, 배포한 위치에 따라 인스턴스 메타데이터 서비스를 호출해 환경이 맡길 원하는 역할을 수임할 수 있다. 인스턴스 메타데이터 서비스를 통해 애플리케이션은 코드 내에서 보안 자격증명을 관리하지 않고도 인스턴스에서 API를 안전하게 요청할 수 있다.

서비스 계정이 필요로 하는 IAM 역할을 사용하는 아마존 EKS로 역할 기반 접근 통제

EC2 인스턴스는 인스턴스 메타데이터 서비스와 함께 작동하므로 EC2에서 실행 중인 모든 서비스는 역할 기반 접근 통제를 사용해 AWS 리소스에 접근할 수 있다. 마이크로서비스 애플리케이션의 개별 EC2 인스턴스가 한 번에 하나의 서비스만 호스팅한다면 이 설계는 결점 없이 동작 가능하지만 여러 애플리케이션을 동일한 EC2 인스턴스에서 실행하는 경우 애플리케이션은 EC2 인스턴스에 부여한 공통적인 기본 IAM 역할에 연결돼 최소 권한의 원칙을 구현하기 어려워진다.

이러한 문제점은 EC2 인스턴스의 아마존 EKS 노드에서 실행하는 컨테이너화한 마이크로서비스 애플리케이션을 실행 중인 서비스에 특히 영향을 준다. 컨테이너화한 애플리케이션은 배포 투명성이 있는 것으로 알려져 있다. 노드의 기본 IAM 역할을 개별 마이크로서비스에 연결하면 여러 마이크로서비스가 동일한 인스턴스를 공유해 사용하기 때문에 보안 관점에서 인스턴스가 안전하지 않게 된다. 이는 인스턴스에 부여한 역할이 기본 서비스에 필요한 모든 권한의 통합임을 의미한다. 개별 서비스는 부가적인 접근 권한을 보유하고 있기 때문에 최소 권한의 원칙에 부합하지 않는다.

설상가상으로 쿠버네티스는 쿠버네티스 신원과 역할을 기반으로 접근 권한을 부여하는 자체 역할 기반 접근 통제 메커니즘을 갖고 있다. 따라서 쿠버네티스를 사용하는 시스템에는 2가지 신원 집합이 있는데, 쿠버네티스에는 쿠버네티스 설정에 따라 파드나 사용자 접근을 허용하는 쿠버네티스 롤바인딩^{rolebindings}이 있고, AWS에는 아마존 S3 버킷과 같은 클라우드 리소스에 대한 접근을 통제하는 데 사용하는 IAM 역할이 있다.

2개의 다른 시스템에서 2개의 개별 신원을 갖는 이 문제가 익숙하게 들리는 독자는 여러 인증 메커니즘을 사용하고 있을 확률이 높으며, 여러 조직에서도 이미 유사한 문제에 직면해 있는 상태다. 신원 연동이 복잡한 신원 체계를 해결하는 데 어떻게 도움을 주는지를 이미 심도 있게 설명했기 때문에 쿠버네티스와 AWS 간 신원을 동기화해 문제를 해결하는 접근법을 권장한다.

AWS는 자사 오픈소스 블로그(https://oreil.ly/4dqgB)를 통해 쿠버네티스 파드를 사용하는 고객이 직면한 복잡한 신원 관점의 문제를 해결할 수 있는 방안을 제공하기로 결정했음을 공개했다. AWS가 제공한 방안은 쿠버네티스 서비스 계정 어노테이션^{annotation} 및 OIDC 자격증명 공급자를 사용하면 AWS 람다와 동일한 방식으로 개별 파드에 IAM 역할을 할당하고 사용할 수 있는 것으로, 그림 2-21은 파드에서 실행 중인 마이크로서비스가 AWS 역할을 수임해 AWS 리소스에 접근하려 할 때 서비스 계정용 IAM 역할$^{IRSA, IAM\ Roles\ for\ Service\ Accounts}$이 작동하는 방식을 보여준다.

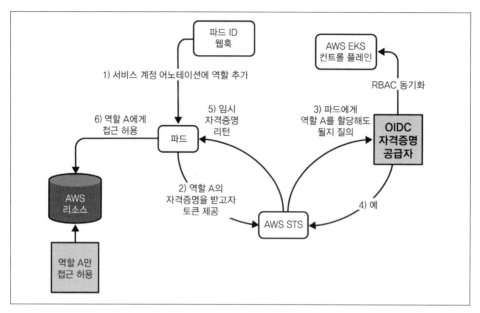

그림 2-21. 서비스 계정용 IAM 역할은 파드가 OIDC 자격증명 공급자 및 AWS STS를 사용해 노드의 역할을 사용하지 않고 AWS 리소스에 접근할 수 있는 역할을 수임할 수 있게 한다.

그림 2-21의 각 단계를 자세히 살펴보면 다음과 같다.

1. EKS가 뮤테이팅 웹훅^{mutating webhook} 기능을 사용해 추가한 정보로 파드를 변경함으로써 개별 파드는 조직 내 역할을 AWS STS에서 교환하는 데 사용할 토큰을 포함한 서비스 계정 정보를 어노테이션(https://oreil.ly/wvoe3)에 작성한다. 그리고 단계 2에서 OIDC 신원 공급자가 파드를 식별하는 데 사용할 수 있는 웹 ID 토큰^{web identity token} 파일도 삽입한다.

2. 파드는 자격증명을 가져오고자 단계 1에서 획득한 서비스 계정 토큰을 사용해 역할의 신원을 수임하도록 AWS STS에게 요청을 전송한다. 해당 토큰은 AWS에서 임시 인증 자격증명을 얻기 위한 용도로 사용한다.

3. AWS STS는 OIDC 신원 공급자에게 파드의 요청이 유효한지 검증을 요청한다.

4. OIDC 신원 공급자는 긍정적인 응답을 전송한다.

5. AWS STS는 파드가 희망하는 역할을 사용해 AWS 리소스에 접근하는 데 사용할 수 있는 임시 자격증명을 응답한다.

6. 파드는 AWS STS에서 제공한 임시 자격증명을 사용해 AWS 리소스에 접근한다.

역할을 생성하고 해당 역할을 파드에 할당함으로써 서비스 계정용 IAM 역할은 쿠버네티스 파드를 위한 역할 기반 접근 통제도 제공한다. 파드에 역할을 할당하면 해당 역할은 AWS 람다에서 실행 역할을 사용하는 방식과 유사하게 역할 기반 접근 통제를 사용해 접근 통제를 설계할 수 있다.

요약

인가와 인증은 보안 아키텍트가 보안 시스템 위험의 합을 줄이고자 취할 수 있는 가장 중요한 통제 기능으로, 인가와 인증을 잘 이해하면 보안 아키텍트가 더 나은 시스템을 설계하는 데 도움을 준다. 마이크로서비스는 매우 구체적인 존재 목적을 가진 모듈화한 서비스로 구성돼 있기 때문에 보안 아키텍트가 최소 권한의 원칙을 사용해 마이크로서비스 주변의 보안 정책을 구성하려 할 때 모놀리식 서비스보다 구성이 수월하다. AWS 사용자는 신원 관리 서비스를 제공하고자 특별히 설계한 서비스인 AWS IAM에 보안 정책을 추가할 수 있다. AWS에서 인가 및 인증은 일반적으로 암호 통제와 결합할 때 잠재적 위협에 대비해 가장 포괄적이고 세분화한 보호를 제공한다. 인가, 인증 및 암호화 간의 상호작용은 3장에서 자세히 설명한다.

3장

암호화의 기초

클라우드 리소스는 여러 고객이 공유해서 사용하는 물리적 인프라를 기반으로 동작하기도 한다. AWS 리소스와 데이터는 인가 또는 접근 통제 절차를 통해 비인가 접근을 제한하거나 민감한 데이터를 의도한 대상만 읽을 수 있도록 암호화해 격리할 수 있다. 대부분의 경우 비인가 접근 제한과 암호화를 모두 적용해 사용자 데이터를 보호하는 경우가 많아 암호화는 클라우드 보안에 있어 필수적인 주제다. 3장에서 다루는 내용은 마이크로서비스에만 국한되지 않는, 클라우드 보안에 대한 일반적인 개요지만 4장부터 다룰 예정인 내용은 3장의 개념을 마이크로서비스에 중점을 둔 다양한 사례에 적용해 설명한다.

이미 1장에서 정보 보안에 영향을 미치는 보안의 3 요소(https://oreil.ly/ORJKw)인 기밀성, 무결성, 가용성을 소개했는데, 암호화는 악의적인 행위자가 민감한 데이터를 읽어 기밀성을 손상시키거나 적절한 접근 권한 없이 데이터를 변경해 무결성에 영향을 주는 등의 잠재적 위협 행위로부터 데이터를 보호한다.

인증 및 인가 절차를 이미 통과한 사용자도 암호화된 데이터를 읽으려면 암호화키가 필요하다.

암호화는 안전한 시스템을 구현하는 데 대단히 필요한 페일 시큐어(fail secure) 메커니즘(https://csrc.nist.gov/glossary/term/fail_secure)이다. 암호화는 인증 및 인가 절차 등의 다른 위협 방지 통제가 동작하지 않을 때 암호화키에 접근할 수 없는 비인가 사용자가 민감한 데이터를 읽거나 수정하지 못하게 보호한다.

암호화는 접근을 허용하고 의도한 수신 측만 알고 있어야 하는 특정 지식 요소knowledge factor인 암호화키를 사용해 사용자를 식별함으로써 데이터를 보호한다. 암호화 알고리듬은 데이터를 읽을 수 있는 사람만 키를 알고 있다고 가정한다.

암호화의 간략한 개요

3장에서 언급할 몇 가지 용어를 정의해보면 다음과 같다.

평문 데이터

사람이나 기계가 읽을 수 있는, 암호화하려는 파일이나 대상을 의미한다. 암호화 대상은 파일뿐만 아니라 데이터베이스의 행, 이미지, 바이너리 객체 등 무엇이든 될 수 있다.

데이터 키(평문 데이터 키)

평문 데이터의 암호화 대상 정보를 암호화하는 데 사용하는 알고리듬에 대한 입력값을 의미하며 비밀번호와 유사하다.

암호문 데이터

AWS 시스템에 저장된 암호화한 데이터를 의미하며 복호화하지 않고는 사람이나 기계 모두 원문을 읽을 수 없다.

그림 3-1은 암호화와 복호화 과정을 보여준다.

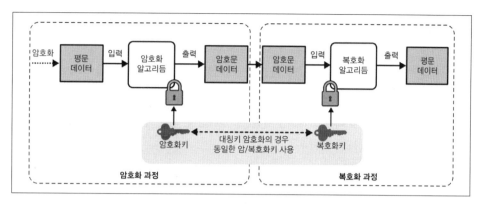

그림 3-1. 암호화와 복호화 과정

데이터를 암호화하려면 다음 2가지가 필요하다.

- 평문 데이터

- 데이터를 암호화하거나 복호화하는 데 사용할 암호화키

암호화 과정과 복호화 과정에서 사용하는 키가 동일한 암호화 방식을 대칭키 암호화라고 하며, 대칭키 암호화 방식은 데이터 송·수신 당사자 간에 키를 안전하게 전송해야 할 책임을 암호화하는 측에 부여한다. 암호화 과정과 복호화 과정에서 다른 키를 사용하는 암호화 방식을 비대칭키 암호화라 한다.

AWS에서 암호화의 중요성

암호화의 중요성을 뒷받침할 수 있는 가장 간단한 근거는 잠재적인 위협에 대한 대응은 한 번의 강력한 방어보다 여러 번 중복해서 방어하는 것이 더 효과적이라는 심층 방어 개념이다.

알다시피 AWS 환경은 물리적으로 격리되지 않아 저장소와 리소스를 다른 AWS 사용 고객과 공유하고 있어 클라우드 컴퓨팅 서비스 공급자는 고객의 민감한 데이터를 보호하고 격리할 책임을 진다. AWS는 고객의 데이터와 서비스의 논

리적 격리에 관해 자체적인 보증을 제공하지만 클라우드 공급자에게 전달하는 데이터에 대한 추가적인 보호 수단을 확보하는 것이 항상 유리하다. 따라서 사용자만 접근할 수 있는 키로 민감한 데이터를 암호화하면 데이터를 AWS로 전달하는 과정에서의 비인가 접근으로부터 데이터를 논리적으로 보호할 수 있다. 데이터 접근을 물리적으로 통제할 수 없는 현실을 암호화로 구현한 논리적 격리로 보완해야 한다.

마이크로서비스 아키텍처에서 암호화의 중요성

AWS 환경의 특성으로 인한 암호화의 중요성을 먼저 언급했으므로 마이크로서비스 환경에서 암호화가 필요한 이유를 설명하기 좀 더 쉬워졌다. 마이크로서비스가 제안하는 기본적인 가치는 아키텍처 전반을 대상으로 한 모듈화와 격리다. 데이터를 다양한 권한 주체에 공유하는 하나의 거대한 애플리케이션과 달리 마이크로서비스는 비즈니스 도메인을 기반으로 애플리케이션을 분할할 것을 권장한다. 제로 트러스트 네트워크 전략과 같은 보안 전략은 모듈화하고 모듈을 격리하는 능력이 높을수록 강점이 있다. 물리적인 환경을 관리할 수 있다면 모듈화와 격리를 구현하는 것은 어렵지 않다. 전통적인 데이터 센터를 생각해보면 데이터 센터 내 별도의 물리적 공간에 칸막이 등으로 구분한 별도 환경을 구축해 필요한 저장소를 프로비저닝하고 최신 보안 수단을 적용해 공간을 격리할 수 있다. 물리적인 환경을 관리할 수 없는 클라우드 환경에서 안정적으로 격리를 구현하는 데는 암호화가 가장 좋은 방법이며, 출처별로 다른 암호화키로 데이터를 암호화하면 데이터 센터에서 제공하는 격리 공간과 동일한 이점을 얻을 수 있다.

AWS에서의 암호화

미국 국립 표준 기술원[NIST, National Institute of Standards and Technology] 같은 정부기관은 종종

오픈소스 알고리듬을 표준화하며, 많은 규제 기관은 보안 정책을 공식화할 때 미국 국립 표준 기술원의 전문성에 의존하는 경향이 있다. 새로운 알고리듬이 더 안전하더라도 기존 암호화 알고리듬을 AWS 자체 알고리듬으로 교체하는 것은 규제 기관의 기준을 준수하려는 AWS 사용 고객들의 반발을 초래할 수 있어 AWS가 취할 수 있는 방법이 아니다. 더 중요한 것은 알고리듬 개발 과정에서 보안 취약점을 포함할 수 있기 때문에 아마존처럼 큰 회사에도 자체 암호화 알고리듬 개발은 결코 좋은 방법이 아니다. AWS는 현존하는 표준화된 암호화 프로시저를 지원하는 도구들을 사용자에게 제공하고 있고 해당 도구들은 공개 키 공유, 비밀키 접근 통제, 키 교환 및 키 저장 등 암호화 절차와 관련한 모든 활동을 간단하고 안전하게 만든다.

AWS는 일반적인 암호화 과정에서 사용하는 대칭키 및 비대칭키 유형의 암호화 알고리듬을 모두 지원한다.

키 기반 암호화의 보안 문제

암호 체계에서 암호화한 데이터는 악의적인 행위자가 복호화키를 알기 전까지 안전한 것으로 간주한다. 따라서 데이터 보호 시 가장 신경을 써야 하는 부분은 복호화키를 보호하는 것이다. 시스템에 관한 다른 모든 정보가 이미 공개된 상태라고 가정하면 공격자가 민감한 데이터를 획득하는 데 유일한 방해물은 복호화키 정보다.

 암호 체계를 설계할 때 "암호화키를 제외한 암호 설계에 관한 모든 것이 공개된 경우에도 암호 체계는 안전해야 한다."는 케스크호프스(Kerckhoffs)의 원리를 염두에 두면 좋다. 물리적인 자물쇠에 비유해보면 모든 사람이 동일한 제조사의 자물쇠를 갖고 있다는 사실이 열쇠 없이도 타인의 자물쇠를 열 수 있다는 것을 의미하지 않는 것과 같다.

복호화 과정에서 키의 중요성을 고려해보면 키에 대한 접근을 보호하는 것이 데이터 보안 유지의 중요 요소며 복호화키에 대한 접근을 모니터링하는 기능은 비정상적인 활동을 감지하는 데 중요하다. 또한 주기적으로 키를 교체하면 민감한 데이터를 복호화할 가능성이 낮아지고 키 유출 시 영향 범위까지 최소화할 수 있다.

마이크로서비스 애플리케이션은 다양한 콘텍스트에서 암호화가 필요한 대상이 수백 개 이상이고 대상별로 별도의 암호화키를 사용하기 때문에 암호화키를 관리해야 하는 조직 입장에서 암호화는 악몽과도 같다. 애플리케이션의 복잡성이 높을수록 침해 사고, 불만을 품은 직원의 이상 행위, 피싱 소프트웨어 및 기타 보안 위협에 대한 모니터링 및 방어가 어려워진다.

비즈니스 문제

모든 마이크로서비스의 암호화키를 보유한 중앙 집중식 플랫폼이 필요하다고 가정해보면 해당 플랫폼은 개별 마이크로서비스의 상시 접근이 필요하다.

서비스 A와 서비스 B 등 2개의 서비스와 AWS KMS^{Key Management Service}가 있다고 가정해보자. 서비스 A는 암호화한 데이터를 서비스 B로 보내려 한다. 서비스 A는 KMS 사용을 위한 인증을 받을 수 있다. 인증을 성공적으로 받으면 서비스 A는 데이터를 암/복호화 하는 데 사용할 키를 서비스 B에서만 사용할 수 있는지 확인하려 한다. 서비스 A가 데이터를 암호화해 서비스 B로 전송하면 서비스 B는 KMS를 호출해 데이터를 복호화할 수 있다.

따라서 KMS는 표준화된 인증과 접근 통제를 제공하고자 키를 둘러싼 일종의 포장지 역할을 한다. AWS KMS를 사용하면 서드파티가 암호화한 데이터에 접근할 수 있더라도 KMS가 키에 대한 접근 권한은 서비스 A와 서비스 B에게만 있음을 보장하는 한 서드파티는 데이터를 복호화할 수 없다. 그림 3-2는 KMS를 사용해 데이터를 암/복호화하는 절차를 그림으로 보여준다.

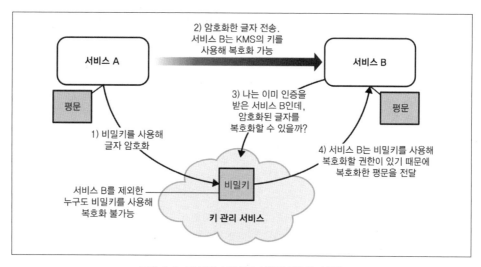

그림 3-2. 키 관리 서비스를 사용해 암호화키 공유

AWS KMS

과거에는 키를 보호하려면 하드웨어 보안 모듈^{HSM, Hardware Security Module}을 구입해야 했고 HSM은 키를 안전하게 유지시켜주는 페일 시큐어 방식(https://oreil.ly/ ZCQHg)을 제공했다. HSM을 구입하는 데 드는 대단히 큰 비용으로 인해 대부분의 소규모 조직은 투자 전에 깊은 고민을 했다. 하지만 AWS KMS를 통해 조직은 큰 비용 투자 없이 HSM의 이점을 활용할 수 있게 됐다. AWS KMS는 AWS가 암호화키를 보호하고자 제공하는 도구 모음이며, AWS 공동 책임 모델^{SRM, Shared Responsibility Model}의 일부분으로 AWS에서 관리하고 보호하는 HSM의 지원을 받는다. AWS KMS를 사용하면 암호화, 복호화 또는 단순 접근 등 키를 사용해 수행한 모든 작업에 대한 로그를 저장하고 감사 추적을 할 수 있다. KMS는 침입자, 인가받은 내부 직원을 가리지 않고 누가 데이터에 접근을 시도했는지를 정확히 찾아 기록한다.

AWS KMS를 사용하면 AES-256 암호화 알고리듬으로 작은 크기의 바이너리 데이터를 암호화할 수 있다. AWS KMS는 고객 마스터키^{CMK, Customer Master Keys}[1]를 쉽게 생성, 관리, 통제할 수 있는 관리형 서비스다.

AWS KMS 사용 시 얻을 수 있는 장점은 다음과 같다.

- CMK를 보관할 수 있는 안전하고 내구성 있는 장소
- CMK에 대한 접근 통제
- CMK의 고가용성

CMK를 사용한 기본 암호화

데이터의 크기가 4KB 미만의 작은 크기라면 AWS KMS는 AES-256 알고리듬으로 직접 암호화하거나 복호화할 수 있다. 4KB 이상의 데이터를 암호화하는 방법은 '봉투 암호화' 절에서 설명한다. 그림 3-3은 CMK로 작은 페이로드를 암호화하는 기본 흐름을 보여준다.

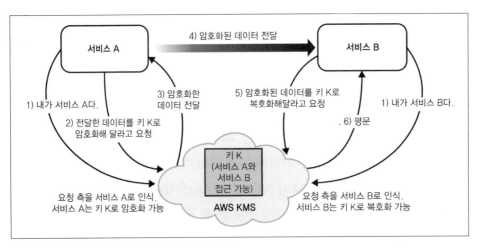

그림 3-3. '봉투 암호화' 절에서 언급할 AWS KMS로 구현한 CMK를 사용하는 기본 암호화 흐름

---

1. 최근에는 CMK보다 AWS KMS 키나 KMS 키란 용어를 더 많이 사용하는 추세지만 용어가 의미하는 개념이 변경된 것은 아니라 다른 의미로 전달될 가능성이 낮아, 이 책에서는 원서 저자가 사용한 CMK를 그대로 사용했다. - 옮긴이

4KB 미만의 페이로드는 그림 3-3과 같은 방법으로 암호화할 수 있지만 더 큰 페이로드를 사용하려면 다음 절에서 설명하는 봉투 암호화^{envelope encryption}를 사용해야 한다. CMK를 보호하는 프로세스는 두 유형의 암호화 모두 동일하다.

AWS KMS가 CMK로 페이로드를 우아하고 매끄럽게 암호화하는 과정인 그림 3-3을 단계별로 설명하면 다음과 같다.

1. 서비스 A와 서비스 B가 AWS 설정상 이미 인증된 상태라고 가정한다. CMK를 AWS KMS 내에 생성하고 서비스 A 및 서비스 B의 접근을 허용한다.

2. 서비스 A는 서비스 B로 보내려는 데이터를 암호화하기로 결정하고 AWS KMS에 암호화를 요청한다.

3. AWS KMS는 서비스 A가 신뢰하는 인증 공급자에게 이미 인증을 받았고 키 K에 접근할 수 있는 권한이 있음을 알고 있어, 데이터를 키 K로 암호화한 후 암호문을 응답으로 전송한다.

4. 서비스 A는 암호화된 데이터를 수신 측인 서비스 B로 전송한다.

5. 서비스 B는 AWS KMS에게 데이터 복호화를 요청한다.

6. AWS KMS는 서비스 B가 신뢰하는 인증 공급자에게 이미 인증을 받았고 키 K에 접근할 수 있는 권한이 있음을 알고 있어, 암호화된 데이터를 키 K로 복호화한 평문 형태로 응답한다.

서드파티인 서비스 C가 암호화된 데이터에 접근한 다음 AWS KMS에서 복호화 키를 얻으려고 하면 KMS는 서비스 C가 데이터에 접근할 권한이 없음을 인식하고 단계 6에서 비인가 요청을 거부한다.

데이터를 안전하게 유지하는 암호화 프로세스의 2가지 중요 측면은 다음과 같다.

- 공격자는 CMK가 없으면 데이터를 복호화할 수 없기 때문에 CMK가 비인가 접근으로부터 안전한 상태라면 민감한 데이터를 안전한 것으로 간주할 수 있다.
- CMK에 대한 접근 권한을 서비스에 부여한 경우 해당 서비스는 CMK에 접근해 암호문을 복호화할 수 있다.

서비스 A와 서비스 B 간에 평문키 교환 없이도 개별 서비스가 클라우드 환경에서 동일한 키에 접근할 수 있는 구조라서 암호화 프로세스는 매우 강력하다. 공동 책임 모델의 일환으로 AWS가 키의 고가용성을 보장하기 때문에 키 서버가 중단되거나 인증 프로세스가 실패하는 일을 걱정할 필요는 없다.

AES-256 알고리듬과 키 공간

암호화 알고리듬에서 키 공간keyspace의 정의는 해당 알고리듬으로 암호화하는 과정에서 키가 가질 수 있는 가능한 값의 범위다. 더 크고 랜덤화한 키 공간을 가진 알고리듬일수록 무차별 대입을 통해 암호화키를 추측하기 더 어렵기 때문에 자산을 보호하는 데 당연히 유리하다. 현존하는 가장 빠른 슈퍼컴퓨터인 선웨이 타이후라이트Sunway TaihuLight로 AWS KMS가 사용하는 알고리듬인 AES-256 키 공간을 대상으로 무차별 대입에 성공하려면 27,337,893,038,406,611,194,430,009,974,922,940,323,611,067,429,756,962,487(2,733항하사)년이 필요할 것으로 추정한다(https://oreil.ly/pUQOG).

KMS를 사용한 기본 암호화는 매우 작은 데이터 모음을 암호화하거나 처리량 및 지연이 문제되지 않는 극히 기본적인 암호화 상황에만 사용할 수 있어 다른 대부분의 경우에는 봉투 암호화를 사용한다. 봉투 암호화는 KMS가 제공하는 기본 암호화 서비스를 기반으로 하고 있어, 이 책에서는 KMS를 먼저 소개한 후 봉투 암호화를 설명한다.

AWS KMS가 높은 가용성을 갖고 있지만 KMS는 리전 내 동일 계정의 모든 서비스가 공유하는 계정 단위의 처리량 제한(https://oreil.ly/zVnVj)이 있다. 처리량 제한을 초과 하면 KMS 호출이 조절돼 애플리케이션에 런타임 예외가 발생할 수 있다.

AWS 내부적으로는 암호화 기능을 수행하고 변조할 수 없는 암호화키를 안전하 도록 저장하는 HSM을 사용한다. AWS KMS는 FIPS 140-2 인증[2]을 받은 HSM으 로 마스터키를 생성하고 보호한다. 공동 책임 모델의 일환으로 HSM의 보안 책임은 AWS가 담당한다.

CMK는 생성 시점에 다른 리전으로 복제를 허용할지와 키를 사용할 수 있는 AWS 계정 을 지정할 수 있어 (특정한 정부기관의 규제에 따라) CMK를 양도해야 하는 경우에도 양수 측의 키 사용을 제한함으로써 개인정보 보호에 관한 요구 사항을 위반하지 않으 면서 다른 고객들에게 서비스를 지속적으로 제공할 수 있다.

봉투 암호화

봉투 암호화의 암호화 프로세스는 2단계로 나뉜다.

- 데이터 키를 사용해 대용량 데이터 객체를 암호화한다.

- CMK를 사용해 데이터 키를 암호화하고 암호화한 데이터 키를 암호문 데이터와 함께 저장한 다음 평문 데이터 키plaintext data key를 삭제한다.

위 2단계를 거친 후 애플리케이션은 암호문 데이터와 암호화된 데이터 키를 최종 수신자에게 전송한다. 그림 3-4는 CMK를 적절히 보호해 봉투 암호화한 암호문(암호화된 데이터 키와 데이터 키로 암호화한 민감한 데이터)을 비인가 접근으로부터 보호하는 방법을 보여준다.

---

2. FIPS(Federal Information Processing Standards) 140-2는 미국 국립 표준 기술원이 개발한 암호화 모듈의 유효성 검사에 사용되는 미국 정부 표준으로 미국과 캐나다 공공 조달의 필수 인증 요소다. - 옮긴이

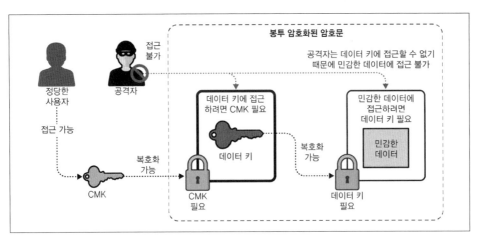

그림 3-4. CMK에 접근할 수 있는 사용자만 데이터 키 복호화가 가능하고 복호화한 데이터 키로만 민감한
데이터 복호화가 가능하기 때문에 CMK에 접근할 수 없는 공격자는 민감한 데이터에도 접근 불가

 봉투 암호화는 기본 암호화와 다른 유형의 암호화가 아니다. 봉투 암호화는 기본 암호
화에 데이터 키를 암호화해 포함하는 부가적인 단계를 추가한 다음 데이터 키를 사용
해 평문 데이터를 암호화한다. 기본 암호화에 대한 모범 사례는 봉투 암호화에도 적용
할 수 있고 암호화의 다른 모든 측면은 거의 동일하다.

애플리케이션이 암호화된 데이터 키를 복호화하는 마스터키를 갖고 있는 경우
중앙 집중식 키 관리 서버를 호출하지 않고도 동일한 마이크로서비스 내에서
모든 데이터를 해독할 수 있다.

기본 암호화와 봉투 암호화의 유일한 차이점을 이해하는 것은 중요하다. 기본
암호화에서는 암호화된 페이로드를 복호화한 직후 평문 데이터를 얻는다. 반면
에 봉투 암호화에서는 첫 번째 단계에서 평문 데이터 키를 얻지만 데이터는
여전히 암호화된 상태이므로 이를 복호화하려면 평문 데이터 키를 사용해야
한다. 평문 데이터를 얻고자 추가 단계가 있는 것을 제외하면 보안 관점에서는
차이가 없다. 기본 암호화와 봉투 암호화 모두 CMK를 보호하면 데이터에 접근
할 수 없다. 그림 3-5는 2가지 암호화 방법을 비교해 보여준다.

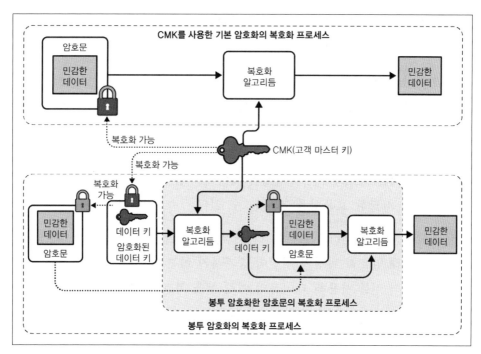

그림 3-5. CMK를 사용해 암호화된 민감 데이터를 복호화하는 기본 암호화와 봉투 암호화 프로세스 비교

기본 암호화에서 언급한 암호화 프로세스의 2가지 중요 측면은 봉투 암호화에도 적용된다.

- 공격자는 CMK가 없으면 암호화된 데이터를 복호화하는 데 필요한 데이터 키를 복호화할 수 없기 때문에 CMK가 비인가 접근으로부터 안전한 상태라면 민감한 데이터를 안전한 것으로 간주할 수 있다.

- CMK에 대한 접근을 서비스에 허용하면 CMK에 대한 접근을 통해 서비스가 암호문을 복호화하는 데 사용할 수 있는 암호화된 데이터 키를 복호화할 수 있으므로 서비스는 암호화된 암호문을 복호화할 수 있다.

기본 암호화에서는 CMK를 사용해 테이블을 직접 암호화할 수 있지만 CMK 사용에 대한 4KB 용량 제한이 있어 테이블의 개별 행을 암호화하거나 복호화하려면 CMK를 수백만 번 호출할 가능성이 높다. 따라서 KMS를 여러 번 호출하는 단계가 추가됨에 따른 암호화로 인해 발생하는 지연시간은 테이블의 행을 추가할 때마다 크게 증가한다.

그에 반해 봉투 암호화는 우선 데이터 암호화키^{DEK, Data Encryption Key}를 만든 다음 해당 키를 사용해 전체 테이블을 암호화한다. DEK는 암호화를 수행하는 애플리케이션이 메모리에 저장할 수도 있고 데이터 암호화 프로세스를 완료하면 AWS KMS에서 암호화 함수를 호출해 CMK로 DEK를 암호화할 수 있다. 또한 대량의 데이터를 복호화하는 과정에서 데이터 키를 메모리 내에 임시 저장^(캐싱)해 사용하면 상당한 효율성을 가져올 수 있다.

가장 중요한 것은 데이터 키를 메모리에 임시 저장할 수 있기 때문에 테이블의 행수에 비례해 암호화 과정의 지연이 증가하지 않는 것이다. 그림 3-6은 임시 저장된 데이터 키를 사용해 테이블의 여러 행을 복호화하는 방법의 예를 보여준다.

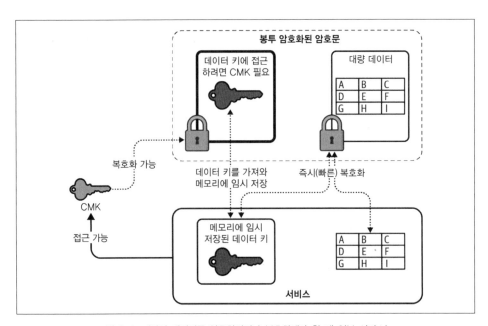

그림 3-6. 대량의 데이터를 암호화하거나 복호화해야 할 때 일부 서비스는
데이터 키를 메모리에 임시 저장할지를 선택 가능

138

봉투 암호화 부연 설명

암호화된 데이터를 서로 다른 서비스 간에 전달할 때 봉투 암호화가 실제로 어떻게 작동하는지 살펴보자.

이번에는 그림 3-2에서 설명한 기본 암호화의 종단 간 프로세스와 봉투 암호화의 종단 간 프로세스를 비교한다. 봉투 암호화를 그림으로 표현하려면 데이터 키를 암/복호화하는 부가적인 단계를 포함하기 때문에 그림 3-2를 약간 수정해야 한다. 그림 3-7은 봉투 암호화가 작동하는 방법을 종단 간 흐름 형태로 간략히 보여준다.

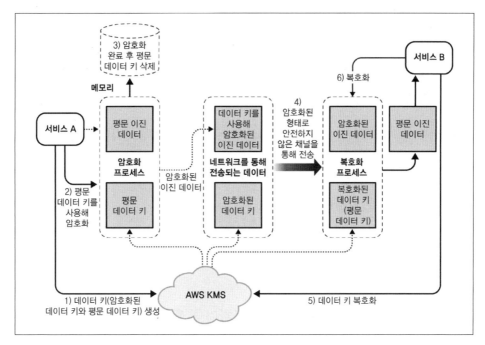

그림 3-7. 봉투 암호화 작동 방법

봉투 암호화 프로세스를 단계별로 자세히 살펴보면 다음과 같다.

1. KMS를 호출해 평문 데이터 키와 CMK로 암호화한 데이터 키를 생성한다(한 번의 KMS 호출로 두 키를 모두 획득 가능).

2. 단계 1에서 획득한 평문 데이터 키로 평문 데이터를 암호화한다.

3. 평문 데이터 키를 삭제한다.

4. 네트워크를 통해 암호화된 데이터 키와 암호화된 이진 데이터를 수신 측 서비스에 전송한다(평문 데이터 키나 평문 이진 데이터는 전송 측 서비스를 벗어나지 않음).

즉, 암호화된 데이터만 안전하지 않은 채널을 통과하고 평문 데이터 키는 암호화 프로세스가 완료되는 즉시 삭제한다.

복호화 절차는 다음과 같다.

5. 암호화된 데이터 키를 가져온 후 AWS KMS를 사용해 데이터 키를 복호화한다.

6. 메모리에 있는 평문 데이터 키를 사용해 암호화된 이진 데이터를 복호화한다.

봉투 암호화 방식을 사용하면 다음과 같은 통제가 가능하다.

- 데이터 저장소와 키 저장소를 분리한다.

- 네트워크로 전송한 암호화 데이터(암호화된 데이터 키와 암호화된 이진 데이터)는 평문 데이터 키 없이는 쓸모없는 값이므로 데이터가 유출되더라도 안전하다. 복호화하려는 서비스가 CMK 접근 권한이 없으면 평문 데이터 키를 검색할 수 없다.

- 암호화된 데이터를 로컬에서 사용하기 때문에 데이터를 반복적으로 암호화하거나·복호화한다면 평문 데이터 키를 메모리에 임시 저장해 전체 프로세스를 빠르게 수행할 수 있다.

- CMK로 데이터 키만 암호화하기 때문에 KMS 암호화 프로세스 용량 제한의 영향 범위에서 제외한다.

AWS CLI에서 **generate-data-key** 명령을 실행하면 데이터 키를 만들 수 있다. 다행히도 AWS는 사용 사례의 중요성을 이해하고 있으므로 KMS를 사용해 데이터 키를 생성하는 간단한 방법을 제공한다.

```
aws kms generate-data-key \
--key-id <키 ID> \
--key-spec <키의 암호화 속성(예: AES_256)>
```

명령을 실행하면 데이터를 암호화하는 데 사용할 수 있는 데이터 키를 만든다. 명령 실행 결과의 평문 데이터 키(Plaintext)를 사용해 평문 이진 데이터를 암호화할 수 있다. 그런 다음 OpenSSL 같은 도구를 사용해 평문 데이터 키로 데이터를 암호화하고 암호화한 데이터를 저장하거나 전송할 수 있다. 또한 암호화된 이진 데이터와 함께 저장하거나 전송할 수 있는 암호화된 데이터 키(CiphertextBlob)를 반환한다.

AWS CLI에서 **generate-data-key** 명령을 실행한 결과 출력하는 값의 예는 다음과 같다.

```
{
    "CiphertextBlob": "<Base 64 인코딩된 암호화된 데이터 키>",
    "Plaintext": "<Base 64 인코딩된 평문 데이터 키>",
    "KeyId": "arn:aws:kms:us-east-1:248285616257:key/
                    27d9aa85-f403-483e-9239-da01d5be4842"
}
```

보안과 AWS KMS

'보안과 AWS KMS' 절에서는 KMS를 활용해 마이크로서비스 아키텍처의 데이터와 정보를 보호하는 방법을 설명한다.

KMS 콘텍스트 및 추가 인증 데이터

암호화에서 일반적으로 사용되는 공통 보안 메커니즘을 추가 인증 데이터[AAD, Additional Authenticated Data]라 한다. 추가 인증 데이터는 암호화 또는 복호화 요청의 일부분으로서 KMS에 전달하는 평문 문자열로, 비밀로 취급하지 않는다.

예를 들어 사용자가 자신의 생각을 개인적으로 작성하고 유지할 수 있는 애플리케이션이 있다고 생각해보자. 사용자가 자신이 작성한 글을 열람하려고 할 때 애플리케이션은 사용자 이름을 추가 인증 데이터로 사용해 해당하는 사용자를 정확히 찾을 수 있다.

추가 인증 데이터는 암호화된 데이터의 무결성과 신뢰성을 확인하고자 사용한다. 일반적으로 복호화 프로세스에서 제공한 추가 인증 데이터가 암호화 프로세스에서 제공했던 추가 인증 데이터와 일치하지 않으면 복호화 프로세스를 중단한다. 추가 인증 데이터가 암호문을 복호화하는 과정에서 필요하기 때문에 암호화된 데이터와 연결[binding]하지만 추가 인증 데이터를 암호문의 일부로 포함하지는 않는다.

암호화 콘텍스트를 설명하는 튜플[tuple]은 설명자(키)와 설명자에 대한 값을 포함해야 하고 암호화 과정에서 사용한 콘텍스트(키와 값)는 복호화 과정에서 다시 사용할 수 있어야 한다.

대칭 유형의 CMK를 사용하는 AWS KMS의 암호화 작업은 인증 과정을 지원할 목적으로 추가 인증 데이터 역할을 하는 키/값 형태의 암호화 콘텍스트를 허용한다.

콘텍스트 정보를 비밀로 취급할 필요는 없다. 콘텍스트 정보는 AWS CloudTrail 로그 내에서 평문으로 표시되므로 암호화 작업을 인식하고 분류하는 데 사용할 수 있다. 콘텍스트는 모든 정보를 키/값 형태로 가질 수 있지만 비밀이 아니기 때문에 콘텍스트의 일부로 민감한 정보를 사용하지 말아야 한다. 암호화 콘텍스트를 JSON^{JavaScript Object Notation} 문자열로 설정하는 방법의 예는 다음과 같다.

```
"encryptionContext": {
  "username": "gauravraje"
}
```

암호화 프로세스에 제공한 username과 동일한 username을 복호화 프로세스에 제공해야 한다.

키 정책

3장의 도입부에서 언급한 것처럼 CMK로의 접근을 통제할 수 있어야 암호화의 진정한 힘을 발휘할 수 있다. 짐작한 것처럼 CMK는 리소스 기반 정책을 사용해 접근을 통제할 수 있다.

2장에서 설명한 것처럼 키 정책은 리소스 기반 정책으로 분류할 수 있다. 키 정책의 기본 형식은 다음과 같다.

```
{
  "Sid": "Enable IAM User Permissions",
  "Effect": "Allow",
  "Principal": {"AWS": "arn:aws:iam::111122223333:root"},
  "Action": "kms:*",
  "Resource": "*"
}
```

키 정책(https://oreil.ly/mJ9cZ)은 연결된 CMK에만 적용된다. 민감한 정보를 보호하는 데 CMK를 사용한다는 점을 감안해보면 키 정책은 최소 권한의 원칙을 따라야 한다.

CMK 생성 과정에서 키 정책을 명시적으로 지정하지 않으면 AWS는 root 사용자에게 CMK에 대한 전체 접근 권한을 부여하는 단일 정책 명령문으로 디폴트 키 정책을 생성한다. 개별 사용자에게 연결할 수 있는 IAM 정책을 통해 더 많은 접근 권한을 부여할 수 있다. 하지만 키 정책으로 명시적으로 거부한 사용자를 허용하는 정책을 CMK의 키 정책이나 IAM 정책에 추가하더라도 접근은 거부된다. 즉, 명시적 거부가 허용보다 항상 높은 우선순위를 가진다.

알다시피 루트 사용자의 CMK 접근 권한은 별도로 관리해야 한다. 루트 사용자라고 항상 키에 접근할 수 있는 것은 아니라 키에서 접근 권한을 제거하면 키를 사용할 수 없게 된다. AWS는 루트 사용자가 키에 대한 접근 권한이 없어 AWS 고객이 문제를 겪을 경우 지원 티켓 생성을 요구한다.

Grants와 ViaService

특정 외부 서비스가 매우 구체적인 콘텍스트를 가진 경우에만 데이터 암호화나 복호화를 허용하는 것처럼 암호화키에 접근하는 과정에 더 세분화된 접근 통제가 필요한 상황이 생기는 경우가 있다.

다음 절인 KMS grants에서는 보안을 손상시키지 않으면서 세분화된 수준의 접근 통제를 달성할 수 있도록 AWS에서 제공하는 2개의 도구를 간략히 소개한다. 그리고 3장 후반부에서 해당 도구를 아키텍처 설계에 통합하는 방법의 예까지 설명할 예정이다.

KMS grants

KMS grants는 KMS 키에 대한 접근 통제와 모니터링을 활성화하는 하나의 방법이다. 활성화가 필요한 상황에 대해 자세히 설명하겠지만 지금은 다음 예와 같은 사례가 있다고 가정하겠다.

특정 KMS CMK(K)에 대한 완전한 접근 권한을 가진 서비스 A가 있다. 서비스 A는 K를 사용해 특정 데이터를 암호화하거나 복호화할 수 있다. 동일한 작업을 수행하려는 서비스 B도 있다. 서비스 A가 암호화나·복호화 요청을 하는 대신 서비스 A는 서비스 B가 일시적으로 K에 접근하고 사용할 수 있게 허용하려고 한다.

지금이 KMS grants가 필요한 시점이다. grant를 사용하는 권한 주체(서비스 B)는 grant에 나열한 조건이 충족될 때 K를 사용해 암호화나 복호화 작업을 수행할 수 있다. grants는 CMK 단위로 적용하고 필요한 경우 계정 단위로 확장할 수 있다(서비스 A는 다른 계정의 권한 주체에게 grants를 제공 가능). grants는 접근을 허용할 수만 있고 접근을 거부할 수는 없어 권한 주체가 이미 키에 접근할 수 있는 경우 권한을 중복 부여한 것이므로 키의 보안 경계에 아무런 영향을 미치지 않는다. 권한 주체는 키 정책이나 IAM 정책과 마찬가지로 grant를 지정하지 않고도 grant 권한을 사용할 수 있다. 따라서 grant를 받은 후에는 호출 측 권한 주체가 IAM이나 키 정책을 통해 KMS 키에 접근할 수 있는 것과 유사하다.

 AWS grants는 최종 일관성(eventual consistency) 원칙에 의존한다는 점에 유의해야 한다. 즉, KMS 키에 대한 grant를 만들거나 폐기하면 즉시 적용되지 않을 수 있다. 적용에는 몇 초(보통 5분 미만)가 소요된다.

AWS CLI에서 **create-grant** 명령을 실행하면 grant를 만들 수 있다.

```
aws kms create-grant \
  --key-id <grant를 생성하려는 키 ID> \
  --grantee-principal <grant를 수신할 권한 주체의 ARN> \
  --operations Decrypt
```

명령을 실행하면 **--grantee-principal**로 지정한 권한 주체가 **--key-id**로 지정한 키 ID를 사용해 암호화된 항목을 복호화할 수 있게 허용하는 grant를 만든다.

또한 grants에 제약 조건(constraints)을 적용하면 더 세분화된 권한을 가질 수 있다.

```
aws kms create-grant \
    --key-id <grant를 생성하려는 키 ID> \
    --grantee-principal <grant를 수신할 권한 주체의 ARN> \
    --operations Decrypt \
    --constraints EncryptionContextSubset={Department=IT}
```

명령을 실행하면 암호화 콘텍스트에 관한 조건을 충족(콘텍스트가 Department=IT를 포함)하는 경우에만 권한 주체에게 grant를 부여한다. 암호화 콘텍스트와 grants를 조합하면 더 세분화된 권한을 할당하는 데 도움이 될 수 있다.

KMS ViaService

grants와 유사하게 키 정책의 ViaService 조건은 도메인 보안 인프라를 손상시키지 않고 외부 서비스가 키에 접근할 수 있게 하는 또 다른 도구가 될 수 있다. grants가 외부 서비스에게 임시로 접근을 허용하는 좋은 방법이지만 영구적으로 접근이 필요한 경우가 있다. 매우 특정한 상황에서 암호화 보안 경계를 도메인 경계를 넘어 확장할 수 있는 기능을 원한다는 것이지 콘텍스트 간 결합을 증가시키길 원한다는 의미는 아니다. 이러한 상황을 정의하기 쉽다면 키 정책을 사용해 이러한 예외를 공식적으로 코드화할 수 있다.

키 정책의 **kms:ViaService** 조건은 지정한 AWS 서비스만 CMK를 사용할 수 있도록 제한한다.

키를 사용하기 위한 호출이 람다에서 오는 경우에 한해 KMS 작업을 특정한 권한 주체에게 제한적으로 허용하는 ViaService 조건의 예를 살펴보자.

```
{
  "Effect": "Allow",
  "Principal": {
    "AWS": "<KMS 사용을 허용할 권한 주체의 ARN>"
  },
  "Action": [
    "kms:*"
  ],
  "Resource": "*",
  "Condition": {
    "StringEquals": {
      "kms:ViaService": [
        "lambda.us-west-2.amazonaws.com"
      ]
    }
  }
}
```

ViaService 조건은 키를 사용하기 위한 호출을 허용할 수 있지만 거부할 때도 사용할 수 있다.

```
{
  "Effect": "Deny",
  "Principal": {
    "AWS": "<KMS 사용을 거부할 권한 주체의 ARN>"
  },
  "Action": [
    "kms:*"
  ],
  "Resource": "*",
  "Condition": {
    "StringNotEquals": {
      "kms:ViaService": [
```

```
            "lambda.us-west-2.amazonaws.com"
        ]
    }
  }
}
```

명령문을 적용하면 키를 사용하기 위한 호출이 람다를 제외한 다른 서비스에서 오는 경우 특정한 권한 주체의 KMS 작업을 거부한다. 두 정책을 함께 사용하면 사용자의 KMS 접근을 람다로만 제한한다.

CMK와 CMK의 구성 요소 및 지원되는 작업

지금까지는 키를 하나의 논리적 엔터티로 언급해왔지만 실제로 CMK는 다음과 같은 다른 부분으로 구성돼 있다.

키 메타데이터

키를 식별하고 설명하는 데 도움을 주는 키의 속성을 의미하며 키 ID, 키의 ARN, 키 태그 등을 포함한다.

키 별칭

실제 키를 알아보기 쉽게 하고자 부여한 별도의 이름을 의미하며 애플리케이션 내에서 CMK 대신 사용할 수 있다.

키 구성 요소

실제 키를 구성하는 암호화 데이터를 의미하며 키 구성 요소에는 암호 지식이 담겨 있다. 키 구성 요소를 암호화나 복호화 알고리듬이 암호화 과정에서 입력값으로 사용하기 때문에 결국에는 데이터를 암호화하거나 복호화하는 역할을 담당한다.

대부분의 사례에서 AWS 고객이 키를 생성할 때마다 AWS는 키 구성 요소를 생성하고 원활한 사용 경험을 제공한다. 하지만 키 구성 요소가 나머지 메타데이터와 별도로 저장되는 사실은 규정 준수의 관점에서 유용할 수 있다.

키 구성 요소 가져오기

앞서 설명한 것처럼 KMS는 키와 별개로 키 구성 요소를 생성해 유지하며 새로운 CMK를 생성하면 KMS는 키 구성 요소와 관련 메타데이터를 HSM에 저장한다. 하지만 KMS는 AWS 고객이 소유한 키 구성 요소를 KMS로 가져올 수 있는 기능을 제공하며 해당 기능이 유용한 이유는 다음과 같다.

- 규제 준수 목적으로 키의 수명주기를 통제하길 원하는 조직에게 통제할 수 있는 방법을 제공한다.
- 실수로 인한 삭제를 방지하고자 키를 즉시 삭제할 수 없게 한 KMS 제약을 해결한다.

키 구성 요소는 AWS 관리 콘솔뿐만 아니라 API로 가져올 수 있다.

CMK 유형

AWS의 CMK 유형은 다음과 같다.

AWS 관리형 CMK

AWS 관리형 CMK는 AWS 고객이 생성한 AWS 서비스의 암호화를 지원하는 키를 의미한다. AWS 고객이 소유하지만 AWS에서 관리하기 때문에 공동 책임 모델에 따라 고객이 관리할 필요가 없다.

고객 관리형 CMK

애플리케이션 암호화나 기타 암호화 요구 사항 때문에 AWS 고객이 생성한 CMK를 의미한다. 이름에서 알 수 있듯이 AWS에서 CMK를 더 쉽게 관리할 수 있는 도구를 제공하더라도 AWS 고객의 키 관리가 필요하다. 고객 관리형

CMK를 사용하면 대부분의 AWS 서비스를 지원할 수 있지만 공동 책임 모델에서 벗어나는 영역에 대한 특정 책임이 발생한다.

키 구성 요소를 가져와 생성한 고객 관리형 CMK

별도의 CMK라기보다는 고객 관리형 CMK의 하위 유형에 가깝지만 별도로 언급할 필요가 있다. AWS 고객 자신의 키 구성 요소를 가져오기 때문에 키 관리 프로세스와 수명주기를 훨씬 더 효과적으로 통제할 수 있다.

자동 키 교체

키 생성뿐만 아니라 키 노출은 거의 모든 보안 시스템이 직면한 큰 문제다. 대부분의 보안 연구원들은 키를 교체하면 키가 안전해지고 남용으로부터 보호할 수 있음에 동의한다. 예를 들어 PCI DSS^{Payment Card Industry Data Security Standard} 같은 일부 산업군의 표준에서는 정기적인 키 교체를 요구한다.

AWS는 수동뿐만 아니라 자동으로 키를 교체할 수 있는 기능까지 제공한다. 키 교체는 암호화 과정에서 사용하는 배킹^{backing} 키 구성 요소를 변경하는 것을 의미한다. CMK의 배킹 구성 요소를 여러 번 변경하더라도 항상 동일한 논리적 리소스다.

CMK의 암호화 구성 요소를 변경하는 한 가지 방법은 새로운 CMK를 생성하고 해당 CMK를 사용하도록 애플리케이션이나 별칭을 변경하는 것이다.

AWS는 키 교체가 보안 유지에 미치는 중요성을 알고 있어 키를 쉽게 교체할 수 있게 했다. AWS 고객은 이미 생성된 CMK의 자동 키 교체도 활성화할 수 있다.

자동 키 교체를 활성화하면 매년 고객 관리형 CMK를 새로운 암호화 구성 요소로 자동 갱신한다. 게다가 AWS KMS는 사용자가 CMK를 삭제할 때까지 이전 버전의 CMK 암호화 구성 요소를 유지한다. AWS KMS는 CMK를 삭제하기 전까지 진 이전 암호화 구성 요소를 삭제하지 않는다.

특정 시점에 단일 논리적 리소스(CMK)로 표시되지만 실제로는 다양한 버전의 배킹 키 구성 요소가 있을 수 있다. CMK를 암호화에 사용하면 AWS KMS는 최신 버전의 배킹 키를 사용한다. 하지만 CMK를 복호화에 사용하면 AWS KMS는 데이터 암호화 시점에 사용한 배킹 키를 찾아 사용할 만큼 지능적이다.

키 구성 요소를 자동으로 교체하면 교체된 키가 이전 버전과 동일한 IAM, 키 정책 및 ARN을 갖게 해 키 교체 프로세스를 더 쉽게 만든다. 코드 변경이나 배포 없이도 애플리케이션을 계속 실행할 수 있게 해주고, 또한 예약된 키 교체 프로세스를 통해 관리자는 AWS에서 완전히 처리하는 키 교체에 관해 걱정할 필요 없이 아키텍처의 다른 영역에 집중할 수 있다.

키를 자동으로 교체하더라도 CMK로 암호화된 기존 데이터에 영향을 미치지 않는다. 따라서 CMK로 보호되는 데이터를 다시 암호화하지 않으며, 더 나아가 유출된 데이터 키로 인해 발생하는 피해를 줄여주지 않는다.

AWS KMS는 비활성화됐거나 삭제 대기 중인 키를 제외한 AWS 관리형 CMK를 1,095일마다 교체한다. 반면에 고객 관리형 CMK는 365일마다 선택적으로 교체할 수 있다.

수동 키 교체

앞서 언급한 것처럼 키 교체를 좀 더 세부적으로 통제하려면 자동 키 교체를 활성화하지 말고 현재 CMK를 대체하고자 새로운 CMK를 생성하는 방법이 있다. 새로운 CMK를 현재 CMK와는 다른 암호화 구성 요소로 생성하는 경우 CMK를 새로 생성하는 것은 기존 CMK의 배킹 키를 변경하는 것과 동일한 효과가 있다.

물론 새로 생성한 CMK는 별도의 논리적 리소스이기 때문에 CMK에 대한 모든 참조를 변경해야 한다. 따라서 애플리케이션에서는 별칭을 사용해 CMK를 참조하는 것이 가장 좋다. 다른 CMK로 전환하길 희망한다면 애플리케이션 코드 수준을 변경할 필요 없이 별칭이 가리키는 대상을 변경할 수 있다.

데이터를 복호화할 때 KMS는 데이터를 암호화할 때 사용한 CMK를 식별하고 동일한 CMK를 사용해 복호화한다. AWS KMS가 기존 CMK와 교체한 새로운 CMK 모두에 접근할 수 있는 한 두 CMK 중 하나로 암호화된 모든 데이터를 복호화 할 수 있다. CMK 중 하나에만 접근할 수 있다면 데이터를 복호화할 수 없다.

CMK 삭제

대부분의 다른 리소스와 달리 CMK에는 리소스를 삭제할 수 있는 영역이 있기 때문에 특별한 주의가 필요하다. 주의가 필요한 이유는 CMK를 즉시 완전하게 삭제할 수 없는 CMK 유형이 있기 때문이다. 키를 삭제하면 모든 배킹 키 구성 요소를 삭제하는데, 이를 되돌릴 수가 없다. 또한 CMK를 삭제하면 해당 키를 사용해 암호화한 모든 리소스와 데이터를 영원히 복호화할 수 없다.

AWS는 CMK(CMK 및 배킹 키 구성 요소)를 삭제했을 때의 심각성을 인지하고 있어 CMK 삭제 요청을 한 당사자를 보호하고자 CMK 삭제 예약을 취소할 수 있는 필수 대기 기간을 제공한다. 대기 기간은 최소 7일에서 최대 30일까지 설정할 수 있고 해당 기간 동안에는 키 삭제를 취소할 수 있으며 디폴트 대기 기간은 30일 이다. 삭제 대기 중인 CMK는 암호화 작업에 사용할 수 없고 자동으로 자동 키 교체 대상에서도 제외된다.

키 구성 요소를 가져온 CMK는 필수 대기 시간을 적용 받지 않는 유일한 예외 경우라 필요 시점에 키 구성 요소를 삭제할 수 있다. 키 구성 요소를 삭제하면 CMK를 사용할 수 없지만 해당 구성 요소를 다시 가져와 복원할 수 있다. 단, CMK 자체를 삭제하면 복원 불가능하다.

리전과 KMS

AWS KMS가 리전별로 관리해야 하는 지역 서비스인 것이 일반적으로 문제가 되진 않지만 마이크로서비스가 때때로 직면할 수 있는 2가지 특이 상황을 인지할 필요가 있다.

첫 번째 상황은 KMS 키로 지원되는 글로벌한 복제 서비스를 운영하고 있는 경우다. 이 경우 글로벌 데이터 복제 시 동일한 키를 사용할 수 있으므로 암호화 비용이 발생하는 교차 리전 통신을 포함할 수 있다.

두 번째 상황은 규제 준수를 위해 데이터를 지리적으로 격리해야 하는 경우다. 이 경우 AWS는 사용자가 데이터를 저장한 지역과 동일한 리전의 키를 사용해야 한다. 이는 여러 리전을 거쳐 암호화 구성 요소를 보내야 하거나 한 리전에서 다른 리전으로 데이터를 이동해야 하는 경우 특히 중요하다.

 암호화된 데이터를 새로운 리전으로 옮기려면 해당 리전에서 프로비저닝된 완전히 다른 CMK와 새로운 데이터 키로 데이터를 다시 암호화하는 것을 고려할 수 있다. 이렇게 하면 교차 리전 KMS API 호출을 피하고 특정 규제 프레임워크 및 위치에 따라 다를 수 있는 데이터 보안 요구 사항을 완전히 준수할 수 있다.

비용, 복잡성, 규제 고려

AWS KMS는 자체 HSM 관리에 대한 훌륭한 대안을 제공하지만 KMS에 의존하는 시스템을 설계할 때 고려해야 하는 몇 가지 절충안이 있다.

KMS에 관한 비용은 두 부분으로 나눌 수 있는데, 사용자는 KMS에 있는 CMK별로 정해진 요금을 지불해야 하고 CMK를 대상으로 한 모든 요청에 부가되는 요청당 요금도 있다.

CMK에 관한 작업은 AWS 계정 단위의 처리량 제한도 받는다. 이 책을 쓰는 시점을 기준으로 AWS 계정이 보낼 수 있는 API 호출은 리전별 초당 10,000개까지다.[3] 제한을 받는 API 호출에는 암호화, 복호화, grants 생성 또는 CMK에 관한 다른 모든 작업에 대한 호출을 포함한다.

AWS KMS는 AWS 직원을 포함한 누구도 평문 키를 검색할 수 없게 설계됐다. 규제 준수 관점에서 AWS KMS는 PCI-DSS 레벨 1, HIPPA, FIPS 104-2 레벨 2 등 다양한 표준을 준수한다. 현재 규정 준수 수준을 유지하는 데 관심이 있는 회사는 AWS KMS를 사용해도 되는지, 규정 준수 수준과 호환이 되는지 등을 규제 기관에 사전 확인해야 한다. 더 많은 규제 준수에 관한 정보는 AWS 관리 콘솔에서 AWS Artifact를 검색하면 확인할 수 있다. AWS는 AWS KMS을 유지하고 가동 시간을 관리한다.

AWS KMS 펌웨어 업데이트는 강력하고 매우 제한적인 접근 통제를 받는다. 개별 접근은 독립적인 감사인이 엄격하게 감사하고 제어한다. 하지만 일부 고객은 하드웨어 인프라에 대한 충분한 통제 없이 키 저장소를 서버리스 및 완전 관리형 서비스로 사용하는 사실에 불만족할 수 있다. 규제, 규정 준수나 보안 정책에서 AWS가 키를 보유한 인프라를 완전히 통제, 관리, 공유하는 것을 허용하지 않는 고객을 위해 AWS는 좀 더 격리된 키 관리 설정을 제공하는 AWS CloudHSM(https://aws.amazon.com/cloudhsm) 형태의 다른 대안을 제시한다. CloudHSM은 VPC 내에 완전히 배치할 수 있다.

AWS CloudHSM은 좀 더 광범위한 범위의 표준을 준수함에도 디폴트로 고가용성을 제공하지 않기 때문에 사용자가 키 관리 인프라를 관리하는 데 더 많은 책임을 져야 한다.

---

3. API 요청 할당량은 리전별로 상이하며 https://docs.aws.amazon.com/ko_kr/kms/latest/developerguide/requests-per-second.html에서 확인할 수 있다. - 옮긴이

비대칭 암호화와 KMS

비대칭 암호화는 현대 암호학의 가장 매력적인 측면이며 그 자체만으로도 책을 출간할 정도의 가치가 있는 주제일 것이다. 암호학에 입문하려면 브루스 슈나이어^{Bruce Schneier}의 『Applied Cryptography』^(Wiley)를 읽어보는 것이 가장 좋은 방법이다. 이 책에서 다루는 주제를 위해 비대칭 암호화의 본질을 요약할 필요가 있다. 비대칭 암호화는 단일키가 아닌 고유한 결합으로 서로 연결된 공개키와 개인키 등 2개의 키가 있다.

공개키

이메일 주소와 유사하게 민감하지 않으면서 공개 가능한 데이터로 널리 사용 가능하고 자유롭게 배포된다. 공개키는 필요한 모든 사람이 사용할 수 있다.

개인키

이메일 서비스에 로그인하는 데 사용하는 비밀번호와 유사한 비밀 값으로 키를 소유한 서비스 외부로 공유해서는 안 된다.

AWS에서는 2가지 용도로 비대칭키 암호화를 사용할 수 있다.

- 암호화와 복호화
- 디지털 서명

암호화와 복호화

비대칭 암호화를 사용하면 공개키로 평문을 암호화하고 대응하는 개인키로 암호문을 복호화한다. 비대칭 암호화의 이점은 개인키를 사용해서만 데이터를 복호화할 수 있으므로 거의 모든 사람이 데이터를 암호화할 수 있지만 의도한 수신 측만 암호문을 복호화할 수 있음을 보장하는 것이기 때문에 키 교환 없이도 안전한 통신 채널을 유지할 수 있다. AWS는 수신 측에서 사용할 개인키를 안전하게 저장하고 접근 통제를 유지한다.

그림 3-8은 외부 서비스에서 비대칭 알고리듬을 사용하는 방법을 보여준다.

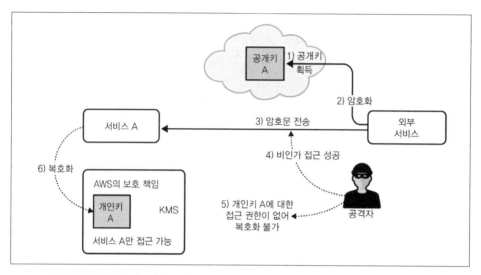

그림 3-8. 외부 서비스는 마이크로서비스에 데이터를 보내고자 공개적으로 사용 가능한 키를 사용

비대칭 알고리듬으로 데이터를 보내기 위한 전송 측 절차는 다음과 같다.

1. 수신 측의 공개키(공개된 지식)를 검색 및 획득한다.

2. 공개키를 사용해 민감한 데이터를 암호화한다.

3. 암호화된 암호문을 의도한 수신 측에게 전송한다.

4. 공격자가 암호문에 접근하더라도 평문을 읽을 수 없다(AWS KMS에서 제공하는 접근 통제는 공격자가 개인키 A로 암호문을 복호화하지 못하게 차단).

5. 하지만 서비스 A는 개인키 A에 접근할 수 있기 때문에 암호문을 복호화 가능하다.

비대칭 알고리듬을 사용하면 데이터를 개인키로만 복호화할 수 있기 때문에 중간자 공격^man-in-the-middle이 불가능하고 키를 교환하지 않아 수신 측과 발신 측의 결합도(모듈 간 상호 의존성)가 낮다.

데이터를 수신하면 수신 측은 개인키를 사용해 데이터를 복호화할 수 있다. 이러한 방식으로 민감한 키는 수신 측 서비스를 떠나지 않는다.

디지털 서명(서명과 검증)

비대칭 암호화를 사용하면 개인키로 데이터를 암호화한 다음 공개키로 복호화하는 것처럼 공개키와 개인키를 반대로 사용할 수도 있다. 수신 측이 알려진 엔터티의 공개키를 사용해 복호화 가능한 데이터를 수신하면 수신 측은 암호화 프로세스를 엔터티의 개인키를 사용해 수행했다고 확신할 수 있다.

그림 3-9는 마이크로서비스가 AWS KMS를 사용해 다른 외부 서비스에서 검증해야 하는 데이터에 디지털 서명을 하는 상황을 보여준다.

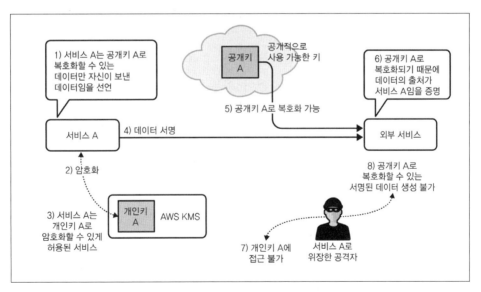

그림 3-9. AWS KMS로 비대칭키 암호화를 사용해 전송 측이 보낸 데이터임을 검증할 수 있는 디지털 서명된 데이터 전송 가능

그림 3-9를 단계별로 설명하면 다음과 같다.

1. 서비스 A는 공개키를 모든 외부 관련자들에게 전달한다.

2. 외부 서비스에 전송할 데이터에 디지털 서명(개인키 A로 암호화)하도록 AWS KMS에게 요청한다.

3. AWS KMS는 서비스 A를 식별하고 개인키 A로 디지털 서명한 암호화된 데이터를 응답한다.

4. 서비스 A는 모든 외부 서비스에게 데이터를 전송한다.

5. 공개키 A로 단계 4에서 전송받은 데이터를 복호화할 수 있다.

6. 공개키 A로 데이터를 복호화할 수 있기 때문에 외부 서비스는 데이터의 출처가 서비스 A임을 확신한다.

7. 공격자가 서비스 A인 것처럼 외부 서비스에 데이터를 보내더라도 공격 자는 AWS KMS의 인증을 통과할 수 없기 때문에 개인키 A에 접근할 수 없다(2장에서 설명한 접근 통제가 적절히 설정돼 있다는 가정하에).

8. 공격자는 개인키 A에 접근할 수 없기 때문에 공개키 A로 복호화할 수 있는 데이터를 생성할 수 없어 외부 서비스의 신뢰를 얻을 수 없다.

그림 3-10과 3-11은 AWS 관리 콘솔에서 비대칭키를 생성하고 확인하는 방법을 보여준다.

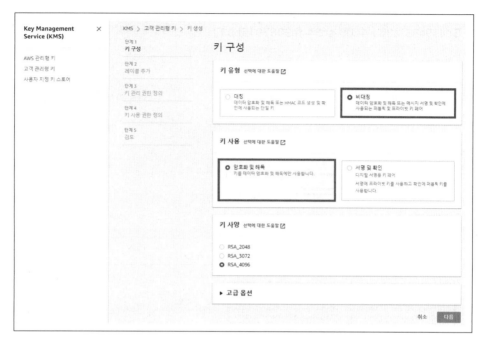

그림 3-10. 비대칭키는 대칭키를 생성하는 것과 유사한 방법으로 AWS 관리 콘솔에서 생성 가능

비대칭 암호화에 사용하는 가장 일반적인 알고리듬은 RSA^Rivest-Shamir-Adleman 알고리듬이다. AWS KMS 비대칭키는 일반적으로 널리 사용되는 알고리듬과 여러 RSA 알고리듬 계열을 지원함으로써 안전한 데이터 전송과 디지털 서명 모두를 가능하게 한다.

그림 3-11. 비대칭키를 생성하면 비대칭키의 공개키 탭에서 공개키에 접근 가능

도메인 주도 설계와 AWS KMS

지금까지는 AWS KMS와 봉투 암호화가 동작하는 방식을 살펴봤고 이제부터는 도메인 설계에 맞게 암호화 전략을 모듈화하는 방법을 살펴본다. 암호화 관련해 필요한 설계 고려 사항에 대한 일반적인 조언은 다음과 같다.

- 가능하면 봉투 암호화를 사용하고 CMK는 데이터 키를 암호화하거나 복호화하는 데만 사용하라.

- CMK 재사용을 금지하라.

- 서로 통신하게 설계된 서비스만 키에 접근할 수 있도록 CMK 접근을 최소한으로 제한하라.

- 데이터 키를 로컬에 임시 저장하지 않았는지 확인하라.

- KMS 콘텍스트를 사용해 부가적인 인증 수단을 추가하라.

- 최소 권한의 원칙을 적용한 IAM 정책으로 AWS 키에 대한 접근을 제한하라.

이러한 조언들은 잠재적 보안 사고를 방지하는 데 큰 도움을 준다.

콘텍스트 경계와 암호화

애플리케이션을 구성하는 다른 시스템과 달리 때때로 암호화 메커니즘을 로깅과 모니터링처럼 중요한 문제로 간주한다. 암호화가 서비스의 핵심은 아니지만 다양한 콘텍스트의 다양한 모듈에 걸쳐 존재하는 경우가 많고 암호화가 콘텍스트 경계를 넘어선다면 기존 서비스 경계를 기반으로 한 모듈화 형태로 암호화 구현이 불가능함을 의미한다.

콘텍스트 간 통신의 정의상 2개의 서로 다른 경계 콘텍스트 내 구성 요소가 언어를 이해하고 말할 수 있게 허용하기를 원하기 때문에 서비스 경계를 정의하는 것은 매우 어렵다. 따라서 CMK가 어디에 있어야 하는지(어떤 경계 콘텍스트에 있어야 하는지)에 대한 고민은 일반적으로 대부분의 아키텍트가 클라우드 인프라를 설계하는 동안 직면하는 문제다.

계정과 CMK 공유

일반적으로 서비스 콘텍스트에 자율성을 부여하려면 도메인마다 다른 계정을 사용하는 것이 좋다. 계정을 분리하면 개별 도메인은 도메인을 구성하고 있는 서비스에만 접근을 허용한 CMK를 사용할 수 있다. 하지만 한 콘텍스트의 서비스가 다른 콘텍스트의 다른 서비스(이 경우 다른 계정)에게 데이터를 전송하도록 요구하면 도메인 간 통신에 관한 문제가 발생한다.

다행히 AWS에서는 계정 간에 키를 공유할 수 있다. 한 AWS 계정의 신뢰할 수 있는 엔터티(IAM 사용자나 역할)에 다른 AWS 계정의 CMK를 사용할 수 있는 권한을 부여할 수 있다.

짐작할 수 있듯이 키 정책을 사용해 다른 AWS 계정(외부 계정 포함)에 CMK 사용 권한을 부여한다. 외부 계정에 권한을 부여하는 키 정책은 해당 계정의 IAM 정책에 의해 사용자 및 역할에 위임돼야 한다. AWS에 따르면 "키 정책은 CMK에 접근할 수 있는 사람을 결정하고 IAM 정책은 누가 CMK에 접근하는지를 결정하는데, 키 정책이나 IAM 정책을 단독으로 적용하는 것만으로는 충분하지 않으므로 둘 다 변경이 필요하다."

KMS와 네트워크 고려 사항

KMS는 관리형 서비스로, 중앙 집중화한 클라우드 네트워크에 완전히 위치해 새로운 문제를 만든다.

암호화 기능을 수행하려면 개별 서비스에서 AWS KMS와 연결할 수 있는 기능이 필요하다. 즉, 인터넷에 연결되지 않은 서비스의 인터넷 연결이 필요해 보안 위험이 증가한다.

 네트워크 보안에 관한 이슈는 VPC 엔드포인트로 해결이 가능하며, VPC 엔드포인트는 5장에서 상세히 다룬다.

KMS grants 재논의

약속한 대로 KMS grants가 더 나은 서비스 모듈화를 제공하는 데 도움을 주는 도메인 주도 설계에 관한 비즈니스 사례를 살펴볼 것인데, 다음과 같은 비즈니스 문제가 발생할 수 있다.

모든 직원의 급여와 복리후생을 관리하는 조직의 내부 시스템에서 작업을 하는 인원이 있다고 가정해보자. 애플리케이션에는 서로 통신하는 2개의 도메인이 있다. 하나의 도메인과 도메인 내 서비스는 직원 급여에 관한 민감한 정보를 관리한다. 책임감 있는 고용주로서 독자(사장)는 직원 급여를 보호하는 일을 훌륭하게 수행했다. 적용한 보호 조치 중에는 강력한 암호화 제품군인 AWS KMS의 도움을 받아 키에 대한 접근을 도메인 내의 권한을 부여한 특정 서비스로만 제한했다. 다른 도메인은 모든 직원의 급여 지급과 복리후생 제공 이력에 관한 보고서를 생성하는 보고 도메인이다. 보고 도메인 내 서비스는 일반적으로 직원 급여에 관한 중요 정보에 접근할 필요가 없지만 매우 특정한 상황에서 서비스는 민감한 정보를 집계할 필요가 있어 급여 정보를 복호화해야 한다.

매우 특정한 작업을 수행해야 하는 경우를 제외하고 아무도 키에 접근할 수 없어야 하는 것이 당연하고 이건 grants와 도메인 설계가 부합하는 조직의 교과서적인 예다. grants를 사용하면 일시적으로 외부 콘텍스트에 키를 공개하지 않아도 키에 대한 접근을 통제할 수 있다. grants는 관련 업무를 종료하는 즉시 취소할 수 있고 이러한 방식으로 접근을 통제한다.

KMS 계정과 토폴로지: 통합

AWS 내의 경계 콘텍스트는 일반적으로 비즈니스 수준 도메인에 부합하도록 구현한다. 2장에서 언급한 것처럼 AWS 내의 서로 다른 도메인은 운영 독립성을 유지하고자 별도의 계정을 생성하는 것이 적절한 경우가 많다. 대부분의 마이크로서비스를 속해 있는 도메인을 기반으로 분류할 수 있지만 암호화에 의존하는 서비스는 일반적으로 여러 AWS 계정에 흩어져 있는 콘텍스트 간의 통신이 필요하기 때문에 서비스를 분류하기 더 어렵다. 다행히 '계정과 CMK 공유' 절에서 언급했듯이 CMK는 CMK를 생성한 계정뿐만 아니라 다른 계정의 서비스에서도 CMK를 사용할 수 있다.

여러 계정에서 CMK를 사용할 수 있음을 염두에 둬야 하기 때문에 CMK의 위치에 대해 고민이 필요한데, 각각의 장단점이 있는 2가지 옵션은 다음과 같다.

옵션 1

CMK를 경계 콘텍스트 내에 포함한다. 경계 콘텍스트 내에 포함하면 CMK는 도메인을 포함한 AWS 계정의 다른 서비스와 함께 유지된다.

옵션 2

CMK를 독립적인 엔터티로 취급해 별도의 AWS 계정에 포함한다.

 옵션 중 하나를 선택하면 2장에서 설명한 것처럼 IAM 정책 및 리소스 기반 정책 등의 기본적인 계정 수준 통제를 사용해 접근을 통제할 수 있다.

옵션 1: 경계 콘텍스트 내에 CMK 포함

개별 경계 콘텍스트는 자신만의 AWS 계정이 있고 조직 내 개별 계정 및 경계 콘텍스트에 자신의 KMS 키 모음이 있다고 가정한다. AWS 계정과 경계 콘텍스트는 1:1 관계이기 때문에 개별 도메인을 더 쉽게 보호할 수 있다.

옵션 1은 여전히 도메인 간 통신과 데이터 공유 문제가 남아있다. KMS 키들을 계정 단위로 접근 차단하지 않기 때문에 이러한 특정 토폴로지에서 KMS grants와 같은 도구를 사용해 암호화 기능 및 키에 접근하는 외부 서비스의 접근을 세분화해 통제할 수 있다. 그림 3-12는 CMK를 나머지 서비스와 함께 묶는 방법을 보여준다. 도메인 간 암호화나 복호화가 필요한 경우 KMS grants를 사용해 도메인 간 접근을 임시로 허용할 수 있다.

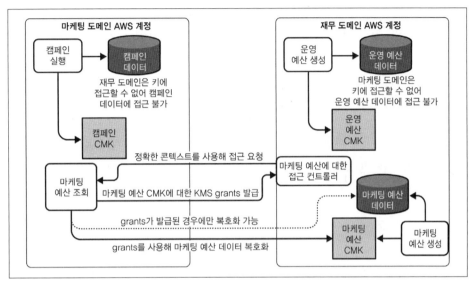

그림 3-12. 도메인 기반으로 CMK를 식별 및 분리하고 grants를 사용한 계정 간/도메인 간 암호화만 허용

그림 3-12처럼 구성하면 도메인을 깔끔하게 분리할 수 있다는 이점이 있다. 마이크로서비스에는 암호화를 위한 중앙 집중식 오케스트레이터가 없다.

단점은 grants 기반 통신 프로토콜이 디버깅하기 어려운 추가 로직을 생성할 뿐만 아니라 KMS grants에 관한 대기 시간을 발생시키는 콘텍스트 간 통신에 관한 복잡성이 추가된다는 것이다.

옵션 2: 전용 계정을 생성해 CMK 보유

도메인을 분할하는 다른 접근법은 인프라 관련 메커니즘을 모두 포함하는 기존 2개의 계정 외에 새로운 계정을 갖는 것이다. 세 번째 계정은 모든 도메인과 서비스의 CMK들을 모두 보유한다. 결과적으로 암호화가 필요한 모든 서비스가 업무별, 서비스별로 CMK에 접근할 수 있는 권한을 받는 반면에 궁극적인 암호화 통제는 더 높은 접근 권한을 가진 사용자만이 변경할 수 있게 한 분리된 별도 계정에 의해 여전히 유지된다.

이렇게 하면 보안 관련 인프라와 마이크로서비스의 런타임 작업이 완전히 분리된다. 도메인 중 하나의 루트 계정이 침해되더라도 해당 도메인의 암호화키와 데이터는 암호화키를 보유한 인프라 계정을 통해 침입자로부터 지속적으로 보호될 수 있다. 키 관리자는 전용 AWS 계정을 사용해 안전한 대체 인프라에서 협업하고 작업할 수 있다.

인프라 계정은 키에 대한 관리자 수준 작업을 처리하고자 '키 관리자'가 사용하는 개별 역할을 생성해 CMK 보안을 손상시키지 않으면서 IAM 권한 변경, 키 정책 변경 등 여러 변경 작업을 키 관리자로만 제한할 수 있다.

그림 3-13은 모든 CMK를 비즈니스 수준 계정이 아닌 별도의 중앙 집중화한 계정 내부에 보관하는 구조를 보여준다. 이러한 CMK의 키 정책은 암호화나 복호화 작업을 수행해야 하는 도메인 기반 서비스를 대상으로 세분화된 접근을 허용하는 데 사용될 수 있다.

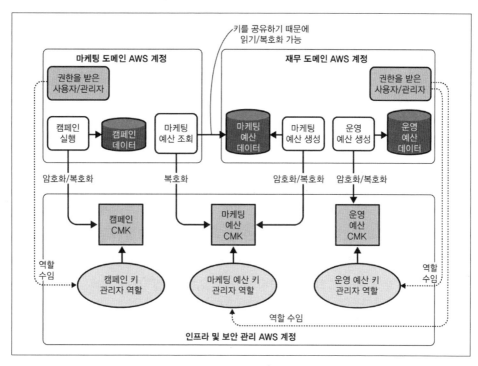

그림 3-13. 별도 계정이 모든 KMS CMK를 보유하지만 개별 서비스에는 키에 대한 세분화된 접근 권한이 부여되는 KMS와 계정 토폴로지

전용 계정을 생성해 CMK를 보유하면 보안 인프라의 일부를 도메인 로직에서 인프라 계정으로 옮길 수 있는 분명한 이점이 있다. 또한 KMS grants나 grants와 관련한 복잡성 없이 데이터에 대한 접근을 세분화해 허용할 수 있다.

반면에 대규모 조직에서 공통 인프라 계정을 유지 관리하는 것 자체가 큰 부담일 수 있고 목표하고 있는 보안 수준의 조정이 필요할 수 있는데, 조직의 어떤 엔터티에 얼마나 많은 접근 권한을 부여해야 하는지에 대한 명확한 보안 정책이 없는 경우에 특히 문제가 될 수 있다. 예를 들어 모든 사람이 관리자 접근 Administrator Access 권한으로 접근하는 공통 인프라 계정이 있는 상황이 있을 수 있으며, 더 나쁜 상황으로는 한 사람만 접근할 수 있는 인프라 계정이 있고 이 사람이 퇴사해 계정을 사용할 수 없게 되는 경우도 발생 가능하다(아쉽게도 업계에서 종종 발생한다).

나는 어떤 선택이 가장 효과적인지에 대해 중립을 지키려고 노력 중이며 독자가 판단해 각자에 맞는 옵션을 선택해야 한다. 신중한 검토를 거쳐 아키텍처를 구성한다면 2가지 옵션 모두 요구 사항을 충족할 수 있고 장단점이 있다. 나는 개인적으로 두 번째 옵션을 좋아한다. 여러 곳에 흩어져 있는 암호화키를 보호하는 것보다는 중앙 집중화한 인프라 계정을 강화하고 보호하는 것이 더 쉽다.

AWS 시크릿 매니저

비밀번호, 자격증명 또는 토큰과 같은 비밀 값^{secrets}을 안전하게 유지해야 하는 것은 거의 모든 회사가 한 번씩은 직면하는 문제이며, 이러한 문제는 마이크로서비스의 등장으로 인해 악화됐다. 소수의 애플리케이션만 있던 기존의 모놀리식에서는 비밀 값을 한 위치에 저장하거나 모든 비밀 값을 외우고 있는 것이 어렵지 않았다.

마이크로서비스 아키텍처에서 비밀 값의 수는 훨씬 더 많다. 보안을 위해 모든 마이크로서비스가 동일한 비밀번호를 사용하지 않게 하고 개별 마이크로서비스는 외부 서비스에 독립적으로 접근할 수 있게 하는 것도 좋은 생각이다.

매우 실용적인 솔루션은 모든 비밀 값을 중앙 집중화해 저장하는 것이다. 비밀 값을 한곳에 저장한 다음 신뢰할 수 있는 몇 명의 관리자에게 특정 접근 권한을 부여하면 효율적인 비밀 값 구성 및 통제가 보장된다. 얼핏 봐서는 매력적인 정책처럼 들리지만 강력한 권한을 가진 관리자가 필요하기 때문에 이상적이지 않다.

비밀 값 관리의 어려움을 인지한 AWS는 AWS 시크릿 매니저^{Secrets Manager}를 출시했다. 시크릿 매니저는 중앙 집중식 저장소처럼 보이면서도 분리된 상태를 유지하고 모든 비밀 값에 대한 우수한 접근 통제를 제공한다. 또한 시크릿 매니저는 특정 AWS 관리형 서비스의 비밀번호를 자동으로 교체하는 데 도움을 준다. 시크릿 매니저는 실행 중인 애플리케이션과 완전히 독립적인 IAM 기반 통제를 제공해 누군가가 애플리케이션의 통제권을 획득하더라도 비밀 값은 계속 보호되기 때문에 보안이 강화된다.

AWS 시크릿 매니저는 KMS를 사용해 나머지 애플리케이션을 보호할 수 있는 도구다. 시크릿 매니저는 비밀 값을 저장하기 전에 암호화하고 필요할 때 복호화한다.

시크릿 매니저의 작동 방식

그림 3-14는 AWS에서 실행 중인 마이크로서비스(서비스 A)가 AWS 역할을 사용해 데이터베이스(DB1) 접속에 필요한 비밀번호에 접근하는 시나리오를 개략적으로 보여준다.

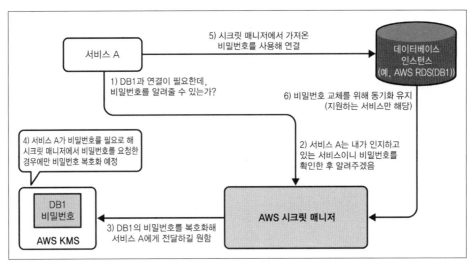

그림 3-14. 데이터베이스 인스턴스 로그인에 필요한 자격증명을 저장하는 데 AWS 시크릿 매니저를 사용한 사례

그림 3-14의 프로세스는 다음과 같다.

1. 서비스 A는 AWS 시크릿 매니저에 비밀번호를 요청한다.

2. 시크릿 매니저는 서비스 A 및 비밀번호 요청 시 사용한 역할을 인지할 수 있다(시크릿 매니저와 서비스 A 모두 AWS에 있기 때문).

3. 시크릿 매니저는 자신의 저장소에 암호화된 비밀번호를 갖고 있어 AWS KMS에 복호화를 요청한다.

4. AWS KMS는 시크릿 매니저가 서비스 A에게 제공하고자 요청한 경우에만 비밀번호를 복호화하도록 지시하기 때문에 다른 서비스는 비밀번호에 접근할 수 없다.

5. 단계 4에서 복호화한 비밀번호를 서비스 A에게 전달하면 서비스 A는 DB1과 연결할 수 있다.

AWS 시크릿 매니저를 사용하면 인스턴스에 비밀 값을 저장하지 않으면서 복잡한 인증 메커니즘 없이 모든 비밀번호를 빠르게 가져와 사용할 수 있다. 또한 AWS 시크릿 매니저는 그림 3-14의 단계 6처럼 아마존 RDS^{Relational Database Service}, AWS DocumentDB 등과 같은 특정한 AWS 관리형 서비스의 자격증명을 교체할 수 있는 기능이 있다.

AWS 시크릿 매니저의 우수함을 깨닫고자 그림 3-14에서 AWS 시크릿 매니저를 사용해 달성한 결과를 요약해보자.

- 실행 중인 마이크로서비스 애플리케이션이 있다.

- 외부 엔터티가 AWS 역할로 사용자를 식별할 수 있도록 마이크로서비스에 역할을 연결한다(인증 처리).

- 비밀 값을 가져오고자 AWS 시크릿 매니저를 호출한다. IAM 정책 및 암호화된 값이 접근 통제를 처리한다.

- 가져온 비밀 값으로 자격증명 기반 인증이 필요한 데이터베이스나 기타 외부 리소스를 호출한다.

단일 자격증명을 저장하지 않고도 데이터베이스나 외부 리소스 호출을 비밀번호가 거의 없는 방식으로 처리했다. 비밀번호가 거의 없는 방식이라고 표현한 이유는 여전히 내부적으로는 비밀번호를 사용하기 때문이다. 하지만 모든 비밀번호 사용은 마이크로서비스에 투명하게 처리된다. 애플리케이션이 비밀을 저장하거나 서드파티 암호화 서비스를 사용하고자 별도의 설정 파일을 유지할 필요가 없다. 또한 비밀번호를 정기적으로 교체할 수 있고 애플리케이션은 변경 여부를 알 필요가 없다. AWS 시크릿 매니저를 호출할 때마다 리소스에 로그인하기 위한 최신 자격증명을 확보해 매우 안전한 환경을 유지한다.

AWS 시크릿 매니저는 다양한 규제 표준을 완벽하게 준수하며 보안과 운영 효율성 모두를 향상시킬 수 있는 서비스다.

AWS 시크릿 매니저로 비밀 값을 관리하면 보안 기능을 AWS에서 제공해주기 때문에 마이크로서비스는 비즈니스 로직에 집중할 수 있다.

AWS 시크릿 매니저의 비밀 값 보호

시크릿 매니저는 비밀 값을 생성하거나 변경할 때마다 비밀 값과 연결된 CMK를 사용해 데이터 키를 생성하고 암호화하며 평문 데이터 키를 사용해 AWS KMS 외부에 있는 비밀 값을 암호화한 다음 해당 데이터 키를 메모리에서 제거한다. 시크릿 매니저는 데이터 키를 암호화해 비밀 값의 메타데이터로 저장한다.

비밀 값은 AWS KMS에 의해 암호화된 상태를 유지하는 CMK로 보호된다. AWS KMS가 암호화된 데이터 키를 복호화하는 경우 시크릿 매니저만 비밀 값을 복호화할 수 있다. IAM은 사용자의 접근을 통제해 비밀 값을 보호하는 데 도움을 준다. CMK에 대한 접근 통제가 적절한지 확인하고자 '키 정책' 절에서 설명한 모든 개념을 사용할 수 있다. 예를 들어 키에 대한 kms:ViaService 조건을 적용해 AWS 시크릿 매니저에서 호출하는 경우에만 비밀 값 복호화가 가능하도록 설정할 수 있다.

kms:ViaService 조건으로 AWS 시크릿 매니저를 지정하는 방법은 다음과 같다.

```
    "Condition": {
      "StringEquals": {
        "kms:ViaService": "secretsmanager.us-east-1.amazonaws.com",
        "kms:CallerAccount": "<계정 ID 12자리 숫자>"
      }
    }
  }
```

조건을 추가하면 CMK를 호출할 수 있는 계정을 최소한으로 적용하고 CMK 사용처를 AWS 시크릿 매니저로 제한한다.

지금까지 설명한 CMK 접근을 제한하는 방법 외에도 시크릿 매니저는 자체 리소스 정책을 사용해 접근을 제한할 수 있다. 모범 사례는 배킹 CMK뿐만 아니라 AWS 시크릿 매니저까지 접근 제한 대상에 포함하는 것이다.

요약

3장은 AWS 클라우드 시스템의 암호화를 이해할 수 있는 토대를 마련한다. 매우 개념적인 내용이지만 이러한 암호화 개념은 4장 이후에서 소개할 다양한 리소스에 영향을 미친다.

3장에서 대칭과 비대칭 암호화를 모두 소개했다. 대칭 암호화에서는 암호화 측과 복호화 측 모두가 알고 있어야 하는 공유 비밀키가 있다. 비밀키의 공유 및 전송은 KMS를 사용해 처리할 수 있지만 적절한 인증 및 인가 메커니즘과 결합해야 마이크로서비스가 제로 트러스트 방식으로 암호화키를 가져올 수 있는, 안전한 공동 클라우드 지점을 제공할 수 있다. 대칭 암호화 방식의 공유 비밀키를 CMK로 부른다. CMK가 손상되지 않게 보호 계층(수단)을 추가해 CMK를 보호하는 몇 가지 방법을 살펴봤다.

3장에서 가장 중요한 것은 애플리케이션의 보안 강도가 CMK 주변에 배치한 보안 정책에 달려 있음을 깨닫는 것일 것이다. 손상된 CMK가 보호할 수 있는 것은 아무것도 없기 때문에 암호화에 관한 대부분의 설계는 CMK 보안 설계에 중점을 둔다.

CMK를 사용한 KMS 암호화의 제약 사항과 봉투 암호화 맥락에서 가능하면 CMK를 사용해야 하는 이유도 살펴봤다. 봉투 암호화에서는 CMK를 사용해 데이터를 암호화하는 데 사용하는 데이터 키를 생성하고 암호화할 수 있다. 봉투 암호화를 사용하면 CMK 기반 암호화의 크기 제한을 우회할 수 있다.

4장

저장된 데이터 보안

마이크로서비스에 관한 업계의 많은 문헌이 최종 사용자에게 컴퓨팅 서비스를 제공하는 메커니즘의 설계와 개발에 초점을 맞추고 있음에도 마이크로서비스가 저장소에 대한 사람들의 평소 생각을 근본적으로 바꾸도록 요구한다는 것은 널리 알려진 사실이다. 마이크로서비스는 일반적으로 필요한 데이터를 자체적으로 지니고 있는 자가 수용적 성격을 띤다. 마이크로서비스라고 하면 독립적인 구조가 떠오르고 당연히 로직이나 데이터 저장 메커니즘도 독립적일 것이라 예상한다. 중복이 없게끔 저장소를 중앙 집중화하는 것이 기본 원칙인 모놀리식과 달리 마이크로서비스는 분산을 고려한 설계가 필요하다. 실제 마이크로서비스 환경의 데이터는 1급 객체로, 모든 컴퓨팅 서비스와 유사한 방식으로 처리된다. 마이크로서비스 아키텍트는 데이터를 필요로 하는 서비스와 가까운 위치에 보관하는 데이터 현지화^{data localization}를 권장(https://oreil.ly/x6ulL)하므로 마이크로서비스 환경의 시스템은 외부 데이터베이스에 덜 의존적이다. 데이터를 공유하거나 중앙 집중식으로 보관하지 않음으로 인해 마이크로서비스 환경은 경계 콘텍스트 내에서 사용 가능한 데이터로만 작동함으로써 자율성과 확장성을 동시에 보장한다. 게다가 저장소를 분산해 운영하기 때문에 저장소 메커니즘이 단일 장애 지점^{SPOF, Single Points Of Failure}이 될 가능성이 줄어든다.

보안 측면의 관련 위험을 검토해 대응한다면 데이터 저장에 많은 비용이 필요할 수 있다. IBM과 포네몬^{Ponemon} 연구소는 전 세계 기업에서 발생한 데이터 유출 사례를 분석해서 사고로 인한 평균 손실 비용을 자세히 설명하는 연차보고서(https://oreil.ly/MIRMe)를 발간했는데, 해당 보고서에 따르면 데이터 유출 발생 시 평균 손실 비용은 386만 달러로서 높은 금전적 손실이 발생함을 알 수 있다. 또한 손실 비용은 데이터 유출에 대한 규제나 재무적 영향이 있을 수 있는 업계에 종사한다면 더 높아질 수밖에 없다. 따라서 마이크로서비스가 다양한 데이터 저장 메커니즘을 사용한 다중 저장소 지속성$^{polyglot\ persistence}$ 접근법을 택할 경우 데이터를 저장할 때 보안 문제가 발생하지 않도록 특별한 주의가 필요하다.

마이크로서비스 아키텍처는 일반적으로 분산 저장소 메커니즘을 채택해 데이터를 여러 곳에 나눠 저장하고 마이크로서비스와 마찬가지로 저장소 객체들을 서로 느슨하게 결합한다. 일반적으로 분산 저장소는 해당 저장소가 위치한 경계 콘텍스트의 규칙을 따른다. 그림 4-1은 서비스의 경계 콘텍스트 내에 영구 저장소를 분산해 운영하는 도메인 주도 설정 예를 보여준다.

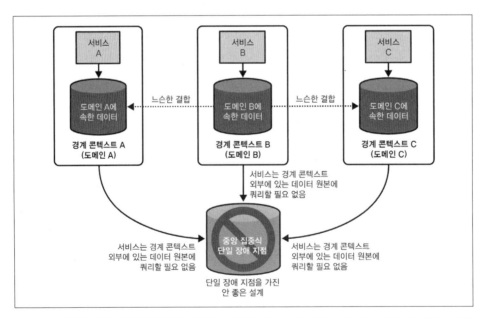

그림 4-1. 데이터를 단일 애플리케이션에서 생성하고 저장하는 모놀리식과 달리 분산돼 있는 마이크로서비스는 조직 전체의 다양한 데이터 보호 정책을 준수하고자 데이터를 논리적으로 서로 분리해 저장할 필요 있음

176

저장소는 데이터베이스 시스템, 애플리케이션 이벤트, 플랫 파일(flat file), 미디어 객체, 캐시 데이터, 바이너리 라지 객체(blobs, binary large objects) 및 컨테이너 이미지 등을 의미한다. 마이크로서비스 환경에서 일부 서비스는 NoSQL 데이터베이스를 사용하는 것이 적합한 반면에 이외의 다른 서비스는 관계형 데이터베이스를 사용하기를 희망하는 것처럼 도메인별로 데이터 저장소 플랫폼 요구 사항이 다를 수 있기 때문에 다중 저장소 지속성(https://oreil.ly/xMVm4) 환경을 사용하는 경향이 있다. 분산화하고 지역화한 저장 메커니즘을 사용하면 작업에 가장 적합한 도구를 선택해 사용할 수 있다.

4장에서는 주로 마이크로서비스의 저장 보안을 중점을 두고 설명한다.

데이터 보안을 달성하는 방법 2가지는 다음과 같다.

- 접근 통제를 적용해 비인가자의 데이터 접근을 차단한다.

- 데이터를 암호화해 비인가자의 데이터 열람을 차단한다.

저장 메커니즘을 보호하기 위한 첫 번째 작업은 접근 통제 기준이 될 수 있는 필요 권한과 보안 정책을 식별하는 것이다. 내 경험상 보안 정책을 수립할 때는 2장에서 설명한 최소 권한의 원칙을 적용해야 향후 이슈가 발생할 가능성이 낮다. 최소 권한의 원칙을 구현할 수 있도록 AWS는 모든 클라우드 저장소 제품에 IAM 정책을 사용할 수 있게 허용하고 있어 4장에서는 IAM 정책을 자주 언급한다.

모놀리식과 달리 도메인 주도 환경은 데이터와 비즈니스 구성을 이미 분리해둔 상태이므로 접근 통제를 간소화할 수 있어 최소 권한의 원칙을 적용해 보호하는 것이 용이하다는 이점이 있다.

접근 통제뿐만 아니라 AWS에 저장한 데이터도 암호화해야 한다. 데이터를 암호화하면 IAM 정책으로 적용한 접근 통제 정책 외에도 비인가 접근을 차단할 수 있는 추가 보호 수단을 제공한다. 데이터를 암호화해 저장하고 나면 암호화 키에 대한 접근 통제가 중요하다. AWS에서는 거의 모든 암호화를 3장에서 설명한 AWS KMS로 처리할 수 있다.

데이터 분류 기초

모든 관리자가 고객 데이터를 보호해야 한다고 주장하지만 솔직히 말해 모든 데이터를 동일한 수준으로 관리하기보다는 민감성과 중요성을 고려한 차등 관리가 필요하다. 예를 들어 고객을 식별하는 데 사용할 수 있는 개인 식별 가능한 데이터Personally Identifiable Data(PII)는 머신러닝 데이터보다 더 민감하기 때문에 강력한 통제를 적용해 보호해야 한다. IBM과 포네몬 연구소의 데이터 유출 시 손실 비용 보고서에 따르면 유출됐을 때 가장 큰 비용 손실이 발생하는 정보가 고객의 개인정보였다(레코드당 150달러). 데이터 분류는 관리자가 조직의 보호 대상을 식별, 라벨링 및 재정비해 데이터 중요성에 대한 요구 사항을 충족할 수 있도록 지원하는 보안 관리 단계다. 데이터 분류 과정에서 데이터의 손상, 손실 또는 오남용으로 인해 발생할 수 있는 결과와 함께 데이터 유형 및 민감도 수준이 식별된다.

데이터 분류 정책이 강력할수록 조직이 잠재적 위협을 물리치는 데 더 유리하다고 한다(https://oreil.ly/QKzpF). 정부기관은 예전부터 다양한 데이터 분류 기준을 규정해오고 있으며, 예를 들면 행정 명령 12356(https://oreil.ly/DLoFu)에 기반을 둔 미국 국립 분류 체계는 데이터를 대외비(Official), 비밀(Secret), 일급 비밀(Top Secret) 등 3가지로 분류하고 있다.

분류 기준이 동일하더라도 저장하는 과정에서 데이터별로 다른 보안 요구 사항을 가질 수 있다. 더 중요한 것은 직원별로 필요한 접근 범위가 다를 수 있어 데이터 분류에 따라 조직 내 신원 관리 및 접근 통제 구조가 결정될 수 있다는 것이다. 내 경험에 따르면 기업들은 물리적 데이터 센터에 민감한 데이터를 저장하는 리소스를 체계적으로 분류하고자 혁신적인 방법을 채택했다. 많은 회사가 서버별로 저장할 수 있는 데이터 유형을 나타낼 수 있도록 서버의 색상을 달리했으며, 민감한 데이터를 처리하는 서버를 분리해 권한 있는 직원만 접근할 수 있는 별도의 위치에 보관한 회사도 있었다.

이 책에서 '데이터 저장소'를 언급하면 의도적/비의도적 데이터 지속성 모두를 의미한다. 의도적 지속성은 객체 저장소나 데이터베이스에 유지하려는 데이터이며, 비의도적 지속성은 로그 파일, 메모리 덤프, 백업 등과 같은 런타임 작업 결과로 지속되는 데이터를 포함한다. 많은 관리자가 데이터 저장소 정책을 구성할 때 비의도적 지속성을 간과하는 경향이 있으나 그래서는 안 된다.

AWS에서는 2장에서 간략히 설명한 AWS 태그를 사용해 데이터를 분류할 수 있다. AWS 태그를 사용하면 클라우드 리소스에 메타데이터를 할당할 수 있어 관리자가 리소스가 저장하는 데이터 유형을 알 수 있다. 태그로 접근 통제에 조건부 로직을 적용해 접근을 허용하는 과정에서 보안 검사를 수행할 수 있다. 규정 준수 관점에서 AWS 태그는 민감한 데이터를 포함한 리소스를 식별하고 추적하는 데도 도움을 줄 수 있으며, 보안 관점에서는 민감한 데이터를 저장하는 계정 내의 모든 리소스에 태그를 지정해야 한다.

KMS를 사용한 봉투 암호화 요약

봉투 암호화는 AWS가 유휴 상태로 저장된 모든 데이터를 암호화하는 데 자주 사용하는 도구다. 봉투 암호화와 AWS KMS의 작동 방식은 이미 3장에서 심도 있게 다룬 주제이지만 재교육 관점에서 간략히 요약해본다.

기본 암호화에서 평문 데이터를 암호화해야 할 때마다 데이터 키 입력을 요구하는 AES-256 알고리듬을 사용할 수 있다. 암호화한 데이터(암호문)는 처음에 데이터를 암호화하는 데 사용한 데이터 키를 소유하고 있는 한 수신 측에서 복호화, 접근, 열람이 가능하다. 봉투 암호화는 기본 암호화를 한 단계 더 발전시킨 것으로, 평문을 암호화하는 데 사용하는 데이터 키를 CMK로 알려진 별도의 키를 사용해 추가로 암호화한다.

암호화 과정에서 데이터 키를 암호문 데이터와 함께 저장하고 평문 데이터 키를 삭제하며 CMK로의 접근을 제한해 암호문을 읽을 수 있게 의도된 수신 측에게만 제공한다.

그림 4-2는 봉투 암호화를 사용해 저장된 데이터 블록을 보여준다.

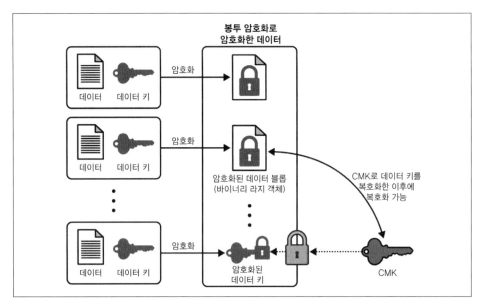

그림 4-2. 봉투 암호화로 암호화한 데이터는 CMK로 암호화한 데이터 키와 데이터 키로
암호화한 데이터 등의 바이너리 라지 객체를 포함

봉투 암호화한 데이터를 읽으려면 우선 CMK를 사용해 암호화된 데이터 키를
복호화해 평문 데이터 키를 획득한 다음 해당 데이터 키를 사용해 암호화된
바이너리 라지 객체 데이터를 복호화해야 평문 데이터를 획득할 수 있다. 따라
서 의도된 수신자가 CMK에 대한 접근 권한을 가져야만 데이터를 복호화할 수
있다.

AWS의 거의 모든 암호화된 데이터 저장소 시스템은 3가지 공통점이 있다.

- CMK를 자체 서버, AWS KMS 또는 HSM 내부 중 한곳에 안전하게 저장해
  비인가 접근을 차단한다.

- 암호화 알고리듬(https://oreil.ly/ii9Pv)이 깨지지 않는다고 신뢰한다. 대부분
  의 AWS 서비스는 AES-256을 안전한 알고리듬으로 간주한다.

- 서버에 저장된 데이터를 암호화하거나 클라이언트가 데이터를 AWS로 보내기 전에 암호화하는 기능을 포함한다. 암호화 프로세스에서 데이터 키를 클라이언트 측에 캐시하는 방식에 대한 정책도 지정할 수 있다. AWS의 다양한 저장소 시스템은 데이터 키에 대한 서로 다른 캐싱 정책을 사용하며, 해당 정책에 대해서는 4장의 나머지 부분에서 상세히 설명한다.

아마존 S3

아마존 S3^{Simple Storage Service}는 객체를 버킷 내부에 저장한다. S3 환경에서 모든 보안 전문가의 가장 중요한 역할은 다양한 마이크로서비스에서 생성한 S3 내의 모든 객체와 버킷에 최소 권한의 원칙을 적용하는 것으로, 접근이 필요한 사용자와 리소스에만 접근을 허용해야 한다.

아마존 S3는 관리형 서비스이기 때문에 데이터를 저장하는 물리적 리소스가 다른 클라우드 고객과 공유될 수 있다. 따라서 민감한 데이터를 보호하고자 AWS는 모든 저장소 시스템에 사용해야 하는 2가지 옵션을 제공한다.

- 2장에서 언급한 AWS IAM 정책(특히 IAM 권한 주체 기반 정책과 S3 리소스 기반 버킷 정책)을 사용해 리소스에 대한 접근을 통제하고 최소 권한의 원칙을 적용한다.

- AWS KMS를 사용해 S3 버킷 내부에 저장된 객체를 암호화한다. 암호화하면 데이터를 암호화하는 데 사용한 암호화키에 접근할 수 있는 권한 주체만 객체를 열람할 수 있다.

암호화와 접근 통제는 데이터 보안을 유지하는 데 있어 대등하게 중요한 역할을 하고 있어, 2가지 방법을 모두 채택해 비인가 접근으로부터 데이터를 보호해야 한다. 그림 4-3은 AWS KMS와 AWS IAM 정책을 사용해 데이터를 보호하는 방법을 보여준다.

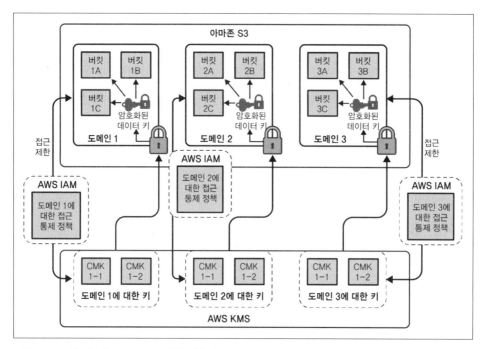

그림 4-3. 보안 전문가는 AWS IAM 정책을 사용해 S3 버킷에 저장된 데이터에 대한 접근을 제한하면서 KMS 봉투 암호화까지 함께 적용할 수 있다. 데이터에 대한 비인가 접근을 차단하고자 암호화와 접근 통제 모두를 효과적으로 적용할 필요가 있다.

아마존 S3의 데이터 암호화

데이터 객체를 암호화하는 데 사용할 수 있는 기술을 가장 먼저 살펴보자. 아마존 S3의 데이터 객체를 암호화할 수 있는 4가지 방법이 있다. 모든 방법이 최종 사용자에게 유연성과 편의성을 제공하기 때문에 조직의 요구 사항에 부합하는 방법을 선택하면 된다. 4가지 방법은 다음과 같다.

- AWS 서버 측 암호화(AWS SSE-S3: AWS 관리형 키)

- AWS KMS 키를 사용한 AWS 서버 측 암호화(AWS SSE-KMS: 고객 관리형 키)

- 고객이 제공한 키를 사용한 AWS 서버 측 암호화(AWS SSE-C: 고객 제공 키)

- 아마존 S3 클라이언트 측 암호화(데이터를 아마존 S3로 전송하기 전에 클라이언트 측에서 암호화)

그림 4-4는 조직의 요구 사항에 맞는 암호화 유형을 결정하는 데 도움을 주는 유용한 순서도를 보여준다.

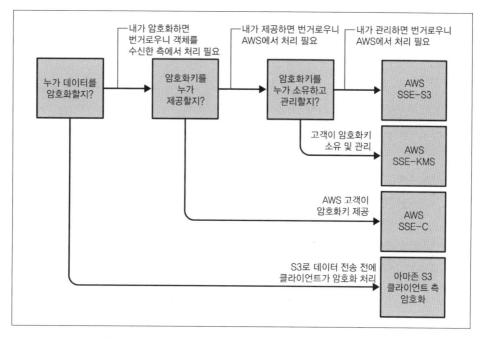

그림 4-4. 순서도의 질문과 답을 활용해 희망하는 암호화 방법 결정 가능

아마존 S3 암호화와 AWS KMS는 밀접한 관계가 있어 AWS KMS에 대한 이해가 깊을수록 S3의 암호화 프로세스를 이해하는 데 큰 도움을 준다.

AWS SSE-S3(AWS 관리형 키)

아마존 S3 내의 데이터 객체를 암호화하는 디폴트 모드다. 데이터를 암호화하는 데 사용할 CMK의 수명주기를 통제하지 않으면서 매우 기본적인 객체 암호화가 필요한 조직을 위한 방법으로, AWS에 암호화를 도입하는 빠르고 쉬운 방법을 제공한다. 클라우드 사용자에게 사용 용이성과 단순성을 제공하는 것이

AWS SSE-S3의 가장 큰 이점이다. 그림 4-5처럼 AWS 관리 콘솔에서 AWS SSE-S3를 버킷별로 활성화할 수 있다.

그림 4-5. 기본 암호화 옵션에서 암호화키 유형을 SSE-S3로 선택해 모든 객체를 서버 측 암호화해 저장 가능

암호화키 유형을 SSE-S3로 선택해 서버 측 암호화를 활성화하면 AWS는 데이터 키를 사용해 버킷 내의 모든 객체를 암호화한다. 데이터 키는 AWS KMS와 CMK 로 암호화되며 AWS에서 CMK를 관리, 보호, 교체한다.

AWS SSE-S3로 인해 S3의 객체를 암호화하는 데 필요한 투자 비용이 현저히 줄어들었다. 이상적이진 않지만 버튼을 눌러 암호화를 활성화하는 기능[1]은 모든 사용자가 모든 저장소 객체를 암호화하도록 유도해야 한다. 모든 사용자는 S3의 키 관리와 암호화 프로세스를 신뢰하고 버튼을 누르는 간단한 행위로 암호화를 활성화해 S3의 모든 객체를 암호화해야 한다. S3 내의 객체를 암호화하지 않아야 하는 이유는 전혀 없다.

물론 더 많은 통제에 관심을 가진 사람들을 위해 S3에 저장된 객체를 암호화하는 다른 방법도 있다.

AWS SSE-KMS

AWS SSE-S3보다 좀 더 유연한 암호화 과정을 선호하는 사용자는 AWS KMS를 더 명시적으로 사용해 KMS에서 통제하는 키를 사용할 수 있다. 이렇게 하면 AWS에서 데이터 객체를 암호화하는 데 사용되는 키의 수명주기까지도 통제할 수 있다.

그림 4-5에서 AWS SSE-S3를 활성화한 방식과 유사하게, 서버 측 암호화는 개별 객체를 선택해 적용하거나 버킷 단위로 디폴트 활성화할 수 있다. 그림 4-6은 AWS SSE-KMS를 버킷의 디폴트 옵션으로 활성화하는 방법을 보여준다.

---

1. 원서를 출간한 시점 이후인 2023년 1월 9일부터 AWS가 S3 객체 암호화를 기본으로 적용하면서 암호화를 활성화하거나 비활성화하는 기능을 현재는 지원하지 않는다. -옮긴이

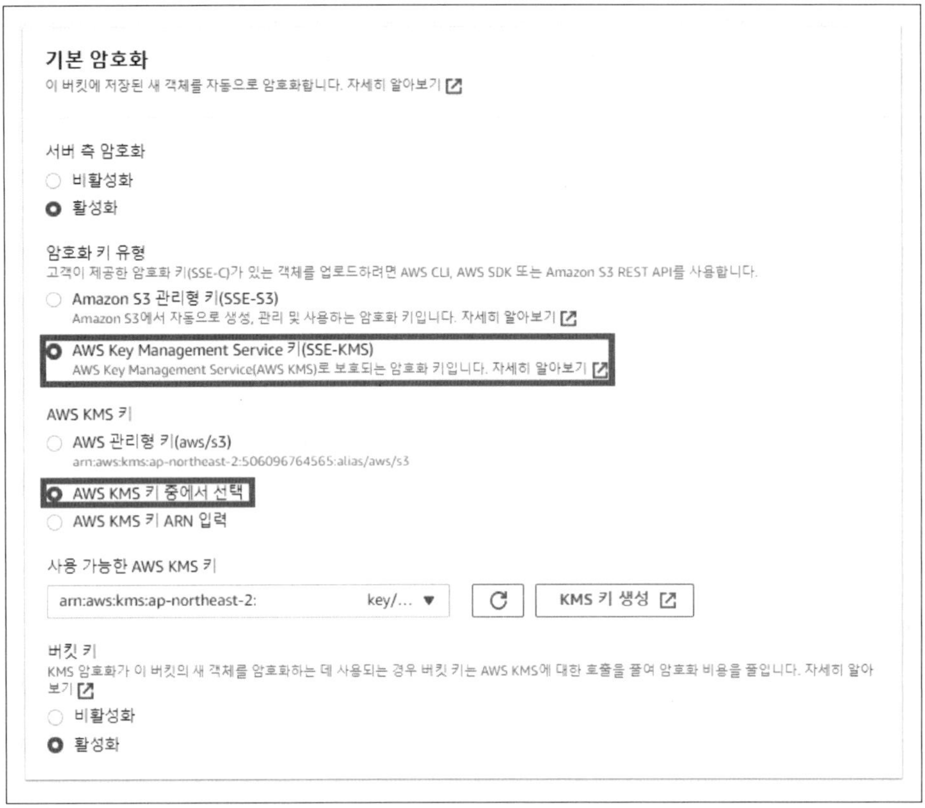

그림 4-6. AWS SSE-KMS는 객체를 암호화할 때 사용할 KMS 키의 ARN을 관리 콘솔을 통해 제공함으로써 활성화 가능

AWS SSE-C(고객 제공 키)

S3 서버 측 암호화의 마지막 유형인 AWS SSE-C는 최종 사용자에게 더 많은 암호화 프로세스 통제권을 제공한다. AWS SSE-C는 AWS KMS에 있는 암호화키를 사용하지 않아 객체를 생성하는 요청(PutObject) 내에 암호화키를 포함해 제공하고, S3에게 제공받은 키를 사용해 객체를 암호화하도록 지시하며, 객체를 복호화하고 가져올 때도(GetObject) 동일한 키를 전달해야 한다. S3는 사용자가 제공한 키로 객체를 암호화해 저장한 다음 키를 영구적으로 삭제함으로써 복호화키에 대한 접근을 통제하고 보호한다. 암호화 프로세스를 전적으로 S3에서 처리하기 때문

186

에 사용자의 서비스 내에 암호화나 복호화 코드를 유지할 필요가 없다.

 AWS SSE-C는 S3 객체를 암호화하지만 객체와 연결된 메타데이터를 암호화하지 않는다.

AWS 클라이언트 측 암호화

AWS는 데이터를 S3에 전송한 다음 데이터를 암호화할 수 있는 다양한 옵션을 제공하지만 AWS로 전송하기 전에도 데이터를 암호화된 상태로 유지하는 것을 선호하는 사용자는 클라이언트 측 암호화로 데이터를 S3에 전송하기 전에 암호화한다. 클라이언트 측 암호화에서는 데이터를 암호화하는 데 사용할 CMK를 고객이 관리한다. 클라이언트 측은 소프트웨어 개발 키트^{SDK, Software Development Kit} 중 일부를 사용해 애플리케이션 내의 데이터를 암호화하고 데이터를 AWS로 보내 클라우드에 저장한다. AWS 입장에서는 클라이언트 측에서 암호화한 데이터는 다른 평문 데이터와 다르지 않아 필요하다면 서버 측 암호화까지 활성화할 수 있고 클라이언트와 서버 양측에서 암호화를 한다면 잠재적 위협에 대비한 추가 보호 수단을 적용하는 것과 같다. 클라이언트 측 암호화에 관한 좀 더 상세한 내용은 AWS 홈페이지(https://oreil.ly/C9fWo)에서 확인할 수 있다.

버킷 정책을 사용한 S3 접근 통제

2장에서 설명한 것처럼 리소스 기반 정책은 특정 리소스에 적용해 AWS 리소스에 대한 접근을 제한할 수 있다(https://oreil.ly/fp485). 아마존 S3는 리소스 기반 정책을 버킷 정책이라 부른다. 버킷 정책은 어떤 권한 주체가 S3 버킷 내의 객체에 접근할 수 있는지, 접근을 허가하거나 거부해야 하는 조건을 정의한다. 그림 4-7은 AWS 관리 콘솔에서 버킷 정책을 추가하는 화면을 보여준다.

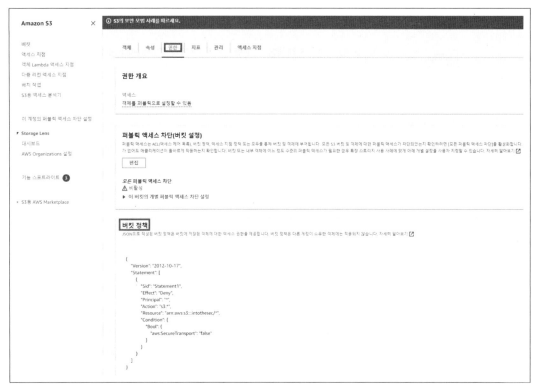

그림 4-7. AWS 관리 콘솔을 실행한 후 권한 탭의 버킷 정책에서 S3 버킷 정책을 추가 가능

AWS는 AWS 버킷 정책에 관한 훌륭한 참고 문서(https://oreil.ly/kOaw4)를 제공한다. S3 버킷을 보호할 수 있는 버킷 정책의 예는 다음과 같다.

예제 1: 모든 객체에 서버 측 암호화 적용

보안 관리자는 AWS에서 권장하는 IAM 정책을 추가해 서버 측 암호화를 사용하지 않는 업로드를 거부할 수 있다(https://oreil.ly/5ryzQ).

```
{
    "Sid": "DenyUnencryptedObjectUploads",
    "Effect": "Deny",
```

```
    "Principal": "*",
  "Action": "s3:PutObject",
  "Resource": "arn:aws:s3:::awsexamplebucket1/*",
  "Condition": {
    "Null": {
      "s3:x-amz-server-side-encryption": "true"
    }
  }
}
```

버킷 정책 내의 Condition문[statement]은 정책을 적용할 조건을 평가해 버킷 정책을 유효하게 만든다.

예제 2: 멀티팩터 요소 인증(MFA)을 사용한 사용자만 S3와 통신 허용

일반적으로 사용하는 또 다른 버킷 정책은 버킷 내 객체와 상호작용하려는 모든 요청을 확인해 멀티팩터 인증[MFA, MultiFactor Authentication]을 거치지 않은 사용자의 요청을 거부한다.

```
{
  "Version": "2012-10-17",
  "Id": "123",
  "Statement": [
    {
      "Sid": "",
      "Effect": "Deny",
      "Principal": "*",
      "Action": "s3:*",
      "Resource": "arn:aws:s3:::DOC-EXAMPLE-BUCKET/taxdocuments/*",
      "Condition": { "Null": { "aws:MultiFactorAuthAge": true }}
    }
```

```
        ]
    }
```

부록 D는 클라우드 보안 전문가가 최소 권한의 원칙을 S3 버킷에 적용하는 데 실제 사용할 수 있는 지침을 제공한다.

아마존 GuardDuty

아마존 GuardDuty를 사용하면 위협과 비인가 행위를 지속적으로 모니터링해 S3에 저장된 데이터를 보호할 수 있다. GuardDuty는 AWS CloudTrail, VPC Flow 로그, DNS 로그 등에서 데이터를 수집한 후 머신러닝, 이상 탐지 및 위협 인텔리전스를 통합해 잠재적 위협을 식별하고 우선순위를 지정한다. 또한 위협을 탐지하고 자동화된 응답을 전송해 개선 및 복구 시간을 단축한다.

GuardDuty는 CloudTrail과 S3 관리 이벤트를 확인해 S3의 위협을 모니터링한다. GuardDuty를 사용하는 고객이 생성한 데이터(예, 검색 결과)는 AWS KMS의 CMK로 암호화해 저장되고 AWS 공동 책임 모델에 따라 보호된다.

Glacier 저장소 잠금을 사용한 부인 방지

종종 규제 준수를 증빙하고자 특정 정보에 대한 권위 있는 데이터 출처 역할을 하는 기록 시스템(SOR, System Of Record)이 필요한 경우가 있다. 기록 시스템은 고객이 필요로 하는 경우뿐만 아니라 데이터의 불일치를 조사하려는 법 집행 기관이나 규제 심사원과 같은 외부 서드파티에 대응하기 위해서도 필요하다. 이를 위해 기록 시스템을 외부 기관이 신뢰할 수 있어야 하고 데이터 불일치가 발생해 조직에서 이해 상충이 있을 때 증거로 사용할 수 있어야 한다. 따라서 신뢰할 수 있는 서드파티로부터 데이터 무결성을 인증 받는 것이 중요하다.

Glacier 저장소 잠금^{Glacier Vault Lock}을 사용하면 데이터의 무결성과 신뢰성을 규제 준수 관점에서 인증 받을 수 있는 방식으로 데이터를 저장할 수 있다. 무결성 프로세스의 중심에는 데이터 저장 방법과 조직이 자신들의 데이터에 대해 어떤 접근 통제를 할지 제어하는 Glacier 저장소 잠금 정책이 있다. 저장소 정책에는 한번 기록한 데이터는 수정하거나 변조할 수 없게 읽기만 가능하게 한 WORM^{Write Once Read Many}과 같은 통제 기능이 있고 정책을 잠근 후에는 변경이 불가하다.

S3 Glacier 버킷에 데이터를 저장하고 버킷을 잠그면 데이터가 수정되지 않았음을 규제 기관에 입증할 수 있다.

S3 Glacier 정책에는 액세스 정책과 잠금 정책이 있으며 잠금 정책을 적용하면 규제 준수를 위해 저장소를 잠금으로써 저장소에 변경이 발생하는 것을 막을 수 있다.

저장소를 잠그려면 2개의 단계를 밟아야 한다(https://oreil.ly/kF6E8).

1. 저장소를 지정해 잠금 정책을 시작하면 잠금 ID를 반환한다. 정책의 유효성을 검증하지 않으면 24시간 후에 잠금 ID가 만료되고 진행 중인 잠금 정책이 삭제된다.

2. 설정한 잠금 정책을 변경해야 한다면 24시간의 유효성 검증 기간 동안 잠금 프로세스를 다시 시작할 수 있다.

저장소 잠금 정책은 미국 증권거래위원회 규정 17a-4(SEC Rule 17a-4) 및 HIPPA 같은 규제 프레임워크를 준수하는 데 도움을 준다.

컴퓨팅 서비스에 저장된 데이터 보안

이번에는 마이크로서비스 실행을 담당하는 서비스를 보호하는 방법에 대해 살펴보자. 마이크로서비스에 저장된 데이터 보안에 대해 언급하기 전에 마이크로서비스에서 일반적인 개발 프로세스를 어떻게 운영하는지를 간략히 설명한다. 개발 관행에 따라 조금 다를 수는 있지만 전반적인 흐름은 그림 4-8과 유사하다.

1. 개발자는 자바, 파이썬, Go, 타입스크립트 등의 언어 중 선택한 언어로 코드를 작성한다.

    보안 위험: 공격자는 코드 수준의 취약점을 공격하거나 안전하지 않은 라이브러리를 삽입해 전체 애플리케이션을 위태롭게 할 수 있다.

2. 쿠버네티스 클러스터 같은 일반적인 컨테이너화된 환경에서 코드를 실행하려면 지속적인 통합/지속적인 배포^{CI/CD, Continuous Integration/Continuous Delivery} 파이프라인에서 코드를 컴파일하고 컨테이너화된 이미지로 전환될 때까지 다양한 단계를 거친다. CI/CD 파이프라인은 라이브러리, 설정 파일 등의 보존이 필요한 데이터를 저장하고자 저장소 시스템을 사용하는데, 아마존 EC2^{Elastic Cloud Compute} 인스턴스를 사용한다면 일반적으로 EBS^{Elastic Block Store} 볼륨에 데이터를 저장한다.

    보안 위험: 이미지를 빌드하는 데 사용하는 EBS 볼륨을 공격자가 장악해 애플리케이션에 취약점을 삽입한 채로 빌드하거나 민감한 코드를 유출할 수 있다.

3. 도커 이미지 같은 컨테이너화한 이미지를 일반적으로 도커 저장소에 저장한다. 컨테이너 이미지를 저장할 수 있는 다양한 옵션이 있으며, AWS는 도커 이미지 저장을 위해 ECR^{Elastic Container Registry}을 제공한다.

    보안 위험: 이미지 저장소를 보호하지 않으면 악의적인 행위자가 빌드된 컨테이너 이미지를 변조해 컨테이너에 악성코드를 삽입하거나 코드를

유출할 수 있다.

4. 단계 2의 도커 이미지를 필요에 따라 다양한 환경으로 승격해 사용할 수 있는데, 예를 들면 스테이징 환경과 동일한 이미지를 운영 환경에서도 실행하는 경우가 있다. 아마존 EKS로 쿠버네티스 클러스터를 실행하고 EC2에서 노드를 실행한다면 ECR 레지스트리에서 이미지를 가져와 EC2 노드로 승격할 수 있다. 단계 2의 CI/CD 파이프라인과 유사하게 노드들은 EBS 볼륨을 사용해 보존이 필요한 데이터를 저장하는 경우도 있어 보안 전문가는 EBS 볼륨도 보호 대상에 포함해야 한다.

   보안 위험: 쿠버네티스 노드에서 컨테이너를 실행하지만 해당 컨테이너가 보존이 필요한 데이터를 EBS 볼륨에 저장하는 경우 악의적인 행위자가 EBS 볼륨을 대상으로 비인가 접근에 성공한다면 볼륨에 저장된 데이터를 조작하거나 민감한 데이터를 외부로 유출할 수 있다.

5. 컨테이너 이미지 대신 AWS 람다를 사용해 코드를 실행한다면 AWS 람다에 직접 코드를 배포할 수 있고 이렇게 하면 단계 2~3에 대해 염려할 필요가 없다.

   보안 위험: AWS 람다는 함수가 호출될 때 짧은 시간 동안만 실행 환경이 존재해 람다 서비스에 데이터를 장기간 보관할 수 없다. 하지만 함수가 필요로 하는 환경 변수를 저장해야 할 경우 해당 환경 변수는 보호가 필요하다.

모든 마이크로서비스는 그림 4-8과 유사한 흐름을 가진다.

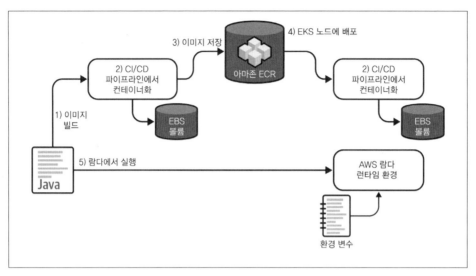

그림 4-8. 마이크로서비스 환경에서 실행되는 코드 흐름

다음 절에서는 데이터를 안전하게 유지하고자 사용할 수 있는 다양한 보안 도구를 살펴본다.

아마존 CodeGuru를 사용한 정적 코드 분석

정적 코드 분석은 컴퓨터 보안 분야에서 화두가 되는 주제다. 최근까지 대부분의 정적 코드 분석은 주로 개발 언어의 비결정적 특성[non-deterministic nature]으로 인해 수행하기 어려웠지만 AI와 머신러닝의 출현으로 코드의 보안 취약점을 식별하는 보안 도구는 시간이 지남에 따라 점점 더 정확도가 높아지고 있다.

AWS는 머신러닝 및 AI를 사용해 코드를 다양하게 분석하는 아마존 CodeGuru를 사용자에게 제공한다. CodeGuru는 코드를 샘플 저장소와 비교하고 머신러닝을 사용해 코드에서 보안 관련 문제점과 기타 모범 사례를 식별한다. 코드 분석 범위에는 리소스 누수[resource leaks], 공격 도구 존재 여부, 취약점 식별을 포함한다.

194

정적 코드 분석은 코드 모음 내의 모든 문제를 운영 환경에 전달하기 전에 수명 주기 초기에 식별함을 목표로 한다. 그림 4-9는 CodeGuru에서 샘플 코드를 분석한 결과를 보여준다.

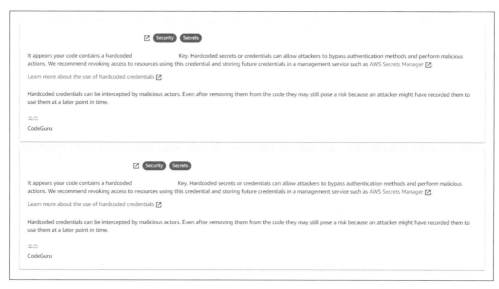

그림 4-9. 소스코드 저장소를 대상으로 정적 코드 분석을 활성화해 소스코드에 관한 문제점 및 보안 취약점을 식별 가능

아마존 ECR

아마존 ECR은 마이크로서비스를 배포하고자 구축한 컨테이너 이미지를 저장하는 데 사용할 수 있도록 AWS에서 제공하는 저장소다. ECR을 사용하면 도커를 사용해 마이크로서비스를 빌드할 수 있고 컨테이너 이미지를 개발, 스테이징 환경에서 운영 환경으로 승격하는 데도 사용할 수 있다. 컨테이너 이미지는 삭제하기 전까지 안전한 저장 공간에 보관된다. 컨테이너를 ECR에 저장하면 여러 가지 이점을 얻을 수 있는데, ECR이 컨테이너 저장에 가장 적합한 이유 3가지를 설명해보려 한다.

접근 통제

AWS에서는 IAM 정책을 사용해 ECR 저장소에 대한 접근을 통제할 수 있다. IAM 정책을 사용하면 조직 내의 다양한 콘텍스트를 최소 권한의 원칙을 적용해 분리할 수 있고 컨테이너에 어떤 엔터티의 접근을 허용해야 하는지를 결정할 수 있다. 또한 신원 기반 정책과 리소스 기반 정책을 사용해 접근을 통제할 수 있다.

AWS는 ECR 저장소에 적용할 수 있는 다양한 IAM 정책 목록(https://oreil.ly/b4LJr)을 공개하고 있다. 사용자가 ECR 저장소의 이미지를 나열하고 관리할 수 있게 허용하는 IAM 정책의 예는 다음과 같다.

```
{
  "Version":"2012-10-17",
  "Statement":[
    {
      "Sid":"ListImagesInRepository",
      "Effect":"Allow",
      "Action":[
        "ecr:ListImages"
      ],
      "Resource":"arn:aws:ecr:us-east-1:123456789012:repository/my-repo"
    },
    {
      "Sid":"GetAuthorizationToken",
      "Effect":"Allow",
      "Action":[
        "ecr:GetAuthorizationToken"
      ],
      "Resource":"*"
    },
    {
      "Sid":"ManageRepositoryContents",
```

```
        "Effect":"Allow",
        "Action":[
          "ecr:BatchCheckLayerAvailability",
          "ecr:GetDownloadUrlForLayer",
          "ecr:GetRepositoryPolicy",
          "ecr:DescribeRepositories",
          "ecr:ListImages",
          "ecr:DescribeImages",
          "ecr:BatchGetImage",
          "ecr:InitiateLayerUpload",
          "ecr:UploadLayerPart",
          "ecr:CompleteLayerUpload",
          "ecr:PutImage"
        ],
        "Resource":"arn:aws:ecr:us-east-1:123456789012:repository/my-repo"
      }
    ]
  }
```

사용자에게 모든 이미지에 대한 읽기 전용 접근 권한을 부여하려면 AWS 관리형 정책(https://docs.aws.amazon.com/AmazonECR/latest/userguide/security-iam-awsmanpol.html)으로도 유사한 결과를 얻을 수 있다.

저장 암호화

S3의 도움을 받아 데이터를 저장하는 ECR은 S3와 매우 유사한 기술을 사용해 컨테이너 이미지를 암호화해 저장할 수 있다. 그림 4-10은 AWS KMS를 사용해 ECR에 저장된 컨테이너를 보호하는 방법을 보여준다. KMS grants는 컨테이너 이미지에 대한 접근을 허용해야 할 때마다 생성된다.

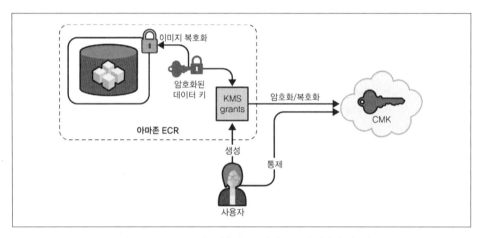

그림 4-10. AWS KMS를 사용해 암호화된 ECR에 저장된 이미지

그림 4-11에서 볼 수 있는 것처럼 AWS 관리 콘솔에서 ECR 컨테이너 저장소의 암호화를 활성화할 수 있다.

198

그림 4-11. '암호화 설정 사용자 지정(고급)'에 체크하고 사용하려는 KMS CMK를 선택하면 아마존 ECR의 KMS 암호화 활성화 가능

이미지 스캔

ECR은 오픈소스 프로젝트인 clair(https://github.com/quay/clair)를 사용해 컨테이너의 일반적인 취약점을 스캔하는 기능을 제공한다. 이미지 스캔은 컨테이너를 악성 코드로부터 보호하며, ECR에 업로드되는 모든 컨테이너에 디폴트로 CVE(공개적으로 알려진 표준 취약점 목록) 스캔을 활성화하거나 ECR에 저장된 이미지를 수동으로 스캔할 수 있다. 그림 4-12는 모든 이미지를 대상으로 이미지 스캔을 활성화하는 방법을 보여준다.

그림 4-12. 이미지 스캔을 활성화해 ECR에 저장하는 모든 이미지를 대상으로 CVE 스캔 가능

AWS 람다

AWS 람다를 데이터 장기 저장소로 사용해서는 안 되지만 간혹 람다 함수에 제공한 환경 변수에 민감한 데이터가 포함된 경우가 있을 수 있고, 이러한 민감한 데이터를 평문으로 클라우드 환경에 저장하면 위험한 보안 상황이 발생할 수 있다. AWS는 람다 함수에 저장된 환경 변수를 자동으로 암호화할 수 있는 방법을 제공한다.

200

환경 변수를 암호화하는 2가지 방법은 다음과 같다.

- CMK를 사용한 암호화
- 암호화 도우미를 사용한 암호화

CMK를 사용한 암호화

S3 및 ECR과 마찬가지로 서버 측에서 환경 변수를 암호화할 수 있다. AWS 관리형 키를 사용해 암호화를 처리하게 하거나 기존에 생성해둔 CMK에 대한 참조를 제공해 AWS가 CMK의 권한 및 수명주기를 관리하게 할 수 있다. CMK는 최소 권한의 원칙을 적용해 보호해야 한다.

암호화 도우미를 사용한 암호화

암호화 도우미Encryption helper는 람다에 환경 변수를 추가하기 전에 클라이언트 측에서 환경 변수를 암호화함으로써 부가적인 보호 수단을 적용하는 방식으로, 이렇게 하면 환경 변수를 AWS 콘솔에서 평문 형태로 노출하지 않는다.

아마존 EBS

마지막으로 EC2(EC2를 직접 사용하거나 워커 노드로 EC2를 사용하는 아마존 EKS 모두 해당)에서 서비스를 실행하는 경우 AWS KMS를 사용해 EC2의 저장소인 EBS 볼륨을 암호화할 수 있다. 그림 4-13에서 볼 수 있는 것처럼 EBS 볼륨의 데이터 키는 속도와 안전성을 위해 캐시된다.

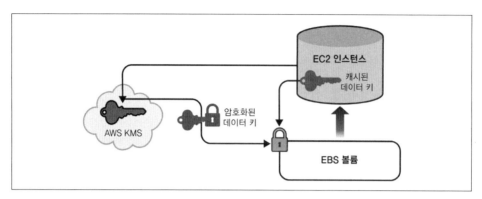

그림 4-13. EC2 인스턴스는 AWS KMS에 요청해 EBS 볼륨을 복호화하는 데 사용할 데이터 키를 복호화한다. EBS 볼륨을 복호화하면 EC2 인스턴스는 인스턴스가 실행 중인 동안 캐시에 평문 데이터 키를 유지한다.

데이터 키를 EC2 인스턴스 내부에 캐시하기 때문에 인스턴스를 볼륨에 연결하면 KMS 기반 CMK를 요청하지 않더라도 EBS 볼륨의 데이터에 접근할 수 있다. 인스턴스를 종료할 때마다 인스턴스는 EBS 볼륨에 다시 연결하고자 CMK에 새로운 요청을 보내야 한다.

AWS에서 제공하는 도구 요약

1. 아마존 CodeGuru를 사용하면 코드 검토 자동화와 정적 코드 분석을 할 수 있게 해줌으로써 코드 수준의 취약점을 발견하고 리소스 누수에 대응할 수 있다.

2. AWS KMS는 AWS 관리형 키나 고객 관리형 키 중 하나를 사용한 EBS 볼륨 암호화를 지원함으로써 안전한 빌드 프로세스를 제공한다.

3. IAM 정책을 사용해 아마존 ECR에 대한 접근을 통제할 수 있고, ECR의 컨테이너 이미지를 서버 측 암호화를 사용해 암호화할 수 있다. 또한 CVE 이미지 스캔을 사용해 아마존 ECR에 저장된 컨테이너의 일반적인 취약점을 스캔할 수 있다.

4. 쿠버네티스 노드가 사용하는 EBS 볼륨을 KMS를 사용해 암호화함으로

써 비인가 접근으로부터 보호할 수 있다.

5. 마지막으로 AWS 람다에 전달하는 환경 변수를 CMK나 암호화 도우미를
   사용해 암호화할 수 있다.

그림 4-14는 그림 4-8에서 설명한 모든 단계의 보안을 강화하고자 AWS에서
제공하는 다양한 통제 기능을 보여준다.

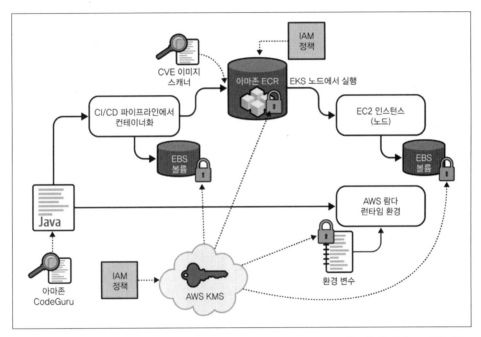

그림 4-14. AWS는 잠재적 위협을 줄이고자 그림 4-8에서 설명한 모든 단계에 적용 가능한 통제 도구들을 제공

마이크로서비스 데이터베이스 시스템

4장에서는 지금까지 AWS의 다양한 컴퓨팅 서비스에 대해 설명했으므로 이번에
는 마이크로서비스에서 사용할 수 있는 저장소 유형과 AWS가 민감한 데이터를
보호하는 방법를 살펴본다.

이미 마이크로서비스 시스템의 다중 저장소 지속성 메커니즘에 대해 언급한 적이 있다. 그림 4-15는 서비스를 기능 도메인별로 분리한 일반적인 마이크로 서비스 구조를 보여준다. 이러한 각각의 도메인은 더 넓은 범위의 경계 콘텍스트를 나타낸다. 개별 서비스는 외부 데이터 저장소가 아닌 경계 콘텍스트 내의 데이터 저장소와 통신한다. 결과적으로 개별 경계 콘텍스트는 도메인의 필요에 따라 다른 도메인의 데이터베이스를 고려하지 않고 필요한 데이터베이스를 선택해 사용할 수 있다.

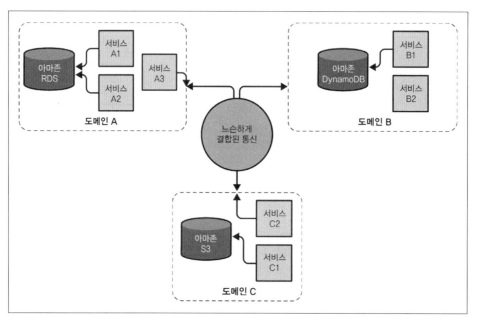

그림 4-15. 각자의 요구 사항을 가진 개별적인 3개의 도메인은 서로 다른 유형의 데이터베이스를 선택 가능하다. 도메인 A는 관계형 데이터가 필요할 수 있어 데이터 저장소로 아마존 RDS를 선택한다. 도메인 B는 데이터를 NoSQL DynamoDB에 저장하는 것을 선호하지만 도메인 C는 아마존 S3 버킷에 데이터를 저장한다.

아마존 DynamoDB

아마존 DynamoDB는 다양한 애플리케이션의 데이터 저장소로 사용할 수 있는, 완전 관리형 서버리스 NoSQL 데이터베이스 시스템이다.

204

아마존 DynamoDB 접근 통제

아마존 DynamoDB는 다른 AWS 리소스처럼 IAM 정책을 지원하기 때문에 아마존 DynamoDB를 사용하면 누가 데이터베이스의 어떤 레코드나 칼럼에 접근할 수 있는지, 언제 접근할 수 있는지를 통제할 수 있다. IAM 정책의 Condition 영역은 세분화한 권한 통제를 할 수 있게 해준다. 접근 통제를 설명하기 위한 예를 살펴보자.

DynamoDB 테이블에 직원 정보를 저장하는 조직이 있다고 가정해보자. 개별 행은 성명, 거주지, 국가, 연봉, 주민등록번호 등 직원에 대한 다양한 정보를 포함한다. 직원 정보에 접근할 수 있는 인원에는 2가지 유형이 있을 수 있다.

- **사용자:** 시스템에 접근해 자신의 정보를 수정하려는 정규직 직원이지만 보안을 위해 급여나 주민등록번호 접근은 차단할 필요가 있다.

- **관리자:** 전체 테이블에 대한 모든 접근 권한이 필요한 사용자다.

그림 4-16은 직원 정보를 포함하는 Employee 테이블이며, 데이터를 가져오기 위한 기본키^{primary key}는 사용자 이름이다.

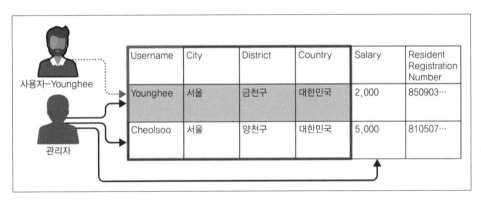

그림 4-16. Younghee는 username 칼럼이 Younghee인 레코드만 접근 및 편집할 수 있고 강조 표시한 Username, City, District, Country 칼럼에만 접근 가능하다.

IAM 사용자 Younghee에게 필요한 권한은 다음과 같다.

- GetItem과 UpdateItem 작업

- Username, City, District, Country 속성 접근

- username이 Younghee인 레코드만 접근

Younghee에게 필요한 권한을 부여할 수 있는 IAM 정책은 그림 4-17과 같다.

```
{
    "Version": "2012-10-17",
    "Statement": [
        {
            "Sid": "AllowAccessToOnlyItemsMatchingUserID",
            "Effect": "Allow",
            "Action": [
                "dynamodb:GetItem",                          1
                "dynamodb:UpdateItem"
            ],
            "Resource": [
                "arn:aws:dynamodb:us-west-2:            :table/Employee"
            ],
            "Condition": {
                "ForAllValues:StringEquals": {
                    "dynamodb:LeadingKeys": [
          2             "Younghee"
                    ],
                    "dynamodb:Attributes": [
                        "UserName",
                        "City",                              3A
                        "District",
                        "Country"
                    ]
                },
                                                             3B
                "StringEqualsIfExists": {
                    "dynamodb:Select": "SPECIFIC ATTRIBUTES"
                }
            }
        }
    ]
}
```

그림 4-17. 사용자 Younghee에게 적용할 경우 요구 사항을 충족하는 IAM 정책. 1, 2, 3A, 3B는 권한 정책을 미세하게 조정할 수 있는 IAM 정책 영역을 표시한 부분이다.

그림 4-17처럼 특정 정책 요소를 사용해 IAM 정책을 정교하게 설정할 수 있다.

1. 허용하려는 작업만 선별해 최소 권한의 원칙을 적용할 수 있다.

2. Condition 요소의 LeadingKeys는 파티션 키의 값과 지정한 사용자명이

일치하는 항목만 접근을 허용한다. 그림 4-17의 예에서 사용자 Younghee는 파티션 키의 값이 **Younghee**인 모든 행에 접근할 수 있다. AWS 문서(https://oreil.ly/UBBlb)에서 언급하는 것처럼 사용자명을 하드코딩하지 않고 `${www.amazon.com:user_id}`로 변경하면 현재 사용자가 자신의 이름을 가진 칼럼에 접근할 수 있게 AWS에 지시한다.

3. 3A와 3B는 접근 가능한 속성을 지정한다. 3B의 설명문에서 `SPECIFIC_ATTRIBUTES`를 지정했기 때문에 사용자가 요청하는 속성이 3A에서 나열한 속성들과 일치하는 경우에만 허용하며 리턴 값에 다른 속성을 포함하지 않는다.

AWS는 DynamoDB 접근 설정에 사용할 수 있는 다양한 IAM 정책 조건(https://oreil.ly/MLK7h)을 공개하고 있다. 주요 조건을 사용하면 다양한 사용자에게 데이터를 숨길 수 있으므로 DynamoDB에 최소 권한의 원칙을 적용할 수 있다.

DynamoDB 암호화

DynamoDB는 접근 통제 외에도 통합하기 쉬운 암호화 프로세스를 제공한다. DynamoDB는 비활성화할 수 없는 서버 측 암호화 기능을 디폴트로 제공하고 봉투 암호화를 사용해 테이블에 저장된 모든 데이터를 암호화한다. AWS는 AES-256 대칭 암호화를 사용해 DynamoDB의 모든 데이터를 암호화한다.

AWS는 DynamoDB 테이블의 데이터를 데이터 **암호화키**(DEK, Data Encryption Key)를 사용해 암호화하고 그다음에 데이터 암호화키를 테이블 키를 사용해 암호화한다. 테이블별로 테이블 키가 별도로 있으며, 개별 테이블 키는 여러 데이터 암호화키를 복호화할 수 있다. 그리고 마지막으로 CMK를 사용해 테이블 키를 암호화한다. 그림 4-18은 DynamoDB 테이블의 데이터를 암호화 흐름을 보여준다.

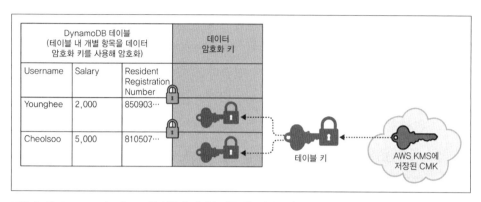

DynamoDB 테이블 (테이블 내 개별 항목을 데이터 암호화 키를 사용해 암호화)			데이터 암호화 키
Username	Salary	Resident Registration Number	
Younghee	2,000	850903… 🔒	
Cheolsoo	5,000	810507… 🔒	

테이블 키

AWS KMS에 저장된 CMK

그림 4-18. DynamoDB는 1) CMK를 사용해 테이블 키를 암호화하고 2) 테이블 키를 데이터 암호화키를 암호화하는 데 사용한 다음 3) 데이터 암호화키를 DynamoDB 내부 항목 들을 암호화하는 데 사용하는 3단계 봉투 암호화 프로세스를 사용한다.

클라이언트가 테이블에서 데이터를 읽으려고 할 때마다 클라이언트는 먼저 KMS에 요청을 보내 KMS를 통해 테이블 키를 복호화해야 한다. 클라이언트가 테이블 키를 복호화할 권한이 있으면 DynamoDB가 클라이언트를 대신해 테이블 키를 복호화하고 캐시한다. 그런 다음 테이블 키를 사용해 데이터 암호화키를 복호화해 DynamoDB에서 개별 항목을 복호화할 수 있다. 이렇게 하면 클라이언트가 KMS에 반복적인 요청을 보낼 필요가 없어 KMS 수수료를 아낄 수 있다.

DynamoDB의 테이블 키는 연결당 5분간 캐시된다. 테이블 키를 캐시함으로써 AWS KMS에 대한 반복적인 호출을 막아주기 때문에 성능이 빨라지고 비용이 절감된다. KMS의 캐싱 기능을 최대한 활용하고자 데이터베이스 연결 풀링(database connection pooling)이 가능한 클라이언트를 사용하면 성능이 향상되고 비용을 절감할 수 있다.

지금까지 AWS KMS로 DynamoDB의 데이터를 암호화하는 방법을 설명했기 때문에 이번에는 KMS를 사용한 3가지 옵션을 소개한다. 3가지 옵션은 아마존 S3의 옵션과 유사하다.

- AWS 소유 CMK

208

- 고객 관리형 CMK

- AWS 관리형 CMK

그림 4-19에서 볼 수 있는 것처럼 AWS 관리 콘솔에서 CMK 유형을 선택할 수 있다.

AWS 소유 CMK

AWS의 디폴트 옵션이다. AWS 소유 CMK는 사용자 계정의 테이블 키를 암호화하고자 AWS가 사용하는 CMK로, 여러 AWS 계정에서 공유해 사용한다. AWS 사용자들은 이 키를 볼 수 없고 AWS가 CMK에 관련한 모든 활동을 관리하고 처리한다. AWS 사용자는 이 키를 통제할 수 없고 키에 대한 접근을 추적하거나 감사할 수 없다. AWS 소유 CMK를 사용해 데이터를 암호화하는 데는 추가 비용이 발생하지 않는다.

KMS-고객 관리형 CMK

DynamoDB에서 사용할 수 있는 가장 유연한 옵션이다. 고객 관리형 CMK는 고객이 완전히 관리하고 AWS가 키의 수명주기를 통제하거나 관리하지 않는다. 테이블을 생성하는 과정에서 사용하려는 AWS KMS의 CMK를 지정할 수 있고 선택적으로 매년 키를 교체할 수 있다.

KMS-AWS 관리형 CMK

AWS 관리형 CMK는 AWS 계정 내에 있고 AWS에서 사용자를 대신해 관리하는 키다. 사용자가 AWS 소유 CMK보다 키를 더 많이 통제할 수 있고 키에 대한 접근을 감사하며 모니터링할 수 있는 반면에 AWS는 키를 백업하고 주기적으로 키를 교체하는 등 인프라의 보안을 처리한다. 하지만 AWS 관리형 키는 암호화 및 복호화에 대한 일상적인 KMS 요금이 발생한다.

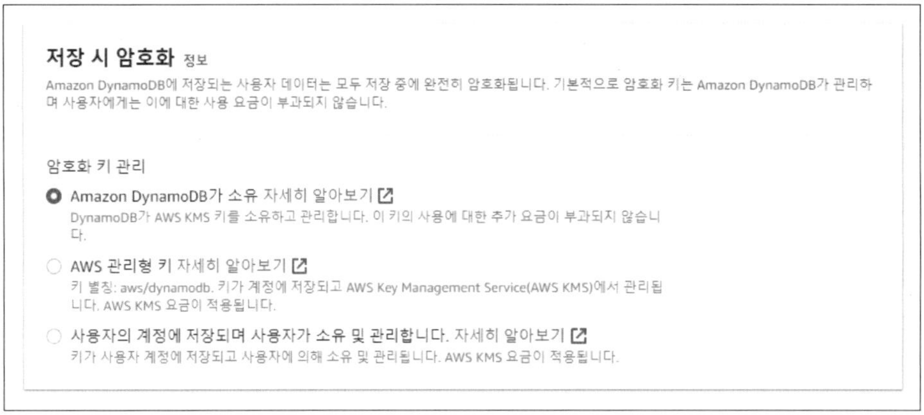

그림 4-19. DynamoDB에 저장된 데이터 암호화에 사용할 CMK 유형을 선택 가능

아마존 오로라 관계형 데이터 서비스

아마존 오로라^Aurora^는 AWS에서 사용되는 또 다른 인기 있는 데이터 저장소 시스템이다. 오로라는 PostgreSQL 및 MySQL 등의 인기 있는 관계형 데이터베이스 관리 시스템^RDBMS^ 엔진을 완벽히 대체한다. DynamoDB와 유사하게 오로라 데이터베이스를 비인가 접근으로부터 보호하는 방법 2가지는 다음과 같다.

- 2가지 범주의 인증(https://oreil.ly/7h0RN)을 사용해 비인가 접근을 방어한다.

  - **IAM 데이터베이스 인증**: AWS IAM을 사용해 개별 요청 인가

  - **비밀번호 인증**: 전통적인 비밀번호 기반 접근법을 사용해 인증

- 암호화를 사용해 데이터를 보호한다.

그림 4-20처럼 데이터베이스를 생성하는 과정에서 사용할 인증 옵션의 유형을 결정할 수 있다.

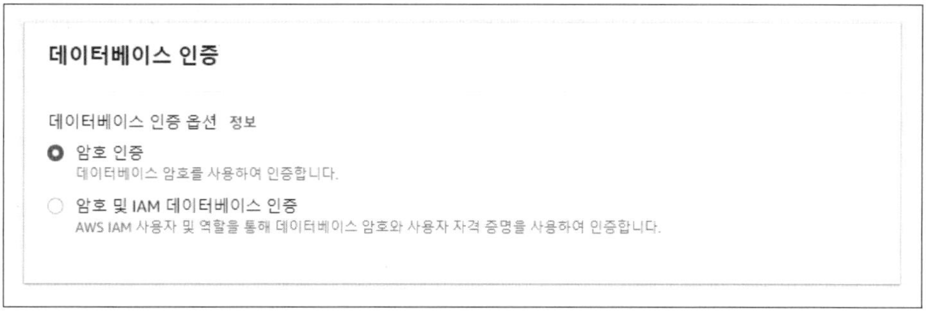

데이터베이스 인증

데이터베이스 인증 옵션 정보

● 암호 인증
데이터베이스 암호를 사용하여 인증합니다.

○ 암호 및 IAM 데이터베이스 인증
AWS IAM 사용자 및 역할을 통해 데이터베이스 암호와 사용자 자격 증명을 사용하여 인증합니다.

그림 4-20. 데이터베이스 생성 과정에서 인증 옵션 선택 가능

아마존 오로라의 IAM 인증

IAM 인증에서는 비밀번호를 사용해 인증을 처리하는 대신 데이터베이스 요청에 포함할 인증 토큰을 생성한다. 인증 토큰은 AWS 시그니처[Signature] 버전 4(SigV4)를 사용해 데이터베이스 외부에서 생성할 수 있으며 인증 과정에서 비밀번호 대신 사용할 수 있다.

IAM 인증이 제공하는 가장 큰 이점은 데이터베이스 내의 신원이 AWS 계정 내의 신원과 동기화되는 것으로, 이렇게 하면 AWS 리소스 전체에 신원이 늘어나는 것을 방지할 수 있다.

하지만 IAM 인증에는 제약이 있다. DB 인스턴스 클래스와 워크로드에 따라 DB 클러스터의 초당 최대 연결 수에 제한이 있을 수 있다. 따라서 AWS는 IAM 인증을 개인이 일시적으로 데이터베이스에 접근하기 위한 수단으로만 사용할 것을 권장한다.

비밀번호 인증

비밀번호 인증은 전통적인 인증 유형으로, 모든 데이터베이스 연결을 사용자명(계정)과 비밀번호를 사용해 시작해야 한다. 데이터베이스의 사용자 및 역할은 데이터베이스의 관리자가 생성해야 한다. 비밀번호는 일반적으로 호출 측에서

연결을 설정하는 동안 기억하고 입력해야 하는 텍스트 문자열이다. MySQL (https://oreil.ly/rCYXp)과 PostgreSQL(https://oreil.ly/aKxk3) 호환 버전 모두 SQL을 실행해 사용자를 생성할 수 있다.

아마존 오로라의 암호화

DynamoDB와 S3와 유사하게 오로라에 저장된 모든 데이터도 CMK를 사용해 암호화할 수 있다. 그림 4-21에서 볼 수 있는 것처럼 오로라에서 암호화를 활성화하는 것은 매우 쉽다.

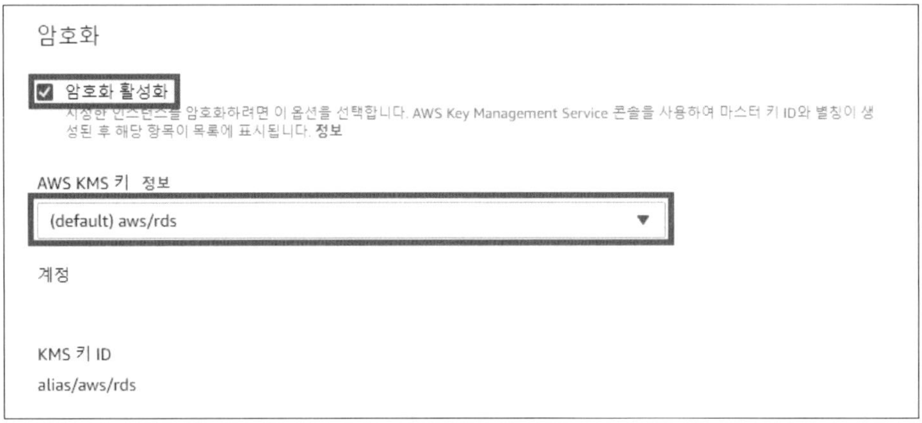

그림 4-21. 데이터베이스 생성 과정에서 '암호화 활성화'에 체크하기만 하면 암호화를 활성화할 수 있고 암호화에 사용할 CMK도 선택할 수 있다.

AWS 관리형 키를 사용해 데이터베이스를 암호화하거나 KMS를 사용해 통제할 수 있는 기존 CMK를 사용할 수 있다. AWS 관리형 CMK와 고객 관리형 CMK를 사용할 때의 장단점은 DynamoDB나 S3를 사용할 때와 유사하다.

미디어와 데이터 삭제

데이터 처분은 보안 전문가가 데이터 보호 측면에서 고려해야 하는 요소 중 하나지만 간과되는 경향이 있다. IDC에서 서버를 유휴 장비로 전환한 후 IT 전문가는 서버를 다른 용도로 재사용하기 전에 서버에서 특정 활동(추후 설명)을 수행해야 한다. 수행해야 하는 활동은 원래 이 서버에 저장된 데이터의 유형에 따라 다르며 데이터 덮어쓰기, 데이터 포맷 등을 포함할 수 있지만 이에 국한되지 않는다.

하드웨어에 기밀 데이터를 저장하고 있다면 데이터를 안전하게 완전 삭제한 이후에야 데이터를 저장하는 데 하드웨어를 사용할 수 있다. 이러한 과정을 미디어 삭제^{media sanitization}라고 부른다. 미디어 삭제 과정을 거치지 않으면 데이터 해시에 접근할 수 있는 잠재적으로 승인되지 않은 애플리케이션에 데이터가 노출될 가능성이 있다.

클라우드 환경에서는 서버 도입 및 폐기 프로세스를 완전히 통제하기 어렵고 이러한 특성은 새로운 프로젝트를 시작하거나 중단하는 것이 흔하게 일어나는 마이크로서비스 아키텍처에서 특히 문제가 될 수 있다.

먼저 저장소 볼륨에 있는 모든 민감한 데이터는 항상 암호화돼 있어야 함을 모든 독자에게 상기시키고 싶다. 적어도 암호화는 데이터 유출 가능성을 크게 낮춰준다. AWS는 EBS 기반 저장소 볼륨을 포함한 모든 영구 저장소(예를 들어 오로라, EC2, DocumentDB 등)를 대상으로 사용자를 대신해 저장소 매체의 데이터를 삭제할 책임을 진다. AWS는 미국 국립 표준 기술원의 800-88(https://oreil.ly/4heHR) 표준에서 규정하는 대로 미디어를 삭제한다. AWS는 고객이 사용했던 저장소 볼륨을 다른 고객에게 제공하기 전에 안전하게 데이터를 삭제하고 덮어쓰기 함을 보증한다. 이러한 형태의 미디어 삭제는 AWS 볼륨이 업계 대부분의 규제 표준을 준수하게 한다.

하지만 데이터 암호화와 AWS가 제공하는 미디어 삭제 보증으로 충분하지 않은,

규제가 심한 업계에 속한 회사들은 저장소 볼륨을 폐기하기 전에 서드파티 미디어 삭제 도구를 사용해 저장소 볼륨을 안전하게 삭제할 수 있다.

요약

4장은 데이터 저장, 접근 통제, 암호화에 관한 보안 사례를 만드는 것으로 시작해 주로 AWS의 데이터 저장소에 관한 주제를 언급했다. 대부분의 AWS 저장소 메커니즘은 2가지 방법으로 보호할 수 있다. 첫 번째는 AWS IAM 정책을 사용해 민감한 데이터에 대한 비인가 접근을 방지하는 것이고, 두 번째는 데이터를 암호화하고 암호화키를 보호해 데이터 보호 메커니즘 외의 추가 보안 수단을 적용하는 것이다.

마이크로서비스 환경은 일반적으로 다중 저장소 지속성 메커니즘에 기반을 두므로 개별 서비스가 데이터 저장소에 대한 보안 정책에 특별한 주의를 기울이고 모든 저장소 메커니즘에 최소 권한의 원칙을 적용하게 하는 책임은 보안 전문가에게 있다.

5장

네트워크 보안

1장에서 요청 측이나 요청을 보내게 된 문맥을 파악하지 않고 들어오는 모든 요청을 일방적으로 차단하는 것을 목표로 하는 무딘 보안 통제에 대해 간략하게 설명했다. 대표적인 무딘 보안 통제의 예는 네트워크 통제로, 5장은 AWS에 추가할 수 있는 다양한 네트워크 통제에 대해 살펴본다.

네트워크 통제는 OSI^{Open Systems Interconnection} 네트워크 모델상의 네트워크 계층에 추가할 수 있는 보안 통제를 의미한다. 5장은 독자가 컴퓨터 네트워크에 대한 기본적인 지식을 갖고 있다는 가정하에 썼다. 5장을 어렵게 느끼는 독자는 앤드류 타넨바움^{Andrew Tanenbaum}과 데이비드 웨더럴^{David Wetherall}이 쓴 『컴퓨터 네트워크』(피어슨에듀케이션코리아, 2011)를 읽어보길 바란다.

네트워크 계층 보안 인프라는 애플리케이션 계층 데이터를 읽거나 이해하지 못한다. 보안 인프라는 비즈니스 로직을 실행하는 애플리케이션들을 대상으로 삼기보다는 애플리케이션이 서로 통신하는 데 사용하는 네트워크 인터페이스 간의 상호작용을 확인하기 때문에 비즈니스 로직을 이해하고 반영한 통제를 적용하기 어렵다. 일반적으로 네트워크 보안을 견고하고 강력하지만 때로는 무디고 부정확한 도끼와 비유하곤 하는데, 이는 네트워크 보안의 중요성을 부인한다기보다는 보안 규칙을 적용할 때의 불완전함을 개선할 필요가 있음을 간접적으로 강조하는 것이다.

애플리케이션을 구성하고 있는 모든 서비스를 나열하면 대략 2가지 유형으로 나눌 수 있다. 첫 번째 유형은 엣지 서비스^{edge service}로, 최종 사용자가 데이터를 가져오거나 변경할 수 있게 하는 서비스다. 엣지 서비스는 클라우드 인프라의 퍼블릭 영역^{public zone}에 위치하고 인터넷에 연결돼 있어 대부분의 내부 서비스는 직면할 수 없는 전 세계로부터의 위협에 노출돼 있다. 6장에서 퍼블릭 영역에 있는 서비스에 대해 상세히 설명할 예정이므로 5장에서는 퍼블릭 영역 내 서비스에 중점을 두어 설명하진 않을 것이다.

두 번째 유형은 조직 내의 서비스나 리소스를 대상으로만 통신하는 서비스로, 백엔드 서비스^{backend service}로 지칭하겠다. 백엔드 서비스는 프라이빗 영역^{private zone}에 구현해 엣지 서비스가 직면하고 있는 외부(퍼블릭) 위협으로부터 보호해야 한다. 5장은 주로 프라이빗 영역 내에 위치한 서비스를 보호하는 방법에 중점을 두어 설명한다.

그림 5-1은 서비스를 엣지와 백엔드로 분류하는 방법을 보여준다.

클라우드에서 실행되는 거의 모든 애플리케이션은 모바일 앱, 전자상거래 웹사이트, 데이터 처리 애플리케이션 등 애플리케이션의 유형과 무관하게 엣지 서비스와 백엔드 서비스 일부를 포함하고 있다. 서비스 중에 외부 SaaS(서비스형 소프트웨어) 공급자에게 접근이 필요한 서비스가 있는 경우 외부로 나가는 통신에 한해 제한된 일부 인터넷 연결을 허용할 수 있지만 인터넷에서 직접 접근할 수는 없는 백엔드 서비스 형태로 운영해야 한다.

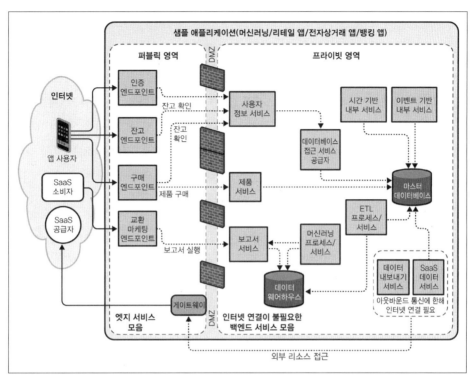

그림 5-1. 샘플 애플리케이션에서 외부 소비자가 호출하는 서비스를 엣지 서비스로 분류한다. 엣지 서비스는 클라우드 환경의 퍼블릭 영역에 있는 반면 데이터에 의존해 작동하거나 다른 서비스에 의해 호출되는 대부분의 서비스는 프라이빗 영역에 격리돼 있어 보안 요소를 달리 고려할 필요가 있다.

보안 관점에서는 엣지(퍼블릭 영역)에는 비즈니스 로직을 최소한으로 유지하고 좀 더 안전한 프라이빗 영역에 배치하는 것이 가장 좋다. 서비스를 외부에 직접 노출하지 않으면 인터넷에 만연한 알려지지 않은 위협으로부터 애플리케이션의 핵심 기능을 보호할 수 있고 외부로부터의 비인가 접근 가능성을 현저히 낮춰준다.

1장에서 잠긴 방에 비유해 폭발 반경 및 격리의 개념을 소개했다. 당연하게도 서비스를 논리적인 파티션으로 분리해 파티션을 대상으로 한 침해 행위가 다른 서비스의 보안에 영향을 미치지 않게끔 해야 한다. 5장에서 비즈니스 로직 단위로 마이크로서비스 도메인을 분할하는 사례를 설명할 것인데, 네트워크 계층에서 비즈니스 로직을 기반으로 도메인을 분할하는 전략을 마이크로세분화

^{microsegmentation}로 부른다.

파티션을 너무 작게 생성하는 마이크로세분화 전략은 너무 많은 네트워크 호출을 유발할 수 있어 비용이 많이 들고 복잡한 오버헤드^{overhead}를 초래한다. 파티션을 너무 크게 생성하는 마이크로세분화 전략을 채택하면 네트워크 계층에서 시행하려고 했던 보안 규칙을 실행하지 못함으로써 모든 규칙을 무의미하게 만든다. 5장을 마칠 때쯤이면 서비스 간의 경계를 어디로 정해야 하는지에 대해 정보에 입각한 선택을 하는 방법과 조직의 보안 요구 사항에 맞는 올바른 전략을 구현할 수 있는 방법을 알게 될 것이다.

 네트워크 수준에서 마이크로세분화를 비용 효율적으로 하려면 훌륭한 도메인 주도 설계(DDD)가 전제돼야 한다. 콘텍스트 간 종속성이 높게끔 잘못 설계한 도메인에 마이크로세분화를 작용하면 콘텍스트 간 호출이 너무 많아져 비용과 복잡성이 증가할 수 있다.

AWS 네트워킹

5장의 핵심 주제는 서비스 분할과 격리다. 분할에 성공하면 격리된 파티션 간의 정당하고 인가된 통신을 효율적으로 활성화할 수 있는 방법을 살펴보자.

통제

통제나 대책은 애플리케이션의 총체적 위험을 줄일 수 있는 모든 조치를 의미한다. 존 셔우드^{John Sherwood}외 2인이 쓴 『Enterprise Security Architecture』^(CRC Press, 2005)에서 처음 접했던 의미와는 미묘한 차이가 있지만 논란의 여지가 있는 주장을 짚고 넘어가고 싶다. 네트워크 통제는 애플리케이션이나 데이터를 직접적으로 보호하지 않는다. 앞에서 논란의 여지가 있다고 말한 이유는, 데이터 보호 기능까지 제공한다고 주장하는 네트워크 계층의 보안 소프트웨어가 너무

218

많기 때문이다. 네트워크 계층 통제는 애플리케이션 데이터를 읽을 수 없어 오고가는 데이터의 의미를 이해할 수 없다. 따라서 네트워크 계층에 적용하는 모든 통제는 무딜 수밖에 없어 통제할 수 있는 범위가 심각하게 제한적이다. 그 결과 네트워크 수준의 통제는 일반적으로 너무 광범위하고 때로는 비즈니스 가치 창출 활동을 방해하기도 한다. 다시 말해 통신 패턴과 통신을 용이하게 하는 채널을 식별하고 통제할 수는 있지만 이러한 통신 채널의 내용을 확인할 수는 없다. 네트워크 인프라를 잘 설계하더라도 애플리케이션의 위험을 직접적으로 줄이진 못하겠지만 간접적으로는 큰 영향을 미칠 수 있다는 것이 내 생각이다. 예를 들어 네트워크 인프라를 잘 설계하면 더 단순하고 더 안전한 아키텍처를 구현할 수 있어 격리와 모니터링을 통해 보안 사고의 영향을 간접적으로 줄여준다.

모놀리식과 마이크로서비스 모델에 대한 이해

모놀리식 모델에서 보안에 관한 일반적인 접근법은 신뢰할 수 있는 영역에서 서비스를 함께 그룹화해 보안 영역을 만드는 것이었다. 이러한 설계에서 영역 내의 서비스는 서로를 신뢰하고 해당 서비스 간에는 인증을 생략하기도 한다. 퍼블릭 서비스를 위한 보안 영역과 데이터베이스를 위한 보안 영역 등 영역을 분할한 단위는 비즈니스 도메인이 아닌 기술 도메인인 경우가 대부분이다.

모놀리식 모델에서 신뢰 영역은 애플리케이션을 구분하는 경계를 갖고 있어서 이 경계를 보호함으로써 데이터베이스 및 애플리케이션 서비스와 같은 민감한 데이터를 호스팅하는 애플리케이션 영역을 외부 위협으로부터 보호할 수 있다. 이러한 보호 장벽을 DMZ라 한다. 강력한 DMZ가 존재하기 때문에 신뢰할 수 있는 영역을 구성하는 이유를 어느 정도는 정당화할 수 있다. 이러한 보안 패턴은 서비스 간 네트워크 통신이 거의 필요치 않은 모놀리식 시스템에서 잘 작동한다. 반면 한 시스템에 침해가 발생하면 전체 네트워크가 손상되고 경계가 무의미해질 수 있다. 또한 일부 시스템은 신뢰할 수 있는 내부자의 공격에 희생

될 수 있으며, 여기서 내부 직원이나 타 회사 소속이지만 파견 형태로 근무하는 직원은 DMZ 안쪽에 있기 때문에 신뢰 기반 영역 구분의 이점을 악용할 수 있다. 분명히 말하자면 경계를 구분해 보호하는 행위가 무용지물이라는 말은 아니다. 더군다나 많은 규제 기관은 경계를 구성하도록 명시적으로 요구한다. 신뢰할 수 있는 영역의 내부자로부터도 보호받을 수 있도록 경계 내에 부가적인 (경우에 따라 중복일 수도 있는) 보호 수단을 추가할 필요가 있다.

마이크로서비스 모델은 데이터베이스 계층 및 기타 비즈니스 로직에 접근이 필요한 작업들을 네트워크 기반으로 서로 통신하는 다양한 격리된 서비스로 분할할 수 있다. 서비스를 격리함으로써 마이크로서비스 애플리케이션은 자신의 시스템에 좀 더 구체적이고 적합한 보안 통제를 구현할 수 있으며, 서비스 간 모든 통신은 동일한 영역에 있든 다른 영역에 있든 독립적인 접근 통제가 필요하다. 이러한 접근 통제를 제로 트러스트 네트워크라 한다. 보안 관점에서만 생각해보면 제로 트러스트 네트워크가 훌륭해 보일 수도 있지만 부가적인 오버헤드를 가진다. 마이크로서비스는 단일 책임 원칙을 따라야 하고 사전에 처리하게 설계된 단일 비즈니스 기능 외에는 어떤 작업도 해서는 안 되기 때문에 서비스 공급자 내부에 대규모 네트워크 인가 로직을 둬야 한다고 주장하기 어렵다. 여기서 난관에 봉착한다. 이상적인 마이크로서비스 아키텍처는 제로 트러스트 네트워크의 이점을 가지면서도 복잡하지 않아야 한다.

세분화와 마이크로서비스

훌륭한 도메인 주도 설계는 동일한 도메인 내의 서비스 간 통신이 다른 도메인에 있는 서비스와의 통신보다 흔하고 빈번하다고 가정하지만 시스템은 여전히 도메인 간 통신을 필요로 한다. 도메인 간 통신은 잘 정의된 규약을 따르게 구성된다. 명확하게 정의한 API 규약을 사용해야 보안 통제를 훨씬 더 구현하기 쉽다. 따라서 도메인 주도 설계에서는 기술 계층 시스템보다 도메인 콘텍스트를 기반으로 네트워크 인프라를 분리하는 것이 더 합리적이다.

도메인 주도 설계에 기반을 둔 애플리케이션에는 비즈니스 용도에 따라 도메인이나 경계 콘텍스트를 분할한 다음 공격을 개별적으로 방어하는 마이크로세분화 전략을 사용할 것을 제안한다. 마이크로세분화 전략을 준수하는 네트워크는 비즈니스 관점에서 서로 통신할 필요가 없는 이질적인 영역을 분리하고 격리함으로써 더욱 세분화할 수 있다. 5장의 대부분은 성공적인 마이크로세분화 전략 구현에 집중한다.

 마이크로세분화를 구현한다고 네트워크 계층에서 모든 보안 문제를 해결해주진 않는다. 마이크로세분화가 애플리케이션 수준의 보안까지 대체하는 것은 아니기 때문에 애플리케이션 수준의 보안도 강화할 필요가 있다. 또한 복잡성과 비용이 추가되기 때문에 이러한 보안 조치를 적용함으로써 얻을 수 있는 보안 이점에 대해 신중하게 평가해야 한다.

소프트웨어 정의 네트워크 파티션

마이크로세분화를 달성하려면 AWS의 다양한 네트워킹 구성을 이해할 필요가 있다. 알다시피 AWS는 전 세계적으로 인프라를 확장하고 있으며, 여러 리전으로 구분해 규제 제한 사항을 준수한다. AWS는 리전별로 클라우드 환경의 가용 영역을 구분해 높은 가용성을 제공하는데, 자세한 내용은 글로벌 리전에 대한 AWS 설명(https://oreil.ly/4grdo)에서 확인할 수 있다. AWS 고객은 선택한 리전의 특정 가용 영역에서 대부분의 서비스를 실행할 수 있지만 AWS에서 구분한 범위를 넘어 네트워크 인프라 자체를 물리적으로 분리할 수는 없다. 이러한 구조는 경쟁사를 포함한 다른 AWS 고객과 가용 영역을 공유할 수 있기 때문에 특히 문제가 될 수 있다. 그래서 AWS는 물리적 분리 대신 네트워크 인프라를 논리적으로 분리하기 위한 도구를 제공하며, 이러한 유형의 도구를 일반적으로 소프트웨어 정의 네트워킹SDN, Software Defined Networking 도구로 부른다. 해당 도구는 온프레미스 네트워크의 IDC에서 물리적으로 제공하는 서비스와 유사한 결과를 제공한다.

다른 물리적 네트워크와 마찬가지로 클라우드 네트워크는 라우팅 요청을 위한 자체 라우터가 있다. AWS는 개별 네트워크 파티션에 라우팅 테이블 형식의 추상화를 제공해 AWS의 다양한 네트워크 파티션 간에 트래픽이 흐르는 방식을 제어한다. AWS는 리전 수준에서 클라우드 환경을 더 작은 클라우드 기반 파티션으로 격리하는 아마존의 네트워크 가상화인 VPC를 제공한다. 또한 가용 영역 수준에서 서브넷은 CIDR^{Classless Inter-Domain Routing} 표기법을 사용한 IP 주소 범위를 사용해 서비스 그룹화와 세분화를 돕는다. VPC는 네트워크를 격리하기 때문에 나는 VPC를 고정 파티션^{hard partition}이라 부르며, 서비스들을 함께 그룹화할 수 있는 서브넷을 유동 파티션^{soft partition}이라 부른다.

그림 5-2처럼 VPC와 서브넷을 사용하면 개별 서비스를 자체 논리 파티션으로 격리함으로써 서비스의 영향 범위를 제한할 수 있다.

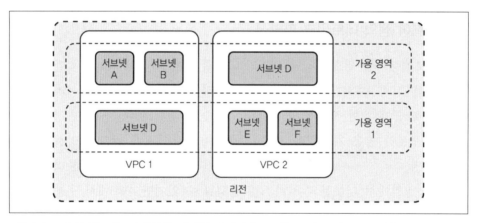

그림 5-2. AWS 클라우드 인프라에서 사용 가능한 논리 파티션(https://oreil.ly/LV1Le). AWS 리전은 여러 가용 영역을 갖고 있어 서비스를 단일 가용 영역으로 제한하는 서브넷을 생성할 수 있다. 여러 가용 영역에 걸쳐 있는 VPC를 생성할 수 있지만 개별 VPC는 단일 리전으로 구성이 필요하다.

나는 경계 콘텍스트 내의 서비스들은 서로에 대한 일정 수준의 신뢰를 갖고 있다고 간주한다. 따라서 경계 콘텍스트 내의 통신은 근본적으로 위험이 낮고 이 책에서 설명한 통제를 적용해 보호하기 수월하다. 하지만 경계 콘텍스트 간의 통신에서는 신뢰를 기대하기 어려워서 위험을 줄이려면 부가적인 통제

적용이 필요하다. 그림 5-3은 경계 콘텍스트 부근에 부가적인 통제를 적용한
마이크로세분화 전략을 간략하게 보여준다.

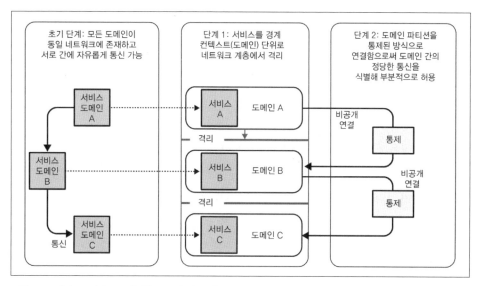

그림 5-3. 마이크로서비스 도메인을 VPC나 서브넷을 사용해 격리한 다음 5장에서 설명할 도구들을 사용해 도메인 간
정당한 연결만 제한적으로 허용하는 것이 설계 관점에서 가장 좋은 방법에 해당한다.

그림 5-3에서 볼 수 있는 것처럼 다음 2단계를 거치면 도메인 단위로 마이크로
세분화된 네트워크 계층을 가질 수 있다.

단계 1(격리)

단계 1은 마이크로서비스가 동일한 비즈니스 도메인에 속하는지를 기준으
로 네트워크 계층에서 마이크로서비스를 분리하고 격리한다. AWS에서 네트
워크 파티션을 생성하는 데 사용할 수 있는 도구들은 다음 절에서 소개한다.
단계 1에서는 비즈니스 도메인 및 경계 콘텍스트에 따라 서비스를 격리할
수 있는 기반을 마련한다.

단계 2(연결)

도메인 기반으로 서비스를 격리한 상태에서 도메인 간 정당한 통신이 필요
한 서비스를 식별하고 연결하는 작업을 해야 한다. 이렇게 하면 단계 1의

네트워크 격리로 인해 서비스가 작업 처리에 방해를 받지 않게 해준다. 물론 연결을 맺으면 보안 위험이 증가할 수 있지만 필요한 최소한의 연결을 차단할 수는 없어 네트워크 연결에 보안 통제를 추가하는 것이 단계 2의 기본 요구 사항이다.

서브넷팅

AWS 서브넷은 클라우드 내의 IP 주소 공간을 서브넷을 사용해 더 작은 크기로 분할한다는 점에서 전통적인 네트워킹 구조의 서브넷과 크게 다르지 않다. 서브넷은 여러 가용 영역에 걸쳐 있을 수 없으므로 서브넷이 VPC와 동일한 격리 수준을 제공할 수는 없지만 보안 통제를 적용할 수 있도록 서비스를 그룹화하기 위한 훌륭한 방법을 제공한다.

AWS에서 서브넷은 가용 영역 수준의 파티션이다. 다시 말해 서브넷은 단일 가용 영역 내부에 있어야 하고, 특정 서브넷을 구성하는 모든 IP 주소 범위를 지정하는 CIDR 표기법을 사용해 선언해야 한다. 대부분의 클라우드 서비스는 서브넷 내부에서 실행되고 해당 서브넷에 할당된 IP 주소 범위의 일부인 내부 IP 주소를 할당받는다. 예를 들어 CIDR이 192.168.0.0/24인 서브넷은 192.168.0.1부터 192.168.0.254까지의 모든 IP를 포함한다(첫 번째와 마지막 IP 주소는 AWS에서 예약해둔 IP이기 때문에 AWS 고객이 사용할 수 없다).

 검색 엔진에서 '서브넷 마스크 계산기', 'CIDR 계산기' 등으로 검색하면 IPv4 서브넷 CIDR을 계산하고 생성하는 데 도움을 주는 다양한 도구를 찾을 수 있다.

그림 5-4는 AWS 관리 콘솔에서 VPC 내부에 서브넷을 생성하는 과정을 보여준다.

VPC > 서브넷 > 서브넷 생성

서브넷 생성 정보

VPC

VPC ID
이 VPC에 서브넷을 생성합니다.

| vpc-0c0b24 | ▼ |

연결된 VPC CIDR

IPv4 CIDR
92.

서브넷 설정
서브넷의 CIDR 블록 및 가용 영역을 지정합니다.

1/1개 서브넷

서브넷 이름
'Name' 키와 사용자가 지정하는 값을 포함하는 태그를 생성합니다.

| my-subnet-01 |

이름은 최대 256자까지 입력할 수 있습니다.

가용 영역 정보
서브넷이 상주할 영역을 선택합니다. 선택하지 않으면 Amazon이 자동으로 선택합니다.

| 기본 설정 없음 | ▼ |

IPv4 CIDR 블록 정보

| Q 10.0.0.0/24 |

그림 5-4. AWS에서 서브넷을 생성하려면 서브넷의 IP 주소 범위를 나타내는 CIDR 블록의 지정이 필요하다.

한 계정의 가용 영역이 다른 계정의 동일한 이름을 가진 가용 영역과 동일한 위치를 나타내는 것은 아니다. 이러한 불일치는 특히 엔드포인트 서비스를 설계하는 과정에서 많은 혼란을 야기한다. 따라서 다른 계정의 가용 영역 이름으로 가용 영역을 참조해서는 안 된다.

가용 영역은 하나 이상의 서브넷을 포함할 수 있다. 서비스를 특정 가용 영역에서 운영되게끔 하려면 해당 서비스를 특정 가용 영역 내부의 서브넷에 배치해야 한다. 높은 가용성을 유지하려면 대부분의 서비스를 적어도 두 군데의 가용 영역(가용 영역별 최소 2개의 서브넷)에 배치하는 것을 고려해야 한다. 그림 5-5는 대부분의 조직에서 볼 수 있는 일반적인 서비스 배치를 보여준다.

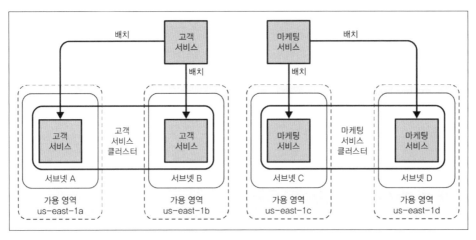

그림 5-5. 클러스터의 고가용성을 달성하려면 서비스를 최소 2개 이상의 서브넷에 서비스 구성 필요

서브넷 내에서의 라우팅

AWS 네트워크 내에서의 라우팅은 네트워크 트래픽을 검사하고 네트워크 패킷의 다음 경로에 대한 라우팅 세부 정보를 제공하는 라우팅 테이블(https://oreil.ly/re4UL)에 의해 관리된다. 개별 서브넷은 라우팅을 제어하는 라우팅 테이블과 연결돼야 한다. 라우팅 테이블은 이 책의 '소프트웨어 정의 네트워크 파티션' 절에서 설명한 파티션 간 통신을 통제하는 데 사용된다. 라우팅 테이블은 네트워크 파티션을 분할하는 다른 방법인 VPC에 관해 설명할 때 다시 언급하겠다.

라우팅 테이블의 구성 요소 중 대상^{Destination}은 하나 이상의 IP 주소 모음을 포함하는 CIDR 블록이다. 라우팅 테이블은 개별 CIDR 블록 외에도 접두사 목록으로 불리는 CIDR 그룹을 포함할 수도 있다. 접두사 목록은 고객이 CIDR 표기법을 사용해 정의한 IP 주소 블록인 고객 관리형 접두사 목록과 AWS에서 관리하는

AWS 관리형 접두사 목록으로 나뉜다.

라우팅 테이블 규칙을 통해 서브넷이 통신할 수 있는 네트워크 파티션과 통신할 수 없는 네트워크 파티션을 지정할 수 있다. 사용자가 라우팅 테이블 규칙을 완벽하게 제어할 수 있기 때문에 서브넷은 서비스를 실행할 수 있는 네트워크 환경을 설정하기 위한 훌륭한 도구가 될 수 있다. 또한 인터넷에 연결할 수 있는 서비스를 결정하고 인터넷에 직접 접근할 필요가 없는 서비스를 격리해 서브넷 수준에서 최소 권한의 원칙을 적용할 수 있다.

서브넷을 인터넷에 연결하지 않으면 공격자가 조직 내 여러 지점을 통제할 수 있는 권한을 획득하지 않는 한 민감한 데이터나 정보를 외부로 유출할 수 있는 직접적인 방법이 없다.

게이트웨이와 서브넷

네트워킹 세계에서 게이트웨이는 다른 네트워크에 트래픽을 전달하는 호스트 역할의 네트워크 노드를 의미한다. AWS에는 서브넷과 관련해 모든 클라우드 아키텍트가 알아야 할 3가지 유형의 게이트웨이가 있다.

인터넷 게이트웨이

인터넷 게이트웨이는 프라이빗 클라우드 네트워크와 인터넷을 연결할 수 있도록 게이트웨이 역할을 하는 AWS의 클라우드 관리용 구성 요소다. 인터넷 게이트웨이는 프라이빗 클라우드 네트워크에 위치한 내부 서비스가 인터넷과 통신할 수 있게 해주고 인터넷에서 들어오는 요청을 프라이빗 네트워크에서 수신할 수 있게 해준다.

NAT 게이트웨이

NAT 게이트웨이는 내부 서비스가 인터넷으로 나가는 통신을 할 수 있게 해주는 AWS의 클라우드 관리용 구성 요소다. NAT 게이트웨이는 인터넷과 연결되지 않은 서비스에게 인터넷 게이트웨이를 통한 단방향 상태 저장^{stateful} 접근을 제공한다.

송신 전용 인터넷 게이트웨이

NAT 게이트웨이와 매우 유사한 송신 전용 게이트웨이는 인터넷 게이트웨이를 통해 인터넷으로 단방향 상태 저장 접근을 제공한다. NAT 게이트웨이와 달리 송신 전용 인터넷 게이트웨이는 IPv6 주소를 사용하는 서브넷의 인터넷 접근을 허용하고 상태 저장 방식으로 인터넷에 직접 연결할 수 있다.

 IPv4 네트워크를 사용 중이라면 인터넷 게이트웨이는 네트워크 주소 변환(NAT, Network Address Translation) 기능(https://oreil.ly/CrKZR)까지 제공한다.

퍼블릭 서브넷

퍼블릭 서브넷은 퍼블릭 인터넷에서 접근할 수 있는 서브넷으로, 인터넷 게이트웨이를 향한 라우팅 경로의 보유 여부가 서브넷의 퍼블릭 여부를 결정한다. 인터넷 게이트웨이는 서브넷이 퍼블릭 인터넷과 양방향 통신할 수 있는 경로를 제공하는 게이트웨이 장치다. 관리자가 인터넷 게이트웨이를 관리하지 않으면 퍼블릭 인터넷으로부터 비인가 접근을 허용할 가능성이 생기기 때문에 보안에 관심이 있는 사람이라면 불안감을 느끼고 주의를 기울여야 한다.

AWS에서 서비스를 시작하면 IP 주소를 받는다. 퍼블릭 서브넷에서는 설정에 따라 AWS에서 관리하는 IP 주소 범위 내의 퍼블릭 IP 주소를 호스트에게 부여한다. IP 주소는 인스턴스의 ENI에 프라이빗 주소와 함께 할당된다.

서비스가 퍼블릭 서브넷에 위치한다고 해서 자동으로 인터넷에서 접근할 수 있는 것은 아니다. 인터넷에서 접근하려면 인터넷 게이트웨이에서 서비스 **호스트로** 라우팅이 있어야 한다.

프라이빗 서브넷

프라이빗 서브넷은 퍼블릭 서브넷의 반대 개념으로, 인터넷 게이트웨이에서 프라이빗 서브넷으로 가는 직접 경로가 없기 때문에 외부에서는 퍼블릭 서브넷을 통하지 않고서는 프라이빗 서브넷에 배치된 리소스에 직접 접근할 수 없다.

다른 네트워크와 논리적으로 격리된 네트워크에서 서비스를 실행하면 서비스가 공격자에게 침해를 당하더라도 애플리케이션 계층뿐만 아니라 네트워크 계층에서도 영향 범위를 통제할 수 있다.

최소 권한의 원칙을 준수한다면 퍼블릭 인터넷으로부터 반드시 접근이 필요한 경우를 제외한 모든 코드와 서비스를 프라이빗 서브넷에 배치해야 한다. 더 많은 서비스를 프라이빗 서브넷에 배치하는 것이 민감한 데이터를 처리하는 네트워크를 좀 더 안전하게 만드는 가장 좋은 방법이자 유일한 방법이다.

서브넷과 가용 영역

AWS에 마이크로서비스를 배포할 때 서비스를 실행할 서브넷을 선택하라는 요청을 거의 항상 받게 되는데, 나는 이를 서브네트워킹 문제라고 부른다. 서브네트워킹 문제는 AWS 람다와 쿠버네티스 파드에서도 발생한다. 보안 관점에서 서비스를 실행할 서브넷을 결정하려면 스스로에게 다음과 같은 2가지 질문을 던져봐야 한다.

- 퍼블릭 인터넷을 통해 접근이 필요한 서비스인가? 질문에 대한 답을 통해 서비스를 퍼블릭 서브넷에 배치할지, 프라이빗 서브넷에 배치할지를

결정할 수 있다.

- 어떤 가용 영역에 서비스를 배치할 것인가? 높은 가용성을 원한다면 여러 서비스를 서로 다른 가용 영역에 중복 배치하기로 결정할 수 있다.

대개 최대 가용성을 얻을 수 있는 가용 영역에 속한 서브넷을 선택하곤 한다.

그림 5-6은 2개의 질문에 대한 답변 예를 보여준다. 프라이빗 영역에만 있어야 하는 A라는 백엔드 서비스의 배치를 고려 중이라고 가정해보자. 서비스 A는 이미 가용 영역 1B에서 실행 중인 인스턴스를 갖고 있어 이번에는 가용 영역 1A에 배치하려 한다.

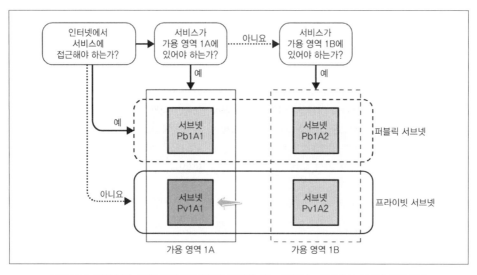

그림 5-6. 가용 영역 1A의 프라이빗 영역에 있어야 하는 서비스는 서브넷 Pv1A1에 배치 필요

서브넷 Pv1A1에 서비스를 배치한 것은 다음 두 조건을 충족하기 때문이다.

- 프라이빗 서브넷
- 가용 영역 1A에 위치

인터넷으로부터의 접근성 외에도 프라이빗 서브넷의 특정 시스템이 프라이빗

230

서브넷에서 연결을 시작해 인터넷에 접근할 수 있는지 여부는 서브넷에 게이트웨이가 연결됐는지에 따라 달라진다. NAT 게이트웨이를 설명하는 다음 절에서 관련 사례를 다룬다.

서브넷에서 인터넷 접근

인터넷 게이트웨이는 인터넷에서 AWS 사용자들의 서비스에 접근할 수 있게 해준다. 프라이빗 서브넷은 인터넷으로 라우팅할 수 없게 하는 것이 바람직하지만 프라이빗 서브넷 내의 많은 서비스는 외부 rest 엔드포인트를 호출하거나 일부 인터넷 경로에서 파일을 다운로드해야 하는 등 여러 가지 이유로 여전히 외부 리소스에 접근해야 할 필요가 있다. 퍼블릭 서브넷의 인스턴스는 아웃바운드 트래픽을 인터넷으로 직접 보낼 수 있지만 프라이빗 서브넷의 인스턴스는 보낼 수 없다. 대신 프라이빗 서브넷의 인스턴스는 퍼블릭 서브넷에 있는 NAT 게이트웨이를 사용해 인터넷에 접근할 수 있다.

 송신 전용 인터넷 게이트웨이는 IPv6 주소를 사용하는 서브넷의 NAT 게이트웨이와 거의 동일한 목적으로 사용할 수 있다.

NAT 게이트웨이 자신은 퍼블릭 서브넷에 위치하면서 프라이빗 서브넷에서 인터넷 게이트웨이를 거쳐 외부로 나가는 요청을 퍼블릭 인터넷으로 라우팅한다. NAT 게이트웨이를 통과할 요청은 프라이빗 서브넷에서 시작돼야 한다. NAT 게이트웨이는 디폴트로 상태 저장 연결을 유지하므로 요청 측이 프라이빗 서브넷 내부에 있더라도 나가는 요청이 있었으면 들어오는 응답을 자동으로 허용한다. 따라서 프라이빗 서브넷 내에서도 안전하게 아웃바운드 트래픽을 인터넷으로 보낼 수 있다. 물론 프라이빗 서브넷 내의 악의적인 행위자가 민감한 데이터를 손상시키거나 유출할 위험이 없다고는 볼 수 없지만 아웃바운드 트래픽만 허용하는 절충안은 완전한 격리와 인터넷 연결 전면 허용 간의 균형을 맞춰준

다. 그림 5-7은 아웃바운드 트래픽만 허용하는 절충안을 선택할 경우의 흐름을
보여준다.

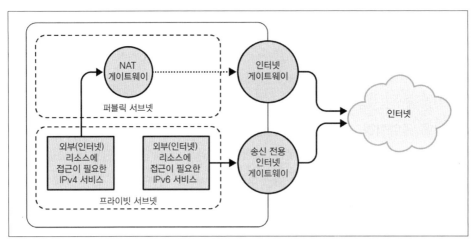

그림 5-7. 프라이빗 서브넷 내의 서비스를 퍼블릭 인터넷에 연결하려면 NAT 게이트웨이나
송신 전용 인터넷 게이트웨이가 필요하다.

 인터넷 연결이 반드시 필요한 서비스만 퍼블릭 인터넷으로 나갈 수 있는 연결이 존재
하는 프라이빗 서브넷 내부에 구성하도록 허용하는 것이 가장 좋은 방법이다.

퍼블릭 서브넷과 달리 프라이빗 서브넷은 공인 IP를 필요로 하지 않는다. 따라
서 서브넷 생성 시 설정한 CIDR 주소 범위 내의 사설 IP만 디폴트로 할당한다.
하지만 NAT 게이트웨이는 필요한 경우 탄력적 IP 주소(공인 퍼블릭 IP 주소)를 가질 수
있다. NAT 게이트웨이를 거쳐 인터넷으로 나가게끔 하면 VPC에서 나가는 모든
마이크로서비스의 패킷이 동일한 IP 주소를 갖게 되고 PCI-DSS 같은 특정 기준
에 부합하게 특정 IP에 한해 명시적으로 허용하는 정책을 적용할 수 있다.

NAT 게이트웨이는 완전 관리형 서비스기 때문에 가용성이나 대역폭 관련 문제
는 공동 책임 모델에 따라 AWS에서 처리하는 영역이므로 AWS 사용자가 걱정할
필요가 없다.

PCI(Payment Card Industry) 같은 일부 규제는 서비스형 소프트웨어(Saas) 공급자와 연결할 IP 주소를 특정 IP로 제한하는 것을 요구한다. 탄력적 IP를 NAT 게이트웨이에 연결하면 프라이빗 서브넷의 서비스가 SaaS 공급자를 호출할 때마다 동일한 출발지 IP를 사용한다.

VPC

서브넷도 다양한 서비스를 그룹화하는 좋은 방법을 제공하지만 VPC는 네트워크의 완전한 논리적 격리를 제공하는 또 다른 AWS 리소스다. VPC는 AWS 사용자 이익을 위해 인터넷 공간의 다른 영역과 분리해 격리한 클라우드의 작은 부분이다. AWS는 자체 프라이빗 인터넷 백본과 강력한 암호화를 통해 AWS 고객의 온프레미스 데이터 센터와 동일한 보안 이점을 제공하는 논리적으로 분리된 환경을 제공한다.

아마존 VPC를 사용하면 AWS 사용자가 정의한 가상 네트워크에서 AWS 리소스를 시작할 수 있다. 이러한 유형의 가상 네트워크는 자체 데이터 센터에서 운영하는 기존 네트워크와 매우 유사하지만 AWS의 확장 가능한 인프라를 활용한다는 이점이 있다. VPC는 자신이 사용할 공인 및 사설 IP 주소 모음을 가진다. 사용자는 자신이 생성한 VPC 내에 개별 서비스를 적절하게 격리함으로써 AWS에게 인프라의 격리를 위임한다.

 아마존 VPC는 상거래 사업자나 서비스 공급자의 신용카드 데이터 처리, 저장, 전송을 지원하며 PCI DSS(Payment Card Industry Data Security Standard) 데이터 보안 표준을 준수함을 검증받았다.

VPC 내에서의 라우팅

앞서 '서브넷 내에서의 라우팅' 절에서 라우팅 테이블과 라우팅의 개념을 이미 소개했으므로 이번에는 VPC에서 라우팅이 작동하는 방식까지 확대해서 설명하겠다. VPC 내에서의 라우팅은 모두 프라이빗 통신이다. 서비스가 동일한 VPC 내의 다른 서비스와 통신할 때마다 AWS는 생성된 네트워크 트래픽이 퍼블릭 인터넷으로 나가지 않고 AWS 프라이빗 네트워크 내에 머물게 한다.

VPC를 생성하면 자동으로 기본 라우팅 테이블^{main route table}을 하나 생성한다. 기본 라우팅 테이블은 다른 라우팅 테이블과 명시적으로 연결되지 않은 모든 서브넷의 라우팅을 제어한다. 들어오고 나가는 개별 데이터는 다음 목적지에 대한 지시를 받고자 라우팅 테이블을 참조한다. 데이터는 동일 서브넷의 리소스, 다른 서브넷의 리소스 또는 현재 VPC 외부의 리소스 등으로 전달될 수 있다. 사용자의 클라우드 서비스 대부분은 VPC 내부에 있다. 따라서 네트워크 통신을 제어하는 VPC 라우팅 테이블은 중요하다. VPC 외부의 서비스와 통신하려면 VPC 내에서 생성된 트래픽을 허용한 다음 올바른 목적지 주소로 전달(포워딩)하는 게이트웨이를 생성해야 한다.

네트워크 계층에서 마이크로세분화

마이크로서비스 세분화를 위한 한 가지 옵션은 운영, 스테이징, QA 등 사용자가 선택할 수 있는 환경에 따라 VPC를 구분해 시스템을 격리하는 것으로, 환경별로 서버를 별도 운영하던 전통적인 방식과 유사하다.

마이크로세분화를 사용하면 도메인과 경계 콘텍스트만 네트워크 파티션으로 분할된다. 즉, 동일 도메인 내에 있는 다수의 서비스는 동일한 네트워크 파티션에 위치한다.

온프레미스 시스템은 이러한 환경을 물리적으로 분리하기 때문에 지나치게 세분화한 환경을 관리하는 데 필요한 오버헤드가 높다. 그림 5-8은 애플리케이션을 도메인 주도 설계 환경에서 실행하지만 오직 실행 환경을 기반으로 서비스들을 분할한 구성을 보여준다.

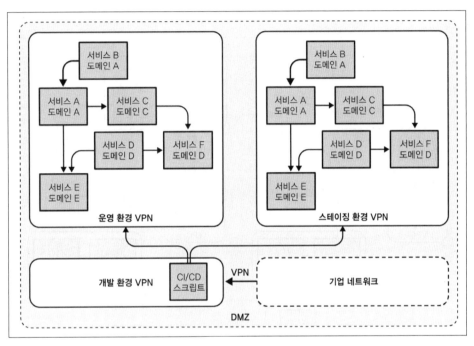

그림 5-8. 격리 환경별 마이크로서비스 접근을 위한 VPN 구성

어느 정도 세분화가 이뤄지긴 했으나 아직 마이크로세분화까지는 아니다. 구성한 네트워크 파티션은 서비스가 속한 비즈니스 도메인을 무시한다. 모든 서비스를 하나의 네트워크 파티션에 배치하는 단순함이 일부 AWS 고객, 특히 개인정보 보호 및 보안에 대한 요구 사항이 너무 높지 않은 고객을 유인할 수는 있겠지만 더 많은 고객을 위해 경계 콘텍스트 기반으로 시스템을 추가로 격리할 수 있다.

물리적 파티션을 관리하는 오버헤드가 클라우드 기반 시스템에서는 발생하지 않는다는 점을 고려하면 훨씬 적은 비용으로 세분화가 가능하다. 도메인 단위 세분화는 동일 네트워크 파티션 내에 있었다면 구현하기 매우 어려운 많은 예방 통제를 네트워크 계층에 배치할 수 있기 때문에 보안 관점에서 많은 이점을 갖고 있다. 그림 5-9는 마이크로서비스가 속한 비즈니스 도메인을 기반으로 마이크로세분화한 네트워크의 예를 보여준다.

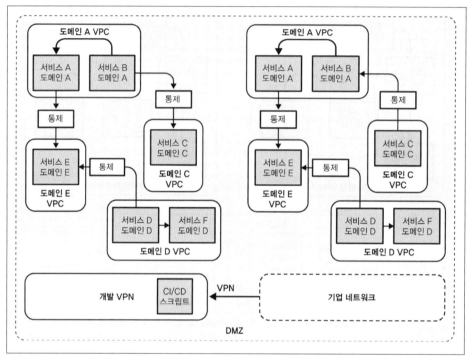

그림 5-9. 마이크로세분화한 VPC 환경은 경계 콘텍스트별로 VPC를 구성하고, VPC 사이에 통제 기능을 구성한 채로 VPC 간 통신을 허용한다.

 VPC 단위의 세분화는 부가적인 수준의 격리를 도입해 시스템에 보안 통제를 추가하는 데 유용하지만 비용이 발생한다. 세분화 설계 및 통신 패턴에 따라 VPC 간 트래픽에 관련한 비용이 발생할 수 있다. 도메인 설계를 잘못해 도메인 간 결합도가 높을 경우 VPC 간 트래픽 증가로 인해 높은 비용이 발생한다.

VPC 간 통신

VPC 내에서 서비스를 적절히 격리하더라도 다른 콘텍스트에 있는 서비스와 통신해야 할 필요가 발생한다. AWS는 규모에 맞게 VPC 기반 마이크로세분화를 대규모로 설정, 관리, 활용하는 데 필요한 3가지 도구를 제공한다.

VPC 피어링^{peering}

VPC 피어링peering

망형 토폴로지^{mesh topology}를 생성한다.

VPC Transit Gateway

성형 토폴로지^{star topology}를 생성한다.

VPC PrivateLink 및 VPC 엔드포인트

점대점^{point-to-point} 통신을 생성한다.

VPC 피어링

VPC 간 통신을 활성화하는 가장 간단한 방법은 VPC를 서로 직접 연결하는 VPC 피어링(https://oreil.ly/zJMXK) 연결을 생성하는 것이다. VPC 피어링을 활성화하면 VPC 간에 사설 IP 주소로 트래픽을 라우팅할 수 있고 다른 VPC에 있는 인스턴스와 동일 네트워크에 존재하는 것처럼 서로 통신할 수 있다. VPC 간의 통신은 개별 VPC의 라우팅 테이블에 의해 제어된다.

> VPC 피어링은 겹치는 IP나 CIDR 블록이 없는 VPC 간에만 연결할 수 있다. IP 주소가 겹치지 않는 한 자신의 VPC와 다른 AWS 계정의 VPC나 다른 AWS 리전의 VPC 간에 피어링 연결을 생성할 수 있다.

VPC 피어링을 생성하려면 가장 먼저 연결할 두 VPC를 정의해야 한다. 피어링할 2개의 VPC는 IP 주소가 겹쳐서는 안 되기 때문에 IP 범위를 잘 정의했는지를 특히 주의해야 한다. VPC를 정의했으면 피어링 연결을 시작할 수 있다. 피어링은 VPC 중 하나에서 시작할 수 있으며 피어링 대상 VPC에서 피어링 연결을 수락해야 한다.

그림 5-10은 피어링 연결을 생성하는 과정을 보여준다.

그림 5-10. IP 범위가 겹치지 않는 2개의 네트워크 간의 VPC 피어링

 VPC 피어링은 전이성 관계를 지원하지 않는다. 따라서 VPC A와 VPC B를 피어링하고 VPC B와 VPC C를 피어링하더라도 VPC A와 VPC C를 피어링하지 않는 한 VPC A의 서비스는 VPC C의 서비스와 자동으로 통신할 수 없다.

피어링 연결을 생성하고 나면 두 VPC 간에 연결이 맺어졌다고 가정할 수 있고 해당 연결은 서로 다른 도메인에 있는 서비스 간의 연결을 의미한다. 피어링 연결로 보내진 모든 데이터는 피어링된 VPC로 자동 전달된다. 즉, 한 VPC의 서비스가 다른 VPC의 서비스와 통신하려면 데이터 패킷을 피어링 연결로 라우팅하기만 하면 된다. 이러한 라우팅은 목적지 VPC에 속하는 IP를 인식하도록 VPC의 라우팅 테이블을 구성해 달성할 수 있다.

예를 들어 서로 다른 경계 콘텍스트 A와 B에 속한 2개의 마이크로서비스 A와 B가 있다고 가정해보자. A와 B는 2개의 다른 VPC(VPC A와 VPC B)로 마이크로세분화해 구성됐다. VPC 내의 로컬 인스턴스로 트래픽을 적절하게 라우팅하도록 두 VPC 모두에서 라우팅 테이블을 이미 구성하면 VPC B 내부에서 서비스 B를 목적지로 한 트래픽은 서비스 B로 올바르게 라우팅된다.

서로 다른 VPC에 있는 서비스 A와 서비스 B 간의 통신을 활성화하려고 한다고 가정해보면 우선 VPC A와 VPC B 간에 피어링 연결을 생성해야 한다. VPC A에서 VPC B에 속한 IP 주소를 목적지로 한 트래픽이 발생할 때마다 트래픽을 피어링 연결로 라우팅하게 라우팅 테이블 A를 구성해야 한다.

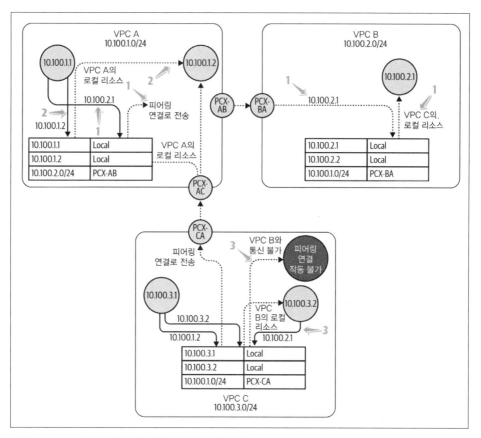

그림 5-11. VPC 피어링 연결 예. (1)은 피어링 연결을 사용해 서로 다른 2개의 VPC에 있는 인스턴스 간에 트래픽을 라우팅하는 방법을 보여준다. (2)는 동일 VPC에 있는 인스턴스 간 트래픽이 전달되는 방법을 보여준다. (3)은 VPC의 전이성 관계에 관한 VPC 피어링의 한계를 보여준다.

라우팅 테이블을 구성하면 피어링 연결은 트래픽을 VPC B로 전달한다. 그리고 앞서 언급한 것처럼 트래픽이 VPC B에 도달하면 올바른 목적지인 서비스 B로 라우팅된다. 그림 5-11은 VPC 피어링을 통한 VPC 간 통신 흐름을 보여준다.

VPC 피어링으로 모든 서비스 연결

VPC 피어링을 사용하면 '소프트웨어 정의 네트워크 파티션' 절에서 정의한 대로 마이크로세분화 프로세스의 '연결' 단계를 달성할 수 있다. 필수적으로 연결이 필요한 서로 다른 VPC에 위치한 서비스 간의 통신을 쉽게 활성화할 수 있다는 것을 알게 되면 마이크로세분화의 격리 단계에서 더 적극적인 격리가 가능하다. 그간 접했던 마이크로세분화를 적용한 조직들은 여러 개의 VPC 피어링 연결을 갖고 있었다. 그림 5-12는 서비스를 실행하는 환경을 기반으로 조직을 분할할 수 있는 여러 방법 중 하나이며, VPC를 비즈니스 용도 단위로 분할해 서로 참조할 수 있는 아키텍처를 달성한다.

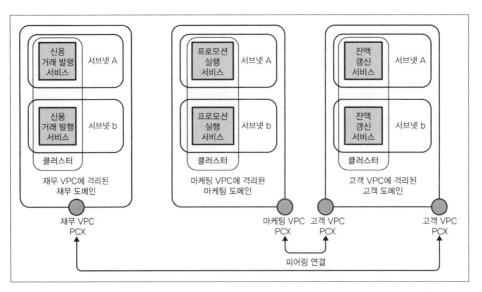

그림 5-12. 고객 VPC PCX와 마케팅 VPC PCX 간의 피어링 연결을 통해 마케팅 도메인과 고객 도메인을 연결하는, 피어링 연결이 있는 일반적인 구조의 VPC

마이크로세분화 프로세스의 '연결' 단계를 달성하기 위한 전략으로 VPC 피어링을 선택하면 2가지 중요한 장애에 직면한다.

- 연결하려는 VPC와 중복된 IP를 가질 수 없기 때문에 IP 범위를 전략적으로 설계해야 한다. 매우 넓은 VPC를 IP 범위가 중복되는 다른 VPC와 피어링하려고 하면 문제가 발생할 수 있다.

- 전이성 피어링 관계를 지원하지 않기 때문에 많은 피어링 연결을 생성할 수밖에 없다. 5개의 VPC를 갖고 있다면 각각의 VPC를 다른 모든 VPC와 연결해야 하는 경우 10개의 피어링 연결을 만들어야 하고, 100개의 VPC가 있는 경우 4,950개의 피어링 연결을 생성해야 한다. 이러한 복잡한 피어링 구조는 라우팅 테이블 설계의 복잡성을 초래한다.

VPC 피어링 사용 시 얻을 수 있는 보안 이점 대비 단점

VPC 피어링 연결을 설정하는 데 추가 비용은 없다. 따라서 피어링 설정과 관련한 고정된 시간당 비용은 발생하지 않는다. 하지만 피어링 연결 간에 전송되는 데이터에 관한 비용은 발생한다. 피어링 연결을 사용하는 도메인 간 통신이 많은 경우 네트워크 분리로 얻을 수 있는 보안 이점 대비 발생 비용을 신중하게 예측하고 평가해야 한다. 또한 피어링 연결 대상이 다른 리전에 있는 경우 리전 간 데이터 전송 비용이 추가로 발생한다.

더군다나 서로 통신하는 서비스가 많을 경우 피어링 연결 수를 관리하기 어려워지고 네트워크 구조가 복잡해지는 문제도 발생한다.

AWS Transit Gateway

이미 언급한 것처럼 여러 경계 콘텍스트에 걸쳐 있는 상호 연결된 서비스가 너무 많으면 트래픽을 전이적으로 라우팅할 수 없는 피어링 연결의 특성으로 인해 복잡성이 기하급수적으로 증가한다. 이러한 상황에서 AWS는 마이크로세분화 프로세스의 '연결' 단계를 달성하고자 AWS Transit Gateway를 사용할 것을 권장한다.

Transit Gateway는 AWS에서 제공하는 완전 관리형이자 높은 가용성을 가진 게이트웨이 서비스로, 여러 VPC에 연결할 수 있다. Transit Gateway는 자체 라우팅 테이블을 갖고 있어, Transit Gateway에 연결된 VPC에 속해 있는 IP 주소를 목적지로 한 트래픽이 Transit Gateway에 도달할 때마다 라우팅 테이블은 트래픽을 적절한 VPC 연결^{attachment}로 라우팅할 수 있다.

예를 들어 서로 다른 VPC에 있는 서비스 A와 B가 서로 통신해야 하는 경우 동일한 Transit Gateway에 연결함으로써 통신할 수 있다. 서비스 A가 서비스 B에 패킷을 보낼 때마다 VPC A 내부의 라우팅 테이블은 트래픽을 Transit Gateway로 라우팅한다. Transit Gateway는 이 트래픽을 수신하고 자체 라우팅 테이블에서 라우팅 경로를 조회한 다음 트래픽을 VPC B로 라우팅한다. 따라서 여러 VPC와 통신이 필요한 서비스들은 하나의 Transit Gateway와 잘 구성된 라우팅 테이블을 사용해 서로 통신할 수 있다. 중앙 집중형 서비스인 Transit Gateway가 VPC 간 교차 트래픽 라우팅을 담당하기 때문에 새로운 보안 관련 규칙을 추가하는 것이 수월하다.

 앞서 언급한 것처럼 Transit Gateway는 완전 관리형 서비스로, 시간당 요금을 부과하는 유료 서비스이기 때문에 AWS는 가용성을 높이고자 AWS 사용자가 여러 개의 Transit Gateway를 배치해 중복 운영할 것이라 기대하지 않는다. Transit Gateway를 여러 개 운영한다고 해서 시스템이 더 빨라지거나 가용성이 높아지는 것은 아니다.

그림 5-13은 라우팅 테이블을 참조해 Transit Gateway에서 트래픽을 라우팅하는 방법을 보여준다.

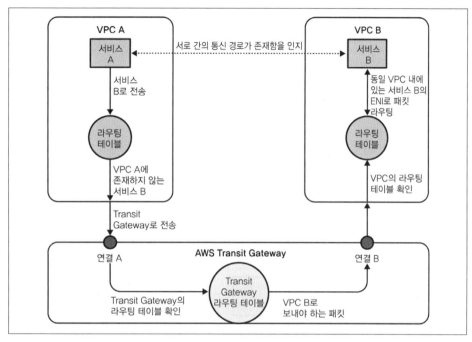

그림 5-13. Transit Gateway는 자체 라우팅 테이블로 VPC 간 통신 규칙을 적용할 수 있으며, 이를 적절히 사용하면 네트워크를 세분화해 관리할 수 있다.

VPC 피어링이 VPC를 직접 연결하는 반면에 Transit Gateway는 시간에 민감한 일부 애플리케이션에서 추가 지연을 발생시킬 수 있는 부가적인 경로의 한 부분(hop)을 포함한다.

 AWS Transit Gateway는 CIDR이 겹치는 VPC 간의 라우팅을 지원하지 않는다. 이미 연결된 VPC와 CIDR이 겹치는 새로운 VPC를 연결하는 경우 Transit Gateway는 새로운 VPC 경로를 Transit Gateway 라우팅 테이블로 전파하지 않는다.

AWS Transit Gateway로 모든 서비스 연결

VPC 피어링과 마찬가지로 Transit Gateway를 사용하면 마이크로세분화 프로세스의 '연결' 단계를 달성할 수 있다. 개별 VPC 지점 간에 연결이 이뤄지는 VPC

피어링과 달리 Transit Gateway는 허브 앤 스포크 모델^{hub-and-spoke model}을 사용해 서로 다른 VPC를 연결한다. 허브 앤 스포크 모델에서 Transit Gateway는 허브이고 개별 VPC 연결^{attachment}는 스포크에 해당한다.

Transit Gateway를 사용하면 VPC 단위로 마이크로세분화한 도메인을 통제된 방식으로 연결할 수 있다. 그림 5-14는 Transit Gateway가 모든 서비스의 중앙 집중형 라우팅 허브 역할을 하는 방법을 보여준다.

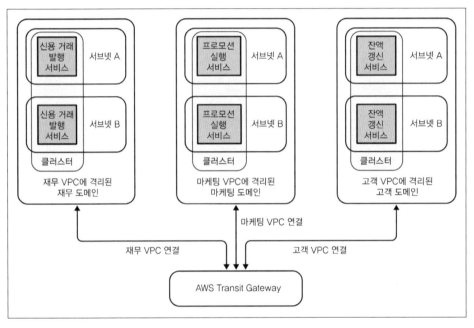

그림 5-14. Transit Gateway로 서로 연결한 다양한 계정 및 VPC. 업무적으로 필요한 도메인/콘텍스트 간 통신만 허용하도록 Transit Gateway에 라우팅 테이블을 구성해 보안 제어를 구현할 수 있다.

조직 내의 도메인(VPC 단위로 분할한 경우 VPC)의 수가 증가함에 따라 Transit Gateway가 어떻게 확장되는지 파악하는 것은 쉽다. 5개의 VPC로 마이크로세분화한 5개의 도메인이 있는 경우 통제 지점을 구성하면서 도메인 간 통신을 활성화하려면 단일 Transit Gateway가 필요하다. 개별 도메인 기반 VPC 각각을 동일한 Transit Gateway에 연결할 수 있으며 비인가 통신을 차단하면서 올바른 통신 패턴을 활성화하도록 라우팅 경로를 구성할 수 있다. 새로운 VPC를 추가로 연결해야 하는 경우에도 동일한 Transit Gateway를 사용해 해당 VPC를 연결할 수 있다. 따라서 단일 Transit Gateway만으로도 추가 연결 요구 사항을 지속적으로 처리하면서 확장해 나갈 수 있다.

마이크로서비스가 도메인별 VPC 내에 격리돼 있는 한 정당한 통신 패턴을 위해 필요한 연결은 허용하면서 도메인 수준 격리 효과를 얻을 수 있는 네트워크 토폴로지를 구성할 수 있다. 누가 어떤 상황에서 서로 통신할 수 있는지는 Transit Gateway에 달려있다.

Transit Gateway 사용 시 비용과 복잡성

VPC 피어링과 달리 Transit Gateway 설정은 무료가 아니다. Transit Gateway는 VPC와의 연결이나 트래픽 수신 여부와는 무관한 고정된 시간당 요금이 있고 고정 비용 외에도 네트워크 연결^{attachment}당 지불해야 하는 요금이 있다. 따라서 많은 VPC가 서로 통신하는 복잡한 네트워크 구성을 가진 경우 개별 연결은 발생 비용 대비 이점이 있는지를 평가해야 하는 추가 비용을 발생시킨다. 비용 관점에서 마지막으로 고려해야 할 요소는 Transit Gateway를 거쳐 전송되는 데이터양에 비례해 요금이 발생한다는 것이다. 2개의 고정 비용을 감안할 때 Transit Gateway는 VPC 피어링 사용과는 다르게 접근해야 한다.

복잡성 관점에서 Transit Gateway는 VPC 피어링보다 훨씬 더 간단한 구성이 가능하다. VPC 간 상호 연결에 관한 규칙을 VPC의 라우팅 테이블에 분산하지 않고 Transit Gateway에 중앙 집중화함으로써 VPC 피어링 대비 복잡성 관점에서 얻을 수 있는 이점이 분명히 있다.

VPC 엔드포인트

Transit Gateway가 VPC를 허브 앤 스포크 패턴으로 연결하는 훌륭한 방법을 제공하지만 VPC 엔드포인트는 VPC 간 통신을 허용하는 다른 방법을 제공한다. VPC 엔드포인트는 서비스 공급자-서비스 소비자 패턴이 명확히 있는 곳에서 사용되며, 서비스 소비자는 VPC 엔드포인트를 통해 다른 VPC에서 호스팅되는 서비스를 소비할 수 있다.

VPC 엔드포인트는 VPC 외부에 있는 특정 서비스와 데이터를 주고받는 안전한 방법이다.

- 아마존 DynamoDB나 S3처럼 VPC 엔드포인트를 지원하는 서비스들은 엔드포인트를 게이트웨이 유형으로 추가할 수 있다. 이러한 게이트웨이는 AWS 관리형 접두사 목록을 사용해 라우팅 테이블에 추가할 수 있다.

- 엔드포인트는 다른 서비스와 마찬가지로 VPC 내부에 ENI 형태로 추가할 수 있다. 이러한 엔드포인트는 할당된 IP 주소를 사용하거나 때로는 DNS 호스트 이름을 사용해 라우팅 테이블에 추가할 수 있다.

VPC 엔드포인트로 서비스 공급자를 VPC에 추가하는 즉시 해당 공급자를 네트워크의 일부인 것처럼 처리한다. VPC 내의 다른 로컬 서비스와 마찬가지로 서비스 주변에 보안 그룹security group을 추가하고 라우팅 테이블에 서비스 공급자를 포함할 수 있는 등 VPC 엔드포인트는 훌륭한 수준의 추상화를 제공한다. VPC 엔드포인트는 VPC에서 서비스 공급자의 VPC로 갈 수 있는 채널을 생성한다. AWS 공동 책임 모델에 따라 AWS는 안전하고 암호화한 방식으로 데이터를 VPC 엔드포인트에서 다른 VPC나 다른 AWS 계정에 있는 서비스 공급자에게 전달함을 보장하고 패킷을 퍼블릭 인터넷에 노출하지 않음으로써 통신 채널을 보호한다.

인터페이스나 게이트웨이 유형의 엔드포인트에서 VPC 내의 서비스와 연결을 먼저 시작할 수는 없기 때문에 VPC 엔드포인트를 프라이빗 네트워크에 추가하는 것은 보안에 큰 영향을 미치지 않는다.

게이트웨이 VPC 엔드포인트

게이트웨이 VPC 엔드포인트는 AWS 관리형 서비스에 대한 엔드포인트를 생성하는 데 사용한다. 이 책을 쓰는 시점에 게이트웨이 엔드포인트를 지원하는 서비스는 DynamoDB와 S3 2개뿐이다. DynamoDB와 S3는 VPC 외부에 존재하는 서비스로, 해당 서비스에 접근하려면 호출 측 서비스가 자신의 VPC를 벗어나야 할 수도 있다.

 S3와 DynamoDB 모두 TLS 암호화 엔드포인트를 사용한 접근을 허용하지만 퍼블릭 인터넷을 통해 연결이 이뤄진다는 사실을 불안해하는 일부 조직은 VPC 엔드포인트를 더 선호한다.

애플리케이션의 특정 서비스가 이러한 외부 서비스에 접근해야 하는 경우 통신 범위를 폐쇄된 프라이빗 환경 내로 제한할 수 없게 돼 오직 1개의 서비스에 접근이 필요함에도 퍼블릭 리소스와 연결 지점이 필요한 서비스를 포함하는, 바람직하지 않은 보안 설계를 초래한다. 서브넷에 관한 앞서의 설명을 기억한다면 퍼블릭 리소스에 접근이 필요한 서비스가 하나라도 있는 경우 NAT 게이트웨이로 향하는 라우팅 경로가 있어야 한다. 물론 악의적인 인/아웃바운드 트래픽을 차단하고자 다른 서비스에 접근하는 개별 트래픽을 차단하고 타이트한 규칙을 적용한 방화벽을 구현할 수 있지만 AWS는 게이트웨이 VPC 엔드포인트 형태의 더 나은 옵션을 제공한다. 게이트웨이 VPC 엔드포인트는 게이트웨이 형태로 VPC에 존재하기 때문에 라우팅 테이블 항목으로 추가할 수 있어 라우팅 설정이 매우 편리하다. 프라이빗 영역 내에서 실행 중인 서비스가 있는 경우 게이트웨이 VPC 엔드포인트를 네트워크에 추가할 수 있다.

이전에 언급한 것처럼 라우팅 테이블은 관리형 접두사 목록에서 접두사를 사용해 대상 서비스(예: DynamoDB, S3)를 참조할 수 있다. 접두사는 참조하려는 리전 내 서비스의 IP를 식별하고 있어 접두사를 사용해 VPC 라우팅 테이블에 대상 destination으로 추가할 수 있다.

접두사의 다음 홉hop을 사용자가 생성한 게이트웨이 VPC 엔드포인트로 설정할 수 있다. 애플리케이션이 이러한 관리형 서비스에 패킷을 보내려고 할 때마다 라우팅 테이블은 접두사 항목을 사용해 대상을 조회하고 게이트웨이 엔드포인트로 패킷을 전달한다. 그런 다음 AWS는 이 패킷을 (아마존 네트워크를 벗어나지 않는 형태로) 게이트웨이 엔드포인트에서 의도한 목적지인 관리형 서비스로 전송한다.

그림 5-15는 애플리케이션이 게이트웨이 VPC 엔드포인트를 사용해 AWS 관리형 서비스로 패킷을 보내는 방법을 보여준다.

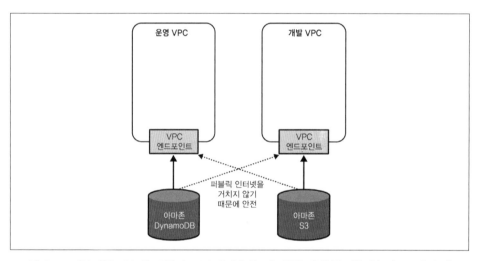

그림 5-15. 게이트웨이 VPC 엔드포인트는 VPC 경계에 있으며 라우팅 테이블의 다음 홉(hop)으로 추가 가능

VPC 엔드포인트가 패킷을 수신하면 AWS는 공동 책임 모델에 따라 패킷을 목적지 서비스로 전송할 책임을 맡는다. VPC 엔드포인트와 서비스 간의 통신은 AWS 네트워크 내부에서 이뤄지기 때문에 애플리케이션 관점에서는 안전한 것으로 간주할 수 있다. 따라서 관리형 AWS 서비스에 접근해야 하는 서비스는 AWS 네트워크에 머물러 있으면서 관리형 AWS 서비스에 대한 완전한 연결을 유지할 수 있다.

인터페이스 VPC 엔드포인트/VPC 엔드포인트 서비스(PrivateLink)

게이트웨이 VPC 엔드포인트는 인터페이스 VPC 엔드포인트를 사용하는 사용자 제공 서비스를 포함해 더 광범위한 서비스로 확장할 수 있다는 이점을 가진다. 인터페이스 VPC 엔드포인트는 연결 대상 서비스와의 연결을 위한 게이트웨이 대신에 사용자 네트워크 내부에 ENI를 생성한다. VPC 내에 인터페이스 엔드포인트를 가진 목적지 서비스로 패킷을 보내려면 라우팅 테이블에 인터페이스 엔드포인트 경로를 추가해야 한다. 라우팅 테이블의 다음 홉은 새로 추가된 ENI이고 대상은 통신하려는 서비스다. ENI로 전달한 트래픽은 공동 책임 모델에 따라 AWS에 의해 대상 서비스로 전송된다. ENI는 다른 백엔드 서비스를 호스팅하는 네트워크 내에 있기 때문에 패킷은 최종 목적지에 도달하고자 퍼블릭 인터넷을 통과하지 않는다. 인터페이스 엔드포인트는 사용자의 원격 서비스를 위해 생성된 ENI이기 때문에 부가적인 보호 수단 적용을 위해 보안 그룹을 추가함으로써 훨씬 더 세부적으로 통제할 수 있다. 이에 대해서는 향후 '보안 그룹' 절에서 자세히 설명한다.

컨테이너화한 개발 환경에서는 인터페이스 VPC 엔드포인트를 사용해 쿠버네티스를 실행하는 VPC와 아마존 ECR을 연결하는 것이 좋다. 이는 파드가 퍼블릭 인터넷 연결이 없는 프라이빗 서브넷 내에서 실행되는 경우에 특히 유용하다.

그림 5-16은 분석 도메인의 네트워크 로드밸런서^{NLB, Network Load Balancer}가 마케팅 도메인 내부에 인터페이스 엔드포인트를 생성해 VPC와 PrivateLink 연결을 하는 예를 보여준다. 그림 5-16에서 분석 도메인의 네트워크 로드밸런서는 마케팅 도메인 VPC 내의 여러 서브넷에서 로컬 ENI인 것처럼 작동한다. 그 시점부터 사용자의 책임은 로컬 ENI로 데이터를 보내는 것뿐이다. AWS는 모든 데이터를 엔드포인트에서 분석 VPC 내의 원하는 목적지로 전달하는 역할을 함으로써 사용자가 네트워크 간 연결을 설계하는 수고를 덜어준다.

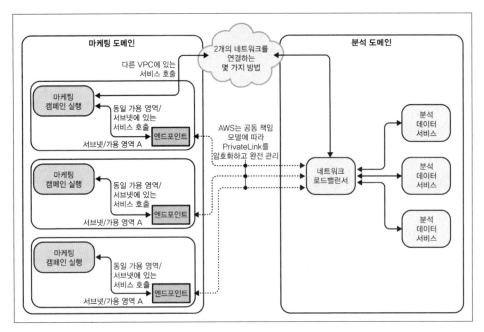

그림 5-16. VPC 엔드포인트를 사용한 서비스 공급자와 소비자 설정

VPC 내에 엔드포인트를 생성하면 서비스를 사용자 네트워크의 정식 구성원으로 취급할 수 있으므로 마이크로서비스의 데이터 전송 비용을 상당히 줄일 수 있다. 그림 5-17은 AWS 관리 콘솔에서 VPC 엔드포인트를 생성하는 프로세스를 보여준다.

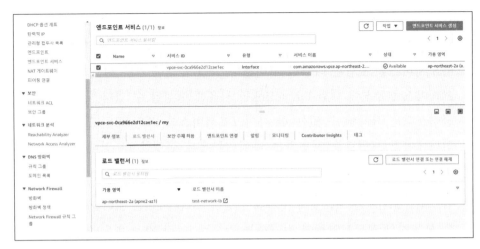

그림 5-17. AWS 관리 콘솔에서 VPC 엔드포인트 생성

내부적으로 VPC 엔드포인트는 AWS PrivateLink에 의해 활성화된다. PrivateLink를 사용하면 네트워크 패킷을 퍼블릭 인터넷에 노출하지 않으면서 공급자와 서비스 엔드포인트 사이에 안전한 터널을 생성할 수 있으므로 서비스 엔드포인트가 사용자 VPC와 같은 위치에 배치된 듯한 착각을 불러일으킨다.

PrivateLink는 다이렉트 커넥트^{Direct Connect}나 VPN과 함께 작동해 온프레미스 서비스를 나머지 클라우드 인프라와 연결함으로써 모든 온프레미스 애플리케이션과 연결할 엔드포인트를 생성할 수 있게 한다. 이는 9장에서 상세히 설명한다.

 VPC와 서드파티 SaaS 공급자 네트워크를 연결할 때 전송 보안에 대한 우려 없이 SaaS 공급자와 연결하고자 PrivateLink를 사용하는 경우도 있다.

VPC 엔드포인트 서비스는 경계 콘텍스트 단위로, 조직별 여러 AWS 계정에 분산돼 있을 수도 있는데, 이러한 계정들은 서비스 제어 정책^{SCP, Service Control Policy}을 사용해 통제할 수 있다.

서비스 공급자 측면

VPC 인터페이스 엔드포인트는 람다, ECS 또는 네트워크 로드밸런서 하단의 EKS 서비스를 포함한 다양한 서비스나 지원 가능한 기타 서드파티 또는 온프레미스 솔루션에 대한 PrivateLink를 사용해 생성될 수 있다. 로드밸런서가 클러스터를 격리할 수 있는 한 마이크로서비스를 ECS, EKS 또는 기타 VPC 인터페이스 포인트를 지원하는 아키텍처에서 실행할 수 있다.

서비스 소비자 측면

VPC 엔드포인트를 서브넷에 추가해야 한다. 모범 사례는 여러 가용 영역(서브넷)을 사용해서 엔드포인트에 접근하는 것으로, 여러 가용 영역을 사용함으로써 외부 연결에 관한 높은 가용성을 확보할 수 있다. 하지만 추가 VPC 엔드포인트마다 요금이 발생할 수 있기 때문에 생성하는 중복 엔드포인트 수를 제한할 필요가 있다.

AWS는 VPC 피어링과 달리 서브넷의 네트워크 ACL(NACL) 및 라우팅 테이블이 경로를 허용할 경우 VPC 엔드포인트의 전이적 라우팅을 지원한다.

Transit Gateway와 유사하게 VPC 엔드포인트를 사용하면 보안 통제를 손상시키지 않으면서 마이크로서비스 네트워크를 생성할 수 있다. 하지만 Transit Gateway와 달리 VPC 엔드포인트를 사용하면 P2P 연결을 생성하고 완전한 통제를 유지하면서 누가 어떤 마이크로서비스와 대화할 수 있는지에 대해 좀 더 세분화된 통제를 할 수 있다.

VPC 엔드포인트로 모든 서비스 연결

모든 서비스를 VPC 엔드포인트로 연결하려면 다음 작업을 수행해야 한다.

- 모든 소비자 마이크로서비스를 나열

- 모든 서비스 공급자를 나열

- VPC 내부의 서비스에서 접근할 필요가 있는 모든 관리형 서비스를 나열

그림 5-18은 서비스를 배치하고 연결을 기다리는 도메인 주도 설계의 예를 보여준다.

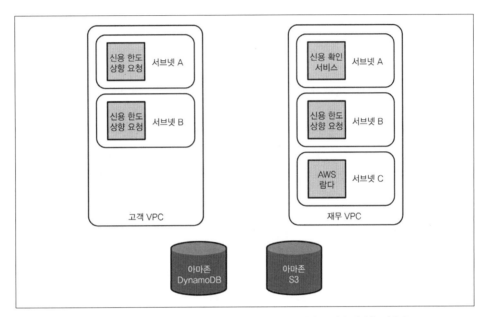

그림 5-18. PrivateLink와 VPC 엔드포인트로 서비스 공급자와 소비자 패턴을 점대점으로 구현하기 위한 준비 작업(서비스 배치)

서비스를 나열하고 나면 허용해야 할 통신 패턴에 따라 연결 프로세스를 시작할 수 있다.

1. 서비스 공급자 네트워크에 EKS, ECS 또는 EC2 인스턴스 연결을 지원하는 네트워크 로드밸런서를 생성한다(AWS 람다는 네트워크 로드밸런서를 거치지 않고 VPC 엔드포인트와 직접 통신).

2. 소비자 마이크로서비스의 VPC 내에 서비스 공급자의 네트워크 로드밸런서와 연결할 교차 계정 VPC 엔드포인트를 생성한다.

3. AWS 람다 서비스, AWS 관리형 서비스, 기타 네트워크 로드밸런서 하단의 서비스 접속을 위한 VPC 인터페이스 엔드포인트를 생성한다. 높은 가용성을 유지하려면 엔드포인트를 여러 서브넷에 추가할 필요가 있다.

4. 아마존 S3 및 DynamoDB를 지원하는 서비스를 위한 게이트웨이 엔드포인트를 생성한다.

5. 대상 서비스와 직접 통신하지 않고 엔드포인트를 거쳐 통신하도록 소비자 VPC 내의 서비스와 라우팅 테이블을 업데이트한다.

앞에서 설명한 연결 프로세스를 그림으로 표현하면 그림 5-19와 같다.

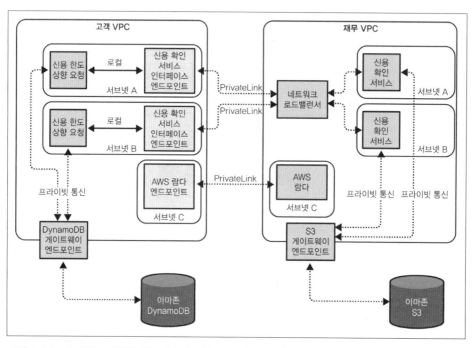

그림 5-19. 서로 다른 도메인에 있는 서비스는 PrivateLink와 VPC 엔드포인트를 사용해 점대점 방식의 통신 가능

서비스 공급자가 서비스 소비자의 VPC에 엔드포인트를 갖게 되면 서비스 간에 발생하는 모든 통신이 안전하다는 것을 보장할 수 있다. 서비스 소비자는 VPC 경계 외부의 리소스와 직접 통신할 필요가 없기 때문에 네트워크를 격리함으로

254

써 안전한 인프라를 구성할 수 있게 된다.

VPC 인터페이스 엔드포인트 사용 시 비용과 복잡성

인터페이스 엔드포인트는 VPC 외부의 단일 서비스와 연결하기 때문에 연결 서비스 수가 늘어날수록 관련 비용이 증가한다. VPC 인터페이스 엔드포인트의 요금 구조는 Transit Gateway와 조금 다르다. 우선 엔드포인트/서브넷당 요금이 발생한다. 따라서 높은 가용성 확보 차원에서 동일한 서비스와 연결하고자 여러 서브넷에 엔드포인트를 생성하면 요금이 중복 발생한다. 이러한 개별 엔드포인트에 대한 고정 요금을 지불해야 하기 때문에 비용은 더 높아질 수 있다. 엔드포인트 유지 요금 외에도 엔드포인트를 통해 전송하는 데이터의 기가바이트당 비용을 지불해야 한다.

복잡성 관점에서 보면 서비스가 적을수록 관리하기 쉽다. VPC 내의 모든 서비스를 VPC 인터페이스 엔드포인트로 완전히 포함할 수 있다면 경계를 강화하는 것이 더 쉬워진다.

VPC 간 통신 요약

VPC를 사용해 마이크로서비스를 격리하고 적절히 분할된 아키텍처를 구성한 이후에는 지금까지 설명한 3가지 방법으로 정당한 목적을 가진 통신만 제한적으로 허용해야 한다. 이러한 VPC 간 통신 방법들은 고유한 장단점이 있으며 어떤 것이 가장 효과적인지를 선택하는 것은 결국 사용하려는 조직의 몫이다. 3가지 접근법을 요약해보면 표 5-1과 같다.

표 5-1. VPC 피어링, Transit Gateway, VPC 엔드포인트/PrivateLink 비교

	VPC 피어링	Transit Gateway	VPC 엔드포인트/PrivateLink
네트워크 토폴로지	여러 경계 콘텍스트를 서로 연결한 망형 네트워크 구조다.	중앙 라우터를 사용해 다양한 경계 콘텍스트를 연결한 허브 앤 스포크 네트워크 구조다.	콘텍스트를 연결하는 대신 특정 지점을 통해 목적지 콘텍스트와 통신할 수 있도록 세부적으로 구성한 마이크로서비스의 점대점 네트워크 구조다.
비용	피어링 연결 생성에는 요금이 발생하지 않지만 피어링 연결을 통해 전송한 데이터에 요금을 부과한다.	시간당 Transit Gateway 연결 수와 Transit Gateway를 통과한 트래픽의 양을 기준으로 요금을 부과한다.	서비스와의 연결 상태에 관계없이 각 가용 영역에서 VPC 엔드포인트가 프로비저닝된 상태를 유지하는 시간 단위로 요금을 부과한다.
마이크로서비스의 독립성	중복 IP를 가질 수 없기 때문에 콘텍스트 간 서로 다른 네트워크를 설계하는 과정에서 충족해야 하는 상당한 의존성과 네트워크를 변경할 수 없음으로 인해 발생하는 간접 비용이 발생한다.	CIDR 블록이 겹치는 네트워크를 연결할 수 없다는 점에서 VPC 피어링과 유사하다. Transit Gateway 역시 네트워크 연결 후에는 IP 중복 이슈가 발생할 수 있어 네트워크 설계를 변경할 수 없다.	개별 서비스 단위로 네트워크에 독립적으로 노출되기 때문에 서비스 공급자와 서비스 소비자는 겹치는 CIDR 블록을 가질 수 있다.
지연시간	추가 지연시간이 없다.	Transit Gateway는 VPC 간 통신을 위한 부가적인 홉(hop)이기 때문에 패킷 이동 시 약간의 지연이 발생한다.	추가 지연시간이 없다.
사용 사례	서비스 콘텍스트가 서로 통신할 수 있는 명확한 규칙이 정의돼 있을 때 가장 많이 사용한다.	패킷의 전이적 라우팅이 많을 때 가장 많이 사용한다.	서비스 공급자와 소비자 유형의 관계가 많은 경우에 가장 널리 사용한다.

(이어짐)

256

	VPC 피어링	Transit Gateway	VPC 엔드포인트/ PrivateLink
요약	추가 비용이 없고 구현이 쉽다. 하지만 전이적 연결을 지원하지 않아 콘텍스트 간 호출이 많은 경우 구조가 복잡해진다.	무료가 아니다. 애플리케이션이 성형 통신 패턴이라면 전이적 연결을 사용해 패턴을 더 간단하게 구현할 수 있지만 보안 통제를 세밀하게 구현하기 어렵다.	외부 서비스가 로컬 네트워크 인터페이스로 나타나기 때문에 서비스 간 통신 구조가 단순하다. 하지만 아키텍처 내의 모든 연결을 엔드포인트 기반으로 구성하는 것은 어렵다.

클라우드 환경의 방화벽

방화벽은 클라우드 컴퓨팅보다 앞서 등장한 개념이다. 방화벽은 컴퓨터 네트워크와 함께 존재해왔고 운영의 편리성 때문에 오늘날에도 여전히 널리 사용되고 있다. 방화벽의 주된 업무는 패킷을 허용할지 거부할지를 결정하는 것이다.

방화벽의 유형을 대략적으로 구분해보면 크게 2가지로 나눌 수 있다.

디폴트 허용

명시적으로 차단하지 않는 한 트래픽을 신뢰할 수 있다고 가정하는 유형으로, 명시적 거부 규칙에 의존해 트래픽을 차단하기 때문에 거부 규칙이 없으면 트래픽이 목적지에 도달하도록 허용한다.

디폴트 차단

명시적으로 트래픽을 신뢰하는 정책이 필요한 유형으로, 명시적 허용 규칙을 추가하지 않는 한 트래픽을 자동으로 모두 차단한다.

방화벽의 개념은 클라우드에서보다 확장될 수 있다. 개별 운영체제는 자체 방화벽을 갖고 있지만 클라우드 수준에서 방화벽과 유사한 기능을 제공하는 서비스가 필요하다.

아마존은 네트워크 수준에서 방화벽의 트래픽 통제 효과를 얻을 수 있는 2가지 주요 도구를 제공한다. 물론 개별 시스템에 iptables 같은 호스트 기반 방화벽을 구현해 사용하는 것도 가능하지만 인스턴스 내부가 아닌 클라우드 수준의 방화벽을 사용하는 것이 더 바람직한 접근 방법이다.

보안 그룹

네트워크 인터페이스에서 작동하는 디폴트 차단 유형의 방화벽 규칙이다.

네트워크 ACL NACL, Network ACL

서브넷에서 작동하는 디폴트 허용 유형의 방화벽 규칙이다.

보안 그룹

보안 그룹은 기존 네트워크 방화벽과 유사하며 네트워크 인터페이스에 적용할 수 있는 간단한 규칙 모음이다. 보안 그룹 규칙은 개별 인바운드 패킷을 평가하고 규칙을 동시에 모두 평가한다. 보안 그룹의 규칙 중 하나가 인바운드 패킷에 적용되는 경우 보안 그룹은 패킷을 인스턴스로 보낼 수 있도록 허용한다. 보안 그룹은 허용 규칙만 설정 가능하기 때문에 패킷을 명시적으로 거부할 수 없다.

보안 그룹을 ENI 수준에서 작동하는 유연한 개체로 생각하면 이해하기 쉽다. 따라서 클라우드 인스턴스에서 ENI를 제거하고 다른 인스턴스에 적용하면 보안 그룹은 ENI를 연결한 새로운 인스턴스에 적용된다. 보안 그룹은 ENI를 가진 모든 서비스에 추가 가능하기 때문에 람다, 로드밸런서, RDS, EC2뿐만 아니라 VPC 엔드포인트에도 보안 그룹을 연결할 수 있다.

가장 단순한 형태의 보안 그룹은 인바운드나 아운바운드 규칙에 IP, 포트, 프로토콜(TCP/UDP)을 포함한다. 따라서 람다, RDS 클러스터, EC2 인스턴스, EKS 클러스터가 ENI에 연결된 서비스와 통신할 수 있는 IP 범위와 포트를 결정한다. 통신을 허용하는 규칙을 설정하지 않으면 보안 그룹은 디폴트로 모든 요청(인바운드 및 아운바운드 포함)을 거부한다. 그림 5-20은 AWS 관리 콘솔에서 생성한 보안 그룹의 예를 보여준다.

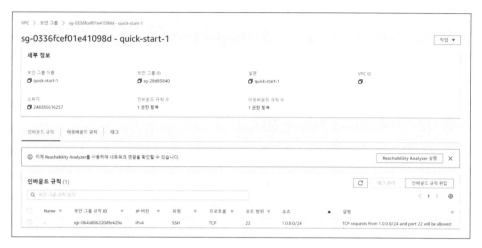

그림 5-20. 1.0.0.0/24를 출발지로 하는 TCP 요청만 허용

EKS를 사용하는 컨테이너 기반 마이크로서비스 환경에서도 AWS는 쿠버네티스의 가장 작은 컴퓨팅 단위인 파드에 보안 그룹을 추가할 수 있고[1] 사용자 정의 네트워킹을 구성해 특정 노드상에서 동작하는 파드에서 노드와 다른 보안 그룹을 사용하는 것도 가능하다.

EKS는 보안 그룹 인바운드와 아웃바운드 규칙에서 최소한 'TCP프로토콜/443, 10250 포트'를 허용해야만 한다.

보안 그룹 참조(체인) 및 설계

보안 그룹은 IP 주소뿐만 아니라 다른 보안 그룹을 규칙의 일부로 포함할 수 있다. 허용할 대상이 속한 보안 그룹을 기반으로 요청을 식별함으로써 리소스

---

1. 모든 파드에 보안 그룹을 추가할 수 있는 것은 아니기 때문에 https://docs.aws.amazon.com/ko_kr/eks/latest/ userguide/security-groups-for-pods.html을 참고해 제한 사항을 확인할 필요가 있다. – 옮긴이

에 대한 허용 정책을 세밀하게 설정할 수 있다.

즉, 인스턴스에 대한 접근을 허용하거나 거부하려는 대상을 IP로 직접 지정하는 방법 외에도 다른 보안 그룹을 참조해 간접적으로 지정하는 방법이 가능하다. 보안 그룹은 허용한 트래픽만 규칙으로 포함하기 때문에 손쉽게 마이크로서비스 접근을 통제할 수 있다.

보안 그룹 설계 절차는 다음과 같다.

1. 개별 마이크로서비스를 위한 보안 그룹을 만들고 사용하기 쉬운 이름을 부여한다.

2. 생성한 보안 그룹을 마이크로서비스를 실행 중인 컨테이너/인스턴스/람다에 연결한다.

3. 네트워크 수준에서 마이크로서비스와 통신해야 하는 다른 모든 서비스와 포트를 식별한다.

4. 이전 단계에서 식별한 마이크로서비스와 통신이 필요한 서비스에 연결된 보안 그룹이 마이크로서비스의 특정 포트와 통신할 수 있도록 허용하는 정책을 마이크로서비스 보안 그룹에 연결한다.

그림 5-21은 보안 그룹을 생성해 ENI에 적용한 후에 해당 보안 그룹 인바운드 규칙의 출발지(소스)에 IP 주소 대신 다른 보안 그룹을 지정하는 방법을 보여준다.

다른 보안 그룹을 출발지(소스)나 목적지(대상)로 지정하면 호스트 이름, IP 주소 또는 서비스와 관련한 기타 인프라 관련 정보를 기억할 필요 없이 보안 규칙을 생성할 수 있다.

AWS Transit Gateway에 연결된 VPC는 동일한 AWS Transit Gateway에 연결된 다른 VPC의 보안 그룹을 참조할 수 없다.

그림 5-21. IP나 CIDR 범위 대신에 다른 보안 그룹을 출발지(소스)로 사용하는 보안 그룹 인바운드 규칙

보안 그룹의 속성

보안 그룹의 주요 속성을 설명하면 다음과 같다.

보안 그룹은 상태 저장^{stateful} 방식이다.

한 방향에서 온 요청 정보를 저장해뒀다가 반대 방향으로 요청에 대한 응답
이 가는 경우 자동으로 허용한다.

로컬 호스트^{localhost} 요청에는 적용하지 않는다.

트래픽이 ENI로 들어오거나 나가는 경우에만 적용한다.

허용 정책만 등록할 수 있다.

명시적으로 거부 정책을 설정하는 기능은 없다.

쿠버네티스 인프라는 컨트롤 플레인과 데이터 플레인에 서로 다른 2개의 보안 그룹을 설정하는 것을 모범 사례로 간주한다. 별도의 보안 그룹을 설정함으로써 이점을 얻을 수 있지만 서로 간의 통신에 지장이 없게 설정했는지 확인하는 것이 중요하다.

네트워크 ACL

네트워크 ACL은 얼핏 봐서는 보안 그룹과 유사하게 보이지만 구문이 유사해 보이는 것 외에는 비슷한 점이 없다. 악성 트래픽에 대한 방화벽 기능을 제공하는 또 다른 도구인 네트워크 ACL을 사용하면 서브넷으로 들어오고 나가는 트래픽을 명시적으로 허용하거나 거부할 수 있다.

네트워크 ACL은 서브넷의 게이트웨이에서 트래픽을 검사하고 게이트웨이를 통과할 수 있는지 여부를 결정한다. 보안 그룹과 달리 네트워크 ACL은 허용^Allow 또는 거부^Deny 옵션을 가질 수 있어 서브넷 수준의 규칙을 적용할 때 유용하다.

결과적으로 보안 그룹은 개별 보안 규칙, 최소 권한 등을 적용하기 위한 수단으로 생각할 수 있고 네트워크 ACL은 조직의 일관된 정책을 인프라 수준에서 적용하는 데 유용하다. 그림 5-22는 AWS 관리 콘솔에서 생성한 네트워크 ACL의 예를 보여준다.

그림 5-22. AWS 관리 콘솔에서는 VPC 서비스의 보안 하위 섹션에서 네트워크 ACL을 설정 가능하며 인바운드 규칙과 아웃바운드 규칙을 별도로 지정할 필요가 있다.

그림 5-22에서 볼 수 있는 것처럼 NACL은 '규칙 번호' 칼럼을 갖고 있고, 번호 순서(오름차순)대로 규칙을 평가한다. 규칙 평가 과정에서 부합하는 규칙이 있다면 평가를 종료한다. 따라서 더 작은 숫자를 가진 더 넓은 범위의 규칙과 패킷이 부합하는 경우 더 큰 '규칙 번호'를 가진 규칙을 평가하지 않기 때문에 규칙의 순서가 중요하다. 그림 5-23은 서비스 간 네트워크 통신 과정에서 네트워크 ACL과 보안 그룹을 평가하는 방법을 보여준다.

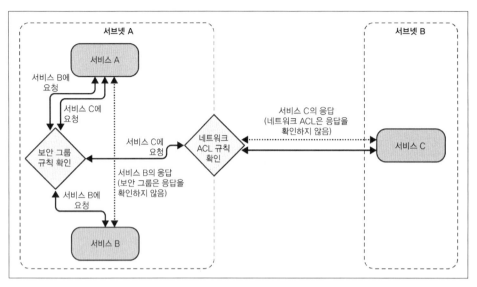

그림 5-23. 네트워크 ACL은 서브넷으로 들어오거나 서브넷을 나가는 트래픽만 확인한다. 서브넷을 벗어나는 통신은
나갈 때와 들어올 때 2번의 확인 절차를 거친다.

네트워크 ACL은 보안 그룹과 달리 **상태 비저장**^{stateless} 방식이다. 따라서 나가는
요청이 있었다고 들어오는 응답을 자동으로 허용하지 않으므로 요청-응답 통
신 패턴이 작동하려면 인바운드와 아웃바운드 규칙 양쪽에서 네트워크 ACL을
활성화해야 한다. 네트워크 ACL은 서브넷의 게이트웨이에서 작동하기 때문에
동일 서브넷에 있는 호스트 간의 트래픽을 평가하지 않음에 유의해야 한다.
동일 서브넷 내의 요청을 통제하려면 보안 그룹에 규칙을 적용하는 것이 가장
좋은 방법이다.

 네트워크 ACL을 사용하면 인바운드/아웃바운드 규칙 양쪽을 관리해야 하는 번거로움
과 복잡함이 있어 트래픽 차단 목적으로는 보안 그룹을 일반적으로 더 많이 사용한다.
내 경우에도 네트워크 ACL을 부가적인 보호 수단으로 사용한 적은 있어도 주된 보호
수단으로 사용한 적은 거의 없다.

모든 디폴트 VPC에는 인바운드와 아웃바운드 트래픽을 모두 허용하는 디폴트
네트워크 ACL이 함께 제공된다. 일반적으로 네트워크 ACL은 서브넷 수준의 규

칙을 정의하고 광범위한 비즈니스 로직을 네트워크 규칙으로 변환하는 데 탁월하다. 개별 서브넷은 1개의 네트워크 ACL만 연결할 수 있어 다른 네트워크 ACL을 연결하면 기존 ACL은 연결이 자동으로 끊어지고 새로운 ACL이 연결된다.

보안 그룹과 네트워크 ACL 비교

표면적으로는 보안 그룹과 네트워크 ACL이 매우 유사한 통제 기능을 제공하는 것처럼 보이지만 몇 가지 미묘한 차이점이 있고 이를 설명하면 표 5-2와 같다.

표 5-2. 보안 그룹과 네트워크 ACL 비교

보안 그룹	네트워크 ACL
네트워크 인터페이스(인스턴스) 수준에서 작동	서브넷 수준에서 작동
상태 저장(요청이 있으면 응답을 허용)	상태 비저장(요청과 응답을 독립적으로 지정해 허용 필요)
허용 규칙만 등록 가능	허용 규칙과 거부 규칙을 등록 가능
허용 규칙을 찾고자 모든 규칙을 평가	'규칙 번호' 칼럼에 지정한 순서대로 규칙을 평가
클라우드 환경에서 방화벽 대용으로 사용	'다른 서브넷과의 통신을 절대 허용해서는 안 되는 경우'처럼 서브넷 수준 규칙을 만들 때 사용

그림 5-24는 서로 다른 서브넷에 있는 2개의 인스턴스 간의 요청을 보안 규칙이 평가하는 방법을 보여준다.

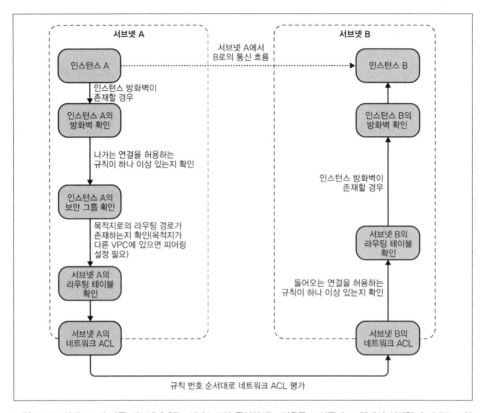

그림 5-24. 서비스 A가 다른 서브넷에 있는 서비스 B와 통신하려는 경우를 보여준다. 그림에서 설명한 순서대로 보안 그룹과 네트워크 ACL을 평가한다.

네트워크 ACL을 사용하는 네트워크 엔지니어는 보안 그룹의 특성과 보안 그룹에서 허용/차단하는 정책을 알고 있어야 한다.

그림 5-25는 보안 그룹의 상태 저장 특성과 네트워크 ACL의 상태 비저장 특성으로 인해 네트워크 ACL과 보안 그룹 간의 요청 평가가 어떻게 다른지 보여준다.

네트워크 ACL 관리의 불편함과 복잡성을 고려해보면 개별 서비스를 대상으로 한 규칙을 적용할 때는 보안 그룹이 쉽고 유연하지만, 변경 가능성이 낮고 철저한 규칙을 적용할 필요가 있을 때에는 네트워크 ACL이 가장 체계적인 적용 수단이다.

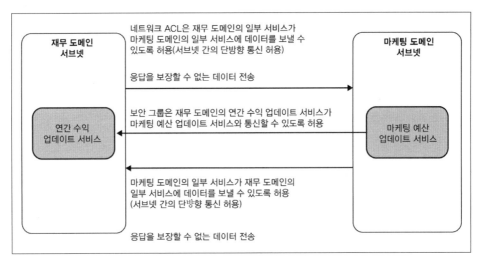

그림 5-25. 네트워크 ACL은 조직의 공통 규칙을 적용하는 데 도움을 주는 단방향 통신 규칙이며, 보안 그룹은 네트워크 계층에서 세분화한 서비스 단위의 통제를 가능하게 하는 규칙이다.

"회계 도메인은 마케팅 도메인과 절대로 통신해서는 안 된다."와 같은 부서 수준의 공통 규칙은 네트워크 ACL로 가장 잘 구현할 수 있다. 하지만 "고객 잔고 서비스는 데이터베이스와 직접 통신할 수 없어야 한다."와 같은 규칙은 보안 그룹을 사용하면 가장 잘 구현할 수 있는 좀 더 세분화된 로직이다.

컨테이너와 네트워크 보안

지금까지는 인스턴스 및 물리적 하드웨어와 동일한 보안 모범 사례를 따르는 방식으로 컨테이너 네트워크를 설정했다고 가정했고 대부분의 상황에서는 문제가 없지만, 쿠버네티스 설정을 좀 더 안전하게 만들 때 따를 수 있는 몇 가지 모범 사례가 있다.

인스턴스 메타데이터 서비스 접근 차단

쿠버네티스 파드는 실제 가상 머신에서 실행할 수 있게 추상화돼 있다. 파드를 실행하는 호스트 시스템은 파드가 사용하게 의도된 것과 다른 역할 및 권한을 갖고 있을 수 있어 파드가 자신이 누구인지를 자신을 실행하는 노드에 연결된 역할과 신원으로 잘못 판단하지 않는 것이 중요하다. kube2iAM이나 Kiam 같은 도구로 파드에 역할을 할당했다면 AWS가 개별 EC2 인스턴스의 정보를 이용할 수 있도록 구현한 인스턴스 메타데이터 서비스^{IMDS, Instance MetaData Service}에 파드가 접근할 수 없게 해야 한다.

중요한 것은 인스턴스 메타데이터 서비스가 로컬에서 실행되기 때문에 보안 그룹을 사용해 파드가 IMDS를 호출하지 못하게 설정할 수 없다는 것이며, 이를 차단하려면 iptables나 로컬 방화벽 같은 소프트웨어 도구를 사용해야 한다.

파드를 프라이빗 서브넷에서 실행

다소 독단적일 수 있지만 나는 쿠버네티스 파드가 인터넷에 직접 접근할 필요가 있는 경우는 많지 않다고 생각한다. 대부분의 인터넷 접근을 아마존 API Gateway 나 애플리케이션 로드밸런서를 통해 간소화할 필요가 있고, 공격자가 접근 권한을 획득해 파드를 손상시킬 수 있는 범위를 벗어나도록 쿠버네티스 데이터 플레인을 프라이빗 서브넷에서 실행해야 한다.

API 서버 엔드포인트는 디폴트로 공개돼 있지만 API 서버 접근은 IAM과 쿠버네티스 역할 기반 접근 통제를 통해 보호할 수 있다. 노드와 API 서버 간의 모든 통신이 VPC 내에서 이뤄질 수 있게 운영 환경의 클러스터 엔드포인트 접근 권한을 프라이빗으로 한정해 구성해야 한다.

파드의 인터넷 접근 차단

파드가 인터넷과 연결이 필요한 경우는 그리 많지 않다. 따라서 디폴트 전략은 반드시 필요한 경우가 아니면 파드의 인터넷 연결을 차단하는 것이며, NAT 라우터가 없는 서브넷 내부에서 파드를 실행해 달성할 수 있다.

파드 간에 암호화된 네트워킹 사용

이는 AWS가 일부 EC2 Nitro 인스턴스에 새로 추가한 기능이다. 거의 모든 컨테이너 기반 애플리케이션은 HTTP 프로토콜을 사용한 평문 통신을 하고 로드밸런서가 TLS를 처리하게 구성한다. 이는 수용 가능한 방법이며, 파드가 자신의 VPC 내의 프라이빗 서브넷에서 실행된다면 파드 간의 네트워크 연결이 안전하다고 일반적으로 가정할 수 있다. 하지만 제로 트러스트 네트워킹^{zero trust networking}이 부상하고 네트워크 간 경계가 무너짐에 따라 특히 국방이나 금융 부문에서 보안 네트워킹에 대한 수요가 증가하고 있다.

파드 네트워킹 수준에서 암호화를 구현하는 데는 2가지 방법이 있다. 첫 번째 방법은 보안 네트워킹을 제공하는 Cilium 같은 AWS 마켓플레이스 솔루션을 사용하는 것인데, 암호화 프로세스가 빠르지 않기 때문에 네트워크 속도를 지연시킬 수 있다. 두 번째 방법은 동일한 VPC 내의 인스턴스 간 통신을 할 때 AES 암호화 네트워킹을 지원하는 특정 EC2 Nitro 인스턴스를 사용하는 것이다.

람다와 네트워크 보안

람다와 관련한 대부분의 마이크로서비스 보안 측면은 공동 책임 모델에 따라 AWS가 담당한다. VPC를 사용하게 구성하지 않고 람다 함수를 실행하는 경우 해당 함수는 퍼블릭 인터넷에서 정보를 가져올 수 있는 권한을 가진다. 람다 함수가 네트워크 외부에 존재해 VPC 내부 정보를 얻을 수 없기 때문에 VPC 기반 프라이빗 리소스와 통신할 수 없다. 이러한 람다 함수는 오류 응답 처리나 내부 리소스 접근이 필요하지 않은 작업과 같은 다용도 작업을 수행할 때 유용하다. 또한 이런 람다 함수는 퍼블릭 네트워크에서 접근 가능한 애플리케이션 영역과 접근할 수 없는 리소스를 네트워크 수준에서 명확하게 분리한다.

하지만 내부 마이크로서비스 구성에 람다를 사용하기로 결정한 경우 일부 람다 애플리케이션에서 VPC 내부 리소스에 접근해야 할 가능성이 있다. 통신이 외부 위협에 노출되지 않게 보호하려면 내부 리소스 접근은 AWS 프라이빗 네트워크에서 이뤄져야 할 필요가 있다. 이러한 목표를 달성하고자 AWS에서는 람다를 람다 서비스 VPC 내부에서 실행하게 구성할 수 있다. 개별 함수를 위해 람다는 람다 함수의 VPC 내에 사용자 VPC에 접근할 목적의 ENI를 생성한다(https://oreil.ly/k1024). 네트워크 인터페이스 생성은 람다 함수가 생성되거나 VPC 설정을 업데이트할 때 발생한다. 실행 환경에서 함수를 호출하면 단순히 네트워크 터널을 생성하고 람다 실행을 위해 생성된 네트워크 인터페이스를 사용한다.

동일한 서브넷을 사용하는 여러 함수는 네트워크 인터페이스를 공유한다. 그런 다음 AWS는 해당 네트워크 인터페이스가 VPC와 교차 계정 네트워크 인터페이스(X-ENI) 연결을 수행하게 해서 람다가 AWS 사용자의 프라이빗 네트워크 내의 리소스에 접근할 수 있게 한다. 함수 요청을 처리하는 인스턴스의 수^{function scaling}는 네트워크 인터페이스 수와 무관하기 때문에 네트워크 인터페이스는 많은 수의 함수 실행을 동시에 지원하게 확장할 수 있다.

사용자 네트워크를 벗어난 영역에 대한 보안 책임은 공동 책임 모델에 따라 AWS에서 가진다. 함수에 대한 모든 호출은 람다 서비스 API에 의해 이뤄지며 누구도 실제 실행 환경에 접근할 수 없기 때문에 계정이나 기타 서비스에서 네트워크 침해가 발생하는 경우에도 람다를 안전하게 유지한다. 그림 5-26은 람다 실행 과정 중에 네트워크 인터페이스가 VPC 내부에 어떻게 연결되는지를 보여준다.

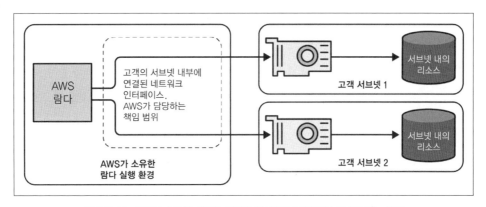

그림 5-26. 고객이 소유한 서브넷 내부에 네트워크 인터페이스를 연결하는 람다

요약

5장에서는 샘플 아키텍처를 활용할 수 있는 다양한 방법을 설명했다. 모놀리식 및 분할된 시스템에서는 경계 보안 조치가 잘 작동했지만 마이크로서비스는 네트워크 전반에 분산돼 있기 때문에 서비스 수준에서 더 많은 네트워크 격리를 필요로 한다. AWS 계정과 VPC 구조를 적절히 설계하면 AWS에서 서비스 수준 격리를 구현할 수 있다. 하지만 로직 흐름이 서비스 간 비동기 통신을 많이 필요로 하는 경우 격리가 어려울 수 있다. 또한 VPC 피어링, Transit Gateway 및 VPC 엔드포인트를 사용해 VPC 간 통신을 가능하게 하는 3가지 방법을 설명했고, 비인가 접근으로부터 서비스를 보호하고자 다양한 방화벽을 사용하는 방법도 언급했다. 6장에서는 퍼블릭 인터넷을 사용하는 서비스에 연결을 시도하는 퍼블릭 사용자가 실제로 접근해야 하는 서비스나 리소스의 보안을 유지하는 방법을 살펴본다.

6장

대외 공개 서비스

5장에서 마이크로세분화 과정을 거쳐 네트워크 아키텍처와 모든 백엔드 서비스를 깔끔하게 분리된 조각으로 나눠야 할 필요성을 설명했다. 마이크로세분화는 안전하게 보호받는 깔끔하고 단순한 백엔드 프로세스를 만드는 데 탁월한 기술이다. 도메인을 분리하는 프로세스가 백엔드 서비스에는 적합할 수 있지만 최종 사용자와 상호작용이 필요한 시스템은 사용자의 요구 사항과 보안까지 염두에 두고 설계해야 한다. 이러한 대외 공개 서비스들이 애플리케이션의 경계 지점에 위치하기 때문에 엣지 서버edge server라고 부른다. 깔끔하게 분리된 엣지 인프라를 보유하면 백엔드 서비스의 도메인 설계와 최종 사용자의 끊임없이 진화하는 요구 사항을 분리하기 수월하다. 그림 6-1은 엣지 서버와 나머지 백엔드 마이크로서비스를 분리한 일반적인 애플리케이션의 예를 보여준다.

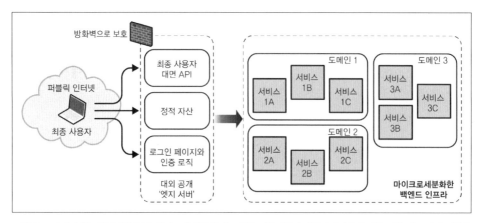

그림 6-1. 6장에서는 인터넷을 통해 서비스에 접근하려는 최종 사용자들이 애플리케이션과 처음 접촉하는 지점 역할을 하는, 대외적으로 공개해둔 '엣지 서버' 영역을 중점적으로 설명한다.

대외적으로 공개한 엣지 서버에서 작동하는 서비스는 본질적으로 백엔드 서비스보다 덜 안전할 수밖에 없다. 모든 시스템의 잠재적 위협은 가능성, 타당성, 개연성 등 3가지 범주로 분류할 수 있다. 이론적으로는 많은 공격이 가능하지만 백엔드 서비스는 공격자가 시스템 경계에 침투하는 것을 방지할 목적의 통제 수단을 이미 갖고 있을 가능성이 높아 위협의 실현 가능성은 엣지 서버보다 훨씬 더 낮다. 보안 전문가는 애플리케이션의 위험의 합을 줄이고자 발생 확률이 높은 위협인 엣지 서버에 집중해야 한다.

엣지 서버는 불특정 다수가 접근할 수 있는 인터넷에 연결돼 악의적인 행위자들의 표적이 된다. 엣지 서버가 공개돼 있다는 사실은 비현실적으로 보일 수도 있는 위협이 실현될 가능성을 높여주기 때문에 엣지 서버를 대상으로 한 위협의 가능성과 타당성을 구별하는 것은 어렵다. 보안 전문가는 발생 가능한 모든 위협을 고려해 대비해야 하기 때문에 네트워크 경계에 통제 기능을 구현하는 것은 매우 어렵다.

또한 엣지 서버 호출은 애플리케이션의 콘텍스트 외부에서 발생하기 때문에 암묵적으로 신뢰하기 어려워서 개별 요청을 허용하려면 리소스별로 독립적으로 구성한 접근 통제 정책의 인증과 검증을 거쳐야 한다. 1 장에서 언급한 것처럼 경계 지점만을 보호하는 것이 아닌 모든 자원을 개별 보호하는 이러한 전략을 제로 트러스트 보안이라 한다. 제로 트러스트 보안은 정말 중요한 보안 개념이지만 단일 책임 원칙을 준수해야 하는 마이크로서비스에게 상당한 부담으로 작용한다.

엣지 애플리케이션은 호출자의 신원 확인이 필요한 서비스와 그렇지 않은 서비스로 나뉜다. 신원 확인 필요 여부에 따라 보안 요구 사항은 상당히 다를 수 있어 설계와 사용하는 AWS 서비스도 달라질 수밖에 없다. 일반적으로 미디어 콘텐츠, 이미지, 스크립트와 같은 정적 자산을 배포하는 엣지 서비스(콘텐츠 전송 네트워크Content Delivery Networks 또는 CDN)는 호출자의 신원 확인 과정이 불필요하다.

완전 격리한 백엔드 서비스는 퍼블릭 인터넷에서 직접 접근할 수 없어야 하며 운영 백엔드 서비스에 접근하는 방법은 다음 2가지뿐이다.

API Gateway(엣지 서비스 호스팅 지점)

통제되고 사전 정의된 방식으로 애플리케이션과 통신하려는 최종 사용자 접근을 허용하려는 목적으로 사용한다.

점프 박스Jump box 또는 배스천 호스트bastion host

개발이나 유지 보수 목적으로 사용한다.

6장에서는 AWS가 지원하는 보안 아키텍처의 이점을 사용해 훌륭한 엣지 서비스를 설계하는 방법을 설명한다. AWS 사용자는 공동 책임 모델에 따라 AWS에서 부담하는 책임을 활용해 애플리케이션의 엣지 서비스에 대한 보안을 유지하면서 비즈니스 로직에 집중해 애플리케이션 코드를 개발할 수 있다. 특히 6장에서 자세히 설명할 내용은 다음과 같다.

- 아마존 API Gateway를 사용해 단일 책임 원칙을 위반하지 않으면서 리소스에 대한 인증과 인가 메커니즘을 구현하는 방법

- 아마존 CloudFront와 기타 엣지 메커니즘을 사용해 CDN에 대한 탐지

및 예방 통제를 구현하는 방법

- 애플리케이션의 나머지 부분에서 데이터 보호에 관해 걱정할 필요 없게 하고자 엣지 인프라에서 암호화 프로세스를 통합하는 방법

- 엣지 시스템이 인터넷을 통해 일상적으로 접하는 가장 흔한 공격을 식별하고 예방하는 방법

- 보안 프로세스를 구현하고자 사용할 서드파티 애플리케이션을 쉽게 배포하는 방법

API 우선 설계와 API Gateway

큰 규모의 애플리케이션을 모듈화하고 도메인으로 분할하는 것은 파이를 작은 여러 조각으로 자르는 것과 유사하다. 대형 모놀리식 애플리케이션을 분할하는 방법은 여러 가지가 있지만 API 우선 설계^{API-first design} 방법론은 최종 소비자에게 노출하는 마이크로서비스에서 사용하는 가장 인기 있는 설계 원칙이다.

예를 들어 신용 한도를 기반으로 현금 서비스를 제공하는 디지털 은행 서비스가 있고 사용자에게 잔액을 노출해야 하는 모바일 앱이 있다고 가정해보자. 사용자의 신용 등급, 보류 중인 거래 등을 기반으로 사용자에게 노출해야 하는 잔액을 식별하기 때문에 백엔드 프로세스는 복잡하지만 최종 사용자는 복잡성의 영향을 받지 않아야 한다. 사용자의 관심은 오직 자신의 잔액이다.

API 우선 설계는 백엔드 서비스를 프론트엔드에서 분리한다. API 우선 접근 방식을 사용하면 백엔드 서비스를 모의 응답으로 대체해 프론트엔드 개발을 시작할 수 있다. 그림 6-2는 복잡한 마이크로서비스 백엔드를 준비하는 동안 프론트엔드 애플리케이션 개발을 시작하는 방법을 보여준다.

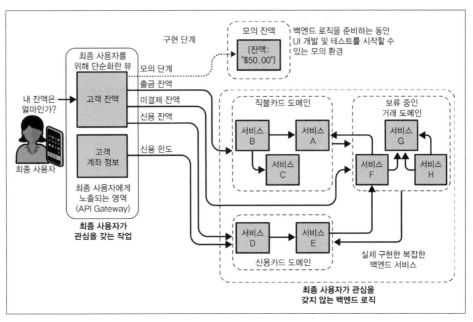

그림 6-2. API Gateway는 최종 사용자에게 마이크로서비스의 복잡성을 숨기는 데 큰 역할을 수행한다.

 훌륭한 엣지 시스템은 단순히 기존 비즈니스 시스템의 아키텍처를 확장하는 것이 아니라 클라이언트의 요구를 예측하고 이를 반영한 설계를 적용해 사용자의 선호도까지 고려하는 것이다.

애플리케이션 복잡성과 보안 아키텍처를 최종 소비자에게 숨기는 것이 API 우선 접근 방식의 주요 목표이며, 이를 통해 최종 사용자가 앱에서 기대할 수 있는 애플리케이션의 기밀성과 가용성을 제공하는 보안 전략을 고안할 수 있다. 좀 더 구체적으로 설명하면 API 계층은 속도 제한, 인증, 접근 통제, 방화벽 역할을 하는 반면에 백엔드의 마이크로서비스는 비즈니스 로직을 처리한다. 따라서 애플리케이션 내부의 복잡성을 숨기게 설계된 API를 사용해 모든 서비스를 외부에 노출할 수 있다.

API를 설계하는 과정에서 규약을 수립하는 데 시간이 소요되며, 코드를 작성하기 전에 미리 제안된 API 디자인에 대한 피드백을 제공하는 이해관계자와의 더 많은 협업이 필요한 경우도 많다. 모의 백엔드 서비스를 사용한 API 우선 설계는 복잡한 백엔드 로직을 설계하거나 배포하기 전에 모든 이해관계자에게 최종 애플리케이션을 시연할 수 있다. 시연의 목표는 API가 최종 사용자의 요구를 충족하는지 확인하는 것이다. 따라서 API 우선 설계에서는 테스트 주도 개발^{TDD,} Test Driven Development 원칙을 활용해 규약 초안을 먼저 작성할 수 있다. 켄트 벡^{Kent} Beck이 쓴 『테스트 주도 개발』(인사이트, 2014)은 테스트 주도 개발의 매력에 관심이 있는 사람들에게 단계별로 실용적인 설명을 제공한다.

API 우선 접근 방식은 API 엔드포인트 디자이너가 개별 API 엔드포인트 뒷단의 백엔드 서비스를 무시해야 한다. 백엔드 서비스를 고려하지 않으면서 소비자가 합의할 수 있는 사전 정의된 규약에 맞는지 API의 동작을 검증하는 자동화한 테스트를 프론트엔드 영역에 구현할 수 있다. 그런 다음 소비자와 인터페이스는 요청과 응답 객체의 데이터 유형 및 스키마에 합의한다.

피드백 주기를 단축하고 모의 백엔드 서비스 구현을 통해 자동화된 테스트 절차를 도입함으로써 반복적인 접근 방식을 사용해 API를 설계할 수 있게 됨으로써 최종 소비자는 구현에 관해 더 빠른 피드백을 얻을 수 있다. 소비자 규약에서 의도하지 않은 편차는 자동화된 테스트 실패로 즉시 나타난다.

API 우선 설계는 엣지 서비스를 다양한 단계^{stage}에 배포한다. 엣지 서비스는 개발 수명주기 동안 다양한 단계를 거치며, API의 배포 단계는 API 호출이 마이크로서비스 애플리케이션 또는 모의 백엔드 서비스 중 어디에 도달하는지 여부를 결정한다.

그림 6-3은 애플리케이션이 모의 테스트 단계와 운영 백엔드 단계라는 2가지 단계를 가질 수 있는 방법을 보여준다. API의 개발 및 테스트 단계에서 개발자는 운영 환경과 동일한 응답을 하게 설계된 모의 API에 요청을 보낼 수 있다. 테스터와 이해관계자가 API 설계에 충분히 만족하면 API를 새로운 단계에 배포함으로써 마이크로서비스 운영 환경을 시작할 수 있다.

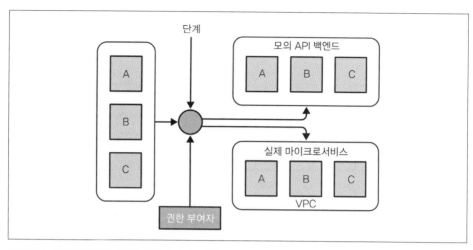

그림 6-3. 애플리케이션을 배포한 단계에 따라 요청을 다른 백엔드 시스템으로 라우팅하는 API 우선 설계 샘플 구현.

아마존 API Gateway

아마존 API Gateway는 최종 사용자에게 노출해야 하는 클라이언트 대면 API를 구현할 수 있게 AWS에서 제공하는 서비스다. 도메인 설계 관점에서 API Gateway의 확장성에 대해 많은 얘기를 할 수 있지만 최종 사용자 관점에서 API Gateway는 백엔드 설계를 프론트엔드와 깔끔하게 분리하도록 도움을 준다. 이렇게 분리하면 백엔드와 프론트엔드가 서로 독립적으로 작동해 최종 사용자의 사용 편의성을 손상시키지 않으면서 백엔드 서비스에서 단일 책임 원칙을 시행할 수 있다.

아마존 API Gateway는 마이크로서비스 아키텍처에서 API 우선 접근 방식을 사용할 수 있게 해주는 AWS에서 제공하는 완전 관리형 서비스로, REST나 WebSocket API를 최종 소비자에게 노출하는 역할을 한다. API Gateway를 프론트엔드 영역에 배치하면 백엔드 영역에서는 수신한 요청을 처리할 수 있는 다른 AWS 서비스로 쉽게 전환이 가능하다.

그림 6-4는 기존 모놀리스 보안 구성 요소를 아마존 API Gateway의 사전 구축된 기능에 매핑하는 방법을 보여준다.

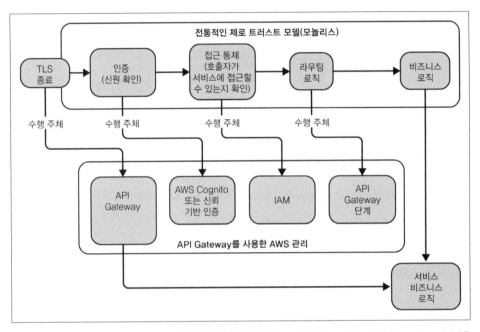

그림 6-4. API Gateway가 제로 트러스트 환경에서 최소한의 변경으로 재사용할 수 있는 활동(boilerplate activity)을 AWS 관리형 서비스에 의뢰해서 마이크로서비스가 비즈니스 로직에 집중할 수 있는 환경 조성

API Gateway의 모든 기능은 AWS 공동 책임 모델에 따라 제공되기 때문에 AWS 사용자가 서비스의 확장과 보안에 대해 우려하지 않고 비즈니스 로직에 더 집중할 수 있게 해준다.

API Gateway는 API의 새로운 변경 사항을 테스트하고 배포할 수 있도록 다양한 단계를 유지하는 데 필요한 도구를 제공함으로써 API 우선 설계에 기반을 둔 코드 작성을 돕고 있으며, 테스트 주도 개발을 지원하고자 API 엔드포인트를 테스트하는 기능도 함께 제공한다.

아마존 API Gateway는 AWS 람다, AWS 로드밸런서 및 다양한 AWS 서비스를 호출할 수 있다. AWS는 API Gateway 요청을 처리할 수 있는 서비스 목록을 정기적으로 갱신하고 있으며, 지속적으로 증가하는 해당 서비스 목록은 설계 단계에서 아키텍트가 백엔드 구현에 대해 고민하지 않고 애플리케이션을 설계할 수 있도록 유연성을 부여한다.

또한 아마존 API Gateway는 TLS 종료를 엣지 시스템에서 처리할 수 있게 하는 기능을 지원해서 개별 시스템에 인증서를 설치하지 않게 하면서도 안전한 경계 지점 역할을 제공하며, 이는 인프라를 단순하게 구현할 수 있게 보장해준다. API Gateway를 사용해 효율적이고 안전하게 API를 설계하려면 다음 단계를 따라야 한다.

1. 최종 사용자가 애플리케이션에서 필요로 하는 모든 기능을 식별한다.

2. 단계 1에서 식별한 기능을 제공하는 API를 작성한다.

3. 최종 사용자와 API 간의 규약을 공식화하는 자동화된 테스트를 생성한다.

4. 자동화된 테스트가 백엔드의 모의 데이터를 실행할 수 있는 단계를 생성하고 선택한 자동화 도구(필요시 AWS 마켓플레이스 도구 사용 가능)를 사용해 테스트를 호출한다.

5. API를 적절히 실행하는 데 필요한 인증 및 인가 요구 사항을 식별한다.

6. 테스트 내부에 인증 및 인가 로직을 포함시킨다.

7. API Gateway를 사용해 백엔드 서비스상의 마이크로서비스를 호출하는 두 번째 단계를 생성한다.

8. 자동화된 테스트를 사용해 규약 위반이 없는지 확인한다.

API Gateway 엔드포인트 유형

API Gateway는 다양한 서비스를 모아 노출한다. 이러한 서비스들은 공동으로 동일한 웹 호스트 이름을 공유하는데, 이러한 웹 호스트 이름을 API Gateway 엔드포인트라 부른다. 애플리케이션의 요구 사항에 따라 AWS는 3가지 유형의 API Gateway 엔드포인트를 제공한다.

- 리전(지역) API Gateway 엔드포인트
- 최적화된 엣지 API Gateway 엔드포인트
- 프라이빗 API Gateway 엔드포인트

리전 API Gateway 엔드포인트

많은 서비스에서 사용하는 API Gateway 인터페이스의 디폴트 유형이자 AWS에서 제공한 최초의 API Gateway 서비스다. 이름에서 알 수 있듯이 리전 단위 서비스라 지리적 최적화나 캐싱의 이점을 얻을 수 없다. AWS 사용자는 서비스를 배포할 리전을 선택해야 한다. 리전을 선택하지만 서비스는 인터넷에 공개돼 있고 서비스를 배포하면 어디에서도 호출 가능한 글로벌 URL을 디폴트로 생성한다. 리전 유형의 엔드포인트는 지리적 최적화가 필요하지 않은 간단한 애플리케이션이나 서버 간 호출에 적합하다.

엣지 최적화 API Gateway 엔드포인트

가끔은 속도가 중요하기 때문에 지리적으로 더 가까운 API를 호출할 필요가 있는 경우, 장애 대응 조치 관점에서 여러 곳에서 동일한 API를 호출하는 경우, 글로벌 서비스를 제공하는 앱이기 때문에 전 세계 어디에서도 호출될 필요가 있는 경우 등 여러 시나리오가 있을 수 있지만 엣지 애플리케이션을 최종 사용자와 가까운 위치에 배포할 필요가 있을 때 엣지 최적화 엔드포인트는 API Gateway의 지리적 분산을 달성하는 데 도움을 준다.

전 세계적으로 분산된 고객군을 가진 애플리케이션이 있다고 가정해보자. 모든 고객이 중앙 집중형 백엔드 서비스에 연결이 필요한 상황에서 엣지 최적화 엔드포인트를 사용하면 세계적으로 분산돼 있는 모든 고객이 가장 가까운 AWS 엣지 로케이션^{edge location}에 연결할 수 있다. AWS는 공동 책임 모델에 따라 엣지 로케이션과 나머지 클라우드 리소스 간의 사설 통신을 처리한다. 엣지 최적화 엔드포인트 연결을 도식화하면 그림 6-5과 같다.

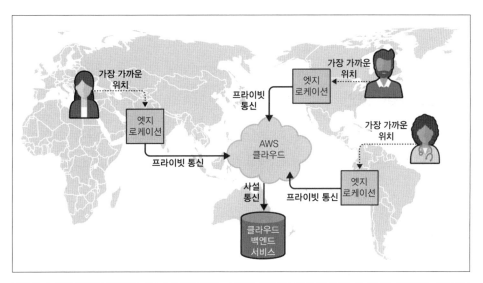

그림 6-5. 중앙 집중형 클라우드 리소스에 연결하려는 글로벌 사용자를 엣지 로케이션 중 하나로 연결한다. AWS에서 엣지 로케이션과 나머지 클라우드 인프라를 연결하는 책임을 담당한다.

 엣지 최적화 API Gateway 엔드포인트는 내부적으로 아마존 CloudFront를 사용한다. AWS 엣지 최적화 서버의 네트워크는 전 세계에 아마존 CloudFront 배포를 호스팅하고, 사용자 요청을 인터넷 구간을 거치지 않는 AWS 프라이빗 네트워크를 통해 백엔드 서비스에 전달한다. 엣지 최적화 엔드포인트를 사용하면 백엔드 서비스를 분산 배치할 필요가 없을 뿐만 아니라 개방형 인터넷을 통해 전송하는 데이터 보안을 고려할 필요 없이 전 세계적으로 사용 가능한 분산 서비스를 운영할 수 있다.

프라이빗 API Gateway 엔드포인트

API Gateway와 관련된 대부분의 사용 사례는 개방형 인터넷에서 오는 요청을 포함하지만 내부 요청만 처리하면 되는 경우도 있을 수 있다. 내부 요청은 VPC 내의 다른 마이크로서비스에서 발생하며, API Gateway가 제공하는 이점을 활용하려는 요청이다. 프라이빗 엔드포인트를 사용하면 API Gateway를 사용해 내부 요청을 처리할 수 있다.

API Gateway 보안

API Gateway 보안에 관해 상세히 알아보기 전에 API Gateway의 상위 수준 아키텍처를 먼저 살펴보자. 거의 모든 애플리케이션은 그림 6-6과 같은 구조를 가진다.

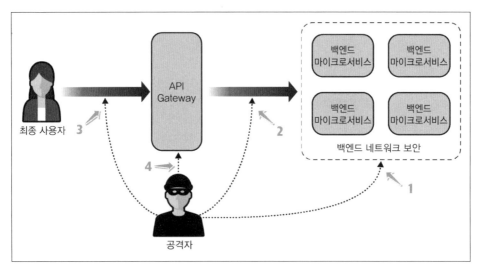

그림 6-6. 애플리케이션 보호를 위해 구현한 접근 통제와 API Gateway를 사용하는 애플리케이션의 상위 수준 개요

이제 아키텍처를 구성했으므로 보안 통제가 필요한 네 곳의 위치를 알아보자.

- **백엔드 서비스:** 중요한 역할을 수행하는 백엔드 서비스를 공격자로부터 명확하고 깔끔하게 격리하고 보호해야 한다. 백엔드 서비스를 보호하는 데 필요한 보안 통제를 5장에서 설명했으므로 6장에서 다시 상세히 설명하지는 않는다.

- **API Gateway 통합:** API Gateway 서버와 백엔드 서비스 간의 통신은 보호받아야 하고 사설 IP 기반 통신을 해야 한다. 관련해서는 다음 절에서 설명한다.

- **API Gateway 권한 부여자:** 인증 받고 인가된 사용자만 최종 사용자에게 노출된 엔드포인트에 접근할 수 있게 하는 것이 중요하며, 아마존 API Gateway에서는 해당 기능을 권한 부여자가 처리한다. 관련해서는 'API Gateway 접근 통제' 절에서 설명한다.

- **인프라 보안:** 아키텍처 구성을 지원하는 인프라를 적절히 보호해야 한다. 인프라 보안에는 빈번한 접근을 제한하고 인프라의 다양한 구성 요소 간에 적절한 종단 간 암호화를 보장하는 것을 포함한다. 'API Gateway 인프라 보안' 절에서 사용할 수 있는 도구를 간략하게 설명한다.

API Gateway 통합

API를 소비자들이 사용할 수 있게 준비하면 아키텍트는 엣지 서비스가 백엔드 마이크로서비스 사용을 시작할 수 있는 방법을 생각해야 한다. 백엔드 서비스를 API Gateway와 연결하는 과정을 **통합 프로세스**라 한다. 통합 프로세스의 일부로 API Gateway와 통합되는 서비스를 **통합 엔드포인트**라 한다. 통합 엔드포인트는 AWS 람다 함수, HTTP 웹페이지, 다른 AWS 서비스 또는 테스트에 사용되는 모의^{Mock} 응답일 수 있다. 개별 API 통합에는 통합 요청과 통합 응답이라는 2가지 요소가 있다. 통합 요청은 백엔드 서비스에 보내진 요청 데이터의 캡슐화다. AWS는 수신한 데이터를 요청을 처리하는 백엔드 마이크로서비스가 기대하는 형태의 요청 본문에 매핑할 수 있게 해준다. 물론 마이크로서비스가 기대하는 형태와 클라이언트가 제출한 메서드^{method} 요청과는 다를 수 있다. 통합 응답은 백엔드 애플리케이션에서 수신한 결과를 리패키징해 클라이언트로 보내는 것이다. 그림 6-7은 통합 요청과 통합 응답을 보여준다.

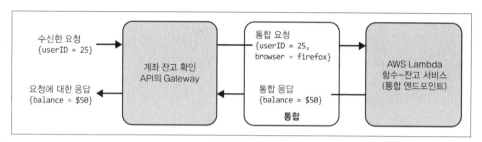

그림 6-7. API Gateway가 AWS 람다 통합 엔드포인트와 통합될 때의 요청 및 응답 흐름의 예

AWS 람다 통합

AWS 람다는 마이크로서비스 애플리케이션에서 흔하게 사용하는 서버리스 백엔드 마이크로서비스다. AWS 람다를 사용해 작성한 마이크로서비스를 API Gateway와 통합하는 것은 아주 간단한 작업이다. 엣지 API 엔드포인트가 통합 과정에서 호출해야 하는 람다 함수의 이름을 입력해 호출할 대상으로 지정하기만 하면 된다.

또한 요청 데이터, 통합 요청 및 통합으로 인한 통합 응답 데이터 간의 매핑을 지정할 수도 있다. 그림 6-8은 AWS 관리 콘솔에서 통합 유형으로 람다 함수를 지정하는 방법을 보여준다.

286

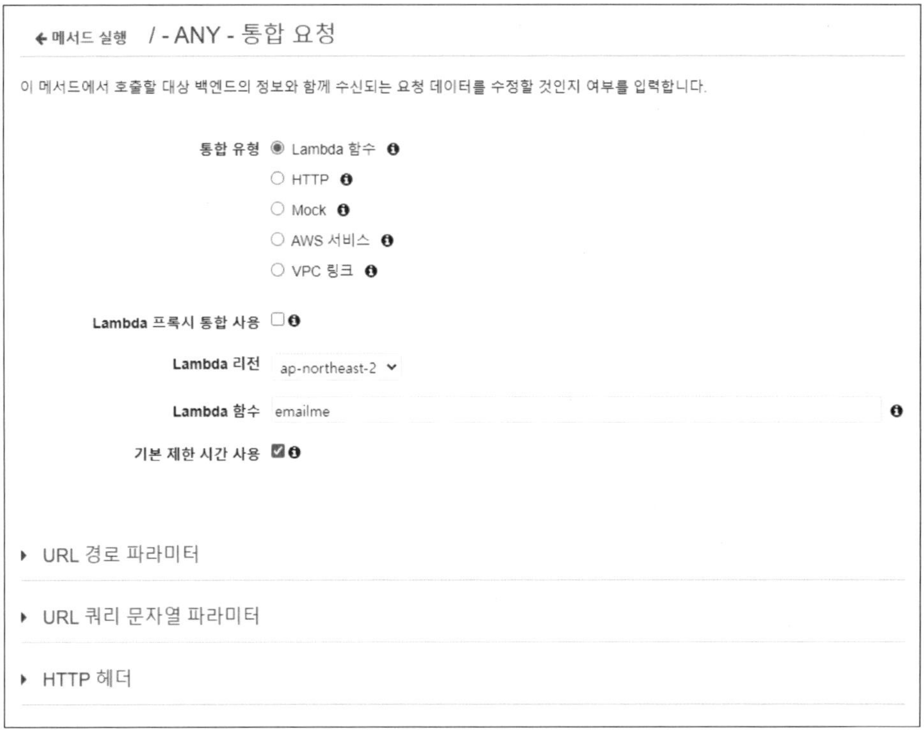

← 메서드 실행 / - ANY - 통합 요청

이 메서드에서 호출할 대상 백엔드의 정보와 함께 수신되는 요청 데이터를 수정할 것인지 여부를 입력합니다.

통합 유형 ◉ Lambda 함수 ❶
○ HTTP ❶
○ Mock ❶
○ AWS 서비스 ❶
○ VPC 링크 ❶

Lambda 프록시 통합 사용 ☐❶

Lambda 리전 ap-northeast-2 ⌄

Lambda 함수 emailme ❶

기본 제한 시간 사용 ☑❶

▸ URL 경로 파라미터

▸ URL 쿼리 문자열 파라미터

▸ HTTP 헤더

그림 6-8. 통합 유형으로 람다 함수를 선택하고 람다 함수 이름을 지정하면 해당 람다 함수 호출 가능

HTTP 통합

AWS 람다와 유사하게 API Gateway는 모든 퍼블릭 HTTP 엔드포인트를 호출할 수 있는 기능을 갖고 있다. 통합 유형으로 HTTP를 설정하는 것은 그림 6-9에서 볼 수 있듯이 람다 함수를 설정하는 것과 유사하다.

← 메서드 실행 / - ANY - 통합 요청

이 메서드에서 호출할 대상 백엔드의 정보와 함께 수신되는 요청 데이터를 수정할 것인지 여부를 입력합니다.

통합 유형 ○ Lambda 함수 ❶
         ◉ HTTP ❶
         ○ Mock ❶
         ○ AWS 서비스 ❶
         ○ VPC 링크 ❶

HTTP 프록시 통합 사용 ☐❶

HTTP 메서드 ANY ✎

엔드포인트 URL https://api.endpoint.com ✎

콘텐츠 처리 패스스루 ✎❶

기본 제한 시간 사용 ☑❶

▶ URL 경로 파라미터

▶ URL 쿼리 문자열 파라미터

▶ HTTP 헤더

그림 6-9. HTTP 통합은 필요시 통합 요청에서 사용자 정의 헤더를 추가하거나 제거 가능

VPC 링크

HTTP 통합은 퍼블릭 HTTP 엔드포인트를 호출할 때 잘 작동하지만 백엔드 인프라 전체를 API Gateway를 통해 접근할 수 있게 퍼블릭 인터넷에 노출하기 때문에 보안 관점에서는 바람직하지 않다. 이것이 VPC 링크가 필요한 이유다. VPC 링크는 VPC 내의 리소스를 HTTP API 경로를 통해 접근할 수 있는 엣지 엔드포인트에 연결한다. 아마존 EKS나 쿠버네티스를 직접 설치해 사용 중이라면 API Gateway에서 수신한 요청을 적절한 대상 파드로 라우팅할 수 있는 네트워크 로드밸런서를 추가할 수 있다.

네트워크 로드밸런서를 AWS 사용자의 VPC 내에 있는 프라이빗 서브넷에 위치

한 로드밸런서로 구성할 수 있으며, 이렇게 구성하면 API Gateway는 프라이빗 백엔드 환경으로 제한된 접근만 허용할 수 있다. 또한 VPC 링크는 보안 그룹을 사용해 비인가 접근을 제한한다.

애플리케이션 로드밸런서의 경우 HTTP API 요청을 처리하는 데 VPC 링크를 사용할 수 있다. 지정된 개별 서브넷 내에 생성된 VPC 링크는 고객이 프라이빗 VPC 내의 HTTP 엔드포인트에 접근할 수 있게 허용한다. 그림 6–10은 계정에 VPC 링크를 추가하는 방법을 보여준다.

그림 6–10. VPC 링크를 생성하면 VPC 내에 존재하는 프라이빗 네트워크 로드밸런서에 연결할 수 있다. API Gateway를 애플리케이션 로드밸런서나 기타 HTTP 리소스에 연결하려면 'HTTP API에 대한 VPC 링크'를 사용해 서브넷에 VPC 링크를 추가할 필요가 있다.

VPC 링크를 생성한 이후에는 생성 시 지정한 서브넷이나 보안 그룹을 변경할 수 없다.

쿠버네티스 마이크로서비스와 API Gateway

VPC 링크를 사용하면 API Gateway가 프라이빗 쿠버네티스 환경에서 실행 중인 REST 백엔드 서비스를 호출할 수 있게 확장할 수 있다. 이러한 REST 백엔드 서비스들은 AWS 사용자의 VPC 내에서 실행된다.

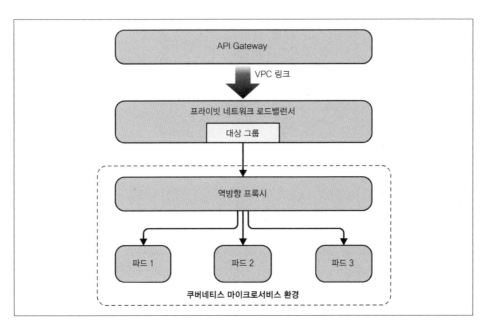

그림 6-11. VPC 링크를 사용해 쿠버네티스에 연결할 수 있는 프라이빗 네트워크 로드밸런서와 고객에게 접근을 허용할 API Gateway를 연결할 수 있다.

REST 백엔드 서비스와 API Gateway를 연결하려면 네트워크 로드밸런서를 생성하고 쿠버네티스 클러스터를 로드밸런서의 대상 그룹으로 지정해야 한다. 이러한 설정은 다른 쿠버네티스 설정들과 크게 다르지 않다. 쿠버네티스를 설정하는 방법은 AWS에서 제공하는 상세한 문서(https://oreil.ly/UqqUk)에서 확인할 수 있다. API Gateway와 쿠버네티스에서 실행 중인 서비스와의 연결을 도식화하면 그림 6-11과 같다.

API Gateway 접근 통제

API Gateway는 API 요청에 대한 단일 진입점 역할을 하기 때문에 클라우드 리소스에 대한 모든 접근 요청에 개방돼 있으며, 이는 API Gateway가 전체 인프라 보안의 핵심임을 의미한다. 백엔드 서비스가 안전한 격리와 강력한 보호를 받고 있는 동안 엣지 서비스는 외부의 다양한 위협에 대응할 준비를 갖추고 있어야 한다. 엣지 보안에서는 경계 지점이 가장 취약하고 보호하기 어렵기 때문에 다른 어떤 지점보다도 엣지 네트워크에 제로 트러스트 모델을 적용해야 할 필요성이 높다. 제로 트러스트 모델을 적용한다는 것은 모든 엣지 서비스가 일부 승인된 방법을 통해 시스템에 신뢰를 구축할 때까지 자신에게 들어오는 요청을 신뢰하지 않음을 의미한다.

시스템에 제로 트러스트 모델을 구현하려면 모든 요청을 인증하고 인가 정책과 비교해 검증해야 한다. 이와 같은 로직은 여러 서비스에 걸쳐 분산하거나 중앙 집중식 서비스에 할당해 반복돼야 한다. 아마존 API Gateway가 없다고 제로 트러스트 모델 구현이 불가능한 것은 아니지만 아마존 API Gateway가 없었다면 여러 가지 보안 요구 사항을 설계에 통합하기가 더 어려웠을 것이다. 아마존 API Gateway는 AWS 사용자들에게 미리 정의된 프레임워크를 제공해 설정 프로세스를 상당히 단순화한다.

최종 사용자 관점에서 API Gateway는 권한 부여자 생성 기능을 제공함으로써 제로 트러스트 정책을 지원한다. 권한 부여자는 들어오는 개별 요청을 확인하고 요청별로 제로 트러스트를 정책을 적용하는 인터셉터 역할을 한다. 이러한 미리 구성해둔 권한 부여자의 요구를 만족하는 요청에 한해 허용할 수 있다.

이는 정당한 모든 요청을 식별할 수 있어야 함을 의미하기 때문에 다양한 유형의 피싱 공격으로부터 애플리케이션을 보호할 수 있어야 함을 나타낸다. 그림 6-12는 인터셉터가 API Gateway 엔드포인트로 보내지는 개별 요청을 관리하는 방법을 보여준다. 설계 패턴을 사용해 작업하는 소프트웨어 개발자를 위해 API Gateway는 일반적으로 사용되는 파사드 디자인 패턴[facade design pattern][1]을 모방하며 실제 접근 통제 로직도 파사드 패턴을 사용해 추상화한다.

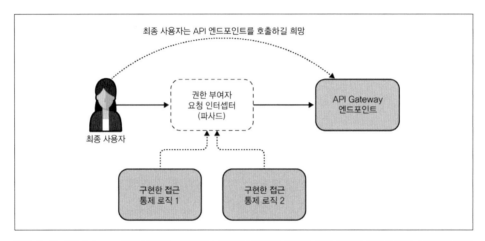

그림 6-12. API Gateway 권한 부여자는 인바운드 요청을 가로채고 사용된 권한 부여자 유형에 따라 요청별로 접근 통제 로직을 적용한다.

AWS는 용도별로 선택해 사용할 수 있는 3가지 유형의 권한 부여자를 제공한다.

- API 기반 IAM 권한 부여자

- Cognito 기반 권한 부여자

- 람다 기반 권한 부여자

---

1. 백엔드 시스템들의 동작 원리를 드러내지 않고 앞단에 해당 시스템에 접근할 수 있는 통합된 하나의 인터페이스를 제공하는 패턴을 의미한다. – 옮긴이

IAM 권한 부여자(API 기반 권한 부여자)

아마존 API Gateway에서 접근 통제를 구현하는 가장 간단한 방법은 호출 측 신원을 AWS에서 식별할 수 있는 권한 주체(AWS 사용자 또는 AWS 역할)와 연결하는 것이다. 호출 측이 자신의 신원을 AWS 권한 주체의 신원과 연결하는 방법을 찾으면 2장에서 상세히 설명했던 IAM 정책을 사용해 접근 통제를 구현하기가 쉬워진다.

따라서 API Gateway에서 IAM 인가 절차를 구현하려면 다음 단계를 수행해야 한다.

1. 호출 측 애플리케이션이 요청을 생성하는 데 사용할 권한 주체를 식별한다.

2. 호출 측 애플리케이션이 API Gateway에서 인가를 받고자 사용하려는 신원을 수임할 수 있게 허용되는지 확인한다.

3. 권한 주체가 메서드 호출을 허용하거나 거부하는 방법과 콘텍스트를 정의하는 IAM 정책을 생성하고 연결한다.

4. 연결한 IAM 정책을 사용해 API Gateway에서 IAM 권한 부여자를 활성화한다.

그림 6-13은 아마존 API Gateway에서 IAM 권한 부여자를 사용하는 방법을 보여준다.

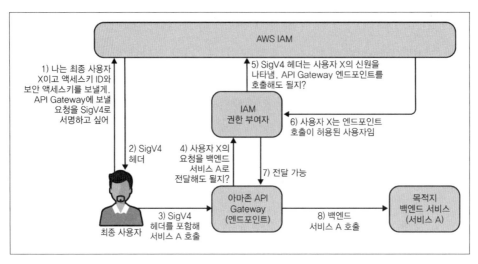

그림 6-13. IAM 권한 부여자를 사용하는 API Gateway의 요청 처리 흐름

AWS 사용자 X가 서비스 A에 접근하려 할 때의 처리 절차는 다음과 같다.

1. 가장 먼저 사용자 X는 자격증명_(액세스키 ID와 보안 액세스키)을 다운로드해둔다.

2. IAM 정책과 비교해 API 요청을 검증하고자 API Gateway는 권한 주체에 게 자신을 식별하도록 요청해야 한다. 이는 AWS SigV4^{Sinature Version 4}와 같은 승인된 요청 서명 방법을 사용해 요청에 서명_(https://oreil.ly/eWKu5)함으로 써 달성할 수 있다.

3. 그런 다음 사용자 X는 API Gateway 엔드포인트로 보낸 요청에 서명을 포함시킨다.

4. API Gateway 엔드포인트는 인증을 IAM 권한 부여자에게 위임한다.

5. IAM 권한 부여자는 AWS IAM 서비스에 질의해 요청에 서명한 사용자의 접근 정책을 확인할 수 있는 능력을 보유한다.

6. 들어오는 모든 요청을 평가하는 방법과 유사한 방법으로 요청에 대한 접근 정책을 평가한다_(2장 참고).

7. 정책 평가 결과에 따라 IAM 권한 부여자는 서명된 요청을 통과하게 허용할지 거부할지를 결정한다.

모든 요청이 개별적으로 서명돼 있어야 하기 때문에 API Gateway가 요청을 확인하는 과정은 실제로 제로 트러스트를 지원한다. 하지만 이것은 개별 호출자가 AWS 계정의 권한 주체를 사용해 요청에 서명할 수 있어야 함을 의미하므로, 고객이나 최종 사용자와 대면하고 있는 API Gateway를 위한 확장 가능한 솔루션이 아니다.

IAM 인가를 설정하려면 다음 단계를 따라야 한다.

1. AWS 관리 콘솔에서 API Gateway 서비스를 선택한 다음 API 이름을 선택한다.

2. 리소스를 클릭한 후 IAM 인증을 활성화하려는 HTTP 메서드(예: GET 또는 POST)를 선택 한다.

3. 메서드 실행 창에서 메서드 요청을 선택한다.

4. 설정에서 연필 아이콘(편집)을 클릭하고 인가 방법으로 AWS IAM을 선택한 다음에 체크 모양 아이콘(업데이트)을 클릭한다.

IAM 인가를 설정한 이후에는 API를 요청하려면 SigV4를 사용해 요청을 보내야 한다. SigV4를 HTTP Authorization 헤더에 추가한 예는 다음과 같다.

```
curl --location --request GET https://iam.amazonaws.com/?Action=ListUsers&Version
=2010-05-08 HTTP/1.1
Authorization: AWS4-HMAC-SHA256 Credential=AKIDEXAMPLE/20150830/
us-east-1/iam/aws4_request,
SignedHeaders=content-type;host;x-amz-date,
Signature=5d672d79c15b13162d9279b0855cfba6789a8edb4c82c400e06b5924a6f2b5d7
content-type: application/x-www-form-urlencoded; charset=utf-8
```

```
host: iam.amazonaws.com
x-amz-date: 20150830T123600Z'
```

 AWS CLI에서 생성한 모든 요청은 자동으로 서명되기 때문에 호출자에게 적합한 권한 이 있는 한 요청을 실행할 수 있다.

아마존 Cognito 권한 부여자

아마존 Cognito 또한 API Gateway에서 최종 사용자 인증을 제공한다. 이번 절에서는 아마존 Cognito를 사용하기 위한 초기 사용자 풀 생성을 완료해둔 상태이고 Cognito에서 모든 사용자의 사용자 풀을 유지한다고 가정하고 설명하므로현재 상태는 모든 정당한 인바운드 요청 주체를 Cognito 사용자 풀에 존재하는유효한 사용자인지 추적할 수 있다.

API와 함께 Cognito 사용자 풀을 사용하려면 먼저 Cognito 사용자 풀 유형의권한 부여자를 생성해야 한다. 그런 다음 이 권한 부여자를 사용해 API 메서드를 구성할 수 있다. 그림 6-14는 기존 API 엔드포인트에 Cognito 권한 부여자를추가하는 방법을 보여준다.

그림 6-14. AWS 관리 콘솔에서 API Gateway 엔드포인트의 Cognito 권한 부여자 활성화

그림 6-15에서 보여주는 것처럼 API Gateway를 활성화하면 요청을 인증하는 역할을 아마존 Cognito에 위임하고 사용자 풀을 기반으로 사용자 권한을 추적한다.

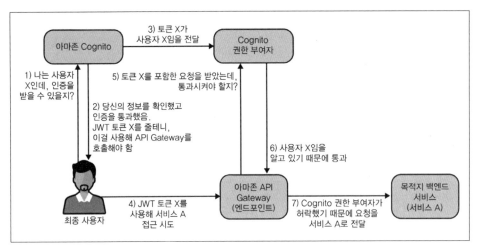

그림 6-15. 아마존 Cognito를 활성화한 경우 요청을 승인하는 절차

AWS 사용자 X가 서비스 A에 접근하려 할 때의 처리 절차는 다음과 같다.

1. 사용자 X는 먼저 아마존 Cognito에 요청한다. 사용자 X는 아마존 Cognito에서 지원하는 모든 인증 방법을 사용해 신원을 증명할 수 있다.

2. 호출자의 신원을 확인하면 아마존 Cognito는 JWT^{JSON Web Token}로 응답한다.

3. 동시에 아마존 Cognito는 Cognito 권한 부여자와 JWT를 동기화한다.

4. 사용자 X는 JWT를 사용해 API Gateway에 요청을 전송한다.

5. API Gateway는 인가 프로세스를 Cognito 권한 부여자에게 위임한다. 단계 3에서 언급한 것처럼 Cognito 권한 부여자는 아마존 Cognito로부터 JWT에 대한 정보를 이미 전달받은 상태다.

6. 결과적으로 Cognito 권한 부여자는 인바운드 요청을 인가된 사용자와 연결할 수 있다.

7. Cognito 권한 부여자는 인바운드 요청을 처리할지 여부를 결정해 최종 사용자가 서비스 A에 접근할 수 있게 지원한다.

모든 호출은 항상 토큰을 포함하고 있기 때문에 AWS 사용자는 여전히 제로 트러스트 보안을 달성할 수 있다. 또한 JWT 유효 기간을 설정해 시스템을 더 안전하게 운영할 수 있다.

 Cognito 권한 부여자를 사용할 때의 단점은 모든 최종 사용자를 Cognito 사용자 풀에 등록해야 한다는 것이다. 이것은 새로운 애플리케이션을 개발해 운영할 때는 간단할 수 있지만 이미 자체 인증 및 인가 메커니즘을 갖고 있는 기존 애플리케이션에는 적용이 어렵다.

람다 권한 부여자

Cognito 권한 부여자는 확장이 가능하면서도 API Gateway 수준에서 제로 트러스트 보안을 달성하는 우아한 방법을 제공하지만 Cognito 사용자 풀을 관리해야 하는 오버헤드를 초래한다. Cognito는 안전하지만 보안 프로젝트의 범위를 벗어날 수 있다. 게다가 Cognito는 기존 애플리케이션에 쉽게 사용자 정의 인증 로직을 추가해 적용할 수 있는 방법을 제공하지 않는다.

조직은 사용자 검증, 인증, 저장 등의 걷어내고 싶지 않은 메커니즘을 이미 구현해놨을 가능성이 높다. 그나마 좋은 소식은 AWS에서 AWS 사용자 자신의 인가 코드를 연결할 수 있는 기능을 지원한다는 것이다.

사용자 정의 인가 로직을 구현하고자 개별 API Gateway 요청은 AWS 람다 함수를 호출해 접근 가능 여부 및 권한을 평가받을 수 있는 능력을 부여받는다. AWS 람다 함수는 AWS 사용자가 원하는 방향으로 커스터마이징이 가능하며 필요시 다른 리소스나 AWS 서비스를 호출할 수 있다. 조직에서 이미 사용자 정의 접근 통제 로직을 보유한 경우 람다 권한 부여자는 접근 통제 역할을 조직의 사용자 정의 인가 로직에 위임할 수 있다. 람다 권한 부여자는 인가 작업을 수행하는 데 도움을 주는 정보를 포함하도록 인바운드 요청에 요구한다.

인가에 도움을 주는 정보는 다음 형식으로 표시될 수 있다.

- 요청문에 포함해 요청과 함께 전달하는 JWT

- 들어오는 요청과 함께 전달하는 헤더나 요청 파라미터의 조합

 WebSocket 기반 람다는 파라미터 기반의 람다 권한 부여자만 지원한다.

그림 6-16은 사용자가 서비스 A에 접근하려고 할 때 서비스 B에서 인가 서비스를 제공하는 경우 람다 권한 부여자를 구현하는 방법을 보여준다.

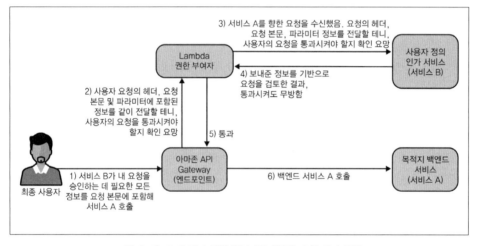

그림 6-16. AWS 람다 권한 부여자를 사용한 요청 인가 절차

그림 6-16을 단계별로 살펴보면 다음과 같다.

1. 최종 사용자는 사용자 정의 인증 로직을 통과하는 데 필요한 모든 정보를 포함해 API Gateway 엔드포인트를 직접 호출한다.

2. 호출을 받은 API Gateway는 AWS 람다 권한 부여자 형식으로 인가 절차를 AWS 람다 함수에 위임한다.

3. 람다 함수는 인가 기능을 제공해오던 기존 백엔드 서비스를 호출해 응

답을 수신한다.

4. 백엔드 서비스는 수신한 요청을 평가해 허용(ALLOW) 또는 거부(DENY)로 응답한다.

5. 단계 4의 응답에 따라 사용자의 요청을 허용할지 차단할지를 결정한다.

 요청은 요청문 내에서 접근 통제에 필요한 모든 항목(예: 헤더에 포함한 bearer 토큰)을 포함해야 한다.

인가 방법을 사용자가 정의할 수 있는 특성을 고려해보면 API와 인가 서비스가 인가 방법을 합의하기만 하면 종단 간 요청과 응답 흐름을 구현하는 것은 매우 쉬운 일이다.

API Gateway 인프라 보안

이번 절에서는 API Gateway 인프라를 보호하고자 AWS가 제공하는 몇 가지 인프라 수준의 통제에 대해 알아본다.

요청 제한

API Gateway는 처리할 수 있는 요청 수의 제한이 있다. 권한 부여자가 인증 받지 않은 트래픽을 차단하는 데는 뛰어난 효과가 있지만 API Gateway가 많은 공격을 직접 받아야 하는 첫 번째 방어선이라는 점을 감안할 때 엔드포인트를 향한 갑작스러운 요청 폭주는 API Gateway가 방어해야 하는 서비스 거부 공격이 들어옴을 의미할 수 있다. API Gateway가 가진 유일한 옵션이 책임을 마이크로서비스에 전가하는 거라면 실망스러울 것이다. 따라서 AWS는 API Gateway가 API 요청을 제한할 수 있는 기능을 제공한다. API 요청을 제한할 수 있는 방법은 지속적인 요청 비율(요율) 조절과 버스트^{Burst} 조절 등 2가지 유형이 있다. 지속적인 요청 비율은 애플리케이션이 장기간에 걸쳐 요청을 받는 평균 비율이다. 온라인 트래픽은 갑작스럽게 급증하는 경우도 있지만 계절에 따라 달리 나타나는 경향도 있어 장기간의 평균을 고려해야 한다. 지속적인 요청 비율은 대부분의 개발자가 시스템을 설계하는 과정에서 고려하는 요소로, 특정 계정의 동일 리전에 있는 모든 API Gateway 엔드포인트가 공유한다.

버스트 요청 비율은 매우 짧은 시간(보통 1초 미만) 동안 임곗값을 넘어서 들어오는 요청의 속도를 제한할 수 있는 갑작스럽고 일시적인 요청 급증을 설명하는 데 도움을 주는 버퍼의 크기다.

버퍼 사용량을 계산하는 알고리듬에 관심 있는 사용자를 위해 좀 더 설명을 해보면 AWS는 토큰 버킷 알고리듬으로 버스트를 계산해 API 요청을 제한한다. 예를 들어 버스트 제한이 초당 5,000개의 요청인 경우 다음과 같은 절차를 거친다.

- 호출자가 1초에 10,000개(밀리초당 10개의 요청)의 요청을 균등하게 보내면 API Gateway는 요청을 무시하지 않고 모두 처리한다.

- 호출자가 첫 번째 밀리초에 10,000개의 요청을 보내면 API Gateway는 5,000개의 요청만 처리하고 1초 동안 잠시 처리를 제한한다.

- 호출자가 첫 번째 밀리초에 5,000개의 요청을 보낸 다음 나머지 999밀리초 동안 또 다른 5,000개의 요청을 고르게 분산시켜 보내면 API Gateway는 1초 동안 10,000개의 요청을 제한 없이 모두 처리한다.

API Gateway는 리전별로 처리할 수 있는 API 요청에 관한 버스트 크기뿐만 아니라 지속적인 요청 비율에 대한 한도를 관리한다. 버스트는 토큰 버킷 알고리듬의 최대 버킷 크기를 나타낸다. 단기간에 너무 많은 요청이 들어오고 버스트 제한 임곗값에 도달하면 API Gateway는 '429 Too Many Requests' 에러를 반환한다. 에러가 발생하면 클라이언트는 임곗값 내에서 요청을 다시 처리할 수 있을 때 실패한 요청을 다시 제출할 수 있다.

요청 한도가 높다고 볼 수도 있지만(이 책을 쓰는 시점에는 AWS 계정의 리전별로 초당 1만 개의 요청) 부족해지는 경우가 생기면 API 개발자가 개별 API 단계나 메서드를 대상으로 클라이언트 요청을 구체적으로 제한할 수 있다. 또한 개별 API 단계나 메서드의 요청 한도를 제한해 AWS 계정의 모든 API를 대상으로 한 클라이언트 요청을 제한할 수 있다. 이렇게 하면 특정 리전에서 계정 수준의 요청 한도를 초과하지 않도록 전체 요청수가 제한된다.

계정 수준의 조절 외에도 사용량 계획^{usage plan}을 사용해 개별 엔드포인트에 클라이언트당 요청 제한을 둘 수도 있다. 클라이언트별로 요청 제한을 하려면 호출 측 클라이언트 식별이 필수적이기 때문에 사용량 계획은 API 키를 사용해 API 클라이언트를 식별하고 개별 키에 연결된 API 단계로의 접근을 측정한다.

상호 TLS

상호 TLS^{Mutual TLS}는 전 세계 보안 시스템에서 빠르게 인기를 얻고 있는 비교적 새로운 표준이다. TLS에 대해서는 7장에서 상세히 설명하지만 우선 간략히 살펴보면 TLS는 특정 도메인을 위해 신뢰할 수 있는 인증기관에서 서명한 표준화된 디지털 인증서를 사용한 핸드셰이크 과정을 거쳐 서버를 검증하는 데 도움을 준다.

전통적인 TLS에서는 보안 조치를 서버에서만 수행하지만 상호 TLS는 전송하는 모든 HTTP 요청을 인증하도록 클라이언트에 요청함으로써 프로토콜의 보안을 한 단계 더 강화한다.

상호 TLS를 구현하려면 먼저 사설 인증기관과 클라이언트 인증서를 생성해야 한다. API Gateway가 상호 TLS를 사용해 인증서의 유효성을 검증하려면 루트 인증기관^{root CA}과 중간 인증기관^{intermediate CA}의 공개키를 API Gateway에 업로드해야 한다. 그림 6-17은 API Gateway에서 제공하는 사용자 지정 도메인 엔드포인트의 상호 TLS를 활성화하는 데 필요한 단계를 보여준다.

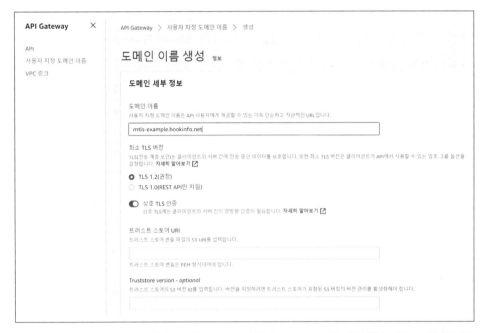

그림 6-17. 트러스트 스토어 번들 파일의 아마존 S3 URI를 입력해 API Gateway의 모든 사용자 지정 도메인에서 상호 TLS를 활성화할 수 있다.

상호 TLS는 일반적으로 B2B 애플리케이션에서 주로 사용하며, 오픈 뱅킹 표준에서도 사용한다.

아마존 API Gateway 사용 시 비용 고려 사항

API Gateway는 엣지 서비스가 최종 사용자에게 얽매이지 않으면서 분리되고 모듈화된 백엔드 마이크로서비스 애플리케이션을 제공하게 지원하지만 이를 위해 특정 비용을 지불해야 한다. 아키텍트가 비용이 어떻게 발생하는지를 알고 있다면 API Gateway가 자신에게 맞는 적절한 도구인지를 판단하고 정보에 입각한 결정을 내리는 데 도움이 될 수 있다.

API Gateway 서비스의 기본 요금 책정 모델은 매우 단순해 최소 요금이나 사전 약정 없이 API를 사용할 때만 요금을 청구한다. 요금을 더 간단하고 공정하게 청구하고자 API Gateway에 대한 잘못된 요청(예: 인증 실패)에는 요금을 부과하지 않기도 하는데, 잘못된 요청에는 키가 필요한 엔드포인트를 대상으로 액세스 키 없이 발생한 요청까지 포함한다. 또한 요청 한도를 설정한 API Gateway를 대상으로 한 요청에도 요금을 부과한다. 요금은 전송된 메시지의 수와 WebSocket 엔드포인트에 대한 연결 기간에 따라 평가된다.

그러나 기본 서비스를 벗어난 API Gateway를 운영할 경우 대부분의 부가적인 서비스는 추가 요금을 발생시킨다. API Gateway에서 데이터 캐싱을 활성화한 경우 장기 약정 없이 캐시가 AWS 서버에 저장되는 시간별로 시간당 요금이 부과된다.

API Gateway가 다른 리전에 있는 마이크로서비스를 호출해 교차 리전 호출이 발생하는 경우 리전 간 데이터 전송 요금이 부가될 수 있다. 마찬가지로 API Gateway가 다른 AWS 람다 함수를 호출한다면(예: 인가 목적) 이러한 AWS 리소스에 대한 호출 비용은 별도로 평가된다.

배스천 호스트

조직의 모든 마이크로서비스를 완전하고 안전하게 격리해 고객의 엣지 요청이 API Gateway를 거쳐서만 마이크로서비스에 도달하게 분리하는 것을 고려해야 한다. 하지만 마이크로서비스를 격리하는 데는 비용이 발생하며, 경우에 따라 마이크로서비스를 호스팅하는 인프라 유지 보수도 필요하다. 또한 가끔은 인가된 개발자가 디버깅, 트레이싱, 기타 데이터베이스 관련 개발을 위해 격리된 서비스에 접근할 수 있어야 한다.

해결책

배스천 호스트^{bastion host}는 내부 개발자, 관리자, 기타 사용자가 내부 인프라에 접근해 유지 보수 작업을 수행할 때 사용된다. 배스천 호스트는 일반적으로 특정 목적의 접근에 한정해서 사용되며 퍼블릭 인터넷에서 접근할 수 없는 내부 서비스 유지 보수 작업을 수행할 때 사용된다.

퍼블릭 인터넷(라우팅 설정한 아마존 EC2 인스턴스)을 배스천 호스트로 사용하게 구성할 수 있다. 해당 EC2는 의도하지 않은 서비스나 사용자가 내부 인프라에 접근할 수 없도록 보안 그룹과 네트워크 ACL을 사용해 고도로 강화된 보안을 유지해야 한다. 또한 관리자만 배스천 호스트의 설정을 변경할 수 있게 해야 하며, 서버 보안을 강화한 후에는 배스천 호스트에서만 백엔드 서비스에 접근할 수 있게 해야 한다. 네트워크 ACL은 서브넷 수준에서 규제 준수를 보장할 수 있는 반면에 보안 그룹은 일래스틱 네트워크 인터페이스^{ENI, Elastic Network Interface}/컨테이너 네트워크 인터페이스^{CNI, Container Network Interface} 수준에서 동일한 규정 준수를 보장한다.

특정 사용자에게만 설정을 변경할 수 있는 역할을 맡길 수 있도록 배스천 호스트를 별도의 AWS 계정의 인프라에 구축함으로써 서비스와 보안 인프라의 완전한 격리를 보장하는 방법도 있다.

배스천 호스트는 VPC의 퍼블릭 서브넷 내에 배치해 프라이빗 네트워크와 회사 네트워크 간에 패킷을 직접 교환하지 못하게 한다.

배스천 호스트에서 인터넷으로 나가는 경로를 차단하고 내부 인프라를 목적지로 한 SSH 요청에 한해 허용하는 것이 중요하다. 배스천 호스트가 위치한 VPC와 내부 인프라 간에 VPN 터널링을 맺어 두는 것도 좋은 생각이다.

배스천 호스트를 전용 서브넷에 구성해 네트워크 ACL로 접근을 제한할 수 있다. 배스천 호스트를 전용 서브넷으로 분리해 구성할 경우 배스천 호스트가 침해되더라도 관리자가 즉시 네트워크 ACL을 사용해 네트워크를 차단함으로써 지연 없이 경계를 보호할 수 있다는 이점이 있다.

배스천 호스트를 통해 접근이 필요한 관리적 목적의 새로운 인스턴스를 VPC에 추가할 때 보안 그룹 참조(체인)를 사용해 보안 그룹 인바운드 규칙에서 배스천 호스트를 출발지로 한 접근을 허용해야 한다. 또한 이 접근을 필요한 포트로만 제한해야 한다.

백엔드 시스템을 손상시킬 수 있는 침입으로부터 운영체제를 보호하려면 배스천 호스트를 정기적으로 업데이트하고 패치해야 한다.

정적 자산 배포(콘텐츠 전송 네트워크)

정적 자산 배포는 보안 관점에서 특별한 고려가 필요하다. 콘텐츠 전송 네트워크CDN, Content Distribution Network에서 발생하는 공격은 정상적인 서비스 트래픽을 모방해 트래픽의 악의적인 특성을 숨기려 하기 때문에 인증 과정이 없을 경우 악의적인 사용자를 포착하는 것이 매우 어렵다.

여러 상황에서 콘텐츠 전송을 대상으로 한 공격을 완화하기 위한 일반적인 전략은 시스템을 확장할 수 있게 하는 비즈니스 연속성 계획BCP, Business Continuity Plan을 수립하는 것이다. 이렇게 하면 공격이 진행되는 동안 애플리케이션의 가용성에 문제가 생기지 않도록 증가한 요청을 수용할 수 있다.

인증 과정이 없는 네트워크를 보호하는 방법을 알아보기 전에 네트워크에서 보안을 통해 달성하려는 목표를 정확히 설명하겠다.

아마존 CloudFront

AWS에서 권장하는 정적 파일 제공 방법은 아마존 CloudFront 배포^{Distributions}를 사용하는 것이다. 아마존 CloudFront는 배포를 위해 엣지에서 콘텐츠를 캐싱할 수 있게 해주는 아마존 CDN 자산 관리 시스템이다. 개별 CloudFront 배포는 정적 콘텐츠를 저장하는 저장소 위치인 오리진을 사용한다. CloudFront는 가용성과 확장성이 뛰어난 시스템으로, 공격의 영향 없이 사용자에게 지속적인 가동 시간과 성능을 보장한다.

CloudFront는 전 세계의 다양한 엣지 로케이션에 정적 콘텐츠를 캐싱해 서비스를 제공한다. 리소스에 대한 요청은 최종 사용자의 위치와 현재 트래픽을 기반으로 처리하기에 적합한 엣지 로케이션에 연결된다. 글로벌 트래픽 관리^{GTM, Global Traffic Management}로 알려진 이 프로세스는 애플리케이션의 성능을 향상시킬 수 있다. 요청을 받은 정적 리소스는 엣지 로케이션의 캐시를 확인하고 엣지 캐시에 없을 경우에만 오리진으로 요청을 전달한다. CloudFront의 요청 처리 과정은 개발자와 최종 사용자와 무관하게 추상화돼 있어 구현과 배포가 쉽다.

CloudFront는 또한 AWS 공동 책임 모델도 준수하기 때문에 AWS 사용자는 엣지 로케이션의 인프라 보안, 캐시 또는 엣지 로케이션과 오리진 간의 통신에 대해 걱정할 필요가 없다. AWS는 엣지 로케이션과 오리진 간의 통신을 자체 인터넷 백본을 사용해 안전하고 공개되지 않는 형태로 처리한다. 즉, AWS는 사용자가 콘텐츠 배포 시 보안 규정 준수에 대한 걱정 없이 애플리케이션 코드에 집중할 수 있는 환경을 제공한다. 그림 6-18은 애플리케이션의 정적 콘텐츠에 접근하고자 세계 각국의 사용자가 엣지 로케이션에 연결하는 방법을 보여준다. 최적화된 엣지^{Edge optimized} API Gateway는 아마존 CloudFront와 유사한 방식으로 동작하는데, 내부적으로 최적화된 엣지 API Gateway가 아마존 CloudFront를 사용해 전 세계 리전에 콘텐츠를 배포하기 때문이다.

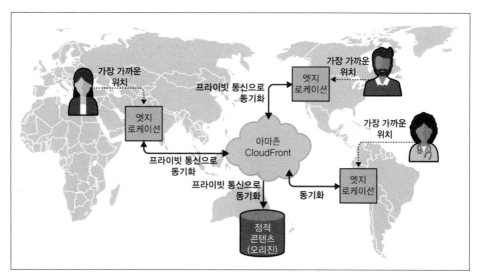

그림 6-18. 아마존 CloudFront 배포는 다양한 엣지 로케이션에 걸쳐 정적 리소스를 캐시하고 지리적으로 가장 가까운 엣지 로케이션과 사용자를 연결한다.

CloudFront 오리진

CloudFront 배포를 지원하는 데이터 저장소를 오리진^{origin}이라고 부른다. 오리진 은 CloudFront가 모든 엣지 로케이션에서 선택하고 캐싱할 수 있는 콘텐츠가 저장되는 곳이다.

CloudFront는 S3와 함께 작동하도록 최적화돼 있지만 S3 외에도 다음과 같은 여러 유형의 오리진을 지원하고 있으며, 지원 목록은 지속적으로 늘어나고 있어 용도에 맞는 오리진을 선택해서 사용하면 된다.

- 정적 웹 사이트 호스팅을 할 수 있게 구성한 아마존 S3 버킷
- AWS 일래스틱 로드밸런서(Elastic Load Balancer)
- AWS Elemental MediaPackage 엔드포인트
- AWS Elemental MediaStore 컨테이너
- 아마존 EC2 인스턴스나 다른 종류의 호스트에서 실행 중인 모든 유형의 HTTP 서버

CloudFront 배포를 사용하면 전역적으로 접근할 수 있는 도메인 이름으로 어떤 국가에서도 콘텐츠에 접근할 수 있다. 또한 CloudFront 배포에서 사용자 지정

도메인 이름을 사용할 수도 있다. 그림 6-19는 CloudFront 배포를 생성하는 과정에 사용자 지정 도메인을 추가하는 방법을 보여준다.

그림 6-19. CloudFront 배포를 생성하는 과정에 사용자 지정 도메인 지정

아마존 CloudFront는 콘텐츠에 대한 HTTPS 접근을 허용한다. 따라서 사용자 지정 도메인을 사용하는 경우 TLS 종료를 위해 CloudFront 배포에 TLS 인증서를 추가해야 한다. TLS는 7장에서 상세히 다루지만 6장에서 설명하는 보호 조치들을 달성하고자 모든 CloudFront 배포에 유효한 TLS 인증서를 추가해야 함을 알고 있어야 한다. 그림 6-20은 TLS 인증서를 CloudFront에 추가하는 데 필요한 단계를 보여준다.

설정

가격 분류 정보
지불하려는 최고가와 연관된 가격 분류를 선택합니다.

◉ 모든 엣지 로케이션에서 사용(최고의 성능)

○ 북미 및 유럽만 사용

○ 북미, 유럽, 아시아, 중동 및 아프리카에서 사용

AWS WAF 웹 ACL - 선택 사항
AWS WAF에서 웹 ACL을 선택하여 이 배포와 연결합니다.

웹 ACL 선택   ▼

대체 도메인 이름(CNAME) - 선택 사항
이 배포에서 제공하는 파일에 대해 URL에서 사용하는 사용자 정의 도메인 이름을 추가합니다.

항목 추가

ⓘ 대체 도메인 이름 목록을 추가하려면 대량 편집기을(를) 사용하십시오.

사용자 정의 SSL 인증서 - 선택 사항
AWS Certificate Manager의 인증서를 연결합니다. 인증서는 반드시 미국 동부(버지니아 북부) 리전(us-east-1)에 있어야 합니다.

인증서 선택   ▼   C

인증서 요청 ⬀

지원되는 HTTP 버전
추가 HTTP 버전에 대한 지원을 추가합니다. HTTP/1.0 및 HTTP/1.1이 기본값으로 지원됩니다.

☑ HTTP/2

☐ HTTP/3

기본값 루트 객체 - 선택 사항
뷰어가 특정 객체 대신 루트 URL(/)을 요청할 때 반환할 객체(파일 이름)입니다.

그림 6-20. CloudFront 배포를 생성하는 동안 CloudFront 인증서 지정

원본 액세스 ID

CloudFront 배포의 오리진으로 아마존 S3 버킷을 사용한다고 가정해보자. 증가하는 비용과 공격으로부터 보호하려면 아마존 CloudFront를 제외한 다른 모든 위치에서 정적 콘텐츠로 접근할 수 없게 구성하는 것이 중요하다. CloudFront를 사용하는 중요한 이유 중 하나는 공격과 증가하는 비용으로부터 자유로워지기 위해서다. 하지만 공격자가 CloudFront를 우회해 S3 버킷에 직접 접근할 수

있는 방법을 찾으면 모든 것이 무용지물이 되기 때문에 버킷에 접근할 수 있게 인가된 유일한 리소스를 CloudFront 배포로만 구성하고 이러한 접근이 정적 콘텐츠 제공 목적으로만 허용되는지를 확인하는 것은 매우 중요하다.

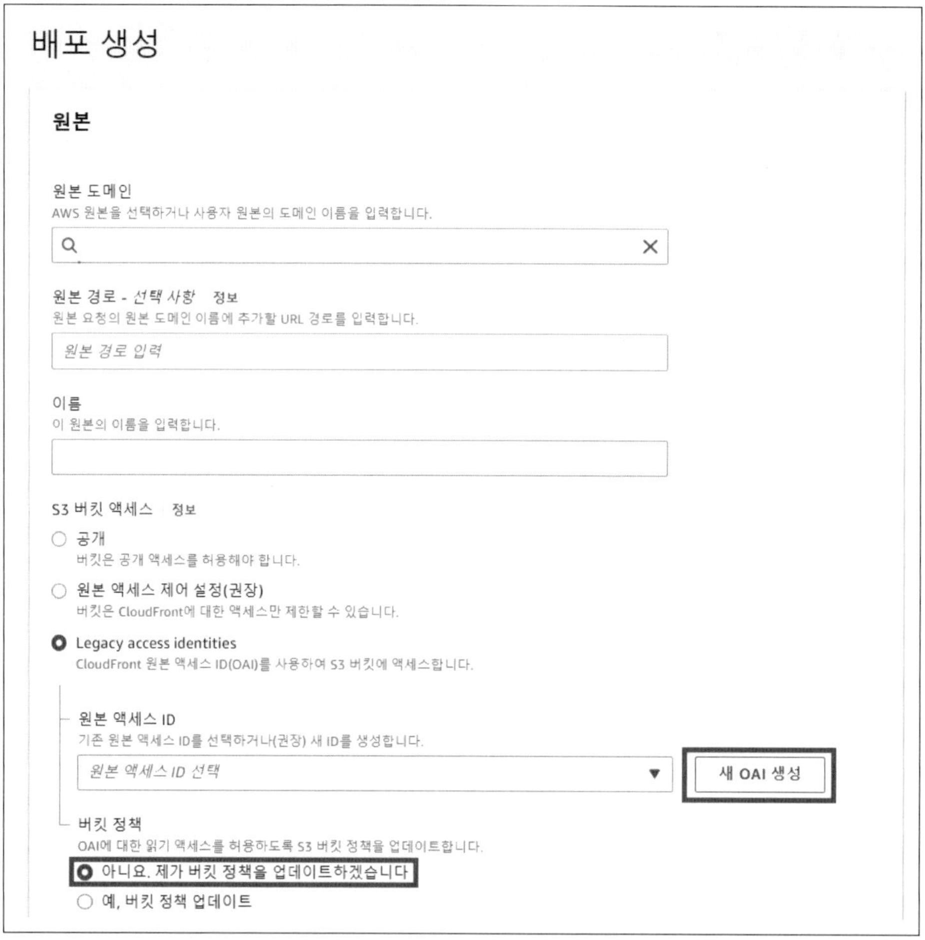

그림 6-21. CloudFront 배포를 생성하는 과정에서 원본 액세스 ID 생성

AWS는 CloudFront 배포에서 사용할 새로운 식별자(ID)를 생성할 수 있는 선택권을 제공하며, 이러한 식별자를 **원본 액세스 ID**$^{OAI, \text{ Origin Access Identity}}$라고 부른다. CloudFront 배포는 원본 액세스 ID를 CloudFront를 통해서만 리소스에 접근할

수 있게 제한하는 데 사용한다. 원본 액세스 ID를 생성하고 나서 서비스에서는 해당 ID를 사용하지 않고 S3 버킷에 접근할 수 없게 설정하는 것이 중요하다. 이렇게 하면 이전에 접근할 수 있었던 S3 버킷에 저장된 백도어를 사용할 수 없게 되는 등 여러모로 공격에 덜 취약해진다. 그림 6-21은 CloudFront 배포에 대한 원본(오리진)을 추가하는 방법을 보여준다.

서명된 URL과 쿠키

디지털 경제의 부상으로 많은 콘텐츠 공급자가 프리미엄 콘텐츠를 제공할 필요성을 깨달았고 대부분의 회사들은 높은 비용을 청구하고 수준 높은 콘텐츠를 특정 사용자에게만 제공하기를 원한다. 온라인 신문과 잡지는 대표적인 부분 유료화 모델의 예다. 이러한 상황에서 일반적으로 최종 사용자는 특정 정적 콘텐츠에 접근할 수 있는 권한이 필요하지만 기본 인증 메커니즘을 통과한 이후에만 접근 권한을 부여받을 수 있다. 서비스에 대한 인증 및 인가에 관해서는 이미 언급했지만 때때로 정적 콘텐츠까지 보호 대상에 포함해야 하는 요구 사항이 있음을 알고 있어야 한다.

비즈니스 문제

전자상거래 웹 사이트를 통해 최종 사용자에게 일련의 디지털 미디어 콘텐츠를 제공하려고 한다. 비디오와 그림 등 이러한 콘텐츠는 유료 고객만 사용할 수 있으며 사용자가 프리미엄 서비스 비용을 지불한 이후에만 접근이 가능해야 한다. 로그인한 후 일정 시간 동안 콘텐츠를 사용할 수 있게 하고 싶지만 특정 시간이 지나면 콘텐츠에 대한 접근이 불가하다. 콘텐츠를 백엔드 서비스와 분리해 보관하고 싶다.

해결책

사용자를 대신해 접근 통제를 처리하는 신뢰할 수 있는 서비스를 사용하는 것 외에도 AWS는 S3나 CloudFront와 같은 콘텐츠 공급 객체 저장소에서 서명된 URL을 직접 생성할 수 있게 허용한다.

S3나 CloudFront 등의 프라이빗 객체 저장소는 접근 중개자 역할을 하는 서명 서비스에 접근 통제를 위임하는데, AWS는 이러한 서명 서비스를 신뢰할 수 있는 서명자^{trusted signer}라고 칭한다. AWS는 디지털 서명과 비대칭키 암호화(3장에서 설명)를 사용해 사용자의 신원을 확인하고 접근을 통제한다.

서드파티가 객체 저장소에 접근할 수 있게 신뢰할 수 있는 서명자는 자신의 개인키로 서명한 독점적인 URL을 공유한다. 이러한 서명은 객체 저장소에서 검증될 수 있다. 객체 저장소가 유효한 서명을 가진 요청을 확인하면 해당 요청이 특정 인가 요구 사항을 우회하도록 허용한다.

서명된 URL을 사용하면 요청자가 원하는 일정 시간 동안 프라이빗 객체에 대한 접근을 허용할 수 있다. 이러한 유형의 접근은 한시적인 영화 시청이나 음원 다운로드 등의 주문형 콘텐츠를 사용자에게 배포하는 데 유용하다. 미디어 대여 회사의 접근 중재 서비스는 개별 고객에 대한 구독 및 청구 정보에 접근할 수 있는 시스템일 수 있고 구독 상태에 따라 프리미엄 정적 콘텐츠에 접근할 수 있는지 여부를 결정할 수 있는 시스템일 수도 있다.

최종 사용자가 서명된 URL을 사용해 유료 회원 대상으로 제한된 프라이빗 객체에 접근할 수 있는 한 객체를 정당한 구독자만 접근할 수 있게 만들 수 있다.

 또한 AWS는 투자자와 비즈니스 계획을 공유하는 경우처럼 민감한 정보를 공유할 필요가 있는 비즈니스 상황에 맞게 타임스탬프를 포함한 장기간 지속되는 서명된 URL을 생성할 수 있게 해준다. 또한 타임스탬프는 퇴직 시 접근 권한을 회수해야 하는 교육 자료를 직원들과 공유하는 데도 사용할 수 있다.

신뢰할 수 있는 서명자(예: 그림 6-22의 서명자 A)와 함께 오리진 및 CloudFront 배포 생성을 완료해둔 상태로 가정하고 설명할 예정이다. 최종 사용자(사용자 X)가 프라이빗 객체(객체 A)에 접근하려는 상황에서의 요청 흐름을 가정해 도식화하면 그림 6-22와 같다.

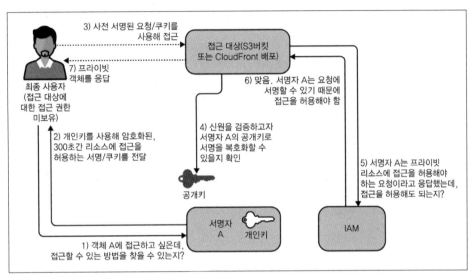

그림 6-22. 서명된 URL이나 쿠키를 사용해 CloudFront 또는 S3의 프라이빗 콘텐츠에 접근하는 요청 흐름

그림 6-22를 단계별로 설명하면 다음과 같다.

1. 사용자 X는 서명자 A가 신뢰할 수 있는 서명자임을 알고 있어 서명자 A에게 자신이 보낸 요청에 디지털 서명을 해달라는 요청을 전송한다.

2. 서명자 A는 자신의 개인키로 요청에 서명한다.

3. 사용자 X는 서명된 요청을 사용해 아마존 CloudFront나 S3를 거쳐 객체 A에 접근을 시도한다.

4. S3나 CloudFront는 요청의 서명을 검증하고 서명자 A의 공개키를 사용해 요청을 복호화함으로써 서명자가 신뢰할 수 있는 서명자인지 확인한다.

5. S3나 CloudFront는 IAM을 확인해 서명자 A가 리소스에 접근 허용됐는지 확인한다.

6. 서명자 A가 객체에 접근할 수 있는 경우 IAM은 작업이 진행되도록 허용한다.

7. S3나 CloudFront는 프라이빗 객체를 최종 사용자에게 반환한다.

짐작했을 수도 있지만 서명된 URL을 특별하게 만드는 것은 URL이 서명 토큰을 포함하고 있기 때문이다. 이러한 서명 토큰은 사전에 할당된 다른 서비스가 접근 책임을 맡을 의향이 있음을 객체 저장소에 알리므로 객체 저장소는 최종 사용자의 접근을 허용한다.

 아마존 S3과 CloudFront 모두 서명된 URL을 지원하지만 서명된 링크는 퍼블릭 인터넷에 접근할 수 있는 모든 사람이 접근할 수 있다. 따라서 보안 관점에서 서명된 URL을 가진 객체를 공유할 때마다 아마존 CloudFront를 사용하기를 권장한다.

서명된 URL과 서명된 쿠키 비교

사전 서명된 URL 외에도 사용자는 HTTP 쿠키를 사용할 수도 있다. AWS는 URL 서명 대신 토큰을 검증하고자 호출 측 호스트의 쿠키를 확인한다.

두 서비스 모두 AWS 관점에서 동일한 수준의 보안을 제공한다. 두 경우 모두 접근 통제를 객체 저장소 내에서 평가하지 않고 신뢰할 수 있는 서명자 서비스에 위임한다. 따라서 이러한 방법 모두 프라이빗 객체에 대한 접근을 제공하는 데 사용 가능하기 때문에 아키텍트는 이러한 방법 중 하나를 선택할 수 있다.

애플리케이션이 정적 객체에 접근하고자 표준 REST 형식 사용을 선호하는 경우 사전 서명된 URL을 사용하면 형식에 영향을 미칠 수 있다. 비슷한 방식으로 사전 서명된 URL을 객체별로 생성해야 하기 때문에 애플리케이션이 단순히 두 계층(무료 및 프리미엄)으로 이뤄져 있거나 동시에 여러 파일로 접근을 제공하려는 경우 서명된 쿠키가 더 적합하다. 서명된 쿠키는 URL을 변경하고 싶지 않은 기존 애플리케이션이 있는 경우에도 유용하다. 반면에 당신은 파일별로 세분화된 접근 통제를 선호할 수도 있다. 또는 멤버십 등급을 여러 개 운영하고 있다면 사전 서명된 URL이 애플리케이션에 더 적합할 수도 있다.

아마존 CloudFront와 서명된 URL

서명된 URL을 안전하게 사용해 프라이빗 콘텐츠를 배포하려면 다음 절차를 따라야 한다.

1. 프라이빗 객체를 프라이빗 버킷에 저장한다.

2. 사용자가 S3 URL로 직접 접근하지 않고 CloudFront를 통해 콘텐츠에 접근할 수 있도록 S3 버킷 내 콘텐츠 접근을 제한하거나 통제한다. 이렇게 하면 비인가 사용자가 CloudFront를 우회해 S3 URL로 콘텐츠를 획득하는 것을 방지할 수 있다. 이러한 통제는 원본 액세스 ID로 설정할 수 있다.

3. CloudFront 서명자 생성한다. 서명자는 CloudFront가 키를 신뢰할 수 있음을 알 수 있게 생성한 키 그룹^{key group}이거나 CloudFront 키 페어를 포함하는 AWS 계정일 수 있다.

4. 서명된 URL이나 쿠키를 생성할 때 소유자 키 페어 중 개인키로 서명한다. CloudFront에 도달하면 URL이나 쿠키에 포함된 서명을 기반으로 제한된 파일은 변조되지 않았는지 확인하고자 검증된다.

5. CloudFront 배포에 서명자를 추가한 후에 콘텐츠 접근자(뷰어)가 파일에 접근하려면 서명된 URL이나 쿠키가 필요하다.

서명된 URL을 콘텐츠 접근자(뷰어)가 파일을 요청할 수 있게 허용됐는지를 결정하는 데 사용하고, 콘텐츠 접근자(뷰어)가 서명된 쿠키를 통해 동일한 제한을 가진다면 CloudFront는 서명된 URL만 사용한다.

아마존 CloudFront를 사용한 URL 서명

AWS는 URL에 서명할 수 있도록 프로그래밍 언어별로 라이브러리를 제공한다. 다음은 AWS CLI^{Command-Line Interface}에서 URL에 서명하는 예를 보여준다.

```
aws cloudfront sign \
  --url https://d111111abcdef8.cloudfront.net/
             private-content/private-file.html \
  --key-pair-id APKAEIBAERJR2EXAMPLE \
  --private-key file://cf-signer-priv-key.pem \
  --date-less-than 2020-01-01
Output:
https://d111111abcdef8.cloudfront.net/private-content/privatefile.
html?Expires=1577836800&Signature=nEXK7Kby47XKeZQKVc6pwkif6oZc-
JWSpDkH0UH7EBGGqvgurkecCbgL5VfUAXyLQuJxFwRQWsczowcq9KpmewCXrXQbPaJZNi9XSNwf
4YKurPDQYaRQawKoeenH0GFteRf9ELK-
Bs3nljTLjtbgzIUt
7QJNKXcWr8AuUYikzGdJ4
-qzx6WnxXfH~fxg4-
GGl6l2kgCpXUB6Jx6K~Y3kpVOdzUPOIqFLHAnJojbhxqrVejomZZ2XrquDvNUCCIbePGnR3d
24UPaLXG4FKOqNEaWDIBXu7jUUPwOyQCv
pt-GNvjRJxqWf93uMobeMOiVYahb-e0KItiQewGcm0eLZQ__&
Key-Pair-Id=APKAEIBAERJR2EXAMPLE
```

 CloudFront는 HTTP 요청을 받으면 서명된 URL이 포함하는 만료 날짜와 시간을 확인한다. 클라이언트가 만료 시간이 끝나기 직전에 대용량 파일 다운로드를 시작하면 전송이 진행되는 과정 중에 만료 기간이 경과하더라도 다운로드를 계속하도록 허용해야한다. 다운로드 만료 기간이 경과한 후 TCP 연결이 끊어져 클라이언트가 다운로드를 다시 시작하려고 하면 다운로드는 실패한다.

AWS Lambda@Edge

보안 목적으로 마이크로서비스를 사용하려고 할 때 가장 강력한 애플리케이션은 아마존 CloudFront 배포 지점인 엣지 로케이션에서 AWS 람다 기반 마이크로서비스를 실행할 수 있는 기능이다. 이 기능을 사용하면 엣지에서 사용자 정의 보안 로직을 실행할 수 있는 유연성을 제공한다. Lambda@Edge를 사용하면 전 세계 여러 위치에 인프라를 프로비저닝하거나 관리할 필요가 없다. Lambda@Edge는 확장성, 속도, 효율성 등에서 긍정적인 여러 이점을 갖고 있지만 제공하는 보안 관련 이점에 대해서도 짚고 넘어가야 한다. 보안 관련 목적으로 유용하게 사용할 수 있는 용도 2가지는 다음과 같다.

- 오리진에 요청을 전달하기 전에 동적으로 보안 헤더 검사

- 엣지에서 봇 트래픽 대응

AWS 람다는 개별 엣지 로케이션에서 4가지 유형의 이벤트에 대한 응답으로 실행되게 만들 수 있다.

뷰어 요청

뷰어 요청 이벤트는 요청이 AWS 람다 로케이션에 도착하면 트리거된다(요청이 엣지 로케이션에 캐시된 데이터에서 전적으로 처리되는지 또는 새로운 콘텐츠를 가져오고자 오리진으로 이동해야 하는지 여부와 무관).

원본 요청

원본 요청 이벤트는 요청한 객체가 엣지 로케이션에 캐시돼 있지 않기 때문에 엣지 로케이션이 오리진을 다시 요청하려고 할 때 트리거된다.

원본 응답

원본 응답 이벤트는 오리진이 요청에 대한 응답을 반환한 후에 트리거되며 오리진의 응답에 접근할 수 있다.

뷰어 응답

뷰어 응답 이벤트는 엣지 로케이션이 콘텐츠 접근자(뷰어)에게 응답을 반환하

기 전에 트리거된다.

AWS Lambda@Edge는 응답 객체에 새로운 헤더를 추가할 수 있게 해줌으로써 엣지에서 정적 콘텐츠만 배포하는 경우에도 최종 사용자에게 더 안전한 사이트를 만들 수 있게 해준다.

X-XSS-Protection, Content-Security-Policy, X-Content-Type-Options 등은 보안을 보장하고자 HTTP 응답 헤더에 추가할 수 있는 대표적인 헤더들이다. 람다를 사용해 나머지 엣지 서비스를 보호하고자 엣지 로케이션에서 몇 가지 기본적인 검증 절차를 수행할 수 있다.

엣지 네트워크를 알려진 공격으로부터 보호

아마존 CloudFront와 API Gateway가 인터넷상의 위협으로부터 정적 자산과 마이크로서비스를 보호하는 훌륭한 방법을 제공하지만 애플리케이션 인프라의 진입점 주변에 부가적인 통제 기능 추가가 필요한 경우가 있다. 이번 절에서는 인프라 경계에서 가장 일반적으로 사용하는 2가지 통제 수단인 AWS WAF(AWS 웹 방화벽)과 AWS Shield에 대해 설명한다.

AWS WAF

AWS WAF는 네트워크 경계에서 알려진 공격으로부터 보호하고 아마존 CloudFront, API Gateway REST API, ALB(애플리케이션 로드밸런서)와 연동할 수 있다.

AWS WAF는 악의적인 트래픽으로부터 서비스를 보호하고자 엣지 서비스에 적용할 수 있는 구성 가능한 특정 규칙을 정의한다. 이를 통해 서비스는 비즈니스 로직에 집중하고 공격에 대해 걱정할 필요가 없다. WAF 규칙, 규칙 그룹, IP 집합, 정규식 패턴 집합, 웹 ACL이라는 5가지 요소로 구성돼 있다.

규칙:

개별 규칙^{rule}은 검사 대상과 검사 기준을 충족할 경우 취할 조치에 대한 설명을 포함한다. 기준을 충족할 때마다 3가지 작업 중 하나를 수행할 수 있다.

- **개수:** 요청을 계산하지만 허용이나 차단 여부를 결정하지 않기 때문에 다음 규칙이 결정을 내릴 수 있게 허용한다.
- **허용:** 처리를 위해 요청을 AWS 리소스로 전달하는 것을 허용한다.
- **차단:** 요청을 차단하고 AWS 리소스는 HTTP 403(Forbidden) 상태 코드를 반환한다.

규칙 그룹:

일반적으로 사용되는 일부 규칙을 **규칙 그룹**^{rule sets}으로 불리는 규칙 모음으로 그룹화할 수 있다. 이렇게 하면 여러 규칙을 규칙 그룹의 일부로 ACL과 연결할 수 있다.

IP 집합:

IP 집합^{IP sets}은 IP별로 규칙 그룹을 적용할 수 있도록 규칙 그룹에 함께 정의할 수 있는 IP 모음이다. IP 집합에 포함한 IP들은 연결된 규칙에 따라 화이트리스트, 블랙리스트 또는 살펴봐야 할 값의 역할을 한다.

정규식 패턴 집합:

IP와 마찬가지로 AWS에서는 정규식 패턴을 기반으로 요청을 식별할 수 있는 기능을 지원한다. 이러한 정규식 패턴은 요청을 더 쉽게 차단하거나 허용함으로써 기존 규칙을 보강하는 데도 사용할 수 있다.

웹 ACL:

웹 ACL은 규칙이나 규칙 그룹을 사용한 보호 전략을 정의해 웹 사이트를 보호한다.

정규식과 IP를 사용해 기본 규칙 설정

AWS WAF에 시스템을 추가하는 과정은 다음과 같다.

1. AWS 계정에서 AWS WAF를 설정한다.

2. 엣지 서비스 계정을 위한 웹 ACL을 생성한다.

3. 엣지 서비스에 웹 ACL을 연결한다. 엣지 서비스에는 외부 공개용 API에서 사용할 API Gateway 또는 CDN 및 정적 콘텐츠에서 사용할 CloudFront 배포를 포함한다.

4. 애플리케이션이 직면할 수 있는 알려진 공격과 관련된 규칙이나 규칙 그룹을 생성한다.

5. 생성한 규칙이나 규칙 그룹을 웹 ACL에 연결해 일반적인 웹 공격으로부터 보호한다.

애플리케이션 보호를 위한 다른 규칙

개별 요청 단위로 적용되는 규칙인 IP와 정규식 일치 외에도 AWS WAF는 일부 진보된 집계 수준 필터링을 허용한다.

알려진 취약점과 일치

AWS WAF를 사용하면 SQL 인젝션, XSS 공격처럼 알려진 취약점으로부터 애플리케이션을 보호할 수 있다. 이러한 웹 공격은 정상과 유사하게 설계한 트래픽으로 발생하기 때문에 이러한 트래픽을 위해 특별히 설계한 규칙을 사용하면 애플리케이션 보호에 필요한 오버헤드를 줄이는 데 도움이 된다. WAF 규칙을 사용한다고 해서 엣지 시스템을 대상으로 한 공격 위협을 완전히 제거할 수 있는 것은 아니지만 규칙을 활성화하는 것이 올바른 방향이다.

속도 기반 규칙

AWS WAF는 개별 요청에 규칙을 적용하지 않고 IP 주소로 그룹화해 집계된 요청 집합에 규칙을 적용할 수 있다. 속도 기반 규칙rate-based rules은 요청 스트림에서 가장 먼저 오는 IP 주소의 트래픽 속도를 기반으로 트리거된다. AWS 사용자는 속도 기반 규칙을 사용해 과도한 요청을 보내는 IP 주소를 차단할 수 있다. X-Forwarded-For와 같은 웹 요청 오리진의 IP 주소를 기반으로 요청을 집계하도록 AWS WAF를 구성할 수 있지만 디폴트는 IP 주소를 기반으로 집계하는 것이다.

관리형 규칙 및 마켓플레이스 규칙 그룹

아마존은 알려진 공격에 대비해 미리 구성된 완전 관리형 규칙 그룹을 제공한다. 관리형 규칙은 AWS 사용자가 알려진 공격으로부터 애플리케이션을 좀 더 쉽게 보호할 수 있게 해준다. 관리형 규칙 그룹은 AWS에서 관리하며, 새로운 규칙을 수시로 추가해 더 나은 보안 수준을 제공하고 악의적인 공격이 엣지 애플리케이션을 손상시키지 않게 차단한다.

하지만 한 단계 더 나아가고자 하는 AWS 사용자를 위해 AWS는 서드파티가 WAF를 통해 최신 규칙이나 특정 대상에 최적화된 규칙을 제공하는 프리미엄 보호 서비스를 제공할 수 있게 허용함으로써 WAF 기능을 확장했다. 이러한 규칙을 구매(구독)하면 AWS WAF 요금에 포함해 부가된다. 마켓플레이스 규칙은 그림 6-23에서 보여주는 것처럼 AWS Marketplace 탭을 클릭해 확인할 수 있다.

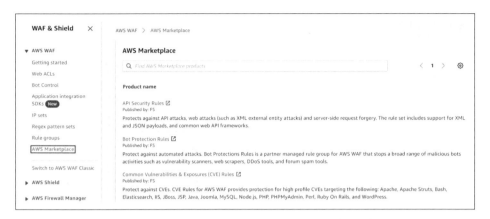

그림 6-23. AWS Marketplace에서 서드파티 보안 공급자의 규칙을 구매할 수 있다.

AWS Shield와 AWS Shield Advanced

AWS는 애플리케이션을 대상으로 한 대부분의 네트워크 및 전송 계층에서 분산 서비스 거부 공격^{DDoS, Distributed Denial of Service}을 방어하는 데 도움을 준다. 아마존 CloudFront와 Route 53을 사용하는 경우 포괄적인 사이트 보호 이점을 얻을 수 있다. 분산 서비스 거부 공격은 개별 시스템(좀비 PC나 봇)이나 봇넷에 의해 발생돼 공격 대상의 네트워크 대역폭이나 저장 공간을 고갈시키는 공격이다.

AWS Shield는 애플리케이션 중지 시간과 지연시간을 최소화하는 상시 감지 및 자동 인라인 완화 조치를 제공하므로 분산 서비스 거부 공격 보호의 이점을 얻을 목적으로 AWS Support에 참여할 필요가 없다. 또한 AWS Shield는 서비스 계약에 포함돼 있기 때문에 추가 비용 없이 제공된다.

AWS Shield Advanced는 분산 서비스 거부 공격으로부터 추가적인 보호를 제공하고자 AWS WAF와 함께 작동하지만 별도로 활성화되는 서비스로, 다양한 엣지 서비스와 함께 작동하면서 추가 보호 기능을 제공한다.

Shield Advanced는 분산 서비스 거부 공격이 지속되는 동안 트래픽을 처리하고자 일시적으로 AWS 사용자의 네트워크 ACL을 AWS 경계로 승격시킬 수 있다.

사용자 네트워크 ACL을 AWS 경계에 적용하면 잘 구성된 네트워크 ACL로 인해 AWS 사용자 네트워크인 VPC 내부에서 차단돼야 하는 트래픽이 AWS 네트워크 경계에서 바로 차단되기 때문에 악성 트래픽이 애플리케이션까지 도달하지 않는다. Shield Advanced는 네트워크 경계에서 네트워크 ACL을 사용해 대규모 분산 서비스 거부 공격 이벤트를 처리할 수 있다. 이렇게 함으로써 내부 경계를 보호하고 분산 서비스 거부 공격 트래픽이 VPC로 들어오는 것을 차단한다. Shield Advanced 사용 고객은 실시간 지표 및 보고서에 접근할 수 있고 분산 서비스 거부 공격이 들어오면 연중무휴로 AWS 분산 서비스 거부 공격 대응팀에 도움을 요청할 수 있다.

AWS Shield Advanced가 애플리케이션을 대상으로 한 대규모 7계층 공격을 탐지하면 데이터 검색 도구^{DRT, Data Retrieval Tool}가 사용자에게 연락해 알려주며, 데이터 검색 도구는 AWS WAF 규칙을 생성하고 사용자에게 알려준다. AWS 사용자는 새로운 보안 조치를 수락하거나 거부할 권리가 있다.

마이크로서비스와 AWS Shield Advanced

마이크로서비스는 클러스터로 동작하기 때문에 여러 대 중 한 대의 시스템만 중단되는 것은 공격의 징후가 아닐 수도 있다. AWS Shield Advanced는 여러 개의 보호 대상 리소스를 하나의 전체 클러스터 단위로 보호하도록 **보호 그룹**^{protection groups}으로 불리는 리소스 그룹별로 보호 범위를 사용자가 지정할 수 있다. 보호 그룹은 특히 배포 및 교환^{swap}과 같은 이벤트 과정의 오탐으로부터 보호받는 데 특히 유용하다.

특성상 마이크로서비스는 일반적으로 부하가 심한 시간에는 수평적 확장을 용이하게 한다. 이는 마이크로서비스가 제공하는 큰 이점이며 모든 마이크로서비스 아키텍처 설계의 일부가 돼야 한다.

보안 침해가 진행되는 과정에서 공격이 어떤 방법으로든 경계 보호 기능을 통과해 공격에 성공하는 경우 확장 비용이 악의적인 공격에 대응하는 데만 사용되기 때문에 이러한 확장성이 골칫거리가 될 수도 있다. 즉, 공격에 대응해 리소스를 적절히 배치하는 데 추가 비용을 지출해야 할 뿐 아니라 경계에서 공격을 성공적으로 차단할 수 있을 때까지 인프라가 지원해야 하는 추가 확장 규모에 대한 비용까지도 실제로 지불해야 한다.

AWS Shield Advanced 서비스는 분산 서비스 거부 공격에 대응해 AWS 리소스를 확장하는 경우 요금 보호 기능을 제공한다. 보호받고 있는 AWS 리소스를 확장하면 일반 AWS Support 채널을 통해 크레딧을 요청할 수 있다.

엣지 보호를 위한 비용 고려 사항

외부 공격으로부터 시스템을 보호하는 것은 모든 조직이 고려해야 하는 사항이지만 보호에 지불해야 하는 추가 비용을 일부 조직에서는 감당할 수 없으므로 경우에 따라 위험 편익 분석^{RBA, Risk-Benefit Analysis}이 필요하다. 지금까지 AWS에서 제공하는 3가지 엣지 보호 시스템인 AWS WAF, Shield Standard, Shield Advanced에 대해 언급했고 각각은 고유한 요금 구조를 갖고 있다. 또한 AWS 시스템에서는 지원하지 않는 추가 보호 기능을 사용할 수 있는 시스템이 있는 AWS Marketplace에 대해서도 설명했다.

AWS WAF를 사용하면 3가지 방법 중 하나로 비용이 발생한다. 생성한 개별 웹 ACL에는 시간당 요금을 부과한다. 웹 ACL에 적용하고자 생성한 개별 규칙에도 시간당 요금을 부과한다. 이외에도 차단이나 허용 여부와 무관하게 애플리케이션이 수신하는 백만 건의 요청당 비용을 부과한다. AWS는 예상 요금을 계산할 수 있는 계산기^(https://aws.amazon.com/waf/pricing)를 제공한다.

AWS는 Shield Standard를 모든 AWS 사용자에게 무료로 제공하지만 Shield Advanced는 월별 요금을 청구한다. 동일한 조직에서 여러 개의 계정을 보유하고 있고 모든 계정이 단일 통합 결제 계정에 포함돼 있으면 월별 요금을 한 번만 청구한다.

또한 AWS Shield Advanced는 모든 사용자가 공격을 받는 경우 비즈니스 연속성 계획을 제공한다. 이는 공격을 받는 중에도 애플리케이션의 중단을 허용할 수 없는 경우 사용자에게 매력적인 투자가 될 수 있으며, 악의적인 사용자에 대비한 일종의 인프라의 보험 정책으로 볼 수 있다.

 위험 편익 분석 수행 시 좋은 방법은 보안 사고의 확률 가중(probability-weighted) 비용과 보호 조치에 드는 비용을 비교하는 것이다. 사고 발생 시 수행할 수 있는 모든 비즈니스 연속성 조치도 이러한 비용 계산에 포함돼야 한다. 아이러니하게도 조직이 공격을 예방하지 못하면 악의적인 사용자의 요청을 처리하는 데 많은 비용을 지출하게 될 수 있다.

요약

6장에서는 애플리케이션의 엣지 시스템을 보안 관점에서 별도로 고려해야 할 필요성을 설명했다. 마이크로서비스를 위한 엣지 시스템을 애플리케이션의 최종 사용자가 사용하는 용도에 맞게 설계해야지 백엔드 시스템의 구조에 맞게 설계해서는 안 된다. 즉, 엣지 시스템은 6장에서 설명한 API 우선 설계 방법론을 따라 설계돼야 한다.

API Gateway는 제로 트러스트 원칙을 준수하고자 권한 부여자를 사용해 단일 책임 원칙을 이행하는 방식으로 코드를 구성하는 프레임워크를 제공한다. 6장에서는 최종 사용자가 인증을 받을 필요가 없는 네트워크에 적용할 수 있는 보호수단에 대해서도 설명했다. 이러한 보호 수단에는 개별 객체 접근에 CloudFront와 서명된 URL을 사용하거나 AWS WAF 및 AWS Shield를 사용해 알려진 취약점과 분산 서비스 거부 공격으로부터 애플리케이션을 보호하는 것을 포함한다.

마지막으로 AWS에서 제공하지 않는 서비스지만 AWS 사용자가 엣지 영역을 보호하는 데 사용할 수 있는 기능을 AWS Marketplace에서 찾는 방법을 간략히 설명했다.

일반적으로 엣지 시스템은 모든 시스템 중에 가장 취약하기 때문에 최대한 격리하고 보호하는 것이 중요하다.

전송 보안

모놀리식 애플리케이션 2개의 모듈 간 통신은 보통 인메모리$^{in-memory}$ 메서드 호출로 구현한다. 모놀리식 애플리케이션과 달리 마이크로서비스는 모듈을 다른 시스템에서 실행할 수 있는 독립적인 구성 요소로 구축하기 때문에 모듈 간의 통신을 외부 전송(예: 네트워크)에 의존한다.

외부 통신 채널은 인메모리 호출에 비해 악의적인 행위자의 잠재적인 위협에 더 취약해 위험의 합이 높을 수밖에 없다.

모놀리스와 마이크로서비스 모듈 간의 통신 차이를 설명하고자 그림 7-1에 요약한 전자상거래 애플리케이션의 결제 프로세스를 예로 들어 설명하겠다. 결제 프로세스가 제품 가격을 계산하고 저장소에서 재고를 조회해 고객에게 청구하는 애플리케이션을 포함한다고 가정해보자. 결제 시점에 회사는 잔여 재고의 수량을 줄여야 한다.

외부 통신 채널은 본질적으로 애플리케이션 위험의 합을 증가시키기 때문에 보안 전문가는 잠재적인 위협을 최소화할 수 있는 통제를 추가해야 한다. 전송 암호화는 메시지 가로채기, 메시지 위/변조에 노출됨으로써 발생 가능한 잠재적인 위협을 줄이고자 가장 일반적으로 사용하는 통제 수단이다(암호화에 관해서는 3장에서 상세히 설명).

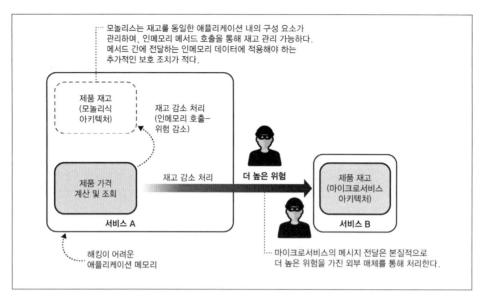

그림 7-1. 모놀리스의 인메모리 호출과 달리 마이크로서비스는 외부 매체를 사용해 메시지 전달

마이크로서비스 아키텍처에서 서비스 간 통신을 구현하는 방법은 다양하다. 구현 방법 중 몇 가지 일반적인 통신 패턴을 예로 들어 볼 것인데, 다음 목록이 통신 패턴 전체를 모두 포함하는 것은 아니며 조직별 환경에 따라 사용하는 패턴은 다를 수 있다.

- 비동기 REST 사용

- 아마존 SQS^{Simple Queue Service} 같은 메시지 큐를 사용하거나 아파치 카프카 Apache Kafka 같은 메시지 브로커 사용

- gRPC^{Google Remote Procedure Call} 같은 HTTP나 HTTP 버전 2 기반 래퍼^{wrapper} 사용

- 이스티오^{Istio}나 AWS의 관리형 서비스인 AWS APP Mesh 같은 서비스 메시 사용

TLS^{Transport Layer Security}는 전송 중인 데이터를 암호화하는 가장 일반적인 방법이다. 7장에서는 TLS와 ACM으로 애플리케이션의 종단 간 보안을 쉽고 간단하게

보장하고자 AWS에서 제공하는 다양한 시스템에 대해 알아본다. 또한 마이크로 서비스가 외부 통신 채널이 가져오는 추가 복잡성을 보호하고 관리하는 데 사용할 수 있는 상용구 코드[boilerplate code]를 다루는 데 도움을 주는 관리형 서비스 메시(https://oreil.ly/WjFiv)인 AWS APP Mesh에 대해 간략하게 소개한다.

7장에서는 외부 통신 채널을 보호하는 방법을 중점적으로 살펴본다. 아키텍트는 확장성, 지연시간, 마이크로서비스 아키텍처에 영향을 주는 많은 절충점 등을 함께 고려해야 하지만, 이러한 문제들은 이 책의 주제를 벗어나므로 독자가 각자 필요한 자료들을 참고해야 한다. 마크 리처즈[Mark Richards]와 닐 포드[Neal Ford]가 쓴 『소프트웨어 아키텍처 101』(한빛미디어, 2021)은 마이크로서비스에 관한 많은 장·단점을 다룬다(https://www.hanbit.co.kr/store/books/look.php?p_code=B1494466807). 또한 샘 뉴먼[Sam Newman]이 쓴 『마이크로서비스 아키텍처 구축』(한빛미디어, 2023)은 마이크로서비스의 확장성과 처리량 문제를 해결하는 방향으로 마이크로서비스를 설계하는 데 유용한 참고서다(https://oreil.ly/H865s).

겉으로 드러나지 않지만 AWS KMS는 AWS에서 TLS를 구현하는 데 중요한 역할을 한다. 3장에서 설명한 KMS에 대한 개념은 TLS의 동작 원리를 이해하는 데 큰 도움을 준다.

TLS 기초

HTTP 통신 과정에서 악의적인 행위자가 전송 중인 데이터에 접근할 수 있는 매우 일반적인 2가지 방법이 있다. 그림 7-2는 서비스 A와 신용카드 처리 서비스[CCPS, Credit Card Processor Service] 간의 표준 통신과 악의적인 행위자가 데이터를 탈취하는 방법을 보여준다.

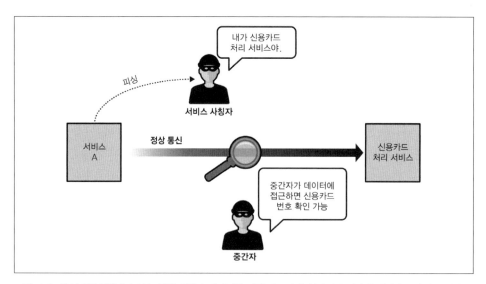

그림 7-2. 악의적인 행위자가 전송 중인 사용자 데이터를 탈취하는 가장 일반적인 방법인 피싱과 중간자 공격이다.

서비스 A가 민감한 정보를 신용카드 처리 서비스로 보내야 한다고 가정해보면 악의적인 행위자가 민감한 정보를 훔칠 수 있는 2가지 방법이 있다.

피싱^{Phishing}

악의적인 행위자는 신용카드 처리 서비스를 사칭할 수 있다. 서비스 A가 신용카드 처리 서비스를 식별할 수 있는 방법이 없다면 서비스 사칭자에게 민감한 정보를 보내는 상황에 처할 수 있다.

중간자 공격^{man in the middle attack}

서비스 A와 신용카드 처리 서비스 간에 정상적으로 교환하는 모든 데이터를 중간에서 엿듣고 기록하는 것이 가능할 경우 민감한 정보를 탈취할 수 있다.

TLS는 통신 채널에서 인증 및 암호화 통제를 구현할 수 있도록 지원함으로써 피싱과 중간자 공격이 발생할 수 있는 잠재적인 위험을 줄여준다.

7장의 나머지 부분에서 이러한 잠재적인 위험을 줄이고자 인증과 암호화가 어떻게 작동하는지 자세히 설명한다.

인증^{Authentication}

인증은 통신 채널에서 서버의 신원을 식별하고 검증하는 것을 목적으로 한다. TLS 통신에서 통신 당사자인 클라이언트와 서버 모두는 신뢰할 수 있는 인증기관^{trusted CA}으로 불리는 서드파티에게 인증 작업을 위임하는 데 동의한다. 신뢰할 수 있는 인증기관은 디지털 인증서와 공개키 암호화를 사용해 인증기관을 신뢰하는 클라이언트가 접속하는 서버의 신원을 검증할 수 있다. 서버의 신원 검증은 서비스 사칭과 피싱 공격을 예방하는 데 도움을 준다.

암호화^{Encryption}

암호화는 서비스 공급자와 소비자 간의 모든 통신에 제3자가 접근할 수 없게 하는 것을 목표로 하며, 보안 연결을 수립한 다음 TLS가 제공하는 종단 간 암호화를 사용해 목표를 달성한다. TLS는 암호화를 통해 중간자 공격이나 통신 채널 하이재킹 공격을 방지한다.

요즘은 대부분의 애플리케이션이 전송 데이터를 암호화하는 추세지만 아직까지 모든 애플리케이션이 암호화 통신을 하는 것은 아니다. 1990년대에는 대부분의 인터넷 통신이 암호화하지 않은 채널을 통해 이뤄졌기 때문에(TLS에 관해 설명한 유튜브 동영상(https://oreil.ly/XIbTD) 참고) 안전하지 않은 채널을 사용했던 회사가 막대한 손실을 입은 사례들이 있다. 이제는 TLS를 적용하지 않으면 대부분의 규제 표준을 준수하기 어렵기 때문에 TLS뿐만 아니라 다른 보안 통제까지 함께 사용하는 것이 가장 좋은 방법이다.

디지털 서명

3장에서 이미 다룬 내용이지만 컴퓨팅에서 데이터의 무결성은 디지털 서명^{digital signing}이라는 프로세스를 통해 수학적으로 보장할 수 있다. 전송 보안은 진행 중인 통신의 무결성을 보장하고자 디지털 서명 프로세스를 적용한다. 디지털 서명은 통신 상대방이 비대칭 암호화를 사용해 데이터의 진위를 검증할 수 있게 개인키를 사용해 문서를 암호화하는 프로세스를 의미한다. 기억을 되살리기 위해 부연 설명을 해보면 다음과 같다.

- 비대칭키 암호화에서 개인키로 암호화한 데이터는 공개키로만 복호화할 수 있다.
- 특정 서비스가 자신의 개인키를 사용해 문서를 암호화하면 해당 서비스의 공개키를 가진 사람은 누구나 문서를 복호화할 수 있다고 가정할 수 있다.

서명한 문서는 서명자가 개인키에 접근할 수 있음을 의미한다. 반대로 개인키에 접근할 수 있는 서비스는 개인키를 사용해 모든 문서에 서명할 수 있어, 서명된 문서의 무결성을 보장한다.

인증서, 인증기관, 신원 검증

TLS는 디지털 인증서 형식의 공개키 암호화를 사용해 인증을 수행한다. 디지털 인증서는 전자 서명을 기반으로 개인키의 소유권을 증명하는 전자 문서다. 인증서는 신뢰할 수 있는 제3자가 디지털 서명한 서버(subject)의 공개키를 포함하고 있는데, 제3자의 서명이 유효하면 클라이언트는 서버가 제공한 공개키의 진위를 신뢰해 해당 공개키로 데이터를 암호화한다.

서비스 A와 B라는 2개의 서비스가 서로 통신하는 시나리오를 고려해보자. 서비스 A는 연결을 시작하는 클라이언트이고 서비스 B는 서비스를 제공하는 서버 역할이다. TLS 인증의 목적은 서비스 B가 서비스 A에게 자신의 신원을 증명하는 것이다.

서비스 B는 서비스 A가 신뢰할 수 있는 인증기관 CA1을 신뢰한다는 것을 알고 있어, 서비스 B는 자신의 신원을 증명 받고자 CA1에 도움을 요청한다. 그림 7-3은 서비스 B가 CA1을 사용해 서비스 A의 신뢰를 얻는 방법을 보여준다.

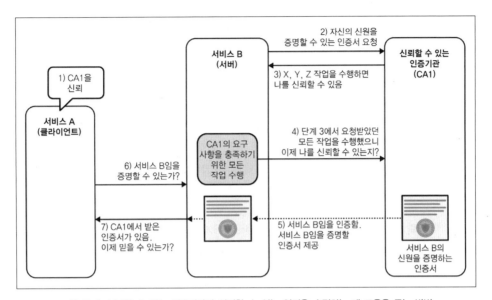

그림 7-3. 신뢰할 수 있는 인증기관이 신뢰할 수 있는 연결을 수립하는 데 도움을 주는 방법

그림 7-3의 프로세스를 요약하면 다음과 같다.

1. 서비스 A는 CA1이 서명한 모든 인증서(CA1의 공개키를 사용해 복호화 할 수 있는 모든 것)를 신뢰하기로 결정한다.

2. 서비스 B는 CA1에게 자신의 신원 증명을 맡기기로 결정하다.

3. CA1은 서비스 B만 수행할 수 있다고 생각하는 특정 작업을 수행하도록 서비스 B에 요청한다(CA1이 요청한 작업을 수행하면 서비스 B가 CA1이 만족할 수준으로 자신을 증명할 수 있음을 보장한다. 7장 후반부에서 인증기관인 CA1이 요청한 작업에 대해 상세히 설명한다).

4. 서비스 B는 CA1이 요청한 작업을 모두 수행하고 CA1이 자신의 신원을 확인할 때까지 대기한다.

5. CA1이 서비스 B가 수행한 작업에 만족하면 CA1은 서비스 B의 신원을 증명하는 디지털 인증서를 서비스 B에게 제공한다.

이러한 다섯 단계를 거치면 서비스 A와 B 간의 TLS 인증이 가능하다. 서비스

A가 서비스 B에게 인증을 요청하면 서비스 B는 단계 5에서 획득한 TLS 인증서를 사용해 응답한다.

그림 7-3의 서비스 B가 자신의 신원을 A에게 증명하는 과정에서 몇 가지 눈에 띄는 것이 있다.

- 서비스 B를 인증하고 B에게 제공할 인증서에 서명할 책임을 맡은 신뢰할 수 있는 제3자(신뢰할 수 있는 인증기관)가 있기 때문에 서비스 A는 서비스 B의 인증서를 검증할 수 있다.

- 신뢰할 수 있는 인증기관은 서비스 B가 자신의 신원을 증명할 수 있게 허용한다. 다시 말하자면 서비스 B는 신뢰할 수 있는 인증기관을 만족시키고자 뭘 해야 하는지를 알고 있다.

- 신뢰할 수 있는 인증기관은 인증서 내에 존재하는 공개키와 쌍을 이루는 서비스 B의 개인키를 서비스 B와 안전하게 공유할 수 있다. 악의적인 행위자가 서비스 B의 개인키를 획득하면 인증서를 사용해 서비스 B를 사칭할 수 있다.

- 인증서는 서비스 B의 개인키를 실제로 B만 소유했을 경우에만 유효하다. 개인키가 손상되거나 유출되면 더 이상 서비스 B를 개인키의 유일한 소유자로 인정하지 않기 때문에 즉시 디지털 인증서를 무효화하는 것이 중요하다. 인증서를 무효화하는 절차를 TLS 인증서 해지라고 부른다.

그림 7-4는 TLS를 안전하게 만드는 프로세스를 보여준다. 프로세스 구성 요소 중에 하나라도 없어진다면 TLS의 안전성은 훼손된다. 그림 7-4에서 볼 수 있는 것처럼 AWS는 사용자의 모든 서비스에게 인증서를 이슈 없이 발급할 수 있도록 다양한 서비스를 제공한다. 7장의 나머지 부분에서 AWS 서비스가 TLS 구성을 어떻게 지원하는지를 설명한다.

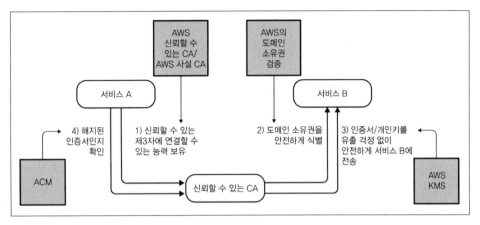

그림 7-4. TLS를 안전하게 만드는 개별 단계에서 AWS는 보안 목적으로 활용할 수 있는 서비스를 사용자에게 제공한다.

인증서 관리의 중요성과 필요성

디지털 인증서는 HTTP 통신을 하는 모든 마이크로서비스 시스템에서 중요한 역할을 한다. 디지털 인증서와 함께 전달한 공개키와 쌍을 이루는 개인키가 유출된 경우 공격자는 서비스의 신원을 취득해 소비자가 시스템의 보안에 부여한 신뢰를 악용할 수 있다. 따라서 디지털 인증서는 다른 보안 자산과 마찬가지로 유지 및 관리가 필요하다(https://oreil.ly/q3Ndj). TLS 인증서 관리에 소홀하면 서비스 중단을 초래하기도 한다. 인증서 관리 부주의로 발생한 사례를 예로 들어보면 2020년 2월에 인증서 갱신 지연으로 인해 마이크로소프트에서 발생한 장애 (https://oreil.ly/Anjnq)와 2020년 8월에 만료된 TLS 인증서로 인해 발생한 스포티파이 ^Spotify의 장애(https://oreil.ly/P4t3A)가 대표적이다.

따라서 TLS를 적용해 보안 통신의 이점을 얻으려면 운영 비용이 따른다는 것을 인식해야 한다. AWS는 인증서 관리 프로세스를 단순화할 수 있게 지원하는 ACM 서비스를 제공하고 있다.

AWS Certificate Manager

AWS는 디지털 인증서를 다룰 수 있는 ACM 서비스를 제공한다. ACM 인증서는 인증서가 포함하는 공개키와 서비스(URL)를 연결하는 X.509 TLS 인증서(https://oreil.ly/gTkLh)다. 인증서는 서버를 나타내는 URL의 운전 면허증 역할을 한다. ACM으로 할 수 있는 업무는 다음과 같다.

- TLS 암호화가 필요한 서비스를 위해 디지털 서명한 인증서 생성

- 모든 서비스의 개인키와 공개키 관리

- 서비스의 인증서를 자동으로 갱신

- AWS가 대외적으로 사용하는, 신뢰할 수 있는 인증기관 역할 또는 AWS 사용자의 내부 서비스를 위해 신뢰할 수 있는 사설 인증기관 역할 수행

ACM은 인증서를 서버와 독립적으로 관리하며 인증서를 URL에 연결한다. 서비스에 인증서를 설치하는 목적은 해당 서비스가 자신의 신원을 증명할 수 있게 허용하기 위함이다. AWS 사용자가 ACM을 사용하게 설정한 이후에는 AWS가 ACM이 지원하는 서비스에 인증서를 설치하고 관리할 책임을 진다.

AWS의 신뢰할 수 있는 인증기관(아마존 Trust Services)

앞서 언급한 것처럼 TLS 사용에 있어서 클라이언트가 서버의 신원을 검증할 수 있게 해주는, 신뢰할 수 있는 인증기관의 존재는 중요하다. 클라이언트에게 제시하는 인증서가 클라이언트가 신뢰하는 인증기관에 의해 디지털 서명됐는지 확인하는 것은 서버의 책임이다.

이러한 신원 확인의 필요성이 공용 인증기관public CA이 등장한 배경이다. AWS는 전 세계 수십억 개의 브라우저와 시스템에서 신뢰하는 아마존 Trust Services로 불리는 공용 인증기관을 유지함으로써 보편적으로 신뢰할 수 있는 인증기관 역할을 하고 있다. 공용 인증기관이 서명한 인증서는 대부분의 클라이언트-서

버 통신에서 사용할 수 있다.

서버 입장에서 공용 인증기관을 사용하는 과정은 간단하다. 우선 TLS 인증을 받으려는 도메인에 대한 인증서를 생성해야 하고, 그런 다음 아마존 Trust Services를 통해 자신의 신원을 확인 받아야 한다('도메인 소유권 검증' 절에서 설명한다). 신원을 확인받으면 AWS에서 인증서를 부여하며, 해당 인증서를 사용해 대부분의 최신 웹 브라우저는 서버와의 모든 통신을 식별하고 신뢰할 수 있다. 그림 7-5는 인증서를 서버에 발급하는 예를 보여준다.

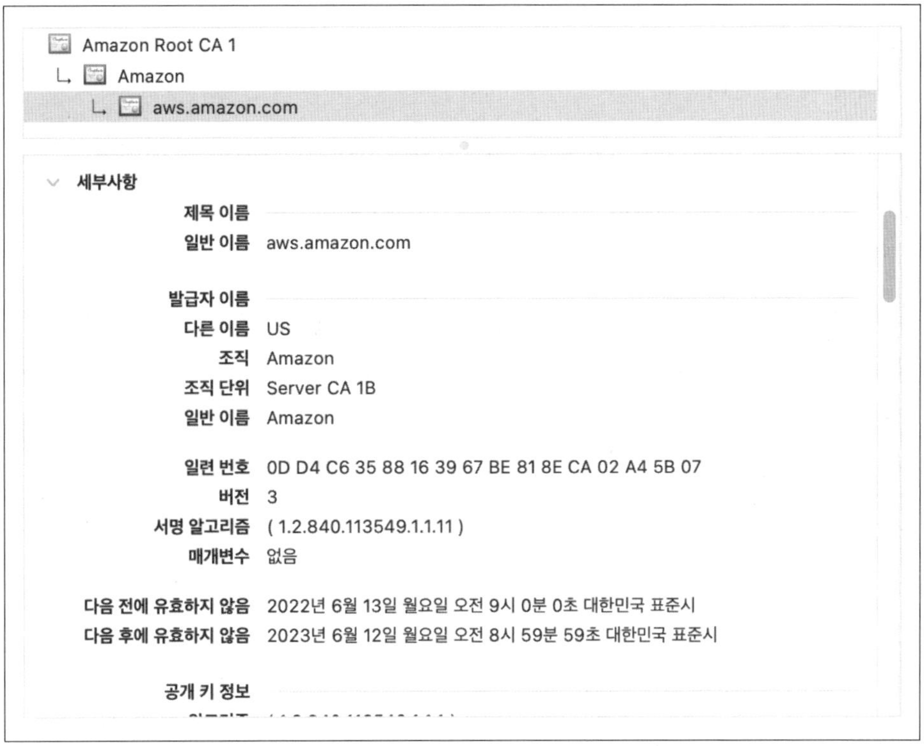

그림 7-5. AWS의 신뢰할 수 있는 인증기관에서 서명한 인증서의 예

지금까지의 설명을 들었다면 다음과 같은 의문을 갖는 독자들이 있을 수 있다.

- 인증서를 공개키와 함께 발급하면 AWS는 어떤 프로세스를 거쳐 공격자

가 아닌 서버에게 개인키를 전송하는 것인지? 개인키 유출 가능성은 TLS 사용 환경 전반을 심각하게 손상시킬 수 있는 중요한 이슈다.

- 인증서가 포함하는 도메인을 발급 요청 측이 실제로 소유하고 있음을 AWS의 신뢰할 수 있는 인증기관에 어떻게 확신시키는가? 실제로 도메인을 통제(소유)하고 있는지 여부에 대한 감독 없이 도메인에 관한 인증서를 얻을 수 있다면 인증기관이 존재할 이유가 없다.

의문에 대한 답은 다음 2개의 절을 읽어보면 알 수 있다.

ACM의 작동 원리

ACM 인증서는 인증서가 포함하는 공개키가 인증서에 나열된 도메인에 속하는지 확인하는데, 기본적으로 이 공개키로 복호화할 수 있는 모든 것이 인증서가 나열하는 도메인에 속한다고 신뢰한다.

개인키는 ACM에 의해 안전하게 암호화해 저장되며, ACM 인증서를 지원하는 다양한 AWS 서비스에서 개인키에 접근할 수 있다. 개인키가 인증서를 요청한 서비스의 수중에 들어가면 TLS를 사용해 자신을 인증할 수 있다. TLS 보안은 보호 대상인 개인키를 전송하는 인증기관의 능력에 달려 있기 때문에 이번 절에서는 TLS 보안을 실용적이고 규모에 맞게 실현하는 방법을 알아본다.

1. 인증서 생성 요청을 처음 받을 때 ACM 인증기관은 요청자가 인증서 발급 대상 도메인 이름을 실제로 소유하고 있는지 확인하고자 모든 신뢰 관련 활동을 수행한다('도메인 소유권 검증' 절 참고).

2. 그런 다음 ACM은 인증기관에 평문 형식의 인증서를 만들고 메모리에 공개키와 개인키 쌍을 저장하며, 공개키를 인증서의 일부로 구성한다. ACM은 인증서와 인증서의 공개키와 쌍을 이루는 개인키를 저장하고 AWS KMS를 사용해 보호한다.

3. ACM은 인증서를 암호화하고자 KMS에서 CMK를 생성하는데, 생성한 AWS 관리형 CMK는 aws/acm이란 별칭을 가진다.

4. ACM은 개인키를 평문 형식으로 저장하는 대신 단계 3에서 생성한 CMK 를 사용해 개인키를 암호화하고 암호화한 형태로만 저장한다. 암호화한 개인키는 3장에서 언급한 것처럼 뛰어난 접근 통제 메커니즘을 가진 AWS KMS를 사용해서만 복호화할 수 있기 때문에 개인키가 보호받고 노출되지 않는 상태임을 믿어도 좋다.

이제 인증서를 만들었으니 해당 인증서를 다른 서비스에 배포할 수 있는 방법을 생각해보자. 다른 AWS 서비스에 인증서를 설치하려면 해당 서비스가 자신의 신원을 증명할 수 있게 인증서의 개인키를 전송해야 한다. ACM은 KMS grants를 사용해 AWS 전체에 개인키를 배포한다.

그림 7-6은 AWS가 AWS KMS를 사용해 디지털 인증서를 생성하는 방법을 보여 준다.

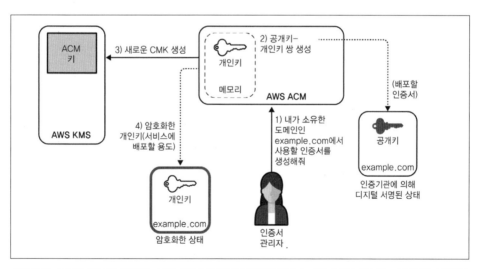

그림 7-6. ACM은 ACM을 지원하는 다른 서비스에 배포할 목적의 공개키-개인키 쌍을 생성하고 암호화한 인증서를 안전하게 저장한다.

그림 7-7은 암호화하지 않은 개인키를 제3자에게 노출하지 않으면서 인증서를 서비스에 안전하게 배포하는 프로세스를 보여준다.

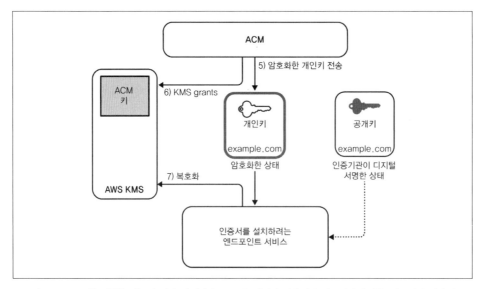

그림 7-7. ACM을 사용한 인증서 설치 과정이다. KMS를 적절히 사용하면 암호화하지 않은 인증서와 개인키를 네트워크로 전송하지 않고도 인증서 설정이 가능한다.

5. 단계 4에서 ACM으로부터 받았던 암호화한 개인키를 불러온다. 인증서를 ACM과 통합된 서비스와 연결할 때 ACM은 인증서와 암호화한 개인키를 해당 서비스로 보낸다. 개인키를 암호화함으로써 악의적인 사용자가 개인키를 복호화할 수 없게 만들었기 때문에 도메인의 소유권을 거짓 증명하는 것은 불가능하다.

6. 또한 ACM은 수신 측 서비스의 IAM 권한 주체만 인증서를 복호화할 수 있게 허용하는 KMS grants를 생성한다.

7. 인증서를 복호화하면 최종 서비스는 TLS를 종료하고 누군가 요청을 보낼 때마다 요청 측에서 자신을 식별할 수 있게 하고자 이 인증서를 메모리에 게시할 수 있다.

인증서 소유자는 인증서를 지원하는 개인키를 노출하지 않게 주의해야 한다. 개인키가 노출되면 인증서를 즉시 폐기하고 새로운 인증서를 발급받아야 한다.

인증서 설치가 필요한 모든 서비스를 위해 ACM은 KMS grants를 생성해 서비스를 구성하는 서버가 개인키를 사용해 암호화나 복호화할 수 있게 함으로써 마이크로서비스 환경에서 서비스의 확장을 지원한다.

도메인 소유권 검증

지금까지 특정 도메인에서 사용할 인증서를 만드는 방법뿐만 아니라 마이크로서비스를 호스팅하는 다양한 서버에 생성한 인증서를 배포해 복잡한 환경에서 보안 통신을 간단하게 관리할 수 있는 방법도 살펴봤다. 하지만 아직 대답하지 못한 한 가지 중요한 퍼즐 조각이 남아 있다. ACM은 인증서 생성 요청 측이 인증서에 나열한 도메인을 소유하고 있는지 어떻게 확인할까?

앞서 언급한 것처럼 전 세계의 브라우저와 클라이언트는 도메인 소유권의 증거를 빠르고 정확하게 확인할 수 있는 인증기관의 기능을 신뢰한다.

ACM은 그림 7-8에서 보여주는 것처럼 도메인 소유권을 증명하는 방법 2가지를 제공하며, 인증서 발급을 요청할 때 검증 방법을 선택할 수 있다.

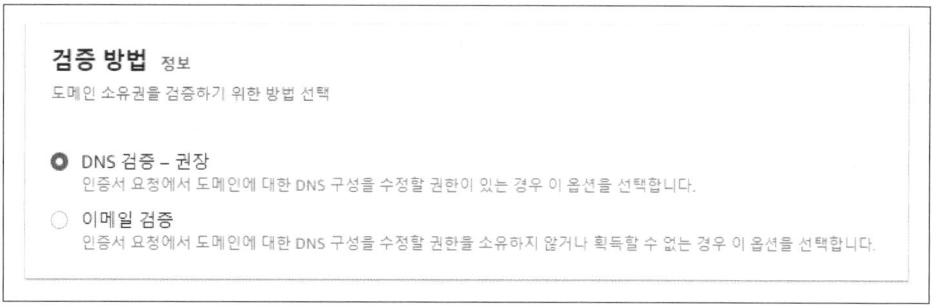

검증 방법 정보
도메인 소유권을 검증하기 위한 방법 선택

◉ DNS 검증 – 권장
　인증서 요청에서 도메인에 대한 DNS 구성을 수정할 권한이 있는 경우 이 옵션을 선택합니다.

○ 이메일 검증
　인증서 요청에서 도메인에 대한 DNS 구성을 수정할 권한을 소유하지 않거나 획득할 수 없는 경우 이 옵션을 선택합니다.

그림 7-8. AWS가 도메인 소유권 검증을 위해 제공하는 2가지 방법

도메인 소유권을 이메일로 검증. 인증서를 생성하고자 '이메일 검증'을 선택하면 AWS는 인증서에 나열된 도메인의 등록된 소유자에게 이메일을 보내고 도메인을 통제할 수 있는지를 검증받고자 도메인 소유자나 인가받은 대리인이 아마존 인증서 승인^{Amazon Certificate Approvals} 웹 사이트에 접속해 요청을 승인해야 한다. 승인 요청 메일의 예는 그림 7-9에서 확인할 수 있다.

Greetings from Amazon Web Services,
We received a request to issue an SSL/TLS certificate for
Verify that the following domain, AWS account ID, and certificate identifier correspond to a request from you or someone in your organization.
Domain:
AWS account ID:
AWS Region name: **ap-northeast-2**
Certificate Identifier:
To approve this request, go to **Amazon Certificate Approvals** (https://ap-northeast-2.acm-certificates.amazon.com/

) and follow the instructions on the page.
This email is intended solely for authorized individuals for intothesec.com. To express any concerns about this email or if this email has reached questions@amazon.com.
Sincerely,
Amazon Web Services

그림 7-9. 도메인 소유권 검증을 위해 발송하는 AWS 이메일의 예

도메인 소유권을 DNS로 검증. ACM은 CNAME 레코드를 사용해 인증서 요청 측이 도메인을 소유하거나 제어할 수 있는지 확인한다. 'DNS 검증'을 선택하면 ACM은 DNS 데이터베이스에 삽입할 하나 이상의 CNAME 레코드를 제공한다. AWS는 레코드를 DNS 호스팅 영역에 삽입하게 요구하며, 이러한 레코드를 실제로 생성할 수 있음을 확인하는 것으로 도메인을 검증한다.

아마존 Route 53으로 도메인을 소유하고 있는 AWS 사용자라면 ACM이 자동으로 CNAME 레코드를 생성하기 때문에 절차가 훨씬 더 간단하다.

ACM 사설 인증기관

ACM에 대해 설명할 때 언급한 것처럼 공용 인증기관의 존재 목적은 세계적으

로 인정하고 신뢰할 수 있는 인증기관을 사용해 도메인의 실소유자를 증명하는데 있다. 공용 인증기관은 서버가 최종 소비자가 누구일지 예상할 수 없는 대외공개 서비스에서 특히 중요하다. 폭넓게 신뢰할 수 있는 인증기관을 사용하면더 많은 클라이언트가 서버를 식별할 가능성이 높아진다.

그러나 모든 통신을 공개된 네트워크를 통해 하거나 알려지지 않은 클라이언트와 하는 것은 아니며, 특히 이러한 사실은 마이크로서비스 애플리케이션과 관련이 있다. 마이크로서비스 환경에서 인증기관을 신뢰해야 하는 유일한 당사자가 내부에 있는 경우가 많으며, 이럴 경우 널리 허용되는 공용 인증기관을 사용하는 것은 과도하다.

내부에서만 사용하는 서비스는 사설 인증기관이 유용하고 다음과 같은 이점이있다.

- 공용 인증기관은 인증서 발급 과정 중에 개별 도메인의 소유권을 인증하지만 사설 인증기관은 이러한 외부 검사를 생략한다. 따라서 인증서유효성 검증을 위해 외부 인증기관을 거칠 필요 없이 내부 서비스 간의통신을 지속하므로 인터넷 통신을 제한하는 규정을 준수하는 데 도움을준다.

- 사용자는 도메인 소유권을 증명할 필요가 없다. 즉, 마이크로서비스를참조하고자 최상위 도메인 기관에 등록할 필요가 없는 내부 도메인을사용할 수 있다.

- AWS App Mesh 같은 서비스는 ACM 사설 인증기관^{ACM-PCA}과 원활하게통합할 수 있어 설정이 더 간단하다.

사설 인증기관은 내부 관리자가 설정하기 때문에 클라이언트는 사설 인증기관에서 발급한 인증서를 기반으로 서버와의 통신을 신뢰할 수 있다. 공급자와소비자 모두 ACM 사설 인증기관을 높은 수준으로 신뢰한다는 사실은 통신을안전하게 만든다.

ACM은 도메인 소유권 검증 없이 인증서를 발급하는 완전 관리형 사설 인증기관을 설정할 수 있다. 해당 사설 인증기관은 외부 인증기관과 통신할 필요 없이 다른 AWS 서비스와 긴밀하게 작동한다.

사설 인증기관에 대한 신뢰를 유지하고 뒷받침하려면 사설 인증기관은 높은 보안 수준을 유지하고 절대 침해돼서는 안 된다. ACM은 공동 책임 모델에 근거한 AWS의 완전 관리형 사설 인증기관이기 때문에 보안에 관해 걱정할 필요가 없다. ACM 사설 인증기관은 공용 인증기관과 동일한 보안 메커니즘을 사용해 인증서에 서명을 하고 인증서를 배포한다.

ACM 사설 인증기관은 다양한 유연성도 제공한다. 사설 인증기관을 사용해할 수 있는 것들은 다음과 같다.

- 희망하는 인증서 소유자 이름(서버 도메인 URL) 사용
- ACM 사설 인증기관이 지원하는 모든 개인키 알고리듬 사용
- ACM 사설 인증기관이 지원하는 모든 서명 알고리듬 사용
- 희망하는 유효 기간 지정

그림 7-10에서 보여주는 것처럼 AWS 사설 인증기관을 AWS Resource Access Manager를 사용해 공유할 수 있다.

사설 인증기관이 조직 내 도메인 간 통신을 신뢰할 수 있는 핵심이기 때문에 중앙지점에서 도메인별 계정을 적절히 통제한다면 도메인 계정을 탈취 당하더라도 폭발 반경을 최소화할 수 있다.

도메인 계정을 통제하고자 사설 인증기관을 배치할 별도의 AWS 계정을 생성하는 것도 한 가지 방법이다. 높은 신뢰 권한을 가진 사용자들만 계정 내에서 역할을 수임해 일상적인 관리 및 인증기관 수정 활동을 허용한 다음 인증기관을 나머지 도메인 계정과 공유할 수 있다. 별도 계정으로 사설 인증기관을 관리하면 도메인의 분리를 유지하고 사설 인증기관이 조직 내의 모든 도메인과 결

합하는 것을 피하게 해줌으로써 완전히 자율적인 구조를 유지할 수 있다.

그림 7-10. AWS Resource Access Manager에서 사설 인증기관 공유

ACM 사설 인증기관은 외부 인증기관 없이도 루트 인증기관 및 하위 인증기관을 포함하는 완전한 계층 구조를 생성할 수 있다. 인증기관 계층 구조는 가장 신뢰할 수 있는 루트 인증기관에는 강력한 보안 및 세부적인 인증서 통제를 제공하는 반면에 인증서 체인 내의 하위 인증기관에게는 인증서 대량 발급 및 루트 인증기관보다 완화된 제한적인 접근을 허용한다. 마이크로서비스는 대부분의 알려진 통신 패턴에는 하위 인증기관을 사용할 수 있지만 서비스 검색, 로깅, 기타 중앙 관리 서비스와 같은 서비스들은 루트 인증기관을 사용할 수 있다. 이러한 인증기관 사용에 대한 유연성은 특정 이름으로 식별해야 하는 주체가 있거나 인증서를 쉽게 교체할 수 없는 경우에 유용하다.

TLS 암호화

TLS의 두 번째 중요한 역할은 전송 중인 데이터의 종단 간 암호화를 제공하는 것이다.

독자의 예상과 달리 TLS 자체가 암호화 알고리듬은 아니라 TLS는 클라이언트와 서버가 통신에 가장 적합한 암호화 형식을 상호 결정하고자 수행해야 하는 특정 과정이 필요하다.

실제로 모든 TLS 연결의 첫 번째 단계 중 하나는 클라이언트와 서버가 서로에게 가장 적합한 암호화 형식을 상호 합의하는 협상 프로세스다.

암호화 형식을 결정하기 위한 정보 교환은 TLS 핸드셰이크^{Handshake}라는 통신 단계에서 발생하는데, TLS 핸드셰이크 과정에서 종단 간 암호화에 사용할 암호화키도 교환한다. TLS 핸드셰이크는 두 프로세스 간의 통신에서 가장 중요한 단계지만 종종 중요성을 간과하곤 한다.

TLS 핸드셰이크

앞서 언급한 것처럼 TLS 암호화는 대칭키 알고리듬을 사용한다. 즉, 서버와 클라이언트 양측 모두 동일한 암호화키와 알고리듬으로 통신 채널을 암호화한다.

AWS 서비스들은 다양한 암호화 형식을 지원하며 폭포수 프로세스를 기반으로 가장 강력한 암호화 형식을 선택한다. 폭포수 프로세스는 서버가 지원하는 암호화 형식 목록을 내림차순으로 생성하는 구조로, 클라이언트는 해당 목록 내에서 자신이 지원할 수 있는 가장 강력한 암호화 형식을 선택하고 사용하기로 합의한다. 따라서 서버와 클라이언트는 서로가 지원하는 최선의 공통 알고리듬을 상호 협의하에 결정한다.

AWS는 강력하고 안전한 암호화 형식을 사용하는 것이 애플리케이션 보안에 매우 중요함을 잘 알고 있어, 지원하는 암호화 형식을 정기적으로 문서화해 업데이트한다. TLS의 일부 초기 버전에는 상당한 보안 관련 이슈가 있었음을 독자는 알고 있어야 한다. 푸들(POODLE)이나 하트블리드(Heartbleed) 같은 역사적인 취약점은 TLS와 SSL의 초기 버전에 상당한 영향을 미쳤다. 따라서 규제 준수를 위해 TLS 버전 1.1 이상을 의무적으로 사용해야 하는 요구 사항(https://oreil.ly/S7BYP)이 있을 수도 있다.

알고리듬을 선택하면 클라이언트와 서버는 암호화키에 동의해야 한다. 클라이언트와 서버는 채널을 통해 전송해야 하는 모든 데이터를 암호화하는 데 사용할 수 있는 암호화키를 교환하고자 키 교환 메커니즘(예: 디피-헬만^{Diffie-Hellman})을 사용한다.

PFS

모든 보안 시스템의 주요 위험은 암호화에 사용하는 키가 손상되는 것으로, 지금까지 설명한 TLS도 예외는 아니다.

서로 교환하는 모든 메시지를 암호화한 형식으로 저장하는 보안 통신 채널에 참여하는 두 서비스 간의 암호화된 모든 트래픽을 악의적인 행위자가 획득하는 시나리오를 생각해보자. 악의적인 행위자가 이러한 메시지를 복호화할 수 있는 서버 키를 갖기 전까지는 아무 문제가 없다. 하지만 키를 수중에 넣는다면 어떤 일이 발생할까? 악의적인 행위자는 트래픽 발생 시간에 관계없이 암호화된 모든 통신 내용을 복호화할 수 있을까?

서버 측의 TLS 설정에서 PFS^{Perfect Forward Secrecy}를 지원하는 알고리듬을 사용하면 서버 키가 손상돼도 전체 세션 데이터가 손상되지 않게 할 수 있다. PFS를 적용하려면 타원 곡선 디피-헬만이나 PFS를 지원하는 다른 인기 있는 암호화 형식을 사용해 애플리케이션을 보호해야 한다.

AWS는 PFS를 지원하는 다양한 암호화 형식을 지원하며 이를 문서화해 공개하고 있다(https://oreil.ly/uyccW).

마이크로서비스 환경의 TLS 종료와 종료 지점별 장단점

이미 언급한 것처럼 TLS는 연결 생성 및 관리를 위해 TLS 핸드셰이크, 버전 및 암호화 형식 협상, 키 교환 등 여러 단계를 거쳐야 하며 해당 단계들은 결코 단순한 작업이 아니다. 더군다나 인증서 유지는 마이크로서비스를 포함한 모든 컨테이너에 추가적인 부담을 부여한다.

ACM은 URL에 연결된 인증서를 생성할 수 있으며 인증서 배포 메커니즘을 사용해 AWS 인프라 전반에 위치한 여러 서버에 ACM 인증서를 배포할 수 있게 해준다. 따라서 아키텍트가 인증서에 관한 업무를 처리할 인원을 결정하는 데 좀 더 전략적인 선택이 가능하다.

시스템에서 이러한 모든 TLS 관련 작업을 처리하는 지점을 보통 TLS **종료** termination **지점**이라 한다. 따라서 마이크로서비스 환경에서 TLS 종료 지점을 어디에 둬야 할지 궁금해 하는 것은 자연스러운 현상이다. 개별 파드가 적절할까? 아니면 로드밸런서일까? AWS 사용자의 프라이빗 서브넷 내에서 동작하는 마이크로서비스에는 TLS가 불필요하다고 가정하는 것이 맞는 것일까? 이러한 질문들을 해결할 수 있는 답변을 목표로 보안 계획을 수립해야 한다.

TLS를 효율적으로 구성하는 한 가지 방법은 엣지 시스템을 TLS 종료 지점으로 두는 것인데, 이는 엣지 시스템 뒷단에 위치한 프라이빗 네트워크가 완전한 프라이빗 환경이 맞을 경우에 적정한 방법이다. 엣지 시스템을 TLS 종료 지점으로 두면 편의성을 위해 보안 요소를 손상시키는 구조인 반면에 마이크로서비스(예: 파드) 대신에 로드밸런서에서 TLS를 종료할 수도 있다.

그림 7-11은 시스템의 엣지 영역(대외 공개 엔드포인트)에서 TLS를 종료하기로 결정한 전형적인 조직을 보여준다. 즉, 서비스 A, C, D와 같은 내부 백엔드 서비스는 서로 통신할 때 TLS 핸드셰이크를 수행할 필요가 없으므로 내부 통신의 단순성과 효율성이 향상된다.

TLS를 최종 사용자와 퍼블릭 엔드포인트 사이에 적용하기 때문에 최종 사용자가 보내는 모든 요청은 여전히 안전하며, 퍼블릭 인터넷에 있는 공격자는 통신을 가로챌 수 없다(그림 7-11의 1) 참고). 그러나 이러한 설정은 서비스 A, C, D 간의 모든 내부 통신을 신뢰할 수 있다고 가정하지만 5장에서 언급한 것처럼 항상 안전한 것은 아니다. 그림 7-11의 2)처럼 악의적인 목적을 가진 내부자는 여전히 엔드포인트 C와 서비스 D 간의 통신을 가로챌 수 있으므로 통신 보안을 손상시킬 수 있다. 또한 TLS가 제공해왔던 강력한 인증이 없기 때문에 악의적인 내부자는 그림 7-11의 3)에서 볼 수 있듯이 정당한 마이크로서비스로 가장할 수 있다.

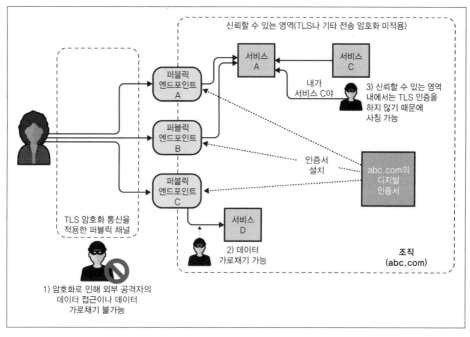

그림 7-11. 인프라 엣지 영역에서 TLS를 종료해 내부 마이크로서비스가 TLS 관련 연산을 하지 않게 함으로써 효율성은 높아졌으나 애플리케이션은 내부 위협에 여전히 노출돼 있어 조직의 보안 수준이 높지 않은 상태다.

그림 7-11이 시사하는 것을 요약해보면 TLS 종료로 효율성을 얻을 수는 있지만 보안 수준은 낮아질 수 있고, TLS 종료를 어디에서 수행해야 하는지는 애플리케이션의 신뢰 영역에 대한 확신에 달려 있다는 것이다. 애플리케이션의 TLS 종료 지점을 애플리케이션에 최대한 가까이 두면 악의적인 내부자 공격으로부터 좀 더 안전해진다. 그러나 서비스별로 자신만의 TLS 종료 메커니즘이 필요하므로 TLS 종료 로직이 인프라 전반에 더 중복 분산돼 있음을 의미하기도 한다.

보안 아키텍트는 암호화하지 않아도 충분히 신뢰할 수 있는 통신 구간과 모든 통신 채널을 암호화해야 하는 지점을 찾아야 한다. 내 경험상 TLS 종료 지점은 로드밸런서인 경우가 많아 AWS 환경이라면 ELB에서 TLS를 종료하는 것이 일반적이다.

TLS 종료에 관한 복잡성을 고려해보면 비즈니스 기능을 처리하도록 설계한 마이크로서비스가 TLS 종료와 종단 간 암호화에 관한 무겁고 부담스러운 업무까지 맡아야 하는지는 항상 의문이다.

일부 애플리케이션에서는 종단 간 암호화가 규제 준수를 위한 의무 사항일 수 있다. 따라서 해당 애플리케이션은 로드밸런서 대신 컨테이너나 애플리케이션 엔드포인트에서 TLS를 종료할 수밖에 없다.

TLS 오프로딩과 종료

앞서 '마이크로서비스 환경의 TLS 종료와 종료 지점별 장단점' 절에서 보안 아키텍트가 TLS 종료 로직이 있는 위치를 결정하고자 고려해야 하는 것들을 소개했다. 내가 제시하는 2가지 방법 중 첫 번째는 로드밸런서나 CDN에서 TLS를 종료하는 것이고 두 번째는 애플리케이션이나 마이크로서비스 컨테이너가 TLS를 종료하는 것이다. 이번 절에서는 로드밸런서에서 TLS를 종료하기로 결정했다는 가정하에 살펴본다. TLS 종료는 TLS 오프로딩^{TLS Offloading}이라 불리기도 한다. AWS 서비스가 TLS를 종료하려면 ACM을 사용해 TLS 오프로딩을 담당하는 서비스상에 TLS 인증서를 설치해야 한다. ACM은 인증서가 만료되면 AWS 사용자가 인증서를 자동으로 갱신할 수 있게 해주기 때문에 수동으로 만료일을 기억할 필요가 없다.

애플리케이션 로드밸런서

애플리케이션 로드밸런서는 TLS 종료를 지원하며 공용 또는 사설 인증기관에서 서명한 X.509(SSL/TLS 서버 인증서)를 필요로 한다.

애플리케이션 로드밸런서는 항상 애플리케이션 계층의 요청을 살펴보기 때문에 애플리케이션 수준의 상세 정보를 분석하려면 모든 TLS 연결을 종료해야 한다. 즉, ALB를 사용하는 서비스에서는 종단 간 암호화가 불가능하다. 그러나 ACM 인증서를 설치하거나 기존 인증서를 가져와 ALB에 설치할 수 있고, 이렇게 하면 애플리케이션 코드는 TLS 로직의 영향을 받지 않는다. 하지만 준수해야 하는 규제에서 종단 간 암호화가 의무 사항이라면 데이터의 최종 수신자인 클러스터 노드나 마이크로서비스로 데이터를 보내고자 로드밸런서에서 데이터를 다시 암호화해야 한다. 그림 7-12는 AWS 관리 콘솔을 사용해 애플리케이션 로드밸런서에 HTTPS 리스너를 추가하는 방법을 보여준다.

그림 7-12. 애플리케이션 로드밸런서에 HTTPS 리스너 추가

인증서를 설치하려면 다음 단계를 따라야 한다.

1. AWS 관리 콘솔의 로드밸런서 화면(EC2 ▶ 로드밸런서)으로 이동해 리스너를 추가한다.

2. 프로토콜을 HTTPS로 선택하고 기본 포트를 유지하거나 다른 포트를 입력한다.

3. 보안 리스너 설정의 기본 SSL/TLS 인증서에서 사용할 인증서를 지정한다.

그림 7-13은 AWS 관리 콘솔에서 인증서를 로드밸런서에 추가하는 방법을 보여준다.

그림 7-13. TLS 오프로딩을 위해 SSL 인증서를 애플리케이션 로드밸런서에 추가한다.

네트워크 로드밸런서

네트워크 로드밸런서는 OSI 모델의 네트워크 계층에서 동작하기 때문에 애플리케이션 계층의 데이터에 접근할 필요가 없다. 그래서 네트워크 로드밸런서에는 TLS를 종료하지 않는 옵션이 있고 필요시 TLS 패스스루^{TLS Passthrough}를 사용해 종단 간 암호화를 허용할 수 있다.

물론 종단 간 암호화가 필요하지 않다면 NLB에서 TLS를 종료할 수도 있다.

354

리스너 및 라우팅 정보
리스너는 사용자가 구성한 포트 및 프로토콜을 사용하여 연결 요청을 검사하는 프로세스입니다. 리스너에 대해 정의한 규칙에 따라 로드 밸런서가 등록된 대상으로 요청을 라우팅하는 방법이 결정됩니다.
▼ 리스너 TLS:443
제거
프로토콜
포트
기본 작업 정보
TLS
443
1-65535
다음으로 전달:
대상 그룹 선택
대상 그룹 생성
리스너 태그 - 선택 사항
리스너에 태그를 추가하는 것을 고려하십시오. 태그를 사용하면 AWS 리소스를 분류하여 좀 더 쉽게 관리할 수 있습니다.
리스너 태그 추가
최대 50개의 태그를 더 추가할 수 있습니다.
리스너 추가

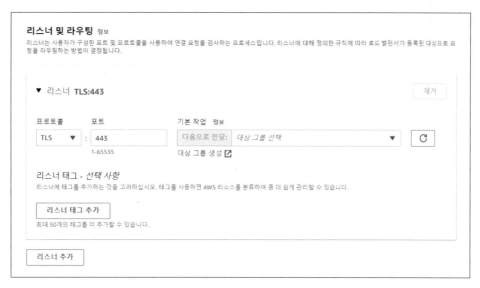

그림 7-14. AWS 네트워크 로드밸런서에 TLS 리스너 추가

그림 7-15는 네트워크 로드밸런서에 ACM 인증서를 추가하는 방법을 보여준다.

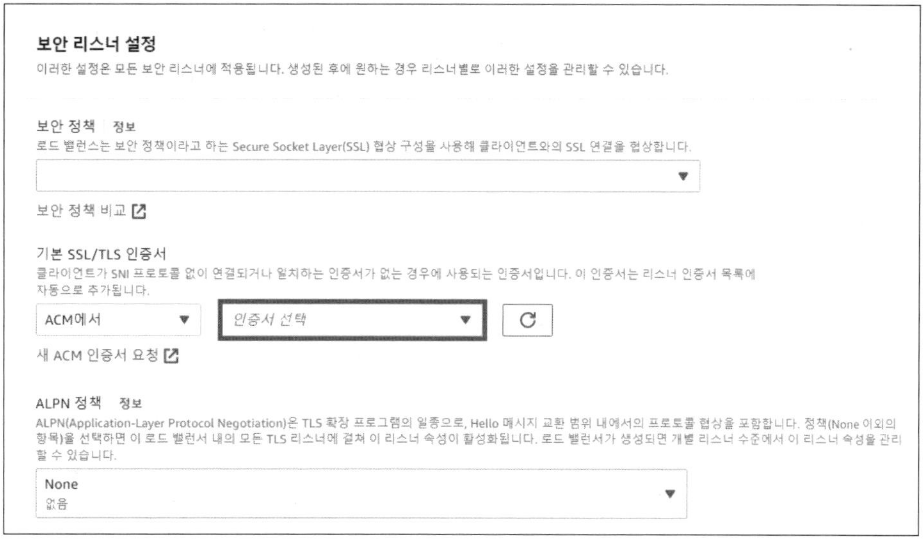

보안 리스너 설정
이러한 설정은 모든 보안 리스너에 적용됩니다. 생성된 후에 원하는 경우 리스너별로 이러한 설정을 관리할 수 있습니다.
보안 정책 정보
로드 밸런스는 보안 정책이라고 하는 Secure Socket Layer(SSL) 협상 구성을 사용해 클라이언트와의 SSL 연결을 협상합니다.
보안 정책 비교
기본 SSL/TLS 인증서
클라이언트가 SNI 프로토콜 없이 연결되거나 일치하는 인증서가 없는 경우에 사용되는 인증서입니다. 이 인증서는 리스너 인증서 목록에 자동으로 추가됩니다.
ACM에서
인증서 선택
새 ACM 인증서 요청
ALPN 정책 정보
ALPN(Application-Layer Protocol Negotiation)은 TLS 확장 프로그램의 일종으로, Hello 메시지 교환 범위 내에서의 프로토콜 협상을 포함합니다. 정책(None 이외의 항목)을 선택하면 이 로드 밸런서 내의 모든 TLS 리스너에 걸쳐 이 리스너 속성이 활성화됩니다. 로드 밸런서가 생성되면 개별 리스너 수준에서 이 리스너 속성을 관리할 수 있습니다.
None
없음

그림 7-15. TLS 오프로딩을 위해 SSL 인증서를 네트워크 로드밸런서에 추가

CloudFront TLS 종료와 캐싱

서로를 호출하는 마이크로서비스가 로드밸런서를 사용해 TLS를 종료할 수 있는 것처럼 CloudFront도 서비스의 종단 간 암호화를 종료할 수 있다. 6장에서 설명한 것처럼 CloudFront는 AWS가 전 세계적으로 제공하는 다양한 엣지 로케이션에 콘텐츠를 캐싱한다.

그러나 캐시 검사를 수행하려면 요청 내용을 확인하고 전 세계에 캐시된 오리진에 콘텐츠가 있는지 확인하고자 CloudFront 배포에서 TLS를 종료해야 할 필요성이 있어 암호화할 경우 캐싱에 문제가 발생한다. 따라서 ALB와 유사하게 CloudFront 배포에 ACM 공용 인증서를 설치하고 TLS를 종료해야 한다.

그림 7-16은 CloudFront 배포에 ACM 인증서를 추가하고 TLS 연결 종료를 활성화하는 방법을 보여준다. CloudFront를 사용할 경우 사용하려는 모든 도메인을 인증서에 지정해야 한다. 다행히도 ACM은 디폴트로 인증서당 최대 10개(AWS Support 티켓 생성 시 추가 가능)의 도메인을 지원한다.

CloudFront 배포는 와일드카드wildcard 도메인도 지원하므로 지원할 수 있는 도메인 수는 늘어난다.

그림 7-16. CloudFront 배포의 도메인을 포함하는 ACM 인증서 추가

SNI

CloudFront는 AWS에서 완전 관리하는 공유 엣지 서버를 사용해 콘텐츠를 제공하기 때문에 단일 터미널 서버가 콘텐츠 배포를 담당하지 않는다. 뿐만 아니라 AWS는 개별 엣지 로케이션에서 여러 웹 사이트를 호스팅하며 여러 웹 사이트가 같은 IP 주소를 공유할 수 있다. 따라서 특정 IP 주소를 대상으로 한 요청을 수신한 경우 CloudFront에서 적절한 인증서를 제공하기 어렵다. CloudFront는 SNI^{Server Name Indication}로 불리는 기술을 사용해 요청에 해당하는 인증서를 알아낼

수 있고 SNI는 여러 개의 SSL 지원 사이트가 하나의 IP 주소를 사용할 수 있게 해준다. CloudFront는 SNI로 전용 IP를 가진 서비스와 동일한 수준의 SSL 보안을 사용해 엣지 로케이션에서 콘텐츠를 제공한다.

SNI는 단독 주택이 아닌 다세대 주택 주소로 우편물을 보내는 것과 유사하다. 우편물을 특정 주소로 보내려면 도로명 외에도 층/호수와 같은 상세 주소도 필요하다.

그러나 기본값이 아닌 확장 항목인 SNI를 일부 레거시 브라우저에서 지원하지 않을 수 있어 레거시 브라우저까지 빠짐없이 지원하려면 추가 비용을 지불하고 전용 IP 주소를 사용해야 한다.

전송 암호화 적용 시 발생 비용과 복잡성

전송 암호화는 대부분의 규제 프레임워크의 중요한 보안 요구 사항이다. HIPAA, PCI-DSS, 다른 여러 표준은 데이터 전송 과정 중에 데이터 암호화를 명시적으로 요구하며 아마존 Trust Services는 AWS 사용자가 규제 요건을 충족할 수 있도록 세계적으로 인정받으면서 허용된 인증기관 역할을 제공한다. AWS 사용자는 AWS 사설 인증기관을 통해 새로운 서비스를 대규모로 추가하면서도 마이크로서비스를 대상으로 한 종단 간 암호화를 기대할 수 있다.

마이크로서비스 환경에서 관리하는 인증서가 상당히 많은 것은 흔한 일이다. 따라서 도메인 전체를 대상으로 API를 노출해야 하는 내부 서비스는 보안 이점과 관련 복잡성을 신중하게 분석하는 것이 좋다. 또한 전송 암호화를 적용하면 금전적인 요금도 발생한다.

ACM 공용 인증서는 무료이므로 퍼블릭 도메인에 관한 인증서를 원하는 만큼 만들 수 있다. ACM 사설 인증서는 일반적으로 일회성 요금이 발생하지만 예외적으로 개인키를 최종 사용자에게 노출하지 않는 AWS ELB^{Elastic Load Balancer} 같은

AWS 서비스에 설치된 사설 인증서는 요금이 발생하지 않는다. 개인키 접근 권한이 없는 사설 인증서는 AWS에서 무료로 제공한다.

ACM 사설 인증기관 또한 월 사용료(https://oreil.ly/Le3yc)가 발생하는 서비스로, 이 책을 쓰는 시점에는 삭제할 때까지 매월 400달러를 청구하는 형태로 사용료를 받고 있다.

마이크로서비스에 TLS 적용

지금까지 TLS의 배경지식을 충분히 습득했기 때문에 다양한 통신 패턴에서 TLS를 어떻게 사용할 수 있는지를 살펴보자. 복습 차원에서 마이크로서비스 환경의 서비스 간 통신 구현 방법을 다시 언급해보면 다음과 같다.

- 비동기 REST 사용

- 아마존 SQS 같은 메시지 큐를 사용하거나 아파치 카프카 같은 메시지 브로커 사용

- gRPC 같은 HTTP 버전 2 기반 래퍼wrapper 사용

- 이스티오Istio나 AWS의 관리형 서비스인 AWS APP Mesh 같은 서비스 메시 사용

평문 HTTP 통신을 하는 REST 기반 통신이 TLS를 적용할 경우 얻을 수 있는 이점은 이미 언급했기 때문에 다음 절에서는 사용 가능한 다른 옵션을 설명할 예정이다.

메시지 큐(아마존 SQS) 사용 시 전송 암호화 적용

마이크로서비스의 도메인 간 통신은 일반적으로 메시지 브로커나 메시지 큐

시스템을 사용한다. 큐 시스템은 두 마이크로서비스를 서로 독립적으로 확장할 수 있게 함으로써 도메인 간 상호 의존성을 줄이는 데 도움을 준다.

서비스 A와 B 간의 통신을 고려해보자. 메시지를 다른 서비스에 직접 보내는 대신 큐 서비스를 사용하면 메시지를 중개자를 통해 전달한다. 큐 서비스는 두 서비스 간의 버퍼 역할을 한다. 서비스 A는 서비스 B로 보내려는 모든 메시지를 큐에 배치한다. 서비스 B는 서비스 A가 메시지를 배치한 큐의 메시지를 수신하고 자신이 처리할 수 있는 속도로 처리한다.

서비스 A가 보낸 메시지를 처리하면 서비스 B는 응답을 서비스 A가 구독하는 다른 큐에 배치한다. 그림 7-17은 지금까지 설명한 서비스 A와 B 간의 통신을 보여준다.

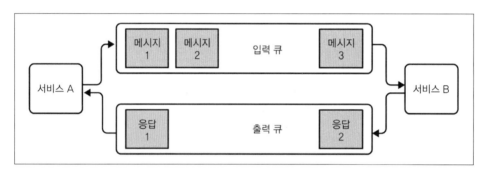

그림 7-17. 동기식(synchronous) 통신 패턴 대신 2개의 큐를 사용해 두 서비스를 서로 분리한다.

그림 7-17과 같은 분리된 큐 기반 통신 패턴은 2가지 이점이 있다.

- 처리량이 갑자기 급증해 서비스 B가 처리할 수 있는 것보다 더 많은 메시지를 서비스 A가 초 단위로 보내기 시작하면 서비스 B가 용량을 확장하거나 처리량이 줄어들 때까지 기다리는 동안에 입력 큐를 간단히 확장할 수 있다.

- 서비스 B가 몇 초간 일시적으로 중단되더라도 입력 큐는 서비스 B를 다시 가동한 후 처리할 메시지를 계속 유지할 수 있다.

메시지 큐를 사용한 통신은 비동기 형태로 일어나기 때문에 메시지를 게시하는 엔드포인트와 소비하는 엔드포인트 간에 직접 통신하는 것이 아니라 큐를 거쳐 통신한다. 메시지 생산자는 메시지 준비를 완료하면 큐에 메시지를 추가할 수 있고 소비자는 충분한 용량이 있을 때에만 메시지를 처리할 수 있다. 생산자와 소비자 시스템의 어떠한 구성 요소도 상대방을 기다리지 않는다. 대부분의 마이크로서비스 아키텍트는 비동기 통신의 이점을 잘 알고 있어 마이크로서비스 간 통신에 큐 시스템을 애용한다.

아마존 SQS가 마이크로서비스 애플리케이션의 나머지 부분과 통합하기 수월하기 때문에 이 책에서는 메시지 큐를 아마존 SQS로 선택해 설명한다. 아마존 SQS는 공동 책임 모델의 일환으로 인프라, 회복력^{resiliency}, 확장성을 책임지는 간단한 시스템을 제공한다. 하지만 SQS 이외의 다른 대부분의 큐 애플리케이션도 일정 수준의 회복력이나 확장성을 고려하고 있다.

그림 7-17에서 메시지 큐는 서비스 A와 B 간의 동기식^{synchronous} 암호화 직접 연결을 대체하는 것을 목표로 한다. 보안 관점에서 서비스 A와 B 간의 통신은 메시지 큐를 사용한 후에도 계속 암호화해야 한다. 메시지를 전송하는 동안 암호화를 유지할 수 있게 하고자 메시지 전송 과정을 다음과 같은 두 부분으로 나눠 설명한다.

- 메시지를 큐에 배치한 이후
- 서비스 생산자가 메시지를 큐로 보냈지만 메시지가 큐에 도착하기 전

SQS 큐에 배치한 모든 메시지는 AWS KMS로 암호화 저장할 수 있다. 따라서 TLS 기반 동기식 암호화를 완전히 대체하기 위한 첫 번째 단계는 아마존 SQS 큐에 저장된 모든 콘텐츠를 암호화하는 것이다.

두 번째 단계는 클라이언트와 SQS 간의 연결 구간을 암호화하는 것으로, 메시지를 큐에 암호화해 저장하더라도 중간자 공격에 성공하면 메시지를 큐로 보내거나 큐에서 가져갈 때 메시지를 가로챌 수 있다.

중간자 공격으로부터 메시지를 보호하려면 클라이언트가 SQS 큐에 연결할 때마다 TLS 연결을 적용해야 한다. 이는 2장에서 설명한 것처럼 리소스 기반 IAM 정책을 사용하면 가능하다.

aws:SecureTransport 제약 조건constraint은 SQS 큐에 연결하는 모든 클라이언트가 TLS를 사용하도록 보장한다.

```json
{
  "Version": "2012-10-17",
  "Id": "arn:aws:sqs:region:aws-account-id:queue-name/DenyNonTLS",
  "Statement": [
    {
      "Effect": "Deny",
      "Principal": "*",
      "Action": "*",
      "Resource": "arn:aws:sqs:region:aws-account-id:queue-name",
      "Condition": {
        "Bool": {
          "aws:SecureTransport":"false"
        }
      }
    }
  ]
}
```

정책을 적용하면 TLS를 사용하지 않은 큐에 대한 연결 요청을 거부한다.

gRPC와 애플리케이션 로드밸런서

gRPC(https://grpc.io)는 마이크로서비스 간의 통신에 점점 더 많이 사용하는 인기 있는 프로토콜이다. gRPC는 오픈소스 원격 프로시저 호출 프레임워크 또는 라이브러리를 의미하며, HTTP 버전 2와 프로토콜 버퍼를 인터페이스 설명자

interface descriptor로 사용한다. gRPC는 인증, 양방향 스트리밍, 흐름 제어, 차단 및 미차단 트래픽에 대한 바인딩binding, 취소cancellation뿐만 아니라 시간제한timeout과 같은 다양한 기능을 갖고 있다.

gRPC는 신뢰할 수 있고 검증받은 인프라를 기반으로 구축된다는 이점을 가진 다. HTTP 버전 2는 비교적 새로운 프로토콜이지만 HTTP는 오랫동안 전송 프로 토콜로 사용됐으며, 이러한 이유로 많은 보안 고려 사항이 전 세계의 보안 전문 가에 의해 검토됐다. gRPC는 무엇보다도 확장성 및 맞춤화 가능성을 비롯한 많은 이점 때문에 마이크로서비스에서 널리 채택하고 있다.

마이크로서비스를 gRPC로 서로 통신하게 만들려면 AWS 애플리케이션 로드밸 런서를 사용해 대상 그룹을 지정하고 프로토콜 버전으로 gRPC를 지정할 수 있 다. gRPC는 그림 7-18에서 볼 수 있는 것처럼 애플리케이션 로드밸런서의 모든 대상에서 활성화할 수 있다.

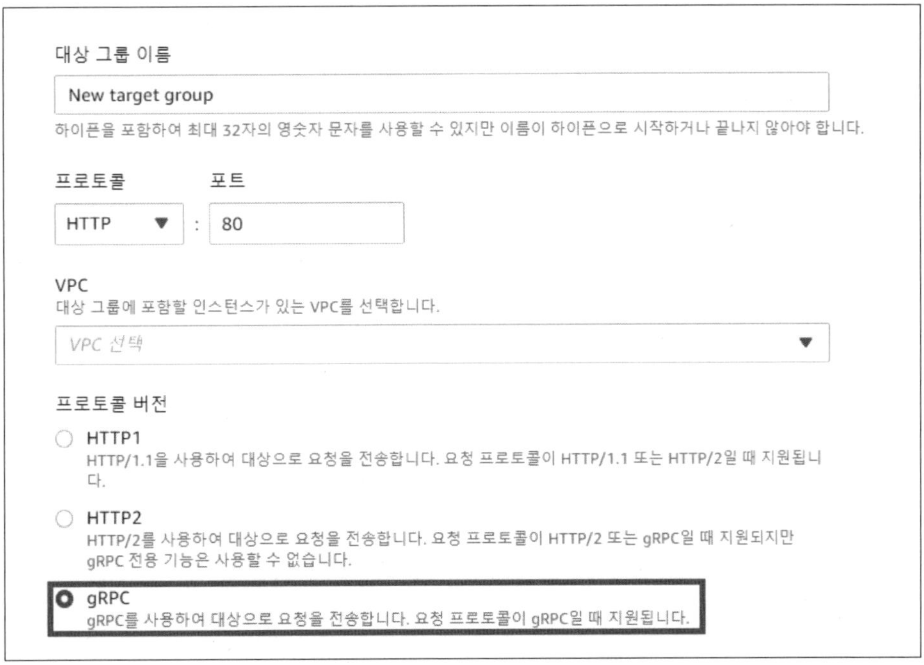

그림 7-18. gRPC를 인바운드 요청의 대상 프로토콜로 사용한다.

이미 언급한 것처럼 gRPC는 여전히 HTTP 버전 2를 전송 프로토콜로 사용하므로 대부분의 다른 HTTP 연결처럼 TLS를 사용해 gRPC에서 암호화를 수행할 수 있다. 로드밸런서를 선택할 때 TLS 인증서를 애플리케이션 로드밸런서에 설치하고, 인증서를 설치하면 파드와 애플리케이션 로드밸런서 간에 암호화한 gRPC 통신을 보장한다.

7장 후반부에서 설명하는 서비스 메시를 사용해 gRPC에 TLS를 구현할 수도 있다.

mTLS

6장에서 소개한 mTLS의 개념을 다시 살펴보고 어떻게 통신을 더 안전하게 만드는지 살펴보자. TLS 프로토콜은 X.509 인증서를 사용해 서버의 신원을 증명하지만 애플리케이션 계층은 서버에 접속하는 클라이언트의 신원을 검증해야 할 책임이 있다. mTLS는 TLS 프로세스의 일부분으로, 클라이언트 검증을 추가함으로써 TLS를 더 안전하게 만들려고 시도한다.

 금융 서비스 기술협회(FSTC, Financial Services Technology Consortium)(https://oreil.ly/yjUsC)의 표현에 따르면 고객의 금융기관 인증 과정을 더 강화하면 공격자가 고객 계정의 자격증명을 탈취하고자 금융기관을 사칭하는 것을 방지할 수 있다. 또한 금융기관의 고객 인증 과정을 강화하면 공격자가 사기를 저지르고자 고객을 사칭하는 것을 방지할 수 있다.

'TLS 핸드셰이크' 절에서 설명한 것처럼 클라이언트는 인증기관을 신뢰하고 서버는 인증기관에서 서명한 인증서를 제시한다. 클라이언트와 서버가 연결을 성공적으로 맺고 나면 양 당사자는 암호화한 형식으로 통신할 수 있다. mTLS는 클라이언트와 서버 모두 TLS 핸드셰이크 과정에서 상대방의 신원을 검증해야 한다. 이러한 부가적인 단계를 통해 통신 프로세스에 관련된 양 당사자의 신원을 설정하고 확인함을 보장한다. 인증서 검증은 TLS 핸드셰이크의 필수적인 부분이다. 클라이언트 검증을 위해 mTLS는 클라이언트가 신뢰할 수 있는 인증기관이 보증하는 서명된 인증서를 유지하도록 클라이언트에 요구해 클라이언트 검증을 가능하게 한다.

이는 서버 측에서 TLS를 종료하는 데 사용할 수 있는 로드밸런서뿐만 아니라 아웃바운드 요청을 생성하려는 마이크로서비스 클라이언트에 개별적으로 서명된 인증서를 설치해야 함을 의미한다.

이러한 규모의 작업을 완료하는 데는 인프라와 보안에 상당한 투자가 필요하다. 늘어나는 복잡성과 mTLS를 구현하는 데 필요한 작업량으로 인해 전통적인 서버나 컨테이너 시스템에 mTLS를 적용한 사례를 거의 보지 못했다. 하지만 mTLS는 2개의 AWS 관리형 서비스가 서로 통신할 때는 훨씬 쉽게 구현이 가능하다. 이것이 API Gateway와 람다가 mTLS를 사용해 서로 쉽게 통신할 수 있는 이유다.

mTLS의 단점은 복잡함이다. 하지만 다음 절에서 mTLS를 좀 더 간단하고 실용적으로 구현할 수 있는 AWS App Mesh라는 AWS 서비스를 소개할 예정이다.

서비스 메시에 대한 보안 관점의 간략한 소개

마이크로서비스 아키텍처에서 가장 복잡한 부분은 서비스 그 자체라기보다는 서비스 간의 통신이라고 보는 의견도 있다. 통신 채널을 보호하는 데 사용하는 많은 메커니즘(예: TLS 종료)은 애플리케이션을 복잡하게 만들 뿐만 아니라, 애플리케이션 측에 더 많은 부담을 줄 수 있다. 서비스를 아마존 EKS나 ECS 등의 파드 기반 환경에서 실행하거나 EC2에서 실행하는 경우, 특히 애플리케이션 측에 더 많은 작업을 필요로 한다.

7장은 파드 간 통신을 보호하는 데 중점을 두고 설명하지만 파드 간 통신에는 또 다른 우려 사항이 있다. 모니터링(observability), 로깅(logging), 분산 추적(distributed tracing), 트래픽 모니터링 등의 통신으로 발생하는 복잡성을 마이크로서비스가 해결해야 한다.

규모에 맞지 않는 애플리케이션에 마이크로서비스를 도입할 경우 모든 애플리케이션의 작업 환경에 복잡성을 가중시킬 수 있다는 것은 말할 나위도 없다. 나는 항상 마이크로서비스에 대한 낙관론자지만 마이크로서비스는 분명 단점도 갖고 있다. 단점 중 다수는 증가하는 복잡성과 관련이 있고, 그 결과 마이크로서비스 접근을 지원하고자 인프라 수준에서 추가 작업이 필요하다. 이러한 추가 작업은 반복적 성격을 띠고 있고 비즈니스 로직과 별로 관련이 없다. 서비스 메시는 이러한 반복 작업에만 전념하는 마이크로서비스 아키텍처에서 서비스의 부담을 줄여줄 수 있는 부가적인 계층으로, 인프라 로직을 서비스 메시에 포함시킴으로써 서비스는 계속해서 비즈니스 로직에 전념할 수 있다.

프록시와 사이드카

서비스 메시를 도입하기 전에는 TLS 종료, 모니터링, 추적 로깅에 관한 로직을 애플리케이션 코드 내부에 포함했고, 이는 애플리케이션 코드 길이의 증가를 초래했다. 설상가상으로 로직은 여러 파드에 영향을 주기 때문에 애플리케이션은 다른 파드와 동기화 상태를 유지해야 했다. 한 가지 해결책은 이미 운영 중인 컨테이너와 함께 실행 중인 프록시 애플리케이션을 이용하는 것으로, 다른 파드와의 통신과 관련한 모든 측면은 파드와 함께 실행 중인 프록시 서버에 맡긴다. 프록시에 맡길 수 있는 업무는 네트워크 관리, 요청 로깅, 우리의 주 관심사인 TLS까지 포함한다.

이러한 프록시는 여러 애플리케이션 간에 발생하는 모든 요청을 가로챈다. 지연을 최소화하고자 프록시는 사이드카(https://oreil.ly/DNaev) 컨테이너 형태로 원래 서비스 바로 옆에서 실행된다. 서비스 메시를 구현하고자 엔보이Envoy로 불리는 프록시 애플리케이션을 설명할 예정이다. 엔보이(https://www.envoyproxy.io)는 클라우드 애플리케이션용으로 특별히 설계한 오픈소스 프록시로 AWS 서비스와 잘 동작한다.

그림 7-19는 사이드카 프록시를 도입해 네트워크 관련 활동을 맡김으로써 서비스 A와 B 간에 프록시 기반 통신을 하는 모습을 보여준다.

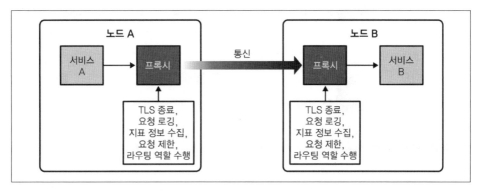

그림 7-19. 프록시 컨테이너를 파드와 동일 노드에서 사이드카 프로세스로 실행하며 통신에 관한 반복적인 로직을 처리한다. 서비스는 프록시를 거쳐야 통신 가능하다.

서비스를 서로 연결하는 대신에 개별 서비스를 프록시에 연결해 원래 서비스를 대신하는 가상 서비스를 형성하는 새로운 네트워크를 상상할 수 있다. 그런 다음 모든 프록시를 서로 연결해 그물 같은 모양을 생성한다. 모든 프록시를 연결하는 것이 바로 서비스 메시가 목표로 하는 것이다. 프록시들이 서로 통신할 때 마이크로서비스 플레인(데이터 플레인)은 가상의 서비스 플레인으로 변환된다. 서비스 메시를 도식화하면 그림 7-20과 같다.

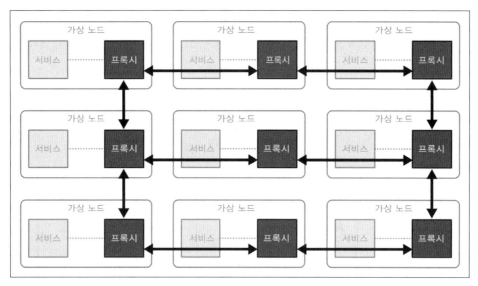

그림 7-20. 서비스를 서로 연결하는 대신에 서비스를 프록시와 연결하고 프록시는 자체 네트워크(애플리케이션의 데이터 플레인)를 형성한다.

그림 7-20의 서비스들은 비즈니스 로직에만 집중하는 간결한 형태를 띠고 있지만 프록시는 모든 프로세스에 대한 종단 간 암호화를 처리할 수 있는 그물 형태의 TLS 엔드포인트를 만든다. 아직 해결되지 않고 여전히 남아 있는 문제를 해결하려면 모든 서비스가 서로 동기화 상태를 유지할 수 있게 책임질 중앙 집중식 서비스가 필요하다. 중앙 집중식 서비스를 구현하면 엔드포인트 간의 통신 프로토콜 변경 사항을 동작 중인 모든 프록시에 원활하게 전파할 수 있다.

서비스 메시는 새로운 개념이거나 AWS의 발명품은 아니다. 서비스 메시는 서비스 지향 아키텍처^{SOA, Service Oriented Architecture}에서 출발해 최소 10년 동안 우리의 주변에 있었다. 그럼에도 이미 복잡한 마이크로서비스 아키텍처 내에서 서비스 메시를 관리하는 것은 어려운 작업이므로 서비스 메시를 채택하는 경우가 많지 않았다. 그림 7-20에는 9개의 프록시가 있고 효율적인 통신을 위해서는 서로 동기화를 유지해야 한다.

프록시를 운영하려면 많은 관리 부담이 필요한데, 어떻게 동기화할 수 있을까?

예를 들어 TLS 관리를 프록시에 맡기는 경우 TLS 인증서를 최신 상태로 유지하고 갱신하는 메커니즘이 필요하다. 개별 프록시에서 인증서 유지 및 갱신 업무를 개별적으로 수행해야 한다면 서비스 메시가 없는 것과 마찬가지로 심각한 오버헤드가 발생할 것이다.

프록시 동기화 문제의 복잡성이 중앙 집중식 컨트롤 플레인이 필요한 이유다. 컨트롤 플레인은 중앙에서 프록시에 명령을 전송함으로써 모든 프록시를 제어하는 메커니즘이다.

AWS는 AWS App Mesh의 형태로 연결된 엔보이 프록시들의 컨트롤 플레인을 관리하는 완전 관리형 서비스를 제공한다. AWS App Mesh(https://oreil.ly/ZdTwm)는 애플리케이션 수준의 네트워킹을 사용해 여러 애플리케이션, 인프라, 클라우드 서비스 간에 통신할 수 있게 해준다. 또한 App Mesh는 종단 간 가시성과 애플리케이션의 고가용성을 제공한다. 그림 7-21은 관리형 프록시 컨트롤러가 어떻게 프록시를 동기화 상태로 유지하는지를 보여준다.

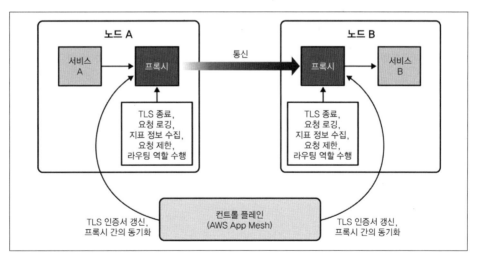

그림 7-21. AWS App Mesh는 모든 사이드카 프록시를 제어하는 컨트롤 플레인을 제공한다.

AWS App Mesh는 애플리케이션 수준에서만 연결하기 때문에 크기와 복잡성에 관계 없이 마이크로서비스를 대상으로 다양한 통합 옵션을 제공한다. 쿠버네티스와 함께 AWS App Mesh를 사용하면 좋지만 쿠버네티스가 AWS App Mesh와 유일하게 함께 작동하는 애플리케이션은 아니다. AWS App Mesh는 ECS, EKS, Fargate, 쿠버네티스, EC2에서 실행 중인 서비스에서 관리하는 마이크로서비스 컨테이너에서 함께 사용할 수 있다.

App Mesh 구성 요소와 용어

App Mesh 구성 요소를 살펴보면 다음과 같다.

메시^{Mesh}

AWS App Mesh의 전체 마이크로서비스 네트워크를 나타낸다.

가상 서비스^{Virtual service}

실제 마이크로서비스를 추상화한 서비스다.

가상 게이트웨이^{Virtual gateway}

네트워크 게이트웨이처럼 작동하면서 메시 외부에 있는 리소스가 메시 내부 의 리소스와 통신할 수 있게 해준다. 가상 게이트웨이는 가상 서비스들을 식별하는 자체 경로를 갖고 있다.

가상 노드^{Virtual node}

쿠버네티스 디플로이먼트^{deployment}와 같은 특정한 작업 그룹을 식별한다. 가 상 노드가 예상하는 모든 인바운드 트래픽을 리스너로 지정하고 가상 노드 에서 아웃바운드 트래픽을 보내는 모든 가상 서비스는 백엔드로 지정한다.

메시 엔드포인트^{Mesh endpoint}

가상 게이트웨이와 가상 노드를 함께 묶어 메시 엔드포인트로 부르기도 한다.

가상 라우터^{Virtual router}

가상 서비스에 대한 트래픽을 특정 노드로 라우팅할 수 있는 기능을 갖춘 가상 서비스를 제공하며, HTTP, HTTP 버전 2, gRPC 라우팅을 수행할 수 있다.

리스너^{Listener}

인바운드 요청을 수신하는 엔드포인트의 일부분이다.

백엔드^{Backend}

인프라 내의 다른 구성 요소에게 아웃바운드 요청을 보내는 엔드포인트의 일부분이다.

고객 계정 정보를 보여주는 역할을 하는 마이크로서비스 메시가 있고 사용자의 잔액을 조회하기 위한 요청을 받았다고 가정해보면 요청 URL과 처리 흐름은 다음과 같다.

http://balanceservice.local/getBalance/{id}

1. 가상 게이트웨이는 메시의 엣지에서 인바운드 트래픽의 TLS를 종료하는 위치에 있기 때문에 요청을 받는 첫 번째 서비스다.

2. 가상 게이트웨이는 수신한 요청이 포함하고 있는 목적지 경로가 잔고^{balance} 서비스에 속하는지 확인하고 적절한 가상 서비스로 요청을 전달한다.

3. 가상 서비스는 수신한 요청을 가상 라우터로 전달한다.

4. 가상 라우터는 라우팅 경로^(target)를 확인해 수신한 요청을 처리해야 할 노드를 결정한다.

5. 가상 노드는 컨테이너와 함께 요청을 처리하고 응답을 제공한다.

처리 흐름을 도식화하면 그림 7-22와 같다.

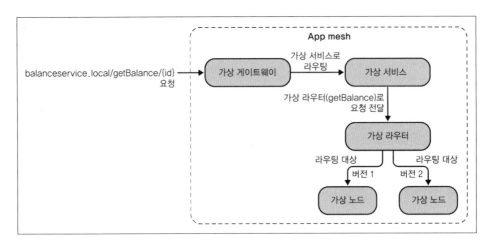

그림 7-22. AWS App Mesh를 사용한 요청 처리 흐름

TLS와 App Mesh

이제 보안 관점에서 App Mesh를 살펴보자. App Mesh의 목표는 TLS 검증과 종료 처리를 엔보이 프록시에 맡겨서 엔보이 프록시가 핸드셰이크, TLS 검증, 종단 간 통신 채널 암호화를 메시 엔드포인트에서 수행하게 하는 것이다.

TLS 검증의 첫 번째 단계는 신뢰할 수 있는 인증기관을 통해 인증서를 검증하는 것이다. AWS App Mesh는 ACM 사설 인증기관과 무리 없이 연동이 가능해서 ACM 사설 인증기관을 통해 인증서 설치 및 갱신 프로세스를 간단하게 처리할 수 있다.

AWS App Mesh는 TLS 검증을 위해 ACM 사설 인증기관, 엔보이 SDS(Secret Discovery Service) 및 로컬 파일 호스팅 등 3가지 옵션을 제공한다. ACM 사설 인증기관은 AWS와 통합이 쉽고 인증서를 자동 갱신해주는 등 프로세스를 단순화해주는 유용한 도구다.

인증서를 확인해 TLS를 검증(인증서 검증)하는 것은 개별 가상 노드뿐만 아니라 가상 게이트웨이에서도 할 수 있다. App Mesh는 가상 노드 및 가상 게이트웨이처럼

372

메시 엔드포인트 역할을 하는 엔보이 프록시 간의 통신을 TLS로 암호화한다. App Mesh는 실행 중인 개별 엔보이 프록시가 인증서 갱신 후 35분 이내에 갱신된 최신 인증서를 갖도록 보장하기 때문에 엔보이 인증서 갱신에 따른 불편함이 발생하지 않는다. 엔보이 프록시를 사용하려면 엔보이 프록시를 실행할 메시 엔드포인트가 StreamAggregatedResources 작업을 할 수 있게 허용해야 한다.

StreamAggregatedResources 작업을 허용하는 정책의 예는 다음과 같다.

```
{
    "Version": "2012-10-17",
    "Statement": [
        {
            "Effect": "Allow",
            "Action": "appmesh:StreamAggregatedResources",
            "Resource": [
                "arn:aws:appmesh:us-east-1:234562343322:mesh/
                    <appName>/virtualNode/<>"
            ]
        }
    ]
}
```

권한을 설정하면 App Mesh가 가상 게이트웨이나 가상 노드를 생성하는 동안 인증서를 검증하는 데 사용할 수 있는 인증기관을 지정할 수 있다. 백엔드로 향하는 아웃바운드 요청을 대상으로 TLS 검증을 활성화하고 모든 인바운드 요청을 대상으로 TLS 종료를 수행할 수 있다. 그림 7-23과 7-24는 가상 게이트웨이의 TLS 검증을 활성화하는 방법을 보여준다.

가상 게이트웨이 생성 정보

가상 게이트웨이 구성

가상 게이트웨이 이름
이 가상 게이트웨이에 고유한 이름을 할당합니다.

▼ **클라이언트 정책 기본값 - 권장**
이 가상 게이트웨이의 서비스 백엔드 클라이언트 정책 기본값을 구성합니다.

TLS 적용
이 백엔드에 대해 TLS 사용 적용

| 적용됨 | ▼ |

포트 - 선택 사항
TLS를 적용할 업스트림 포트를 지정합니다. 기본값은 모든 포트입니다.

| 443 | 포트 추가 |

TLS 검증

검증 방법
신뢰 체인을 검색할 위치

● AWS Private Certificate Authority(AWS-PCA) 호스팅
○ Envoy Secret Discovery Service(SDS)
○ 로컬 파일 호스팅

인증서
신뢰할 수 있는 CA에 사용할 인증 기관을 AWS-PCA에서 선택합니다. 인증 기관을 생성하려면 AWS-PCA ☑ (으)로 이동하십시오.

| | ▼ | ↻ |

그림 7-23. ACM 사설 인증기관을 개별 엔보이 프록시의 TLS를 종료하고 지원하는 데 사용할 수 있다.

그림 7-24. TLS 검증을 디폴트 정책으로 지정하거나 백엔드 클라이언트별로 개별 지정할 수 있다.

보안 관점에서는 그림 7-25처럼 '제한 모드'를 활성화하는 것이 바람직하다.

리스너 구성

지정한 포트 및 프로토콜에서 수신 트래픽을 허용하려면 이 가상 게이트웨이를 구성하십시오.

http:80

프로토콜   포트

| http ▼ | | 80 |

▼ 리스너 설정 - *선택 사항*

   이 리스너에 대한 사용자 지정 설정을 구성합니다.

◐ 연결 풀 사용

◐ 상태 확인 사용

◑ TLS 종료 사용

모드

리스너에서 TLS를 구성하려는 방법 선택

| 제한 | ▼ |

TLS 인증서

인증서 방법

App Mesh에서 인증서를 얻는 방법 선택

◉ ACM(AWS Certificate Manager) 호스팅
○ Envoy Secret Discovery Service(SDS)
○ 로컬 파일 호스팅

인증서

ACM에서 이 가상 게이트웨이에 적용할 인증서를 선택합니다. 인증서를 생성하려면 AWS Certificate Manager ☑(으)로 이동하세요.

| | ▼ | | ⟳ |

TLS 검증 - *선택 사항*

◐ 클라이언트 인증서 필요

| 리스너 추가 |

취소   **가상 게이트웨이 생성**

그림 7-25. 제한 모드로 TLS 종료를 활성화하면 리스너를 호출하는 모든 외부 서비스는 가상 게이트웨이에서 지원하는
서비스와 통신하고자 TLS를 필수적으로 사용할 필요가 있다.

mTLS 재논의

앞서 간단히 소개만 하고 넘어간 주제인 mTLS를 다시 살펴보자. mTLS가 실용적이지 않다고 판명된 주요 이유는 서로 통신하는 모든 클라이언트의 TLS 인증서 관리 절차가 복잡하기 때문이다. 하지만 AWS App Mesh는 모든 엔보이 프록시에 인증서를 설치하는 데 도움을 주고, 인증서를 최신 상태로 유지할 수 있게 지원도 한다. 따라서 App Mesh를 사용하는 서비스는 더 이상 인증서를 관리하는 데 추가적인 노력을 들이지 않아도 된다. 그 결과 이제 mTLS 사용이 불편하거나 실현 불가능하지 않게 됐다. 실제로 App Mesh는 mTLS를 완벽하게 지원하며, 보안 수준 향상을 위해 클라이언트 검증이 필요한 애플리케이션에는 mTLS 적용을 권장한다.

메시 엔드포인트에서 TLS 검증을 위해 '클라이언트 인증서 제공' 옵션을 활성화하면 가상 게이트웨이에서 mTLS를 활성화할 수 있다.

메시 내부에서의 신뢰

서버 측 TLS 인증서를 리스너상에, 클라이언트 측 TLS 인증서를 가상 노드의 백엔드상에 구성함으로써 메시 내부에서의 신뢰를 위해 TLS를 활성화할 수 있다.

메시 외부에서의 신뢰

서버 측 TLS 인증서를 리스너상에, 가상 게이트웨이와 연결을 맺는 외부 서비스 상에 클라이언트 측 인증서를 활성화해 메시 외부 통신에 TLS를 활성화할 수 있다. mTLS가 작동하려면 클라이언트와 서버 모두 동일한 인증기관의 인증서를 사용해야 한다.

App Mesh는 영구 저장소에 인증서나 개인키를 저장하지 않지만 엔보이를 통해 메모리에 저장한다.

그림 7-26에서 볼 수 있는 것처럼 엔보이 SDS나 로컬 파일 호스팅 중 택일해 신뢰 사슬^{chain of trust}을 활성화하고 mTLS를 구성할 수 있다.

TLS 인증서 - *선택 사항*

☑️ **클라이언트 인증서 제공**

> ⓘ 서버가 요청하는 경우에만 인증서가 전송되어 상호 TLS가 활성화됩니다.

인증서 방법
App Mesh에서 인증서를 얻는 방법 선택

🔘 **Envoy Secret Discovery Service(SDS)**
⚪ 로컬 파일 호스팅

보안 정보 이름
Envoy가 SDS에서 요청할 보안 정보의 이름입니다. 로컬 SDS 엔드포인트를 사용하여 Envoy를 구성해야 합니다.

그림 7-26. 엔보이 SDS를 사용하거나 인증서 체인을 로컬에서 가져와 클라이언트를 검증하는 mTLS를 활성화할 수 있다.

App Mesh는 엔보이 프록시와 서비스 간의 mTLS 인증 및 암호화를 지원하지만 가상 노드 내 컨테이너 간 통신은 암호화하지 않는다.

AWS App Mesh 요약

다른 마이크로서비스 통신 패턴과 달리 서비스 메시는 애플리케이션이 서로 상호작용하는 방식을 근본적으로 변경한다. 서비스 메시 구현을 완료하면 일반적으로 사용되는 보안 인프라의 복잡성을 줄일 수 있는 것은 사실이지만 구현하는 데 상당히 복잡한 노력이 필요하다. 서비스 메시를 구현하려면 사용을 결정한 모든 구성원의 동의와 노력이 필요하다.

AWS App Mesh에 중점을 두어 설명했지만 마이크로서비스 사용자가 선택할 수 있는 유일한 서비스 메시 솔루션은 아니다. 이스티오[Istio], 콘술[Consul], 링커드[Linkerd]는 훌륭한 기능을 제공하지만 오늘날 사용할 수 있는 인기 있는 서비스 메시 솔루션의 종류는 훨씬 더 많다. 하지만 AWS App Mesh는 나머지 AWS 인프라와 쉽게 통합할 수 있다는 장점을 기반으로 서비스 메시 구현을 단순화해준다는 특징이 있다.

서비스 메시를 마이크로서비스 아키텍처에 통합하는 것은 간단한 일이 아니라 마이크로서비스 구조를 확정한 프로젝트보다 그린필드[greenfield] 프로젝트에서 서비스 메시를 사용하는 것이 더 일반적이다. 물론 서비스 메시와 관련한 모든 주제를 이 책의 제한된 범위에서 모두 다루기는 불가능에 가깝다. 서비스 메시를 사용할 가치가 있다고 판단한다면 AWS에서 제공하는 훌륭한 문서(https://oreil.ly/XRCli)를 읽어봐야 한다.

비용 측면에서 App Mesh 사용에 따른 추가 비용은 없으며 컨테이너와 함께 배포한 엔보이 프록시의 AWS 리소스 사용료만 지불하면 된다.

서버리스 마이크로서비스와 전송 암호화

이번 절은 서버리스[serverless] 마이크로서비스 기술을 사용할 때 TLS를 활성화하고 적용하는 방법에 대해 AWS 람다 위주로 설명한다.

아마존 API Gateway와 AWS 람다

이미 언급했지만 API Gateway는 주로 네트워크 경계에서 작동하며 인바운드 요청을 수락하는 기능을 제공한다. 클라이언트는 TLS 1.0과 Ephermeral을 지원하는 디피-헬만, Elliptic Curve, Ephermeral을 지원하는 디피-헬만과 같은 PFS 를 지원하는 암호화 형식을 지원해야 한다.

AWS 사용자는 API Gateway의 사용자 지정 도메인 보안 강화를 위해 TLS 프로 토콜 최소 버전을 적용할 수 있다.

API Gateway를 사용해 내부 서비스를 호출하는 경우 2가지 옵션이 있다. 람다 함수나 여타 서버리스 서비스를 호출한다면 모든 데이터를 프라이빗 AWS 네트 워크를 통해 전달할 수 있으므로 전송 중에 적절한 보안을 보장할 수 있다.

API Gateway를 사용하면 개발자들은 HTTP API를 호출해 아마존 VPC 내부에서 보호받고 있는 아마존 리소스에 접근할 수 있다. ECS나 EKS 등의 컨테이너 기 술을 사용할 때 컨테이너 환경을 지원하는 EC2 클러스터가 VPC 내부에 있어야 한다. 물론 ELB를 통해 컨테이너 서비스에 접근하게 만들 수도 있지만 그림 7-27에서 보여주는 것처럼 HTTP API를 활용해 애플리케이션에 접근할 수 있게 만들 수도 있다.

그림 7-27. 서버리스 서비스를 위한 API Gateway 생성

HTTP API들을 프라이빗하게 통합하려면 VPC 링크 생성이 필요하다. VPC 링크 를 사용하면 여러 HTTP API를 단일 VPC 링크로 공유할 수 있다. API Gateway 의 HTTP API는 그림 7-28에서 보여주는 것처럼 애플리케이션 로드밸런서, 네 트워크 로드밸런서 또는 AWS Cloud Map과 연결할 수 있다.

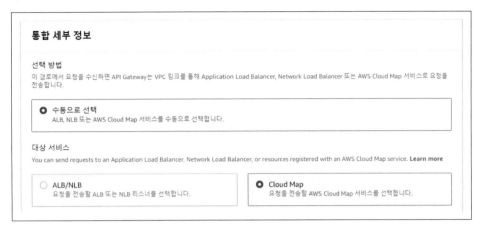

그림 7-28. API Gateway를 사용해 프라이빗 마이크로서비스 호출

VPC 링크를 활성화해 백엔드 서비스와 통신할 수 없는 경우라면 그림 7-29에서 보여주는 것처럼 API Gateway에 클라이언트 인증서를 생성해 백엔드 서비스에 대한 인증서 확인을 강제할 수 있다.

그림 7-29. API Gateway와 백엔드 서비스 간의 안전한 연결 생성

캐싱, API Gateway, 전송 암호화

아마존 API Gateway는 엔드포인트의 응답을 캐시해 엔드포인트의 응답 속도를 높이고 엔드포인트가 받는 호출의 수를 줄여준다. AWS는 API Gateway가 캐시한 모든 저장소를 암호화해 비인가 접근으로부터 데이터를 보호한다.

공격자는 네트워크 시스템의 캐시 데이터를 대상으로 캐시 무효화 공격^{cache} invalidation attack을 시도할 수 있는데, 이를 막고자 인가된 클라이언트에게만 다음과 같은 정책을 적용함으로써 IAM 정책으로 캐시를 무효화하는 사용자를 지정할 수 있다.

```
"Action": [
  "execute-api:InvalidateCache"
],
```

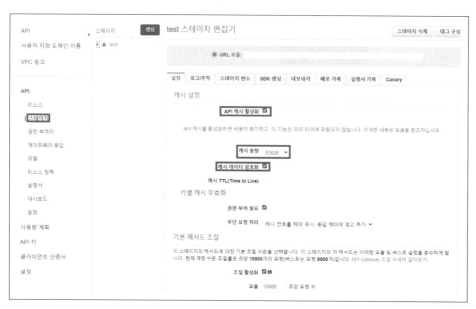

그림 7-30. API Gateway에서 캐시 데이터 암호화 및 캐시 활성화 정책 활성화

그림 7-30에서 보여주는 것처럼 AWS 관리 콘솔에서 API Gateway의 캐시 데이터 암호화를 활성화할 수 있다.

필드 수준 암호화

특정한 마이크로서비스만 민감한 데이터를 읽을 수 있게 허용해야 하는 경우가 있을 수 있다. 예를 들어 애플리케이션에서 필요로 하는 데이터가 비밀번호나 의료 기록을 포함하는 경우 매우 안전한 경계 내에 위치한 서버만 데이터를 평문으로 읽을 수 있게 해야 한다.

AWS는 엣지 로케이션에서 민감한 데이터 필드의 암호화를 허용한다. 이러한 방식으로 데이터는 최종 사용자 근처에서 암호화되고 네트워크를 통해 암호화된 형식으로만 전송된다. 민감한 데이터가 접근 권한을 보유한 목적지 서비스에 도달하기 전까지 나머지 마이크로서비스는 민감한 데이터의 평문을 확인할 수 없다. 그림 7-31은 클라이언트의 요청이 의도한 대상(서비스 d)에 도달하기 전에 다양한 서비스를 거쳐야 하는 일반적인 마이크로서비스 구성을 보여준다.

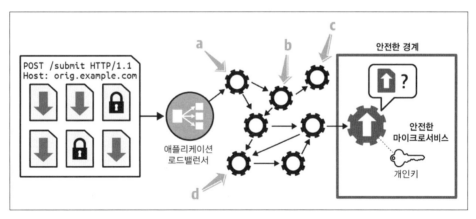

그림 7-31. 안전한 경계 내에 위치한 마이크로서비스에게만 데이터 복호화 허용.

데이터를 다양한 마이크로서비스(a, b, c, d)를 거쳐 전송하더라도 안전한 마이크로서비스에 도달하기 전까지 다른 서비스들은 데이터를 복호화할 수 없다.

필드 수준 암호화는 안전한 경계 내부에 있는 마이크로서비스만 개인키를 사용해 데이터에 접근할 수 있도록 비대칭키 암호화를 사용한다. 민감한 데이터를 평문으로 네트워크에 전달하지 않게 보장하는 것은 외부 및 엣지 수준의 마이크로서비스에 엄격한 보안 통제를 적용할 필요가 없음을 의미한다.

- 민감한 데이터를 복호화할 수 있는 마이크로서비스는 공개키를 CloudFront 배포와 공유함으로써 공개키를 엣지 로케이션에 배포한다.

- 민감한 데이터는 마이크로서비스가 공유한 공개키를 사용해 암호화한다.

- 민감한 데이터는 개인키로 복호화해야 열람 가능하다.

- 개인키는 비밀 문자열이고 안전한 마이크로서비스만 알고 있기 때문에 다른 어떤 서비스도 민감한 데이터 복호화가 불가능하다.

- 다른 서비스들은 암호화된 데이터를 전달하고 요청문의 유효성 검사, 요청문의 파라미터 확인 등 다른 작업은 가능하지만 민감한 데이터 열람은 불가능하다.

필드 수준 암호화 개요를 도식화하면 그림 7-32와 같다.

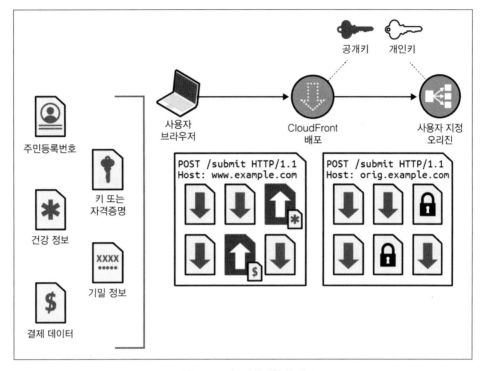

그림 7-32. 필드 수준 암호화 개요

필드 수준 암호화를 사용하려면 다음 단계를 따라야 한다.

1. AWS 관리 콘솔에서 CloudFront 관리 페이지로 이동한다.

2. 공개키 메뉴에서 공개키를 생성한다.

3. **필드 수준 암호화** 메뉴에서 암호화할 필드를 CloudFront에 알려주기 위한 프로파일을 생성한다.

4. 필드 수준 암호화를 사용하려면 CloudFront 배포에 구성 ID를 추가해 캐시 동작과 필드 수준 암호화 프로필을 연결한다.

필드 수준 암호화의 이점은 다음과 같다.

- 엣지에서 민감한 평문 데이터를 암호화하기 때문에 민감한 데이터의 폭발 반경이 줄어든다. 또한 공동 책임 모델에 따라 AWS에서 암호화를 처리하기 때문에 AWS 사용자의 운영 오버헤드가 줄어든다.

- 다른 마이크로서비스는 민감한 평문 데이터를 처리할 필요가 없기 때문에 엄격한 데이터 보호 프로토콜을 준수할 필요가 없다.

- 암호화하지 않은 데이터가 프라이빗 AWS 네트워크를 벗어나지 않기 때문에 PCI-DSS 같은 다양한 규제 표준을 충족하기 수월하다.

요약

7장에서는 모든 애플리케이션이 자주 간과하는 측면인 정보 전송 과정의 보안, 특히 서비스 간의 정보 전송을 보호하는 방법을 살펴봤다. 마이크로서비스 환경에서 서비스 간 통신은 빈번하게 발생하며, 안전하지 않은 매체를 거쳐 통신이 이뤄진다면 애플리케이션 보안 수준을 약화시킬 수 있다.

일반적으로 애플리케이션 로직과 인프라 및 보안 이슈를 분리하고 싶어 한다. 이러한 분리는 인프라가 다른 마이크로서비스와 통신하는 데 필요한 보안 기능을 담당하고 처리하는 동안 마이크로서비스 애플리케이션이 비즈니스 로직에 더 집중할 수 있음을 의미하며, 마이크로서비스에서 단일 책임 원칙을 보장하고 시행할 수 있는 유일한 방법이다.

레거시 환경과 관련한 보안을 유지하면서 마이크로서비스 설정을 간소화할 수 있는 방법을 살펴보는 것으로 7장을 시작했다. DNS 아키텍처를 사용하면 IP 주소 대신 이름으로 서비스의 정식 이름을 지정하고 참조할 수 있다. 이름으로 서비스를 참조할 수 있으면 배포 환경에서 마이크로서비스를 분리하는 데 도움을 주기 때문에 애플리케이션 인프라 및 단계를 독립적으로 만든다. 또한 다양한 시스템에 저장된 데이터뿐만 아니라 서비스 간에 이동하는 데이터에도 보안을 적용하는 방법을 설명했다. AWS가 다양한 애플리케이션 환경에서 전송 암호화의 핵심인 TLS를 구현하는 방법을 상세히 살펴봤다. 마지막으로 TLS 오프로딩이 애플리케이션을 더 간결하게 유지하는 데 어떻게 도움을 주는지 언급하면서 7장을 마무리했다.

8장

조직의 복잡성을 고려한 보안 설계

지금까지는 조직 내의 팀 구성 방식을 고려하지 않고 조직의 아키텍처를 설명했지만 8장에서는 보안 아키텍트가 마이크로서비스를 개발 및 운영하는 조직 구조에 맞게 보안 조치를 설계하는 방법과 보안 설계의 인간적 측면에 초점을 맞춰 설명한다.

조직 내의 모든 직원이 보안 메커니즘을 원활하게 사용할 수 있게 하는 것이 보안 전문가인 우리의 임무다. 회사의 보안 팀은 외부와 내부 위협 모두로부터 직원을 안전하게 보호할 수 있는 적절한 보호 기능을 갖추고, 업무적으로 불필요한 시스템을 다룰 수 없도록 직원들에게 권한을 부여해야 한다. 반면에 다른 한편으로는 직원들이 '보안 지옥security hell'으로 알려진 일상적인 업무 수행 과정에서 보안으로 인해 발생하는 불편함과 업무 장애를 경험하지 않고 업무를 계속할 수 있어야 한다.

흔히 '보안 지옥'으로 가는 길은 선의로 포장돼 있다고 한다. 선의를 가진 개개인은 자신의 행동이 조직 전체에 이롭다고 믿는다. 무의식적으로 조금씩 증가한 보안 관행은 개발자에게 부정적인 영향을 미치고 효율성 저하를 초래할 수밖에 없다. 많은 조직은 정당한 업무를 수행하는 직원의 업무 처리까지 어렵게 만드는 보안 조치를 지나치게 적용하곤 해서 가끔씩은 보안과 자율성이 서로 모순돼 양립할 수 없는 관계가 되기도 한다. 8장은 보안을 손상시키지 않으면서 팀과 직원들에게 가능한 한 많은 자율성과 유연성을 부여하는 것을 목표로 한다.

규모가 큰 조직에서는 업무와 가장 밀접한 관련이 있는 팀이 보안 임계치를 파악하고 잠재적인 위협을 식별하는 데 가장 적합하다. 따라서 중앙 집중형 보안 팀에 보안 정책 및 통제를 집중시키는 것보다 가능한 한 많은 통제를 현업 팀에 위임하는 것이 적절하다. 위임해야 할 통제에는 업무 태도가 나쁜 팀이나 불만을 품은 직원이 위협을 가하는 악의적인 행위자가 되지 않도록 수행해야 하는 견제와 균형을 포함한다.

8장에서는 여러 회사에 존재하는 다양한 유형의 조직 구조에 대해 먼저 설명한 후 조직에서 직원이 수행하는 다양한 역할과 해당 역할이 다양한 AWS 도구로 부터 어떤 이점을 얻을 수 있는지에 대해 설명한다. 팀에 가능한 한 많은 자율 성을 부여해 오버헤드 없이 업무를 수행할 수 있게 하고 회사를 위해 혁신할 수 있게 하는 것이 일반적인 생각이지만 자율적인 팀, 불만을 품은 직원이나 악의적인 행위자가 애플리케이션 보안을 위반하지 못하게 하는 보안 통제도 함께 존재할 수밖에 없다.

조직 구조와 마이크로서비스

조직 규모가 작을 때에는 비즈니스 가치 창출 활동도 하면서 절차에 얽매이지 않는 보안 통제 활동도 함께 수행할 수 있다. 다른 하위 도메인에서 업무를 하는 팀들은 서로 긴밀하게 협력해 시너지를 내며 소프트웨어를 만들고, 공유 리소스를 사용해야 하는 팀은 승격된 권한을 부여하는 소프트웨어 관리자에게 요청을 전달해야 한다. 조직 규모가 크지 않아 팀들은 신뢰, 이해 공유 및 상호 존중 관계일 가능성이 높아 공식적인 절차가 필수적이진 않다. 보안 업무만 전담하는 인원은 없기 때문에 보안 사고가 발생하면 사고 수습에 전념하는 개 발자, 관리자, 이해관계자로 대응 팀을 구성할 수 있다. 하지만 인원별 전문 영역을 고려하지 않은 이러한 소프트웨어 개발 방식은 확장성 측면에서 바람직하지 않다.

조직 규모가 커지는 즉시 마이크로서비스 아키텍처의 하위 도메인을 중심으로 개발과 커뮤니케이션 방법을 안내하기 위한 명확하게 정의된 프로세스를 마련해야 한다. 이러한 프로세스는 리소스 공유와 권한을 통제하고 견제와 균형은 유지하되 자율성을 갖는 팀을 만드는 데 도움을 줘야 한다. 프로세스는 사고 대응 프로세스뿐만 아니라 개발 프로세스에 대한 설명도 포함해야 한다. 이번 절에서는 오늘날 회사 내에 존재하는 다양한 조직 구조에 대해 설명하고 보안 통제를 전제로 한 자율성을 부여하고자 클라우드 리소스를 사용한 권한 구조를 설계하는 데 도움을 주는 도구를 간략히 소개한다.

콘웨이의 법칙

컴퓨터 과학이 초기 단계였던 1967년에 소프트웨어 프로그래머인 멜빈 콘웨이 Melvin Conway는 **콘웨이의 법칙**Conway's Law으로 알려진 재미있고 흥미로운 격언을 내놓았다. 콘웨이의 법칙에 따르면 모든 회사의 시스템 구조는 해당 구조를 설계하는 회사의 커뮤니케이션 구조를 닮는다고 한다.

콘웨이의 법칙은 회사가 자체 조직 구조를 반영한 소프트웨어를 구축하는 경향이 있음을 강조하는데, 이로 인해 소프트웨어를 필요한 것보다 더 복잡하게 만드는 결과를 초래한다. 예를 들어 에릭 레이먼드Eric S. Raymond는 "컴파일러를 개발하는 그룹이 4개라면 4단계로 실행하는 컴파일러가 나오게 된다."고 말한 적이 있다. 콘웨이의 법칙은 관찰의 효과와 근거에 대한 많은 논쟁을 불러 일으켰다.

2008년 하버드 비즈니스 리뷰Harvard Business Review에 게재된 연구 논문 「Exploring the Duality between Product and Organizational Architectures」(https://www.hbs.edu/ris/Publication%20Files/08-039_1861e507-1dc1-4602-85b8-90d71559d85b.pdf)는 많은 조직의 제품 라인이 부서 구조를 반영하고 있음을 나타내는 개념인 **미러링 가설**mirroring hypothesis

을 지지한다. 나 또한 업무적인 경험을 통해 동일한 의견을 갖고 있고 대부분의 조직이 개발 팀을 먼저 파악함으로써 제품과 개발 팀 간에 일대일 매핑이 있다는 가정하에 제품 개발을 시작하는 것을 봐왔다.

콘웨이의 법칙을 따르는 조직에 대한 가장 큰 비판거리는 애플리케이션 디자인과 고객 요구 사항이 일치하지 않는다는 것이다. 반면에 도메인 주도 설계는 조직의 팀 구조가 아닌 기능과 소비자 도메인에 기반을 두고 설계한 시스템을 개발함으로써 애플리케이션 디자인과 고객 요구 사항 간의 격차를 해소하려고 시도한다.

단일 팀 지향 서비스 아키텍처

리 애치슨Lee Atchison이 쓴 『Architecting for Scale』(O' Reilly, 2020)은 단일 팀 지향 서비스 아키텍처STOSA, Single Team Oriented Service Architecture의 개념을 소개한다. 단일 팀 지향 서비스 아키텍처 기반의 애플리케이션은 서비스와 도메인에 대한 명확한 소유권을 담당 팀에게 부여한다. 즉, 단일 팀 지향 서비스 아키텍처는 애플리케이션 내에 존재하는 모든 서비스의 소유권을 여러 팀에 부여하지 않음으로써 조직의 서비스와 팀 간에 완전한 1:1 매핑을 제공하고, 회사가 조직 구조에 잘 맞는 소프트웨어를 개발할 수 있게 도움을 준다.

도메인 주도 설계에 기반을 두고 애플리케이션을 개발하는 조직을 다시 살펴보면 일반적으로 애플리케이션을 경계 콘텍스트로 분리한다. 단일 팀 지향 서비스 아키텍처를 따르는 조직은 다양한 경계 콘텍스트별로 명확하게 소유권을 할당할 수 있다. 콘웨이의 법칙대로 조직 구조를 애플리케이션의 콘텍스트 경계에 반영할 수 있는 구조를 상상할 수 있고, 내 경험상 성과가 높은 회사일수록 조직 구조와 경계 콘텍스트가 일치할 가능성이 높다.

그림 8-1은 마이크로서비스 애플리케이션을 구현하는 일반적인 엔지니어링 조직을 보여준다. 단일 팀 지향 서비스 아키텍처 기반의 조직은 다양한 비즈니스

기능을 중심으로 팀을 분할하고 업무를 조정한다.

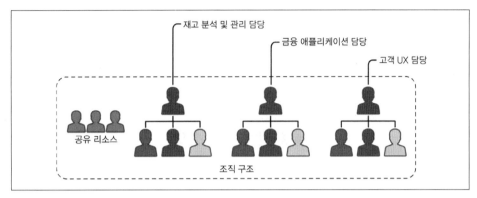

그림 8-1. 팀별로 애플리케이션의 특정 비즈니스 기능을 담당하는 조직 구조

역할 기반 접근 통제

복잡한 구조의 조직일수록 불편을 초래하지 않으면서 통제 및 권한을 분배할 수 있는 신원 관리 솔루션이 필요하다. 신원 관리 솔루션을 도입할 때는 2장에서 소개한 역할 기반 접근 통제[RBAC], 속성 기반 접근 통제[ABAC], 강제적 접근 통제[MAC]와 같은 다양한 전략을 고려해야 한다.

역할 기반 접근 통제는 주로 단순함, 적은 학습 비용[learning curve], AWS IAM 서비스에서 지원하는 광범위한 기능으로 인해 마이크로서비스와 함께 사용할 수 있는 훌륭한 프레임워크에 해당한다.

2장에서 설명한 것처럼 역할 기반 접근 통제는 사용자, 애플리케이션 또는 그룹과 같은 신원[ID]별로 수행할 수 있는 작업이 정의된 조직 내 역할을 생성한다. 역할을 생성한 후에는 접근이 필요한 요구 사항과 상황에 맞는 역할로 리소스와 서비스에 대한 접근을 통제하고 제한한 후 사용자와 서비스에게 수행하고자하는 작업에 따라 적절한 역할을 부여한다. 따라서 조직 내 개인이나 서비스가수행하는 모든 활동은 우선 특정 역할을 수임한 이후에만 해당 역할을 사용해원하는 활동을 수행할 수 있다.

역할 기반 접근 통제는 보안 전문가가 역할이 보유한 권한, 역할을 수임할 수 있도록 허용된 신원에게 최소 권한의 원칙^{PoLP}을 각기 적용하기만 하면 접근 통제 프로세스를 간단하게 운영할 수 있다.

8장은 크고 복잡한 조직의 접근 통제 프로세스를 단순화할 수 있도록 역할 기반 접근 통제를 매우 광범위하게 사용할 예정이다.

IAM 정책 조건 요약

역할 기반 접근 통제를 적용하는 데 사용할 도구는 2장에서 설명한 IAM 정책 조건(https://oreil.ly/baYeo)이다. IAM 정책 조건은 IAM 정책을 적용할지 여부를 결정하고자 수신한 요청을 평가하는 논리적인 명령문이다. 복잡한 조직에서 수신한 요청을 일방적으로 허용하거나 거부하는 단순한 IAM 정책은 세밀한 접근 통제를 적용하는 데 적합하지 않아 접근 통제를 좀 더 보완하고자 IAM 정책 조건을 사용해야 한다. IAM 정책 조건을 사용하면 수신한 요청에 IAM 정책을 적용할지 여부를 판단하는 조건부 로직을 지정할 수 있으며, 요청을 수신할 때마다 로직을 평가한다.

IAM 정책은 조건을 다음과 같이 표현할 수 있다.

```
"Condition": {
    "{condition-operator}": {
        "{condition-key}": "{condition-value}"
    }
```

IAM 정책 조건은 복잡한 조직 내에서 사용자와 리소스를 식별해 올바른 유형의 요청만 접근을 허용하거나 거부할 수 있도록 세밀한 접근 통제를 가능하게 한다.

권한 상승

여러 번 강조했지만 최소 권한의 원칙은 정말 중요하다. 공격을 막을 수 있는 가장 강력한 방어 방법은 접근을 세밀하게 통제하고 최소 권한의 원칙을 엄격하게 적용하는 것이다.

하지만 소프트웨어 개발자로서의 경험에 비춰보면 최소 권한의 원칙은 항상 한 가지 흔한 변명으로 지켜지지 않았다. "긴급 상황이 발생해 시스템을 빠르게 수정해야 할 때는 어떻게 해야 하나요? 개발자에게 빠르게 코드를 짜고 오류를 해결할 수 있는 능력을 부여하지 않으면 회사에 막대한 손실이 발생합니다. 만일의 경우에 대비해 필요 이상의 접근 권한을 부여하는 것이 좋습니다."

이러한 변명은 매우 일리 있어 보이긴 하지만 많은 조직의 훌륭한 접근 관리와 최소 권한 적용을 방해하는 문제다. 권한 부여 시점에 부여하지 않은 권한으로 인해 평생 한 번 발생할까 말까 한 문제에 대한 두려움 때문에 필요 이상의 권한을 개발자에게 부여하는 것을 불합리하다고 볼 수는 없다. 이번 절에서는 관리자가 최소 권한의 원칙을 위배하지 않으면서 개발자의 권한을 상승시키는 데 사용할 수 있는 2가지 모델을 살펴본다.

AWS Systems Manager 명령 실행

잠재적인 위협이 알려진 상황에서 사용하는 모델로, 개선 조치를 수행하려면 사전에 작성해둔 스크립트가 필요하다.

유리 깨기 모델을 사용해 필요 시점에 권한 상승

유리 깨기[BTG, Break-the-Glass]는 위협을 예측할 수 없는 상황에서 사용하는 모델로, 개선 조치에 필요한 스크립트를 미리 작성할 수 없는 상황에 사용한다.

내 경험상 개발자가 긴급 상황의 권한 상승 절차를 신뢰할 수 있으면 최소 권한의 원칙을 수긍하고 이를 준수할 가능성이 높아진다.

AWS Systems Manager 명령 실행

AWS Systems Manager^{SSM} 명령 실행으로 권한 상승을 달성하는 방법에 대해 설명하기 전에 SSM 명령 실행 모델이 달성하려는 목표에 대해 살펴보자. 이 모델은 사고 발생 시 피해를 완화하고자 사전에 명확하게 정의한 작업 절차가 있는 상황에 사용하고, 해당 작업 절차를 데브옵스^{DevOps} 팀이 관리한다고 가정한다.

SSM 명령 실행 모델은 개발자의 권한을 승격할 수 있는 실행 가능한 스크립트 형태의 도구를 제공하지만 이러한 스크립트로 수행할 수 있는 활동으로만 권한을 제한한다.

예제를 통해 간단하게 살펴보자. 운영 환경에서 교착 상태^{deadlock}가 발생할 가능성이 있는 마이크로서비스를 실행하고 있다고 가정해보자. 교착 상태가 발생하면 작업 절차는 운영 서버를 재시작하는 것이 간단한 해결 방법이라고 지시하지만, 대부분의 운영체제에서 서버 재시작은 슈퍼유저 권한이 필요하기 때문에 일반 개발자의 권한으로는 사고를 수습하는 데 한계가 있다.

개발자가 사고를 신속하게 완화할 수 있도록 완전한 슈퍼유저 권한을 제공하는 대신 서버를 재시작할 수 있는 스크립트에 접근할 수 있는 권한을 제공하면 개발자가 슈퍼유저 권한으로 할 수 있는 작업의 범위를 제한함으로써 악의적인 내부자로부터 시스템을 보호할 수 있다.

AWS는 SSM이 리소스에서 실행할 작업을 SSM 문서로 부른다. SSM 문서는 특수한 구문(https://oreil.ly/jiuDm)을 사용해 작성한 스크립트로, AWS SSM에서 관리하는 모든 인스턴스(https://oreil.ly/xVUqg)에 적용할 수 있다. 그림 8-2는 운영체제를 재부팅하는 유닉스 셸 스크립트를 실행하는 SSM 문서를 생성한 예를 보여준다.

그림 8-2. AWS Systems Manager의 문서 탭에서 사용자 정의 SSM 문서를 생성할 수 있다.

 AWS는 사고를 완화하고자 취해야 하는 일반적인 조치를 포함한 자체 SSM 문서 인벤 토리를 유지하고 있으니 필요시 해당 문서들을 참고하길 권장한다.

그림 8-2의 문서를 생성하면 AWS Systems Manager의 문서 탭의 내 소유에서 확인이 가능하며, 여러 인스턴스에 명령을 실행하는 데 사용할 수 있다. 또한 SSM 문서를 계정 간에 공유할 수 있어 일반적인 사고를 완화하는 데 널리 사용할 수 있는 옵션이다. 하지만 사고를 해결하고자 이러한 문서 모음을 유지할 책임은 데브옵스 팀에 있다.

'명령 문서'를 2장에서 설명한 AWS IAM 정책으로 보호할 수 있기 때문에 명령을 실행^(전송)할 수 있는 별도의 역할을 만드는 것이 좋다. 개발자가 필요할 때마다 이 역할을 수임할 수 있게 하고 최소 권한의 원칙을 적용해 역할을 수임할 수 있는 사람과 상황을 제한해야 한다. 역할을 수임하려는 모든 시도는 가시성과 감사 가능성 확보 차원에서 AWS CloudTrail에 기록할 수 있으며 이 책을 읽고 있는 독자들은 당연히 기록해야만 한다.

보안을 강화한 명령 실행 프로세스를 설명하고자 운영 환경의 아마존 EC2 인스턴스를 재부팅할 목적으로 생성한 SSM 문서가 있다고 가정해보자. 재부팅을 할 수 있게 허용된 특정 역할^('rebooter')을 만들어두면 운영 환경에 사고가 발생할 때마다 개발자는 'rebooter' 역할을 수임해 서버를 재부팅할 수 있다. 또한 속성 기반 접근 통제^{ABAC}를 사용해 보안 수준을 한 단계 더 높일 수 있는데, 'rebooter' 역할이 'rebootable'과 같은 특정 AWS 태그를 가진 SSM 문서와 EC2 인스턴스만을 대상으로 접근할 수 있게 하고 운영 환경 인스턴스에 'rebootable' 태그를 지정하면 'rebooter' 역할은 관리자가 'rebootable'로 표기한 운영 환경 인스턴스만 재부팅이 가능하다.

다음 IAM 정책을 연결하면 속성 기반 접근 통제 형식으로 rebooter 역할에 최소 권한의 원칙을 적용할 수 있다.

```
{
    "Sid": "VisualEditor1",
    "Effect": "Deny",
```

```
      "Action": "ssm:SendCommand",
      "Resource": "*",
      "Condition": {
        "StringNotLike": {
          "aws:ResourceTag/rebootable": "true"
        }
      }
    }
  }
```

IAM 정책을 적용하면 AWS 태그 rebootable의 값을 true로 설정한 인스턴스에서만 SSM 문서 실행이 가능하다.

그림 8-3. 명령을 보낼 AWS SSM 관리형 인스턴스를 선택해 생성한 문서를 실행할 수 있다.

개발자가 운영 환경의 서버(rebootable 태그의 값이 true로 설정된 인스턴스)를 재부팅할 필요가 있을 때마다 개발자는 rebooter 역할을 수임하고 AWS Systems Manager 페이지의 **명령 실행** 탭으로 이동해 그림 8-2에서 생성한 문서를 선택해 명령을 실행할 수 있다. 그림 8-3은 명령을 실행하는 AWS 관리 콘솔 화면을 보여준다.

유리 깨기 프로토콜

명령 실행은 사전에 예측한 상황에서 사용할 수 있는 훌륭한 옵션이지만 돌발 상황에서는 쓸모가 없을 가능성이 높다. 돌발 상황이 발생하면 보안 전문가는 상황을 수습하고 완화하고자 개발자의 접근 권한을 높여줄 수밖에 없다. 권한 상승을 달성하는 다른 방법은 유리 깨기로 불리는 접근 통제를 위한 대체 프로토콜을 사용하는 것이다. 유리 깨기 프로토콜은 재해 완화를 위해 권한 상승이 필요한 경우 클라우드 서비스나 리소스를 대상으로 한 긴급 접근을 처리한다. 화재 경보를 울리고자 유리를 깨는 행위에서 유래된 유리 깨기란 용어는 특정 리소스에 접근할 수 있는 권한이 없는 사람이 긴급 상황에서 높은 접근 권한을 빠르게 부여받는 방법을 묘사한다. 이러한 접근 권한은 일시적이어야 하고 발생한 문제를 완화하거나 패치하면 즉시 회수해야 한다.

유리 깨기 프로토콜을 사용해 사용자에게 일시적으로 상승된(때로는 슈퍼유저 권한) 접근 권한을 부여하는 것에 대해 자주 언급하지만 돌발 상황에 대처할 수 있는 만능 해결책은 아니다. 예를 들어 서로 다른 2개의 팀 모두와 관련이 있는 운영 환경 문제를 디버깅하는 데 도움이 되도록 콘텍스트 내의 서비스나 리소스를 대상으로 다른 팀(다른 기능 도메인에서 작업) 구성원에게 개발자 접근 권한을 부여해야 한다면 슈퍼유저 접근 권한을 개발자에게 부여했던 이전 절에서 설명한 것처럼 임시 접근 권한을 부여하기 위한 동일한 프로세스를 따라야 한다.

유리 깨기 프로세스는 대부분의 현업 조직에서 가능한 한 빠르고 간단하게 이뤄져야 비상 상황에서 귀중한 시간을 불필요하게 낭비하지 않고 사건 수습이 가능하다. 비상 상황에서 상승된 접근 권한을 가진 사용자가 행한 모든 조치는 CloudWatch와 CloudTrail을 포함한 AWS의 로깅 메커니즘을 사용해 기록해야 한다. 조직은 비상 상황을 제외한 경우의 권한 상승 프로세스를 엄격하고 매우 제한적으로 구현할 수 있기 때문에 상황에 따라 다른 접근 통제 조치를 적용함으로써 조직의 보안 태세를 안전하게 운영할 수 있다. 조직 내의 개별 팀은 권한 전환이 발생할 수 있는 빠른 절차를 마련해야 한다.

 권한 상승은 실제로 최소 권한의 원칙에 대한 타협이라는 점에 유의해야 한다. 긴급 상황 발생 시 신뢰하는 내부자에게 높은 권한을 제공하면 권한 오남용으로 인해 더 많은 보안 사고가 발생할 가능성도 있다. 유리 깨기 프로세스는 다른 접근법이 사고 완화에 적합하지 않은 경우의 최후의 수단으로만 사용해야 한다.

AWS 환경에서 인프라를 운영하는 조직이 접근을 통제하면서 권한을 상승시키는 절차를 구현하는 방법의 예를 살펴보자.

그림 8-4는 역할 기반 접근 통제를 사용해 조직 내에서 작동하는 유리 깨기 프로토콜을 만드는 방법을 보여준다. 평소에는 개발자가 접근할 수 없는 리소스 A가 있지만 긴급 상황에 대비해 접근 권한을 제공해야 한다고 가정해 보면 이러한 접근 권한은 회사 고위 관계자의 승인을 받아야 한다.

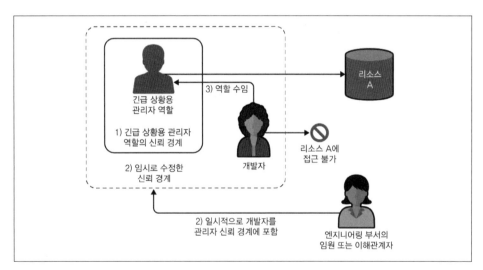

그림 8-4. 임원이나 이해관계자는 유리 깨기 프로토콜을 구현하고자 신뢰 경계를 사용해 권한 상승을 승인할 수 있다.

그림 8-4를 단계별로 설명하면 다음과 같다.

1. IAM 아키텍트는 권한 상승이 필요한 긴급 상황을 제시하고 해당 상황을 수습하는 데 사용할 IAM 역할의 접근 정책을 정리한다. IAM 역할은 회사 내의 사용자와 개발자가 평상시에는 해당 역할을 수임하지 못하게 하는 엄격한 규칙 아래에서만 조직 내에 존재할 수 있다.

2. 보안 전문가는 긴급 상황이 발생했음을 확인하는 데 사용할 프로토콜을 고안한다. 프로토콜은 일시적으로 개발자에게 제공되는 높은 접근 권한이 업무적으로 필요하고 위험을 감수할 가치가 있다고 판단할 수 있는 회사 내 고위 관리자의 결정을 유도할 수 있을 만큼 적절해야 한다.

3. 긴급 상황이 발생하면 긴급 상황용 관리자 역할의 신뢰 경계에 개발자를 추가한다. 개발자는 긴급 상황용 관리자 역할을 수임해 리소스에 접근하고 다른 방법으로는 수행할 수 없는 제한적인 작업을 수행할 수 있다.

그림 8-4에서 주목해야 할 내용은 다음과 같다.

- '긴급 상황용 관리자 역할'은 리소스 A에 접근할 수 있지만 평상시에는 회사의 누구도 해당 역할을 수임할 수 없다.

- 엔지니어링 부서의 임원은 '긴급 상황용 관리자 역할'을 수임할 수 있는 인원을 통제할 수 있지만 자신이 해당 역할을 수임할 수는 없다.

- 개발자는 역할을 수임해 리소스에 접근할 수 있지만 엔지니어링 부서 임원의 승인이 필수적이다.

권한 경계

권한 경계^{PBX, permissions boundary}는 관리자가 받을 수 있는 최대 권한을 지정해 다른 신원에 권한을 할당할 수 있는 방법으로 IAM 정책과 달리 수신 측에 새로운 권한을 부여하지 않는 대신 수신 측이 가질 수 있는 최대 권한을 지정한다.

그 결과 권한 경계를 IAM 사용자나 역할에 적용한 후의 유효 권한은 그림 8-5에서 볼 수 있는 것처럼 IAM 정책을 통해 받을 수 있는 권한의 부분집합이다.

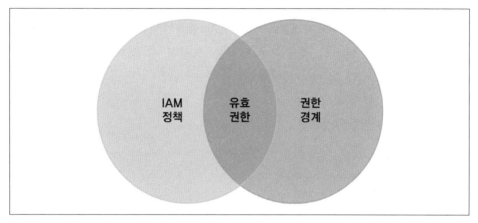

그림 8-5. 권한 경계는 사용자 계정에 권한을 추가하지 않지만 권한을 위임할 수 있는 범위를 제한한다.

예를 들어 아마존 S3나 AWS 람다만 사용하는 팀이 있다고 가정해보면 다음과 같은 IAM 권한 경계 설정이 필요하다.

```
{
    "Version": "2012-10-17",
    "Statement": [
      {
        "Effect": "Allow",
        "Action": [
          "s3:*",
          "lambda:*".... <팀에서 필요로 하는 서비스에 대한 권한>
        ],
        "Resource": "*"
      },
    ]
}
```

이러한 IAM 권한 정책을 할당받은 모든 사용자나 역할은 기껏해야 AWS에서 S3 및 람다 리소스 정도를 사용할 수 있다. 즉, 사용자 'Gaurav'를 생성하고 IAM 권한 경계 설정을 적용한 후 다음과 같은 사용자 생성 권한을 허용하는 IAM 정책을 연결하더라도 사용자 'Gaurav'는 경계 설정에서 `iam:CreateUser`를 허용하지 않기 때문에 여전히 새로운 사용자를 생성할 수 없다.

```json
{
    "Version": "2012-10-17",
    "Statement": {
      "Effect": "Allow",
      "Action": "iam:CreateUser",
      "Resource": "*"
    }
}
```

결국 사용자가 가질 수 있는 유효 권한은 권한 경계 설정에서 지정한 권한과 IAM 정책에서 지정한 2개의 권한 중 최소한의 권한이다.

책임을 위임하기 위한 권한 경계

소규모 조직의 인력과 클라우드 리소스 관리는 대부분 간단하고 조직의 보안 정책을 적용할 책임을 가진 클라우드 관리자나 클라우드 관리자로 구성한 중앙 집중형 팀이 있다. 클라우드 관리자는 모든 조직 구성원의 권한을 신중하게 평가하고 해당 구성원들에게 최소 권한의 원칙을 적용해야 하며, 모든 팀에서 사용하는 클라우드 리소스를 실행하고 유지하는 일도 담당한다. 그러나 조직이 성장함에 따라 이러한 중앙 집중형 팀은 확장이 어려운 경우가 많고 중앙 집중형 팀이 조직 전체와 조직의 모든 신원을 제어할 수 있음이 문제가 될 소지가 있다.

중앙 집중형 팀의 한계는 일부 클라우드 관리 작업을 팀별 리더나 개발자에게 위임할 필요가 있음을 의미하기도 하지만 팀 수준의 권한 위임은 개별 팀이 담당 업무를 수행할 수 있을 최소한의 권한만 받을 수 있게 운영해야만 하며, 이는 권한 경계를 사용해 달성할 수 있다.

물론 사용하는 서비스에 따라 팀 구성원에게 권한 경계를 할당해서 AWS 람다를 사용하는 팀에게는 AWS 람다 접근만 허용하는 권한 경계를 추가할 수 있다. 그러나 한 가지 우려 사항은 팀에 팀 구성원들의 권한 관리를 허용하는 것이다.

설명을 위해 AWS 람다를 사용하는 X라는 팀이 있고 X팀의 관리자인 밥[Bob]이 팀원들이 사용할 IAM 사용자를 생성하거나 삭제할 수 있게 할 필요가 있다고 가정해보면 X팀의 모든 사용자에게 AWS 람다 접근 권한과 새로운 IAM 사용자를 생성할 수 있는 권한만 허용하는 권한 경계를 생성해야 한다.

권한 경계 정책은 다음과 같다.

```
{
    "Version": "2012-10-17",
    "Statement": [
      {
        "Sid": "BasicPermissions",
        "Effect": "Allow",
        "Action": [
          "iam:*", <새로운 IAM 사용자를 팀에 추가하는 기능>
          "lambda:*".... <팀에서 사용이 필요한 서비스에 대한 권한>
        ],
        "Resource": "*"
      },
    ]
}
```

이번에는 AWS 계정에 민감한 정보를 저장하는 중요한 데이터베이스가 있고 X팀은 해당 데이터베이스에 접근할 필요가 없다고 가정해보자. X팀의 모든 사용자에게 권한 경계 PBX를 할당하는 한 관리자는 X팀의 구성원들이 민감한 데이터에 접근할 수 없음을 확신할 수 있다. 그러나 X팀의 밥은 새로운 사용자를 만들 수 있기 때문에 밥이 자신에게 할당된 제한 정책이 없는 사용자 앨리스 Alice를 만드는 것을 막을 수 없다. 앨리스는 이제 중요한 데이터베이스에 접근할 수 있지만 접근해서는 안 된다. 이를 도식화해보면 그림 8-6과 같다.

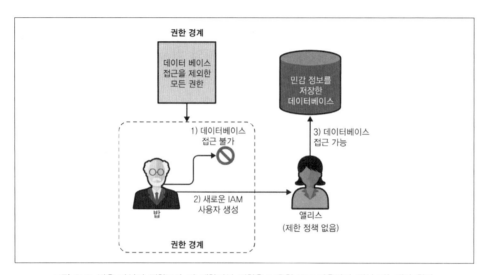

그림 8-6. 밥은 자신의 권한보다 더 제한적인 권한을 보유한 IAM 사용자만 생성 가능해야 한다.

이러한 권한 확대를 방지하려면 최초의 경계 정책 대신에 AWS가 제안하는 경계 정책(https://oreil.ly/flUsC)으로 약간 조정이 필요하다.

밥이 AWS 람다에 접근할 수 있고 IAM 사용자를 생성할 수 있게 허용하는 PBY 라는 권한 경계를 고려하되 PBY 정책에 연결된 새로운 사용자만 만들 수 있다는 추가 조건을 PBY에 추가해야 한다.

조건을 추가해 정책을 구현해보면 다음과 같다.

```
{
    "Sid": "CreateOrChangeOnlyWithBoundary",
    "Effect": "Allow",
    "Action": [
```

```
        "iam:CreateUser",
        "iam:DeleteUserPolicy",
        "iam:AttachUserPolicy",
        "iam:DetachUserPolicy",
        "iam:PutUserPermissionsBoundary",
        "iam:PutUserPolicy"
    ],
    "Resource": "*",
    "Condition": {"StringEquals":
      {"iam:PermissionsBoundary":
        "arn:aws:iam::123456789012:policy/PBY"}}
},
```

CreateOrChangeOnlyWithBoundary 정책은 권한 경계 정책 arn:aws:iam::12345
6789012:policy/PBY를 새로 생성할 사용자에게 추가한 경우에만 새 사용자를
생성할 수 있게 한다.

즉, 밥이 IAM 사용자 앨리스를 만들면 앨리스는 여전히 PBY를 경계로 갖기
때문에 데이터베이스에 접근할 수 없다. 게다가 앨리스에게 IAM 사용자 생성
권한이 있는 경우 앨리스가 생성한 새 사용자도 권한 경계를 갖기 때문에 새로
운 사용자에 의한 권한 위반이 발생하지 않는다. 또한 새로 생성된 사용자가
PBY를 변경하거나 삭제할 수 없게 제한해야 하기 때문에 다음과 같은 제한 정
책이 필요하다.

```
{
    "Sid": "NoBoundaryPolicyEdit",
    "Effect": "Deny",
    "Action": [
      "iam:CreatePolicyVersion",
      "iam:DeletePolicy",
      "iam:DeletePolicyVersion",
```

```
    "iam:SetDefaultPolicyVersion",
    "iam:DeleteUserPermissionsBoundary"
  ],
  "Resource": [
    "*"
  ]
}
```

그림 8-7은 책임을 위임하고자 제한 정책과 권한 경계를 추가했을 때의 효과를 보여준다. 그림 8-7에서 볼 수 있듯이 IAM 구조는 의도하지 않은 권한 확대의 위험 없이 안전한 통제를 보장한다.

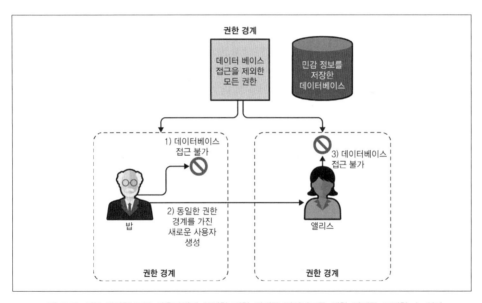

그림 8-7. 새로 생성한 모든 사용자에게 동일한 권한 경계를 연결하도록 권한 경계를 조정할 수 있다.

요약하면 SID:BasicPermissions 정책은 해당 정책을 권한 경계로 설정한 모든 사용자가 팀이 사용하는 AWS 람다에만 접근하거나 팀의 새 사용자를 생성할 수 있게 한다. SID:NoBoundaryPolicyEdit 정책은 팀의 구성원이 가진 기본 권한을 변경할 수 없게 하므로 접근 권한을 확대할 수 없게 한다. 그리고 마지막으로 SID:CreateOrChangeOnlyWithBoundary 정책은 팀의 구성원이 새로 생성한 모든 사용자가 팀 구성원에게 적용된 것과 동일한 제한을 계속 갖게 한다.

지금까지 자신의 계정과 리소스를 관리하는 데 충분한 자율성을 부여받은 독립적인 팀을 유지하는 것에 관한 사례를 살펴봤다. 조직은 권한 경계를 사용해 관리 작업을 개별 팀에 안전하게 위임할 수 있다. 마이크로서비스처럼 기능을 중심으로 팀을 분리한 경우 확장성을 고려했을 때 권한 경계는 최소 권한의 원칙을 적용하기 위한 최선의 접근법이다.

대규모 조직을 위한 AWS 계정 구조

규모가 큰 기업의 조직도와 팀 구조를 논의함에 있어 해당 기업에서는 개별 팀이 업무 수행에 관한 자신의 자율성을 선호한다는 사실을 강조하고 싶다. 반면에 이해관계자와 고위 관리자는 각 팀이 보유한 권한을 견제하고 균형을 유지하는 데 관심이 많다. 그간 봐왔던 대부분의 회사에서는 권한에 대한 힘겨루기로 인해 최소 권한의 원칙을 적용하는 데 어려움이 많았다.

이번 절에서는 AWS 계정과 기타 클라우드 인프라를 설정하면서 권한에 대한 힘겨루기가 어떻게 전개되는지 살펴본다. 초기에는 혁신적인 마인드로 무장한 개별 팀이 신속하게 코드를 운영 환경으로 전달해 가치를 창출하기 원한다. 또한 이러한 팀들은 매일 인프라를 사용하고, 관련해서 매우 잘 알고 있기 때문에 인프라를 관리하는 데 가장 적합하다. 따라서 클라우드 인프라에 대한 가능한 한 많은 제어권을 개별 팀에 부여하는 것이 바람직하지만 불만을 품은 직원, 경험이 부족한 엔지니어, 잠재적인 침입자와 같은 모든 내부 위협으로부터 조직의 리소스를 보호할 필요가 있다.

내 경험상 대부분의 회사는 모든 클라우드 리소스와 인프라를 프로비저닝하고자 단일 AWS 계정으로 클라우드 여정을 시작한다. 처음에는 하나의 계정에 대해서만 걱정하면 되므로 AWS 설정이 쉽고 간단해 보이고, 하나의 계정에만 집중해 해당 계정 내의 모든 사용자에게 최소 권한의 원칙을 적용하면 되는 클라우드 관리자를 고용하면 된다. 또한 직원이 퇴사할 때도 여러 곳에서 계정을 삭제할 필요가 없다. 그러나 서로 관련이 없는 다수의 팀을 동일한 AWS 계정에 배치하면 클라우드 조직, 특히 도메인 주도 조직의 경우 확장이 점점 더 어려워질 수밖에 없다.

먼저 계정을 분리하지 않아 규모가 커진 단일 AWS 계정 내의 사용자들에게 최소 권한의 원칙을 적용하는 것이 악몽임을 즉시 경험하게 될 것이다. 인프라를 깔끔하게 분할할 수 없기 때문에 비용과 감사audit도 문제가 된다. 조직과 인프라가 커질수록 신원과 리소스 관리의 복잡함이 기하급수적으로 증가한다.

그러나 단순한 관리 복잡성과는 별개로 보안 관점에서 몇 가지 매우 중요한 영향이 있고, 주된 이슈는 폭발 반경이다. 루트 계정이나 관리자 권한을 보유한 사용자 계정을 탈취 당하면 모든 인프라를 통제할 수 있는 권한까지 탈취 당할 위험이 있다.

또한 규제 준수 대상인 리소스와 대상 외 리소스가 동일한 계정에 있는 경우 규제 준수 여부를 감사하는 감사 인력이 계정 내의 모든 리소스를 심사 범위로 간주할 수 있다. 감사 범위의 모호성으로 인해 범위 제한에 실패할 경우 감사가 복잡해지고 규제 준수 절차는 악몽이 될 수밖에 없다.

이런 이유로 AWS는 비즈니스 기능을 개발하는 개발 팀별로 자체 AWS 계정을 갖는 다중 계정 구조 채택을 권고(https://www.youtube.com/watch?v=tzJmE_Jlas0)한다. 조직별로 몇 개의 팀으로 구성해야 하는지에 대한 구체적인 지침은 없지만 전체 조직을 비즈니스 도메인별로 별도 계정으로 분리하는 것이 마이크로서비스 환경에 충분한 자율성과 격리를 제공하는 패턴임은 틀림없다.

팀을 도메인 기반으로 운영하는 조직은 애플리케이션 도메인을 회사 내의 조직 구조에 맞출 가능성이 높기 때문에 경계 콘텍스트 단위로 계정을 분리하면 비즈니스 도메인에서 작업하는 팀별로 충분한 자율성을 가질 수 있다.

그러나 모든 관리 책임을 팀에 위임하는 것이 불가능할 수도 있고, 회사는 팀별 계정에 대한 통제권을 갖고 관리하는 것을 선호할지도 모른다. AWS는 이런 상황에서 유용하게 사용할 수 있는 서비스인 AWS Organizations를 제공한다. 이번 절에서는 팀 수준으로 계정을 생성해야 할 필요성을 강조한 다음 AWS Organizations에 대해 상세히 살펴본다.

다중 계정 구조는 도메인 기반으로 분리된 팀에게 중앙 집중적/관료주의적 프로세스를 거치지 않고 혁신과 비즈니스 가치 창출에 필요한 자율성을 제공한다. 반면에 AWS Organizations는 고위 관리자가 계정 내에서 개별 팀이 갖는 권한에 대한 통제를 추가할 수 있게 허용하는 관리 기관 역할을 한다. 이러한 방식으로 다중 계정 구조와 함께 AWS Organizations를 사용하면 도메인 기반으로 분리된 팀을 보유한 조직에게 통제된 자율 환경을 제공할 수 있다.

AWS 계정과 팀

AWS에서는 팀별로 별도의 AWS 계정을 제공해 팀에 충분한 수준의 자율성을 부여할 수 있다. 이렇게 하면 계정, 리소스, 보안 정책 관리가 서로의 간섭 없이 깔끔하게 분리된다. AWS Organizations는 모니터링, 보안 및 통합 결제 목적으로 관리자가 팀별로 분리한 자율 계정을 그룹화할 수 있게 허용하고 이를 통해 기능적이고 뛰어난 자율성을 가진 팀에 대한 거버넌스와 통제를 유지한다.

보안 관점에서는 AWS 문서(https://oreil.ly/EvkMm)에서 언급한 것처럼 팀을 분할하고 팀별로 별도의 AWS 계정을 부여하는 것이 타당한 이유는 많으며, 이유 중 몇 가지를 설명해보면 다음과 같다.

보안 통제

계정별로 자체 보안 정책을 갖게 구성할 수 있기 때문에 맞춤화된 방식으로

세분화한 통제를 팀에 적용할 수 있다. 세분화한 통제 적용은 규제 준수에도 도움을 준다.

피해 범위 격리

잠재적인 위험과 보안 위협에 대한 영향 범위를 AWS 계정 내로 제한함으로써 다른 AWS 계정에 영향을 미치지 않는다.

자율성과 민첩성

여러 계정을 사용한다는 것은 모든 팀이 동일 계정을 사용할 때처럼 서로 간에 간섭할 수 없다는 것을 의미한다.

거버넌스

관리자 입장에서는 모든 리소스를 하나의 거대한 계정에 모아두는 것보다 더 작은 리소스 그룹으로 관리하는 것이 더 쉽다.

위임

여러 개의 계정이 있기 때문에 관리자는 인프라 관리와 콘텍스트 수준의 계정 운영 프로세스를 한 팀이 아닌 다른 여러 팀에 위임할 수 있다.

 대규모 조직이 비즈니스 부문이나 계획 단위로 수백 개의 AWS 계정을 보유하는 것은 흔한 일이다.

개별 도메인을 관리하는 팀 단위 계정 구조의 분산형 애플리케이션으로 1장에서 설명한 도메인 단위로 구분한 애플리케이션을 구현할 경우의 팀 구조는 그림 8-8과 유사하다.

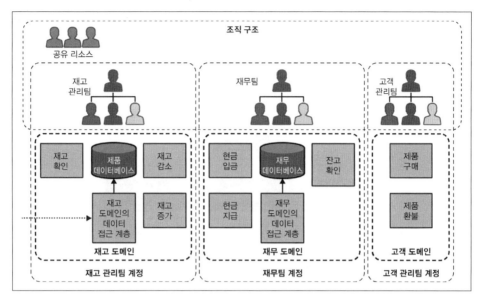

그림 8-8. 각 팀은 애플리케이션의 기능을 관리하는 데 필요한 모든 리소스를 보유한 자체 AWS 계정 보유

대규모 조직에서 모든 팀에 별도의 계정을 할당하면 팀이 원하는 자율성을 확보할 수 있다. 자율성 확보도 중요하지만 조직에는 견제와 균형도 필요하기 때문에 조직은 업무 태도가 나쁜 팀이나 불만을 품은 직원과 같은 내부 위협으로부터 자신을 보호할 수 있는 통제 수단을 구현하길 원한다. 이러한 통제 수단은 다음 절에서 설명할 AWS Organizations에서 제공한다.

AWS Organizations

지금까지 조직이 개별 경계 콘텍스트별로 독립적인 계정을 갖는 것이 중요한 이유를 설명했기 때문에 복잡한 비즈니스 구조에서 AWS Organizations를 사용해 통제나 거버넌스를 손상시키지 않으면서 독립적인 계정 생성을 지원할 수 있는 방법을 살펴보자.

일반적으로 회사는 일정 수준 이상의 통제 수단과 거버넌스 정책을 반영한 조직 구조를 갖고 있다. 대략적으로 대규모 조직은 비즈니스 도메인별로 사업부를 구성하고 개별 사업부는 부서에서 담당하는 구체적인 기능에 맞춰 하위 부서를 구성한다. 그림 8-9는 다양한 제품, 서비스, 부서를 가진 조직의 예를 보여준다.

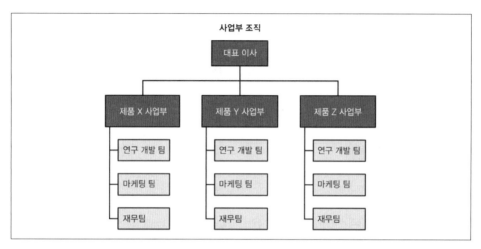

그림 8-9. 경계 콘텍스트를 나타낼 수 있는 여러 제품을 가진 일반적인 조직

이번 절에서는 'AWS 계정과 팀' 절에서 설명한 애플리케이션이 제공하는 비즈니스 기능을 기반으로 독립적인 계정을 부여한 구조가 회사의 조직 구조와 동일한 계층 구조를 따르게 해서 클라우드 관리자가 거버넌스를 더 쉽게 관리할 수 있게 한다.

AWS 계정 구조가 조직 구조와 정확히 동일해야 한다는 것은 아니지만 콘웨이의 법칙에 관한 연구에서 입증된 것처럼 많은 복잡한 애플리케이션이 조직 구조를 따라감을 피할 수 없기 때문에 내부 조직 구조는 비즈니스 기능과 유사하다고 가정한다.

AWS Organizations는 계정 수가 빈번하게 늘어나는 대규모 조직에서 거버넌스 모델을 생성할 수 있게 도와주는 훌륭한 도구다. AWS Organizations는 조직 내에서 AWS 계정의 계층 구조를 생성하는 데 도움을 주는 '관리 계정'이라고 하는 최상위 계정을 도입하는 방법이다. AWS Organizations를 사용하면 AWS

Organizations로 생성한 조직에 기존 계정을 추가하거나 해당 조직 내에 부서나 사업부에서 사용할 다른 AWS 계정을 생성할 수 있다. 이후 조직에 추가하는 계정을 멤버 계정이라고 부른다. 따라서 조직 수준에서 중앙 관리 계정이 통제하는 멤버 계정의 계층 구조를 설정할 수 있다.

그림 8-10은 AWS 관리 콘솔에서 관리 계정을 활성화한 화면을 보여준다. AWS Organizations를 사용하면 회사는 모든 계정에 대한 계층적 거버넌스 구조를 생성할 수 있다.

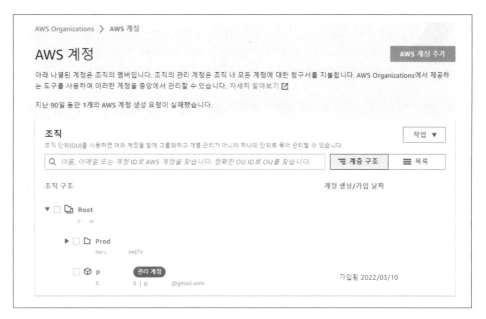

그림 8-10. AWS Organizations에서 조직을 생성하고 관리 계정을 활성화할 수 있다.

조직을 생성하면 관리 계정은 모든 개별 계정의 접근, 권리 및 권한을 관리할 책임이 있는 최상위 기관 역할을 수행한다. 그런 다음 조직은 하위 계정들이 갖는 자율성을 결정할 수 있고 중요한 업무를 수행하는 팀에게 자율성을 부여하는 동시에 최소한의 권한을 사용하는지를 관찰할 수 있다. 그림 8-11에서 볼 수 있는 것처럼 AWS 관리 콘솔을 사용해 조직에 새 계정을 생성하거나 기존 계정을 추가할 수 있다.

AWS 계정 추가

계정을 생성하거나 기존 AWS 계정을 조직에 가입하도록 초대하여 조직에 AWS 계정을 추가할 수 있습니다.

- ● **AWS 계정 생성**
  조직에 추가되는 AWS 계정을 생성합니다.
- ○ **기존 AWS 계정 초대**
  계정 소유자에게 이메일 요청을 보냅니다. 수락하면 해당 계정이 조직에 가입됩니다.

그림 8-11. AWS 관리 콘솔에서 계정을 생성하거나 기존 계정을 추가할 수 있다.

조직 하위에 새 계정을 생성할 때마다 해당 계정에는 멤버 계정에 자동으로 생성되는 `OrganizationAccountAccessRole` 역할이 자동으로 부여된다. 역할을 부여하면 최상위 조직 계정의 모든 관리자가 역할을 수임해 멤버 계정을 변경할 수 있으므로 멤버 관리와 거버넌스 유지가 가능하다. 이미 존재하는 계정을 조직에 등록할 경우 `OrganizationAccountAccessRole` 역할을 수동으로 생성해야 한다.

또한 AWS Organizations는 대규모 기업을 위한 통합 결제 솔루션을 설정하는 데도 유용하다. AWS Organizations의 통합 결제 기능을 사용하면 여러 AWS 계정의 요금을 통합해 지불할 수 있기 때문에 AWS Organizations의 최상위 계정은 모든 멤버 계정에서 발생한 요금을 지불할 수 있다. 따라서 회사의 회계 담당자에게 타 부서나 도메인에 대한 과도한 접근 권한을 부여하지 않고 AWS Organizations를 통해 요금 확인에 필요한 최소 권한을 부여할 수 있어 최소 권한의 원칙을 유지할 수 있다.

조직 단위와 서비스 제어 정책

AWS Organizations에 조직을 설정하고 조직 하위에 계정을 등록하면 어떻게 조직 내의 다양한 경계 콘텍스트가 보안을 손상시키지 않으면서 충분한 자율성을 가질 수 있는지 확인할 수 있다. 그러나 규모가 큰 기업에서는 AWS 계정 수가 여전히 감당하기 힘들고 관리하기 어려운 경우가 많다. AWS 계정에 적절한 제어를 설정하려면 회사 내의 부서와 계층 구조를 동일하게 맞춰야 하는데, AWS는 이러한 구조를 달성할 수 있도록 2가지 중요한 도구를 제공한다.

조직 단위

개별 AWS 계정은 조직 단위OU, Organizational Unit에 속해있다. 조직 단위는 조직 내의 구성원이나 부서 등을 하나의 공통 그룹으로 분류하는 방법이다. 조직 단위를 사용하면 관리자는 개별 멤버 계정을 최상위Root 계층에 직접 배치하거나 특정 조직 단위의 하위에 유연하게 배치할 수 있다. ADActive Directory나 LDAPLightweight Directory Access Protocol 등의 디렉터리 서비스를 사용해 본 적이 있는 독자라면 조직 단위라는 용어를 이미 접해본 경험이 있을 것이다. AD나 LDAP과 매우 유사한 방식으로 AWS는 AWS Organizations 내의 복잡성을 줄이고자 단일 조직 단위로 관리할 수 있고, 대부분의 조직 구조와 유사한 계층 구조를 생성하는 데 사용할 수 있는 조직 단위를 관리자에게 제공한다. 조직 단위로 인해 매우 간단하게 계정을 관리할 수 있다.

조직 단위는 중첩도 허용하기 때문에 개별 조직 단위는 다른 조직 단위에도 속할 수 있다. 중첩 허용을 통해 관리자는 회사의 부서 계층 구조를 더 잘 반영하는 트리형 조직 단위 계층을 만들 수 있다. AWS Organizations 관리자가 조직 단위를 사용함으로써 AWS 계정이 속한 조직을 더 잘 반영하는 AWS 계정 계층을 생성할 수 있다.

서비스 제어 정책

서비스 제어 정책SCP, Service Control Policies은 조직이 개별 AWS 계정이나 조직 단위를 통제하고자 사용하는 또 다른 도구며, 조직의 모든 계정과 조직 단위에 대한 권한을 통제할 수 있다. 서비스 제어 정책만으로는 조직의 계정에 권한을 부여하기에 충분하지 않아 서비스 제어 정책을 개별 계정이나 조직 단위에서 부여할 수 있는 권한의 통제를 정의할 목적으로 사용한다. 사용자의 유효 권한은 서비스 제어 정책에서 허용하는 것과 IAM에서 허용하는 것과의 교집합이다.

조직 단위와 서비스 제어 정책을 사용한 부서 계층 구조 표현

회사는 조직 단위를 사용해 AWS Organizations 조직 내에서 계층 구조를 생성할 수 있다.

계층 구조가 만들어지면 AWS Organizations로 설정할 수 있는 접근 통제 정책으로 조직 내의 권한을 통합해 관리함으로써 더 편리하게 통제 기능을 강화할 수 있다. 그림 8-12는 조직 단위와 서비스 제어 정책을 사용해 AWS Organizations 형식으로 표현된 조직의 계층 구조 샘플을 보여준다.

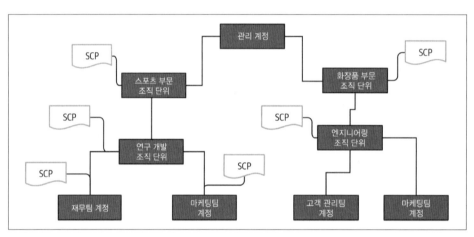

그림 8-12. 조직 단위 수준에서 해당 조직 단위 계층 구조에 속한 계정의 접근을 통제할 수 있는 서비스 제어 정책을 설계할 수 있다.

서비스 제어 정책을 사용한 통제의 예

이제 안전하면서도 분산된 조직을 만들기 위해 조직에서 사용할 수 있는 몇 가지 서비스 제어 정책 작성 방안을 살펴보자. AWS는 조직 내 관리자가 다중 계정 설정을 안전하게 유지하고자 참고할 수 있는 많은 서비스 제어 정책 목록을 공개하고 있다.

다중 계정 설정을 지원하고자 AWS에서 공개한 서비스 제어 정책은 2장에서 설명한 IAM 정책의 조건 절을 공통적으로 사용한다. 조건 절을 사용한 서비스 제어 정책은 특정 팀의 요청을 거부할 수 있는 정책 설정이 가능하다.

몇 가지 예를 들어보면 다음과 같다.

- 팀이 생성한 리소스에 적절하게 태그를 지정했는지 확인

- AWS에서 특정 유형의 리소스만 생성하게 허용

- 사용자가 AWS CloudTrail이나 CloudWatch 로깅 또는 모니터링을 비활성화하는 것을 거부

- 사용자가 AWS Resource Access Manager[RAM]를 사용해 리소스를 외부에 공유하지 못하게 차단

예제 1: 적절한 리소스 태깅 보장. AWS 태그를 사용하면 용도, 소유자, 환경 등으로 리소스를 매우 쉽게 분류할 수 있고, 또한 비용 및 예산에 대한 가시성을 확보하는 데도 도움을 준다. 따라서 모든 리소스에 적절한 태그를 지정하는 것은 매우 중요하지만 리소스 생성에 대한 통제가 분산된 경우 관리자 단독으로 엄격한 태깅 정책을 시행하는 것은 어려울 수 있다. 이러한 상황에서 AWS 서비스 제어 정책을 사용하면 모든 팀이 리소스를 생성하는 과정에서 올바른 태그를 지정하게 강제할 수 있어 모든 리소스에 적절하게 태그가 지정되기 때문에 팀별 활동을 모니터링하는 데 도움이 된다.

다음 정책은 요청이 `MarketingTeam` 태그를 포함하지 않을 경우 인스턴스를 실행할 수 없게 하는 방법을 보여준다.

```
{
    "Sid": "DenyRunInstanceWithNoProjectTag",
    "Effect": "Deny",
    "Action": "ec2:RunInstances",
    "Resource": [
```

```
        "arn:aws:ec2:*:*:instance/*",
        "arn:aws:ec2:*:*:volume/*"
    ],
    "Condition": {
        "Null": {
            "aws:RequestTag/MarketingTeam": "true"
        }
    }
}
```

예제 2: 특정 유형의 인스턴스만 실행할 수 있게 보장. 또 다른 흔한 시나리오는 하위 계정에 리소스 제어를 위임하되 요금이 비싼 리소스를 생성하지 못하게 제약을 걸고 싶은 조직이 있는 경우로, 팀 구성원이 인스턴스 유형이 **t2.micro**인 EC2 인스턴스만 생성하도록 허용해야 한다. 다음과 같은 IAM 정책을 적용하면 하위 계정은 인스턴스 유형이 **t2.micro**가 아닌 인스턴스를 생성할 수 없다.

```
{
    "Sid": "RequireMicroInstanceType",
    "Effect": "Deny",
    "Action": "ec2:RunInstances",
    "Resource": "arn:aws:ec2:*:*:instance/*",
    "Condition": {
        "StringNotEquals":{
            "ec2:InstanceType":"t2.micro"
        }
    }
}
```

목적 기반 계정

마이크로서비스 아키텍처에서 AWS Organizations를 활용하는 또 다른 좋은 방법은 목적 기반 계정^{purpose-built account}을 생성하는 것이다. 목적 기반 계정은 조직에서 매우 특정한 작업에 사용하기 위한 계정이다. 앞서 언급한 특정한 작업은 일반적으로 애플리케이션 아키텍처 내에서 여러 도메인에 영향을 미치는 공통 작업^{cross-cutting task}을 의미하며 계정 단위로 별도 처리하기 어렵다. 로깅, 모니터링, 데이터 아카이빙, 암호화, 데이터 토큰화는 특정 도메인의 경계를 넘어 확장되곤 하는 여러 애플리케이션이 수행하는 일반적인 작업의 몇 가지 예다.

목적 기반 계정을 사용하면 여러 도메인과 관련된 조직의 중요한 공통 기능을 별도의 계정으로 신중하고 성공적으로 분할할 수 있다. 공통 기능을 수행하는 별도의 계정을 생성하면 해당 계정에 최소 권한을 적용하고 애플리케이션의 나머지 영역을 실행하는 동안 극소수의 사용자만 접근할 수 있게 제한할 수 있다. 3장에서 서로 다른 도메인의 CMK(고객 마스터키)를 호스팅하는 별도의 계정을 갖는 것에 대해 설명할 때 이미 목적 기반 계정의 몇 가지 예를 제공한 적이 있다.

그림 8-13은 IAM, CMK, 로그 유지 목적의 전용 계정을 가진 일반적인 조직을 보여준다. 예를 들어 로그에 접근이 필요한 다른 AWS 계정의 모든 사용자가 신뢰 경계를 사용해 통제되는 목적 기반 계정의 역할을 수임하도록 허용할 수 있다.

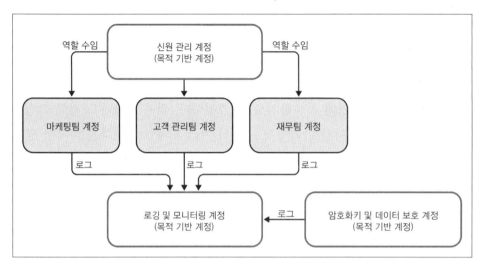

그림 8-13. 조직에서 목적 기반 계정으로 운영할 경우 보안상 이점을 얻을 수 있는
대표적인 서비스인 로깅, 암호화, 신원 관리

목적 기반 계정은 자신에게 주어진 공통 기능 처리 업무를 나머지 도메인 로직과 연관시키지 않음으로써 매우 민감한 기능을 대상으로 한 권한 부여 및 접근 허용 프로세스를 단순화한다.

조직 관리를 위한 AWS 도구

AWS Organizations와 다중 계정 구조의 개념을 설명했기 때문에 다중 계정 구조를 더욱 강력하게 만드는 데 활용할 수 있는 AWS의 도구를 설명할 차례다.

AWS Organizations 모범 사례

계정을 보호하는 것은 조직 전체를 보호하는 것과 상당히 다르다. 개별 계정은 명확하게 정의한 사용자를 가질 수 있지만 조직에서는 직원이 조직의 안팎으로 전환할 가능성을 고려해야 한다. 따라서 직원 정보를 변경하더라도 회사는 해

422

당 직원이 계속 업무를 할 수 있게 계획을 세워야 한다. AWS Organizations는 관리자 그룹이 각 팀을 감독하고 일을 순서대로 유지할 수 있게 해준다. 따라서 AWS Organizations 관리 계정의 중요성이 높기 때문에 비인가 접근 및 권한 확대를 차단해 보호해야 한다.

AWS는 관리 계정을 보호하는 몇 가지 방법(https://oreil.ly/qb9cp)을 제공한다. 관리 계정을 보호하기 위한 가장 중요한 작업은 강력한 신원 보호 기능을 갖추는 것이다.

보안 전문가는 관리 계정이 멤버 계정보다 높은 권한을 보유하고 있기 때문에 공격자의 표적이 될 가능성이 더 높음을 인지해야 한다. 공격자가 권한을 탈취할 수 있는 몇 가지 일반적인 시나리오는 권한을 보유한 사용자의 비밀번호 재설정 절차를 악용하는 것을 포함한다. 따라서 루트 사용자 자격증명을 복구하거나 재설정하는 프로세스는 일반 사용자가 루트 사용자의 권한을 탈취할 수 없게 검증하는 절차를 포함해야 한다.

AWS 계정 내의 모든 ID를 대상으로 멀티팩터 인증^{MFA, MultiFactor Authentication}을 활성화하는 것은 매우 중요하다. ID가 다른 조직 단위보다 상위에 있는 관리 계정에 속하는 경우 ID를 사칭할 수 있거나 자격증명을 탈취 당하면 전체 조직에 훨씬 더 심각한 피해를 입힐 수 있다.

마지막으로 계정에 대한 접근 권한을 부여할 때 최소 권한의 원칙을 따르는 것이 가장 중요하다. 모든 접근 요청이 업무적으로 필요한지, 정당한지를 면밀히 조사해야 한다. 더욱이 계정의 모든 활동을 모니터링하고 규제 준수 및 감사에 대비하고자 모든 사용 사례를 문서화해야 한다.

AWS Resource Access Manager

분리된 경계 콘텍스트를 위한 별도의 계정이 있다면 당연히 이러한 계정별 리소스들이 서로 상호작용할 수 있는 방법이 필요하다.

예를 들어 특정 콘텍스트 내에 VPC가 있고 다른 콘텍스트와의 통신을 위한 경로를 설정해야 한다고 가정해보자. 5장에서 아키텍트가 콘텍스트 간의 통신 채널을 설정할 수 있는 도구인 VPC 피어링과 VPC 엔드포인트에 대해 이미 설명을 했지만 8장에서는 공유에 대한 약간 다른 접근법인 AWS RAM^{Resource Access} ^{Manager}을 소개한다.

대부분의 마이크로서비스 아키텍처는 콘텍스트 간에 리소스를 공유하지 않지만 리소스 공유가 필요한 매우 특정한 상황이 발생할 수 있다. 목적 기반 계정을 사용해 공통 기능을 운영하는 경우가 VPC 같은 일부 리소스를 다른 계정과 공유해야 하는 한 가지 예가 될 수 있다. AWS RAM은 통제와 자율성을 유지하면서 리소스를 공유해야 하는 이러한 상황에 대한 해결책이며, AWS RAM을 사용한 패턴의 예도 살펴본다.

AWS RAM은 계정 내의 특정 리소스(https://oreil.ly/XZrzU)를 다른 외부 계정과 공유할 수 있게 허용한다. AWS RAM을 사용하면 다중 계정 구조에서 콘텍스트를 계정 수준 구조에 엄격하게 구속하지 않으면서 지속적으로 다른 계정의 리소스와 통신 및 공유 리소스 접근이 가능하다.

AWS RAM으로 리소스를 공유할 수 있는 대상은 다음과 같다.

- 특정 AWS 계정

- 조직 단위 내부

- AWS Organizations의 전체 조직

리소스를 공유하면 외부 계정은 해당 리소스가 자신의 계정 리소스의 일부인 것처럼 접근할 수 있다.

 리소스 공유는 교차 계정 접근을 허용하는 것과는 조금 다르다. AWS RAM을 사용하면 리소스를 공유한 계정이 리소스를 소유, 제어, 관리하더라도 공유 리소스에 접근하는 다른 계정은 마치 해당 리소스가 자신의 리소스인 것처럼 접근할 수 있다.

AWS RAM을 사용한 계정 간의 리소스 공유를 도식화하면 그림 8-14와 같다.

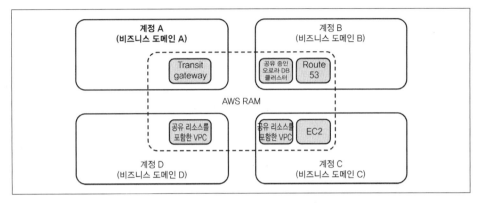

그림 8-14. AWS RAM을 사용해 다른 AWS 계정과 서비스 공유

AWS RAM을 사용한 공유 서비스

이번에는 AWS RAM이 마이크로서비스 아키텍처에 적합함을 설명할 수 있는 한 가지 일반적인 사용 사례를 살펴본다. 이미 언급한 것처럼 아마존 VPC는 AWS RAM의 혜택을 받는 공통 리소스다. 클라우드 설계의 인프라 구성 요소인 VPC는 대부분의 마이크로서비스 아키텍처가 준수해야 하는 무공유^{shared-nothing} 규칙(https://oreil.ly/3Qphn)을 따를 필요가 없다.

그림 8-15는 콘텍스트를 여러 계정에 분할해 설정한 AWS 아키텍처를 보여준다. 예를 들어 독립적인 마이크로서비스로부터 지표와 로그를 수집해 관리자와 감사 인력을 위해 중앙 집중화 형태로 운영 중인 모니터링 서비스가 해당한다. 이러한 시나리오에서 로그는 중앙 VPC에 위치하지만 독립적인 마이크로서비스 계정의 애플리케이션은 로그를 로깅 서비스로 보내야만 한다. AWS RAM을 사용하면 AWS를 단순하게 설계할 수 있다.

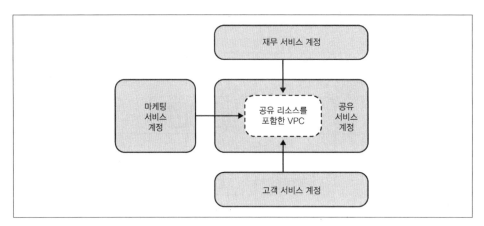

그림 8-15. 다른 계정과 공유할 서비스를 호스팅할 공유 목적의 계정 운영

AWS RAM을 사용하면 로깅 서비스를 공유 서비스 제공 목적으로 노출하는 계정을 운영할 수 있다. 해당 로깅 서비스는 AWS Organizations 조직 전체에 공유할 수 있는 자체 VPC 내부에 위치한다. 공유 목적의 VPC인 경우 Organizations 내의 다른 계정은 라우팅 규칙을 적용하고 마치 자신의 계정 및 인프라의 일부인 것처럼 VPC에 로그와 지표를 전송할 수 있다. 그러나 공유 서비스를 사용하는 계정에게 자신의 계정 내에 로깅 인프라가 있다는 환상을 제공함에도 공유 서비스 제공 목적의 계정은 공유 서비스를 운영하는 팀에서 관리 및 소유하기 때문에 공유 인프라에 대한 통제를 유지할 수 있다.

로깅, 모니터링, DNS, 인증서 관리 서비스, 암호화키 관리 서비스, 토큰 서비스 등이 계정별로 별도 구축할 필요 없이 AWS RAM을 사용해 공유함으로써 이점을 얻을 수 있는 공통 작업 목적의 대표적인 공유 서비스 예다.

IAM Identity Center를 사용한 AWS SSO

조직에 여러 신원 유형이 있을 경우 인증 프로세스를 위임하는 데 사용할 수 있는 신원 공급자^{IdP, Identity Provider}를 설정하는 것을 포함하는 신원 연동^{identity federation}

의 개념을 2장에서 이미 언급한 적이 있지만 이번에는 AWS SSO^{Single Sign-On} 형식의 신원 연동 옵션을 대안으로 살펴본다.

AWS SSO는 2가지 경우에 사용할 수 있다. AWS SSO를 사용해 타사 서비스에 로그인하거나 서드파티 SSO를 신뢰하도록 AWS에 요청할 수 있다. 즉, AWS SSO는 SSO 기반 로그인이나 접근이 필요할 수 있는 다른 클라우드 서비스에 대한 신원 공급자 역할을 할 수 있다. 또는 타사 신원 서비스의 소비자 역할로서 AWS의 신원 연동을 위해 서드파티 신원 공급자를 신뢰할 수 있다.

AWS는 대부분의 조직에서 서드파티 공급자를 신뢰하는 이러한 사용 사례가 너무 일반적이라는 것을 깨달았고, 그래서 AWS 사용자의 SSO 설정을 단순화하고자 AWS SSO를 제공한다. AWS SSO를 사용하면 사용자가 한곳에서 여러 계정과 애플리케이션에 쉽게 로그인할 수 있다. AWS SSO는 중앙 집중형 관리 부서에서 모든 계정에 대한 AWS Organizations 접근을 단일 지점에서 통제할 수 있게 해준다. AWS SSO 계정은 AWS 사용자의 추가 작업 없이 개별 계정에 대한 모든 권한을 자동으로 구성하고 유지한다. 그림 8-16에서 볼 수 있는 것처럼 AWS 관리 콘솔에서 AWS SSO를 활성화할 수 있다.

그림 8-16. AWS 관리 콘솔에서 신원 출처를 추가하고 AWS 계정에 대한 SSO 접근을 관리할 수 있다.

AWS SSO를 설정하면 신원 및 접근 관련 활동 기록을 복제하지 않고도 중앙에서 조직 전체의 사용자 권한을 관리할 수 있다. AWS SSO 덕분에 사용자 권한 삭제 방법도 간소화돼 불만을 품은 직원으로부터 클라우드 리소스를 안전하게 보호할 수 있다.

AWS SSO는 AWS Organizations와 통합할 수 있게 설계됐다. 따라서 여러 조직 단위를 포함한 다중 계정을 운영하는 경우 AWS Organizations에서 계정 접근을 구성할 필요 없이 조직의 사용자에게 적절한 권한을 제공하는 AWS SSO에 의존하면 된다.

SSO는 보안 설계를 개선하면서 편의성까지 좋아지는 결과를 낳는 대표적인 상황 중 하나다. 거의 모든 조직에서 신원 관리를 위해 SSO를 사용하면 직원들에게 편의성을 제공하면서도 신원을 좀 더 안전하고 체계적으로 관리할 수 있다. 독자들에게 AWS SSO를 최대한 활용하길 권장한다.

계정에 멀티팩터 인증 적용

사용자들에게 멀티팩터 인증의 중요성을 강조하지 않는 조직에서는 신원을 보호해야 하는 책임과 목표를 달성할 수 없다. 대부분의 보안 정책은 인증을 위해 멀티팩터 인증을 사용할 수 있는 최종 사용자의 능력에 크게 의존한다. 멀티팩터 인증의 중요성에 관해서는 무수히 많은 온라인 문헌이 있기 때문에 이 책에서는 언급하지 않을 예정이라 궁금한 독자들은 onelogin의 "What is Multi-Factor Authentication (MFA) and How Does it Work?"(https://oreil.ly/0FsIK), Expert Insights의 "6 Reasons You Need Multi-Factor Authentication (MFA)"(https://oreil.ly/IaoQG), 미국 국립 표준기술원[NIST]의 "Back to basics: Multi-factor authentication (MFA)"(https://oreil.ly/zWIea)를 확인해보길 바란다.

관리자는 특정 리소스에 대한 접근 권한을 보유한 권한 주체가 멀티팩터 인증을 사용했는지 확인하길 원한다. 멀티팩터 인증을 통과한 사용자에게만 접근을 허용할 수 있도록 IAM 정책에 "aws:MultiFactorAuthPresent": "true" 조건 절을 추가할 수 있다.

```
{
  "Version": "2012-10-17",
  "Statement": {
    "Effect": "Allow",
    "Principal": {"AWS": "ACCOUNT-B-ID"},
    "Action": "sts:AssumeRole",
    "Condition": {"Bool": {"aws:MultiFactorAuthPresent": "true"}}
  }
}
```

```
    }
```

이러한 조건을 추가하면 리소스에 접근하려는 사용자 계정의 요청 콘텍스트에 멀티팩터 인증을 통해 요청할 경우 포함되는 MultiFactorAuthPresent 키가 있을 경우 true로 평가한다. 이렇게 하면 개별 신원이 멀티팩터 인증을 사용해 AWS에 로그인했는지 확인해 리소스의 보안을 보장할 수 있다.

 다중 계정 환경에서는 멀티팩터 인증을 강제하기 어렵지만 신뢰할 수 있는 모든 계정을 대상으로 활성화해야 한다. 멀티팩터 인증의 신뢰성은 실제 인증을 수행하는 개별 계정에 의존적이다. 멀티팩터 인증에 사용할 가상 디바이스를 생성할 수 있는 권한을 가진 ID는 멀티팩터 인증을 구성하고 멀티팩터 인증 요구 사항을 충족하게 요구할 수 있으므로 해당 ID의 소유자가 보안 모범 사례를 따르는지 주시해야 한다.

조직 내의 모든 계정에 멀티팩터 인증을 상시 적용하는 것이 좋다.

역할 기반 접근 통제, SSO, AWS Organizations를 사용한 복잡한 도메인 기반 조직 단순화

지금까지 AWS 관리자가 조직 관리의 복잡성을 완화하는 데 사용할 수 있는 도구를 설명했다면 이번에는 해당 도구를 사용해 편의성을 희생하지 않으면서 신원 관리 및 클라우드 아키텍처를 단순화하는 방법을 살펴보겠다. 또한 이번 절은 보안 설계자가 클라우드 기반 시스템을 설계하고자 수행하는 단계에 대한 설명도 포함한다.

최종 사용자에게 다양한 서비스를 제공하는 전자상거래 웹 애플리케이션이 있고 애플리케이션 대부분의 구성 요소가 도메인 주도 설계를 따르고 있어 단일 팀 지향 서비스 아키텍처 유형의 애플리케이션을 설정할 수 있다고 가정해보면 애플리케이션을 기능 도메인과 일치하는 경계 콘텍스트로 분할하는 것이 가능하다. 즉, 예를 들면 엔지니어링 팀을 애플리케이션의 비즈니스 도메인에 맞출 수 있다는 얘기다.

AWS Organizations를 사용하면 전체 애플리케이션에 대한 조직을 설정한 다음 다중 계정 구조를 설정할 수 있다.

회사의 개별 경계 콘텍스트는 자신의 AWS 계정을 가질 수 있고 계정을 분리함으로써 팀에 높은 자율성을 부여한다. 분리된 계정은 역할을 사용해 정의한 여러 개의 ID를 가질 수 있고 역할은 직원 및 서비스의 권한 및 권리를 설계하기 위한 표시자로 사용된다.

개별 경계 콘텍스트를 나타내는 계정 외에도 공유와 공통 업무 처리 목적의 서비스에서 사용하는 몇 가지 목적 기반 계정purpose-built account이 있을 수 있고, 예를 들면 모든 로그 파일을 저장하고 모니터링하기 위한 계정을 운영하는 경우가 해당한다.

신원 관리 전용 계정도 필요할 수 있다. 해당 계정은 애플리케이션의 모든 신원을 보유하는 계정이다. 조직 내의 모든 직원은 가장 먼저 신원 관리 서비스의 인증을 통과해야 한다. 인증 과정에서 직원은 AWS STS를 사용해 신원 관리 계정에서 신원을 교환해 다른 계정 내에서 역할을 맡을 수 있다. 역할을 수임하는 프로세스에 대해서는 2장에서 이미 설명했으므로 8장에서는 상세히 다루지 않는다.

AWS SSO를 사용해 자격증명을 액티브 디렉터리Active Directory(https://oreil.ly/0GXUW), 옥타Okta(https://okta.com), 점프클라우드JumpCloud(https://jumpcloud.com) 등과 같은 서드파티 신원 공급자와 연동하면 인증 프로세스를 더욱 간소화할 수 있다. IT 서비스 관리자는 서드파티 신원 공급자에서 신원을 최신 상태로 유지함으로써 개별 사용자의 접근 권한과 신원 수명주기를 제어할 수 있다.

그림 8-17은 대규모 기업에서 AWS Organizations와 역할 기반 접근 통제를 사용해 접근 관리를 간소화하는 방법을 보여준다.

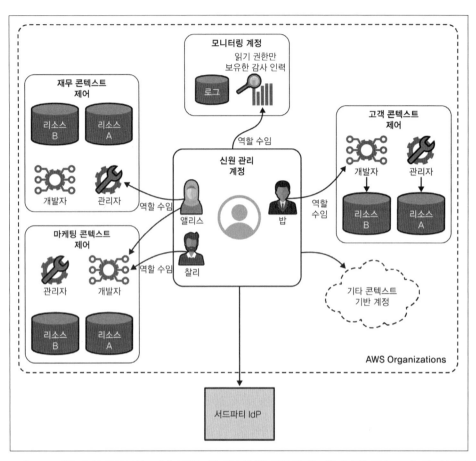

그림 8-17. 다중 계정을 운영 중인 조직에서 역할 기반 접근 통제와 신원 연동을 사용해 신원 설정 프로세스를 단순화한 클라우드 기반 애플리케이션 예

이러한 설정의 가장 좋은 점은 보안이나 기능을 손상시키지 않으면서 계정 관리 업무를 단순화시켜준다는 것이다. 중앙 집중형 보안 팀을 구성하는 대신에 신원 관리 및 보안 책임을 팀별로 위임해 새로운 팀을 확장하는 것이 훨씬 쉽다.

개별 팀은 자신들의 경계 콘텍스트를 제어할 수 있어 자체 계정을 보유할 수 있다. 이러한 팀별 계정이 업무를 처리하고자 받아야 하는 권한을 통제하는데 서비스 제어 정책을 사용할 수 있다. 예를 들어 그림 8-17에서 마케팅 경계 콘텍스트를 담당하는 팀은 마케팅 콘텍스트 계정을 관리할 책임이 있다. 마케팅 팀은 일상 업무를 원활하게 처리하는 데 필요한 권한을 가진 역할을 계정 내에 생성하는데, 최소 권한의 원칙을 자신의 계정 내 역할에 적용하고 팀 구성원에 한해서만 신뢰 경계를 사용해 역할을 수임하도록 허용해야 한다. 새로운 개발자가 마케팅 팀에 합류한다면 팀 리더는 해당 직원을 개발자 역할의 신뢰 경계에 추가하면 되기 때문에 팀은 신원 관리에 대한 완전한 제어권을 갖게 된다.

반면에 회사는 신원 관리 계정으로 조직의 신원들을 관리할 수 있으며, 조직 구성원으로 참여한 직원에게 신원 관리 계정 내에 ID를 부여해야 한다. 신원 관리 계정은 AWS SSO를 사용해 신원을 액티브 디렉터리, 옥타 또는 점프클라우드와 같은 외부 신원 공급자에 연동할 수 있다.

신원 관리 계정 내에 ID를 가진 사용자는 팀 계정 내에서 역할을 수임할 수 있고 회사 직원인 동시에 팀 구성원으로서 일상적인 업무를 수행할 수 있으므로 중앙 집중형 계정^(위치)에서 신원을 유지할 수 있다.

직원이 사직하거나 회사에서 직원을 해고할 때마다 회사 관리자는 해고 대상 직원의 ID를 신원 관리 계정에서 삭제할 수 있고 삭제를 당한 직원은 조직 내의 다른 모든 계정에 대한 접근 권한을 상실하게 된다. 이러한 중앙 집중 형태로 조직은 동일 ID를 여러 계정에 중복 생성할 필요가 없으며 효율적인 온보딩/오프보딩^{onboarding/off-boarding} 프로세스를 가질 수 있다.

요약

8장에서는 강력한 보안 조치가 있는 상황에서 자율성을 부여해야 함을 주장했다. 사용자는 단일 계정 구조에서 강력한 역할 기반 접근 통제 메커니즘을 사용하든, 새로운 계정을 적극적으로 생성하든 이에 상관없이 이러한 자율성을 부여받을 수 있다. 또한 개별 팀에 부여된 자율성이 조직의 거버넌스나 보안을 손상시키지 않도록 관리자가 사용할 수 있는 도구를 소개했다. 자율적인 기능성을 중시하는 회사일수록 운영 효율성에 대한 지속적인 투자를 통해 직원의 생산성을 높이는 데 투자하고 이러한 투자가 궁극적으로는 비즈니스 가치 창출로 이어지게 된다는 것이 내가 가진 믿음이다. 기업의 생산성 향상을 위한 투자는 보안 전문가가 개발자 및 다른 직원과 협력해 안전하다는 보증을 경영진에게 증명할 수 있는 경우에만 빛을 발한다. 훌륭한 운영 환경은 보안 사고가 발생했을 경우 사전에 역할과 책임을 부여받은 적절한 인력들이 신속하게 조치를 취해 사고의 영향을 완화할 수 있게 해준다. 9장은 사고 대응 단계에 대한 상세한 설명과 조직이 보안 사고에 대비해 계획하고 대응할 수 있는 방법을 포함하고 있다.

9장

모니터링과 사고 대응

8장까지 리소스를 대상으로 한 악의적인 사용자의 비인가 접근을 막고자 통제를 적용한 마이크로서비스 시스템을 설계하는 방법을 주로 설명했다면 9장에서는 지금까지와는 조금 다른 시각에서 접근해 애플리케이션 분할, 접근 통제, 네트워크 보안 조치 등 보안을 위한 최선의 노력을 기울였음에도 공격자가 어떻게든 조직의 취약점을 악용해 비인가 접근에 성공할 경우 발생할 일들을 수습하는 방법을 고려한다.

보안 사고가 발생하지 않는 회사는 없을뿐더러 사고 발생 여부로 회사의 실제 보안 수준과 비즈니스 처리 방식을 평가할 수는 없다. 내가 정보 보안에 관해 얘기할 때 자주 언급하는 세계 경제 포럼에서의 존 챔버스^{John Chambers}의 유머러스한 의견에 따르면 세상에는 해킹을 당한 회사와 해킹을 당한 사실을 모르는 회사 등 2가지 유형의 회사만 존재한다고 한다. 즉, 좋은 회사와 나쁜 회사를 구분할 수 있는 기준은 해킹을 당했는지가 아닌, 발생 가능성이 있는 사고에 대한 대비 수준이어야 한다.

9장에서는 관리자가 AWS 리소스를 대상으로 할 수 있는 다양한 유형의 적발 통제^{detective control} 방법을 살펴본다. 적발 통제의 목표는 보안 사고를 더 가시적으로 만들고 탐지나 대응에 필요한 시간을 줄이는 것이다. AWS는 클라우드에서 발생하는 모든 활동을 모니터링할 수 있는 기능을 사용자에게 제공하는데, 모든 작업을 기록하고 지표를 지정하며 의심스러운 동작에 대해 경고하는 기능까지 포함해 제공한다. 적발 통제 수단을 살펴본 후에는 의심스러운 활동의 영향과 범위를 파악하는 데 도움을 주는 도구를 소개한다. 9장은 보안 사고에 대응하고자 미국 국립 표준 기술원에서 만든 사고 대응 프레임워크를 따른다.

알려진 침입 패턴에 대응한 모니터링과 보호 측면에 주로 중점을 두어 설명할 것이지만 9장에서 언급하는 일부 기술은 더 나은 안정성과 탄력성 확보 관점에서 모니터링을 강화하는 데도 도움을 줄 것이다.

미국 국립 표준 기술원 사고 대응 프레임워크

보안 모범 사례인 ISO/IEC 20000 표준은 사고를 '비즈니스 운영을 방해하고 정보 보안을 위협할 가능성이 높은, 원치 않거나 예기치 않은 정보 보안 이벤트'로 정의한다. IT 서비스 관리 전문가는 일반적으로 대부분의 규제 표준을 준수하고자 사고 발생 시 대응 전략을 수립하고 이행해야 한다. 9장에서는 보안 사고가 발생했을 때의 처리 방법을 살펴본다.

사고는 하드웨어 오류, 정전, 악의적인 의도, 절도, 테러 등에 의해 발생할 수도 있지만 그 외에도 다양한 발생 원인이 있다. 1장에서 언급한 것처럼 보안 사고는 악의적인 행위자로 알려진 비인가자에 의해 주로 발생한다는 점을 기억해야 한다. 조직이 사고로 인해 심각한 재정적 손실이나 평판 추락을 피할 수 있도록 악의적인 행위별로 최대한 빠르게 사고를 수습할 수 있는 대응 프로세스를 필수적으로 구현해야 한다.

보안 사고는 발생 원인과 영향 범위가 달라 모든 경우에 적용할 수 있는 대응 절차가 있을 리 없지만 많은 보안 사고는 일련의 공통점이 있고, 이러한 공통점을 사용해 보안 사고 발생 시 중요한 결정을 이끌어내기 위한 절차와 정책 프레임워크를 구성할 수 있다. 이번 절에서는 미국 상무부^{Department of Commerce} 산하인 미국 국립 표준 기술원이 다양한 조직에서 발생한 사이버 보안 사고의 광범위한 연구와 분석에 기반을 두고 만든 프레임워크(https://oreil.ly/Mrt2q)를 살펴본다.

미국 국립 표준 기술원의 사고 대응 프레임워크는 미국 국립 표준 기술원 홈페이지에서 다운로드할 수 있는 컴퓨터 보안 사고 대응 가이드에 포함된 내용이다. 9장에서는 다양한 AWS 서비스를 활용해 미국 국립 표준 기술원의 사고 대응 계획을 적용하는 방법을 살펴본다.

미국 국립 표준 기술원에서 규정한 사고 대응 계획인 IR-4는 6단계로 요약할 수 있다.

단계 1: 설계 및 준비

보안 사고에 대응하기 위한 조직을 구성하고자 보안 팀과 아키텍트 간에 협력하는 단계다. 설계 및 준비 단계에서는 악의적인 행위자에 의한 피해 가능성을 낮출 수 있는 조치를 마련하거나 보안 이벤트를 더 잘 감지할 수 있게 모니터링 및 로깅을 수행한다.

단계 2: 탐지 및 분석

보안 사고 발생 여부를 감지하고 확증할 수 있게 정보를 수집하는 단계다. 사고의 영향을 정확히 감지하고 평가해야 하는 것이 사고 대응의 가장 어려운 측면이다.

단계 3: 억제 및 격리

보안 팀에서 악의적인 행위자가 시스템을 더 이상 손상시킬 수 없게 공격을 억제하기 위한 다양한 통제를 구현하는 단계다. 사고 발생 시 보안 사고로 인해 리소스 접근을 허용하거나 피해 범위가 증가하지 않게 억제해야 한다. 사고를 억제하면 사고의 확산을 방지해 손실 확대 위험을 최소화할 수 있다.

단계 4: 포렌식 분석

사고를 억제하고 비즈니스 연속성을 유지한 다음에는 보안 엔지니어가 사고의 근본적인 원인을 분석해야 한다. 사고 발생 시 증거 수집의 주목적은 사고를 해결하기 위함이지만 법적 절차를 위해 증거가 필요한 경우도 있다.

단계 5: 재발 방지

보안 사고의 근본적인 원인을 확인하면 보안 아키텍트는 향후 동일한 사고가 발생하지 않게 조치를 취해야 한다. 이러한 조치는 보안 취약점을 수정하거나 공격자를 차단하고 비즈니스 연속성을 복원하기 위한 추가 조치 등을 포함한다.

단계 6: 사후 활동

사고 원인을 제공한 모든 보안 취약점을 해결하고 사고를 적절하게 분석했다면 정상 상태로 돌아가 보안 프로토콜을 점진적으로 완화해야 한다. 보안 프로토콜 완화는 단계 3부터 5까지 적용했던 변경 사항을 되돌리는 작업까지 포함한다. 사후 활동 단계는 사후 회의를 진행하고 사고를 해결하고자 취했던 과정들을 문서화하는 것까지 포함한다.

일반적인 보안 사고 대응은 반복적인 해결 프로세스를 포함하기도 한다. 모든 사고 대응 절차를 수행한 후에도 악의적인 행위자가 여전히 시스템에 침투할 수 있는 가능성이 있다면 시스템의 보안이 동일한 악의적인 행위자의 또 다른 공격을 방어할 만큼 충분히 강력해질 때까지 모든 단계를 반복할 필요가 있다.

단계 1: 설계 및 준비

설계 및 준비 단계는 미국 국립 표준 기술원 사고 대응 계획의 첫 번째 단계로, 사고 대응 프레임워크에서 가장 중요하다. 모든 조직은 설계 및 준비 단계에서 보안 사고가 치명적인 피해로 이어지지 않게 선제적으로 차단할 수 있는 사전 예방적 통제를 설정해야 한다.

사고 제어 및 폭발 반경 격리를 위한 아키텍처

보안을 고려한 설계는 잠재적인 공격으로부터 시스템을 방어할 수 있는 최선의 수단이다. 잘 설계한 시스템은 공격을 받아 시스템 리소스 중 한곳에 공격자의 접근을 허용하더라도 전체 시스템이 아닌 매우 한정된 영역에 한해 공격자의 접근을 허용할 수 있게 통제한다. 보안 관련 용어를 사용해 말하면 보안 사고의 폭발 반경을 특정 모듈로 격리한다는 얘기다. 보안을 고려한 설계를 적용하면 최소 권한의 원칙, 알 필요성의 원칙^{need to know}, 마이크로세분화, 제로 트러스트, 요청-응답 전략 및 모든 사용자를 대상으로 한 멀티팩터 인증과 같은 아키텍처 기술을 시스템에 구현한다.

예를 들어 네트워크, 애플리케이션 및 전송 계층에서 잘 분할된 마이크로서비스 시스템을 고려해야 한다. 그림 9-1은 마케팅, 분석, 재무, 고객의 개인정보를 보여주는 사용자 프로필 등 4개의 경계 콘텍스트로 구성한 일반적인 마이크로서비스 애플리케이션을 보여준다. 이러한 구조에서 사용자 프로필 콘텍스트 내부의 마이크로서비스 중 하나가 공격자에 의해 침해됐다고 가정해보자.

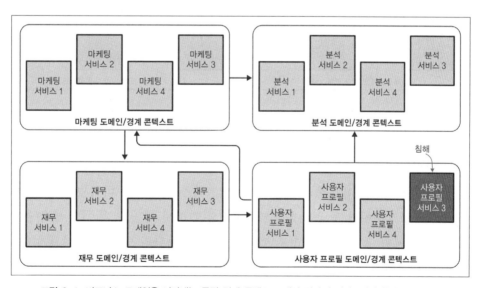

그림 9-1. 비즈니스 도메인을 나타내는 특정 경계 콘텍스트 내의 하나의 서비스에서 침해 사고 발생

보안 전문가는 공격을 감지한 즉시 영향을 받는 경계 콘텍스트(사용자 프로필 서비스)와 다른 경계 콘텍스트를 격리하는 조치를 취해 침해 사고를 수습해야 한다.

영향을 받는 경계 콘텍스트 내부의 서비스는 격리돼 짧은 시간 동안 중단되지만 애플리케이션의 나머지 부분은 계속 작동할 수 있다. 비즈니스가 영향을 받는 정도는 서비스의 중요도에 따라 달라진다.

그림 9-2는 침해 사고가 발생한 네트워크를 보안 전문가가 신속하게 격리한 모습을 보여준다.

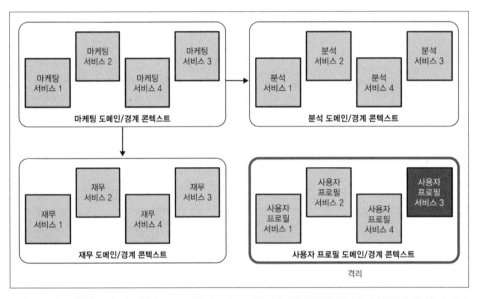

그림 9-2. 한 도메인에서 사고가 발생하면 보안 전문가는 나머지 애플리케이션에 영향을 주지 않게 신속하게 격리할 수 있다.

기능 단위로 격리가 가능한 이유는 마이크로서비스를 비즈니스 도메인 단위의 경계 콘텍스트로 그룹화했기 때문이다. 비즈니스 도메인과 마이크로서비스가 일치하게 조정해두면 해당 마이크로서비스와 관련된 인원 범위 파악이 수월하기 때문에 보안 전문가는 격리로 인해 발생하는 중단의 영향을 이해관계자와 최종 사용자에게 즉시 전달할 수 있다.

마이크로서비스 콘텍스트를 비즈니스 도메인과 일치하게 조정했기 때문에 특정 서비스 한 개의 중단은 일반적으로 해당 비즈니스 도메인 내에만 영향을 미친다. 그림 9-3은 침해 사고가 발생해 도메인을 격리할 경우 서비스 상태 대시보드의 화면 예를 보여준다.

그림 9-3. 깔끔하게 분할한 설계로 인해 보안 사고의 영향을 사고가 발생한 비즈니스 단위 내로 억제해 나머지 애플리케이션은 중단 없이 계속 작동 가능하다. 고객 편의 차원에서 중단 상태에 대한 안내 페이지를 고객에게 제공할지 고려할 필요가 있다.

이 책 전반에서 잘 설계한 시스템이 다양한 수준의 비인가 접근을 네트워크 및 애플리케이션 계층에서 차단할 수 있는 방법을 여러 차례 설명했기 때문에 9장에서는 동일한 주제를 상세히 다루지 않겠지만 이러한 설계 철학을 채택하면 공격 가능성을 크게 줄일 수 있다는 점을 알아둘 필요가 있다. 사고 대응 팀은 일반적으로 리소스 보안에 대한 책임이 없지만 사고를 수습하는 것 외에도 사고를 막을 수 있는 방법들까지 숙지할 필요가 있다.

활동 로깅

활동 로그에는 비인가 활동의 흔적이 남아 있어 해당 로그를 확인하면 비인가 활동을 발견할 수 있다. 악의적인 사용자가 클라우드 인프라 접근 권한을 획득하면 리소스를 사용해 비인가 활동을 시도하는데, 비인가 활동은 새 리소스를 생성하거나 다른 사용자의 IAM 권한을 변경하고 다른 클라우드 리소스를 대상으로 광범위한 접근에 성공하는 것을 포함한다.

AWS CloudTrail은 모든 사용자의 API 요청과 활동을 모니터링할 수 있는 서비스다. 모든 계정에서 CloudTrail을 활성화하면 리소스를 대상으로 한 의심스러운 활동을 모니터링할 수 있고 대상 리소스, 이벤트 발생 시점 및 계정 활동을 추적하고 평가할 수 있는 기타 상세 정보까지 확인할 수 있다.

AWS CloudTrail 이벤트. CloudTrail 이벤트는 CloudTrail 기록 대상 데이터 객체로, AWS 계정의 활동 기록이다. 이러한 이벤트는 AWS 관리 콘솔, CLI 또는 SDK에서 사용자가 실행한 명령의 결과로 생성된다.

CloudTrail 이벤트는 크게 3가지 유형으로 구분할 수 있다.

관리 이벤트(컨트롤 플레인 이벤트로 불리기도 함)

관리 이벤트는 AWS 계정의 리소스에서 수행하는 관리 작업에 대한 정보를 제공하며 AWS 리소스의 보안 정책 변경, AWS 리소스 신규 생성, CloudTrail 생성 또는 기존 리소스에 새로운 IAM 정책 연결 등을 포함한다. 관리 이벤트를 모니터링하면 관리자가 AWS 계정에서 발생할 수 있는 가장 영향력 있는 이벤트를 확인할 수 있다. 관리 이벤트를 생성하고 기록하는 데는 요금이 발생하지 않지만 특정 수량 이상의 로그를 저장할 경우 요금이 발생한다.

데이터 이벤트(데이터 플레인 이벤트로 불리기도 함)

데이터 이벤트는 리소스상에서 또는 리소스 내에서 수행한 작업에 대한 정보를 제공하며 람다 함수 호출이나 S3 버킷에 파일을 추가하거나 삭제하는 것처럼 프로비저닝된 이미 존재하는 AWS 리소스에 대한 작업 수행 이력을 포함한다. 데이터 이벤트는 대량의 데이터인 경우가 많아 디폴트는 비활성화 상태다.

Insights 이벤트

Insights 이벤트는 AWS 계정에서 발생할 수 있는 일반적인 비정상적인 활동을 포착하며, 보통은 관리 이벤트를 집계해 생성하는 부수적인 성격의 이벤트다. Insights 이벤트는 관리 이벤트를 지속적으로 모니터링하고 수학적 모델을 사용해 개별 관리 이벤트의 생성률을 추정함으로써 정상적인 패턴을 벗어난 행동을 식별해 Insights 이벤트로 변환한다.

CloudTrail 로깅. CloudTrail 이벤트에 접근하는 한 가지 방법은 이벤트를 로그 파일로 저장하는 것이다. 저장한 로그 파일은 함께 기록된 JSON 형식의 여러 이벤트를 포함한다.

CloudTrail은 애플리케이션의 상태를 구성하는 이벤트 모음을 추적^{trail}이라 부르는데, 추적을 활성화해 리전별/계정별 또는 AWS 조직^{organization}별로 기록할 수 있다. AWS 조직의 모든 AWS 계정에 대한 추적을 **조직 추적**$^{organization\ trail}$이라 부른다.

로그 손실을 막고자 모든 CloudTrail 로그 파일을 지정한 아마존 S3 버킷에 저장할 수 있다. AWS CloudTrail에서 추적을 생성하면 CloudTrail은 자동으로 S3 버킷에 대한 API 호출을 로깅하기 시작한다. 로깅 상태에서 **로깅 중지** 버튼을 클릭하기만 하면 로깅을 즉시 중지할 수 있다.

그림 9-4는 AWS 관리 콘솔에서 관리 이벤트 로깅을 위한 추적을 생성하는 방법을 보여준다.

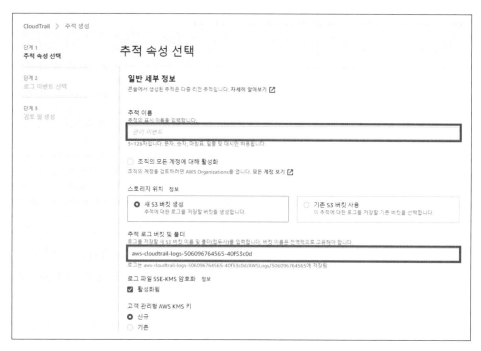

그림 9-4. 추적 이름과 로그를 저장할 아마존 S3 버킷 경로를 지정해 관리 이벤트 기록

추적을 생성하는 과정에서 버킷에 기록할 이벤트 유형을 선택해야 한다. 그림 9-5는 기록할 이벤트를 선택하는 AWS 관리 콘솔 화면을 보여준다.

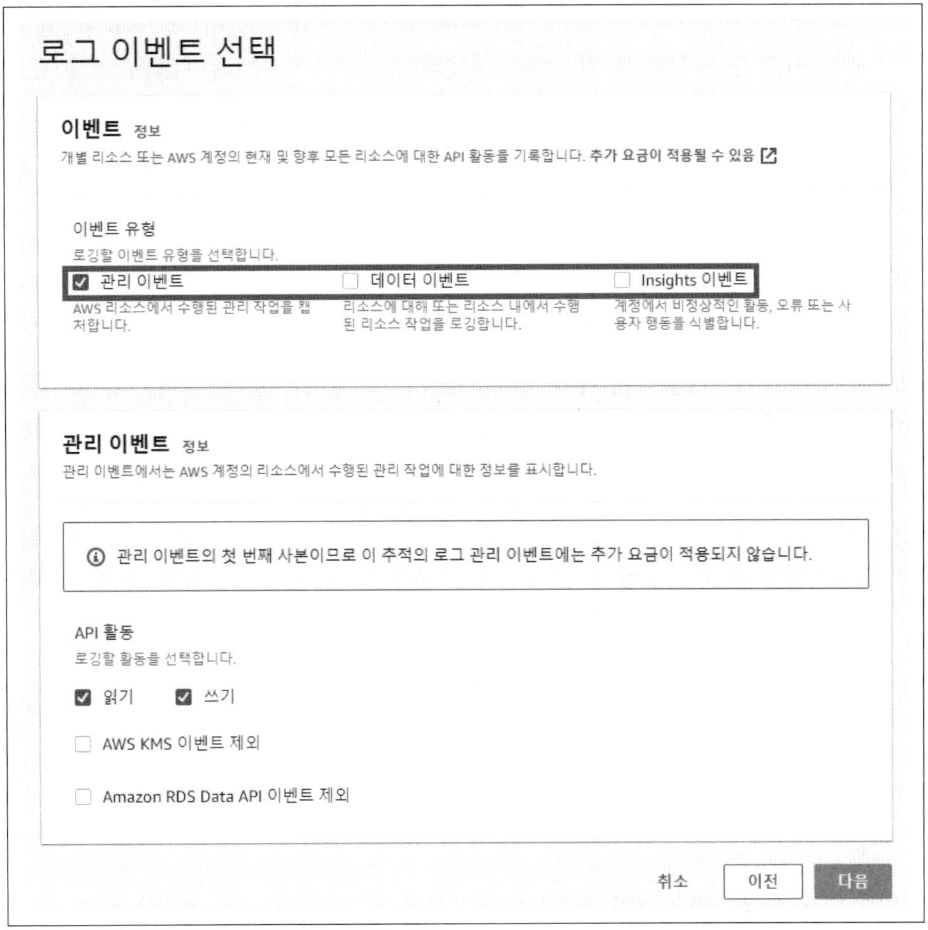

로그 이벤트 선택

이벤트 정보
개별 리소스 또는 AWS 계정의 현재 및 향후 모든 리소스에 대한 API 활동을 기록합니다. **추가 요금이 적용될 수 있음** [외부링크]

이벤트 유형
로깅할 이벤트 유형을 선택합니다.

☑ 관리 이벤트 | ☐ 데이터 이벤트 | ☐ Insights 이벤트
AWS 리소스에서 수행된 관리 작업을 캡 | 리소스에 대해 또는 리소스 내에서 수행 | 계정에서 비정상적인 활동, 오류 또는 사
처합니다. | 된 리소스 작업을 로깅합니다. | 용자 행동을 식별합니다.

관리 이벤트 정보
관리 이벤트에서는 AWS 계정의 리소스에서 수행된 관리 작업에 대한 정보를 표시합니다.

ⓘ 관리 이벤트의 첫 번째 사본이므로 이 추적의 로그 관리 이벤트에는 추가 요금이 적용되지 않습니다.

API 활동
로깅할 활동을 선택합니다.

☑ 읽기　　☑ 쓰기

☐ AWS KMS 이벤트 제외

☐ Amazon RDS Data API 이벤트 제외

취소　｜　이전　｜　**다음**

그림 9–5. AWS 관리 콘솔에서 기록할 이벤트를 선택할 수 있다.

VPC 플로 로그. VPC 플로 로그^(flow log)는 VPC 내의 네트워크 인터페이스에서 송수신하는 트래픽 정보를 캡처할 수 있게 해주는 기능으로, VPC, 서브넷 또는 네트워크 인터페이스를 대상으로 생성할 수 있다.

공격자에게 침해를 당한 클라우드 리소스가 비정상적인 네트워크 활동을 수행할 경우 VPC 플로 로그를 사용하면 네트워크 계층에서 발생한 공격자의 비정상적인 활동을 분석할 수 있다. 비즈니스 도메인을 기반으로 분할된 마이크로세분화한 네트워크에서 집계된 플로 로그는 통신 패턴을 나타내며 애플리케이션 내에 존재하는 네트워크 통신을 설명하고자 이러한 통신 패턴을 사용할 수 있다. 보안 사고가 발생하면 익숙한 정형 패턴^{baseline pattern}에 대비해 구조나 규모 측면에서 편차가 발생함을 관찰할 수 있다. 플로 로그의 집계된 통계를 사용함으로써 마이크로세분화된 애플리케이션의 다른 지표나 지시자가 나타낼 수 없는 보안 관련 침해 흔적을 식별할 수 있다.

내 경험상 보안 전문가가 사고를 일으킬 가능성도 배제할 수는 없다. 간혹 보안 전문가는 문맥이나 구체적인 현황을 파악하지 않고 네트워크 수준에서 일방적으로 모든 요청을 차단하는 무딘 보안 통제^{blunt security control}를 구현해 자신이 비정상적이라고 느껴지는 특정 통신 패턴을 막으려고 한다. 그러나 보안 전문가에게 알려져 있지 않은 이러한 행위를 차단하면 일상적인 업무를 방해하는 결과를 초래할 수도 있다. 이러한 상황에서 VPC 로그는 문제가 되는 보안 통제를 식별하고 잘못됐음을 분명히 알 수 있게 해줌으로써 의견 차이를 좁히고 문제를 빠르게 완화하는 데 유용하다.

 플로 로그는 네트워크 경로 외부에서 기록하기 때문에 네트워크 처리량이나 지연에 영향을 주지 않는다.

아마존 CloudWatch를 사용한 애플리케이션 로깅. AWS는 CloudWatch의 일부 기능으로 CloudWatch 로그 형식의 완전 관리형 로그 집계 서비스를 제공한다. CloudWatch 로그는 애플리케이션 로그를 집계, 저장, 검색할 수 있는 안전한 장소다. 인프라 전반에 걸쳐 API 활동을 기록하는 CloudTrail과 달리 아마존 CloudWatch는 클라우드 애플리케이션에게 EC2와 람다 또는 기타 AWS 리소스 상에서 실행 중인 마이크로서비스의 애플리케이션 로그를 수집하고 시각화할 수 있는 중앙 집중식 로그 모니터링 서비스를 제공한다.

내 경험상 아마존 CloudWatch와 AWS CloudTrail의 차이점을 잘 모르는 고객들이 대다수지만 두 서비스의 차이점을 인식하는 것은 중요하다. CloudTrail이 API 호출과 인프라를 변경하는 호출을 기록하는 반면에 CloudWatch는 인프라에서 실행 중인 애플리케이션에 관한 로그를 저장하는 서비스다.

구성 가능한 모니터링

로그 외에도 지표^{metric}를 사용하면 활동을 모니터링할 수 있다. 지표는 인프라의 상태를 나타내는 사전 집계된 데이터 포인트로, 컴퓨팅 서비스의 CPU 사용률, 저장소 서비스의 사용률 또는 기타 많은 통계를 포함한다. 모놀리식 아키텍처와 달리 마이크로서비스는 여러 위치에서 실행되는 다양한 서버를 포함하고 있어 해당 서버들은 개별 마이크로서비스와 관련한 다양한 지표를 생성한다. 이러한 마이크로서비스의 특징 때문에 하나의 애플리케이션 상태를 모니터링해 전체 시스템의 상태를 확인할 수 있는 모놀리식과 달리 마이크로서비스는 여러 데이터 포인트에서 지표를 집계해야 한다.

대부분의 조직은 지표 집계를 단일 창$^{single\ pane\ of\ glass}$이란 용어로 표현한다. 많은 마켓플레이스 모니터링 솔루션은 조직에서 필요로 하는 모든 지표를 관찰하고, 이해관계자들이 한곳에서 지표를 시각화해볼 수 있는 기능을 제공하지만 이러한 모니터링 솔루션의 접근 방식의 적절성에는 동의하지 않는다. 내 경험상 범용적인 모니터링 솔루션은 조직과 맞지 않는 경우가 많다. 유연성과 자율성을 중시하는 마이크로서비스 환경에서 런타임 환경의 다양한 측면을 포착하려면 용도에 맞는 서로 다른 도구를 선택할 필요가 있어 마이크로서비스가 수행하는 작업의 특성을 참고해 적절한 지표 모음을 수집할 수 있는 최적의 도구를 사용하는 것이 가장 좋은 방법이다. 예를 들어 어떤 도구는 자바 기반 마이크로서비스 지표를 포착하는 데 더 좋을 수 있고, 다른 도구는 파이썬 기반일 때 더 효과적일 수 있다. 이해관계자들이 단일 지점에서 지표를 볼 수 있기를 원한다고 해서 마이크로서비스 개발자가 데이터를 캡처하는 데 사용하는 도구 유형까지 양보해야 한다는 의미는 아니다.

구성 가능한 모니터링은 다양한 마이크로서비스에서 지표를 집계하고 단일 지점에 저장하는 전략을 의미하며 느슨하게 결합돼 모니터링 플랫폼을 형성하는 여러 전용 도구의 사용을 규정한다. 마이크 줄리안[Mike Julian]이 쓴 『Practical Monitoring』(O' Reilly, 2017)은 마이크로서비스 아키텍처를 채택한 조직에서 구성 가능한 모니터링 전략을 설정하는 방법을 상세히 설명하고 있기 때문에 모니터링 전문 지식에 관심이 있는 독자는 꼭 한 번 읽어보길 바란다.

구성 가능한 모니터링의 중요성을 알고 있는 AWS는 AWS 사용자 애플리케이션 지표를 한곳에서 집계, 구성, 시각화하고자 아마존 CloudWatch 형식의 완전 관리형 서비스를 제공한다.

CloudWatch 네임스페이스[namespace]. 클라우드 마이크로서비스 환경에서의 모니터링은 다양한 출처로부터 수집한 지표를 한곳에 구성하고 집계하는 작업이기 때문에 지표의 수가 많은 경우 모니터링 솔루션 관리가 어려울 수밖에 없다. 따라서 지표의 관리 용이성을 개선하려면 포착할 수 있는 지표를 구조화하는 것이 중요하다.

네임스페이스는 지표의 집합을 나타낸다. 네임스페이스는 관리자에게 깔끔하고 관리하기 쉬운 방식으로 통계를 분리하는 기능을 제공하므로 다른 네임스페이스의 통계를 실수로 함께 집계하지 않는다.

디폴트 네임스페이스는 없기 때문에 모든 데이터 포인트는 네임스페이스를 지정해 CloudWatch에 게시해야 한다.

CloudWatch로 데이터 모니터링. CloudWatch에서 데이터를 모니터링하는 데 필요한 4가지 핵심 요소는 다음과 같다.

데이터 포인트[datapoint]

CloudWatch가 추적해야 하는 데이터로부터 계산한 통계 데이터의 집합을 의미한다.

지표[Metrics]

추적하려는 정보 벡터를 의미한다. 지표는 CloudWatch에 게시된 데이터 포인트 집합으로, 개별 지표는 인프라에 대한 시간 기반 정보를 제공한다.

차원[Dimension]

지표를 구분하고자 사용하는 이름/값 쌍으로, 지표 내에서 다른 차원을 추적하는 여러 데이터 포인트를 가진다.

해상도[Resolution]

관리자의 선택에 따라 모든 지표를 대상으로 데이터 포인트 샘플링을 조정할 수 있고, 이를 지표의 해상도라 부른다.

CloudWatch를 사용한 인프라 모니터링은 사례를 통해 설명하는 것이 가장 쉽기 때문에 다중 리전에서 여러 개의 EC2 인스턴스를 실행 중인 환경이 있고 이러한 EC2 인스턴스들은 다른 유형의 서비스를 실행하고 있으며 태그를 지정해 관리 중인 상황에서 인스턴스의 CPU와 메모리 사용률을 추적하려 한다고 가정해보자.

데이터 포인트

CPU 사용률을 추적해야 하는 경우 초 단위 CPU 사용률 데이터가 데이터 포인트가 된다.

지표

모든 인스턴스에 대한 데이터 포인트의 시계열 모음을 나타내는 CPU 사용률과 메모리 사용률이라는 2가지 지표를 가질 수 있다.

차원

리전이나 실행 중인 서비스 단위로 CPU 사용량에 관련한 지표를 분류할 수 있다. 개별 지표는 최대 10개의 차원을 가질 수 있고 개별 차원은 독립적으로 데이터 포인트를 추적할 수 있다.

해상도

인스턴스의 CPU 사용률을 얼마나 자주 샘플링할지 빈도를 결정할 수 있다. 분 단위로 매분 샘플링하는 지표를 표준 해상도 지표라고 하고 초 단위로 기록하는 지표를 고해상도 지표라 한다.

종합 모니터링

애플리케이션을 모니터링하는 세 번째 방법은 종합 모니터링^{Synthetic monitoring} 기술을 사용하는 것이다. 종합 모니터링에서는 고객이나 최종 사용자가 사이트나 시스템에서 취할 수 있는 행동이나 이동 경로를 모방하고자 행동 스크립트^{behavioral script}를 생성한다. 행동 스크립트는 사용자와 중요 비즈니스 프로세스에서 빈번하게 사용하는 경로를 모니터링하는 용도로 보통 사용된다. CloudWatch Synthetics는 AWS 사용자가 미리 정의한 일정에 따라 트리거되는 구성 가능한 스크립트를 사용해 엔드포인트와 API를 모니터링할 수 있게 해준다. 카나리^{Canary}는 Node.js 또는 파이썬으로 작성한 스크립트며, AWS는 계정 내에 람다 함수를 생성해 카나리를 실행한다.

카나리는 AWS 관리 콘솔의 CloudWatch 페이지의 Synthetics Canary 탭에서 생성할 수 있다.

그림 9-6. 애플리케이션의 원활한 작동을 보장하기 위한 수동적인 모니터링 도구 카나리

기타 AWS 모니터링 및 보안 서비스

지금까지는 모니터링 도구를 살펴봤지만 이번에는 애플리케이션을 보호할 수 있게 AWS에서 제공하는 몇 가지 다른 서비스를 살펴본다. 모니터링을 위한 최선의 단일 솔루션은 없기 때문에 사고 가능성을 최소화하려면 AWS가 제공하는 여러 서비스를 복합적으로 활용할 필요가 있다.

AWS Systems Manager(AWS SSM). AWS SSM(과거에는 Simple Systems Manager가 정식 명칭이었기 때문에 현재도 SSM으로 불림)은 AWS 인프라를 살펴보고 제어할 수 있는 서비스로, SSM 콘솔을 사용해 여러 AWS 서비스의 운영 정보를 평가하고 AWS 리소스에서 자동화한 작업을 수행할 수 있다. AWS SSM을 사고 대응 도구로 사용하려면 관리자가 클라우드 인프라의 개별 인스턴스에 AWS SSM 에이전트를 설치해야 한다.

SSM 에이전트를 사용하면 EC2 인스턴스, 온프레미스 서버 및 가상 머신의 업데이트, 관리 및 설정이 가능해진다. SSM 에이전트는 아마존 리눅스, 아마존 리눅스 2, 우분투 서버 16.04 등의 AMI를 사용해 생성한 EC2 인스턴스에 사전 설치돼 있다.

아마존 Macie. 아마존 Macie(https://aws.amazon.com/macie)는 머신러닝 및 패턴 일치 기술을 사용해 보안 전문가가 AWS에 저장된 민감한 데이터를 검색, 모니터링 및 보호하는 데 도움을 주는 완전 관리형 데이터 보안 서비스다. Macie의 자동 검색 서비스는 S3에서 개인 식별 정보 및 금융 데이터 같은 민감한 데이터를 식별하는 데 도움을 준다. Macie는 보안 및 접근 통제 목적으로 민감한 데이터를 포함하고 있는 S3 버킷을 실시간으로 모니터링하고 평가한다.

데이터 분석의 중요성이 나날이 높아짐에 따라 점점 더 많은 조직에서 다양한 데이터 저장 매체에 대량의 데이터를 저장하는 추세다. 마이크로서비스 아키텍처의 공유 저장소 사용을 선호하지 않는 특성으로 인해 많은 저장소 인프라 구축이 필요해짐으로써 분산돼 있는 민감한 데이터를 보호해야 하는 것이 보안 전문가의 새로운 당면 과제다

그러나 모든 데이터를 동일하게 취급해야 하는 것은 아니다. 모든 유형의 데이터를 악의적인 공격으로부터 보호해야 하는 것은 맞지만 고객의 개인 식별 정보, 의료 기록, 금융 정보와 같은 민감한 데이터를 특히 주의해서 보호해야 한다. 보안 관점에서 보안 엔지니어는 중요한 민감한 데이터를 잠재적으로 저장할 수 있는 모든 시스템을 식별하고 분류해야 한다. 이렇게 함으로써 보안 위협에 대비해 데이터를 좀 더 안전하게 보호할 수 있다.

도메인 주도 설계에서 데이터 저장소에 대한 관리 책임은 개별 경계 콘텍스트에 있다. 따라서 실제로는 수천 개의 데이터 저장소를 보유한 수백 개의 경계 콘텍스트가 존재할 수 있다. 또한 특정 팀에서 보안 팀 모르게 보호되지 않는 데이터 저장소에 민감한 데이터를 저장할 수 있다. Macie는 민감한 데이터를 포함하고 있어 보호해야 하는 리소스를 관리자가 식별할 수 있게 도와준다.

단계 2: 탐지 및 분석

단계 1에서 권고한 사항 중에 일부라도 준수한다면 상당히 안전하고 철저하게 모니터링 가능한 아키텍처를 개발할 수 있다. 하지만 어떠한 환경도 침해 사고 발생 가능성을 0으로 만들 수는 없기 때문에 정상적인 상황과 섞여 있는 보안 위반 징후를 선별할 수 있는 시스템을 사용해야 한다. 이번 절에서는 보안 위반 징후를 식별하는 데 도움을 줄 수 있는 몇 가지 AWS 서비스(예: 아마존 EventBridge)에 대해 간략히 설명한다. 보안 전문가는 심각한 피해를 입기 전에 이러한 AWS 서비스의 도움을 받아 침해 사고를 조기에 탐지할 수 있다.

탐지 및 분석 단계에서는 침해 사고의 근본 원인을 찾기보다는 다음과 같은 사실을 명확하게 파악해야 한다.

- 어떤 종류의 공격이 발생하고 있는가?

- 어떤 리소스나 서비스가 침해됐는가?

- 리소스가 어떻게 침해됐는가? 인프라 관리자 권한을 탈취 당했는가? 아니면 리소스를 사용해 외부 시스템을 공격하고 있는가?

- 사고를 조사하는 동안 애플리케이션의 나머지 영역이 정상적으로 작동할 수 있게 보안 전문가가 취해야 할 최소한의 조치가 무엇인지?

침해 사고의 전조 증상

대부분의 위협은 사전에 감지하거나 식별할 수 있는 전조 증상이 없는 경우가 많다. 드물지만 전조(다가올 보안 사고의 사전 징후)를 감지한다면 보안 태세를 조정해 공격 대상을 보호함으로써 사고를 막을 수 있다. 설령 보안 사고를 막지 못하더라도 조직은 최소한 공격 대상을 좀 더 면밀히 모니터링할 수 있다. 사고의 전조 증상을 예로 들어보면 다음과 같지만, 이것들이 전부는 아니다.

- 소스코드가 알려진 취약점을 포함하고 있음을 경고하는 취약점 스캐너

- 포트 스캐너 사용을 보여주는 VPC 플로 로그

- 인증 요청 거부 횟수의 급격한 증가

- 웹 애플리케이션을 대상으로 한 인바운드 트래픽 패턴의 급격한 변화

중요한 애플리케이션은 실제 사고가 발생할 때까지 기다릴 필요 없이 전조 증상이 나타난 시점에 사고 대응 계획을 실행해야 한다. 안타깝게도 침해 사고 징후나 전조 증상이 항상 정확한 것은 아니라 실제 침해 사고로 이어지거나 분석할 가치가 있는 이벤트일 가능성은 낮다. 예를 들어 서버가 중단 상태라는 불만과 같은 사용자가 제시한 의견은 사실이 아닌 경우도 있다. 부정확한 보안 전조 증상은 많은 보안 이벤트를 발생시켜 보안 담당자를 불편하게 하기도 한다.

 보안 경고가 오탐을 포함한다는 사실에도 불구하고 경고 확인을 소홀히 하는 안일함은 공들여 잘 설계해놓은 보안 시스템에 가장 큰 위협이 될 수 있다. 최신 정보 시스템도 여전히 사이버 공격에 취약한 경우가 많아 중요한 경고를 오탐으로 판단해 무시하면 재앙을 초래할 수 있다. 정보시스템이 적발 통제 기능을 갖고 있는 것은 나름의 이유가 있으며, 경고가 발생하면 경고를 보내는 모든 데이터 포인트를 철저히 조사해야 한다. 이러한 조사를 통해 정탐과 오탐 간의 편차를 확인해 경고 수준을 조정할 필요가 있다.

아마존 EventBridge

AWS는 계정에서 발생한 대부분의 이벤트를 아마존 EventBridge라는 중앙 집중식 안전 관리형 서비스로 전달해 이러한 이벤트와 상호작용할 수 있는 기능을 사용자에게 제공한다. EventBridge를 보안 관점에서 사용한다면 정상적인 시스템의 기준 동작을 사전에 식별할 수 있게 되고 보안 아키텍트는 AWS 계정에서 발생한 이벤트들이 기준 동작을 크게 벗어나면 경고를 보낼 수 있다.

이번 절에서는 EventBridge를 사용해 보안 침해 사고를 식별하는 방법을 살펴본다. EventBridge의 구성 요소 일부를 먼저 소개해보면 다음과 같다.

이벤트 버스. AWS 계정은 계정 내 모든 AWS 서비스의 이벤트를 전달받을 수 있는 이벤트 버스를 갖고 있다. 보안 아키텍트는 이러한 이벤트 버스에 다양한 필터를 연결해 계정의 비정상적인 동작을 식별하고 수정 조치를 취할 수 있다.

규칙. 계정의 모든 이벤트를 중앙에서 수신하도록 이벤트 버스를 구성한 후에는 악성 이벤트와 정상 이벤트를 구분할 수 있다. EventBridge를 사용해 이벤트 버스로부터 전달받은 개별 이벤트를 평가할 규칙과 해당 규칙이 이벤트 데이터 및 관련 메타데이터와 일치할 경우 수행할 자동화 조치를 지정할 수 있다. 수행할 조치는 담당자에게 보안 사고에 대한 경고를 보내거나 문제 자체를 자동으로 해결하는 것들을 포함할 수 있다. 특히 규칙은 다른 AWS 서비스를 호출해 아마존 SNS^{Simple Notification Service}나 람다와 연계한 추가 조치까지 가능하다.

그림 9-7은 EventBridge에서 관찰할 수 있는 이벤트를 평가하는 패턴을 사용해 규칙을 지정하는 방법을 보여준다. AWS는 이벤트 패턴을 매우 유연하게 지정할 수 있고 대부분의 AWS 서비스는 이벤트를 EventBridge로 보낸다. 이벤트는 서비스 이름, 이벤트 유형, 이벤트 발생 시간, 이벤트 발생 리전 등의 데이터를 포함하는 이벤트와 함께 메타데이터를 포함한다. 이벤트와 메타데이터 값을 기준으로 해당 값을 포함하거나 선별하도록 패턴을 지정할 수 있다.

그림 9-7. AWS Access Analyzer에서 보고한 결과가 있을 때마다 이벤트를 평가하는 규칙을 정의한다.

대상. 이벤트 버스의 이벤트가 규칙과 일치하면 AWS가 자동으로 호출할 수 있는 대상 AWS 서비스를 지정할 수 있다. 대상은 자동으로 호출하려는 다른 AWS 서비스이거나 HTTP API 엔드포인트다. AWS는 매우 유연하게 이벤트 대상을 구성할 수 있다. EventBridge가 HTTP API 엔드포인트를 호출할 때는 AWS 사용자 애플리케이션의 외부에서 비동기식으로 호출하기 때문에 애플리케이션의 성능 저하를 걱정할 필요는 없다. 그림 9-8은 AWS 관리 콘솔에서 대상을 정의하는 방법을 보여준다.

그림 9-8. 알림 전송 목적으로 SNS를, 침해 사고 결과를 자동으로 조치할 목적으로 람다를 EventBridge 이벤트 대상으로 설정한다.

대상 서비스는 AWS 사용자가 필요로 하는 서비스를 지정하면 된다. 또한 EventBridge는 젠데스크[Zendesk], 스플렁크[Splunk], 데이터독[Datadog] 등과 같은 서드파티 알림 및 모니터링 서비스와의 통합을 허용한다. 통합에 관한 더 자세한 정보는 AWS의 EventBridge 문서(https://oreil.ly/wRlZx)에서 확인할 수 있다.

단계 3: 억제 및 격리

애플리케이션에서 보안 사고가 발생했음을 인지했다면 미국 국립 표준 기술원 사고 대응 프레임워크의 다음 단계인 억제 및 격리를 진행해 사고의 영향을 최소화해야 한다. 피해 정도를 최소화하고 사고의 영향을 서비스의 아주 작은 하위집합으로만 제한할 수 있게 사고를 억제하는 것은 매우 중요하다. 잘 설계한 보안 시스템은 공격에 대응하기 위한 최선의 방어 수단이며 마이크로서비스의 모듈화를 통해 사고를 억제할 수 있다.

그림 9-9처럼 쿠버네티스 기반 마이크로서비스 환경의 모니터링 시스템이 쿠버네티스 노드 3에서 실행 중인 서비스 C가 침해를 당한 것처럼 보인다는 알림을 보냈다고 가정해보자.

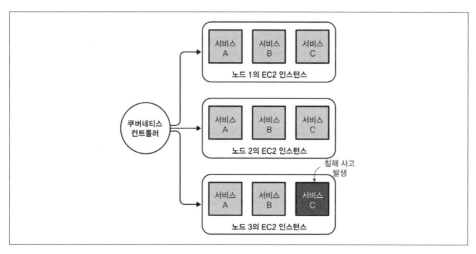

그림 9-9. 알림을 통해 특정 노드에서 실행 중인 서비스가 침해 됐음을 인지할 수 있다.

침해 사고를 식별하고 분석 범위를 특정 마이크로서비스로 좁혔다면 침해 사고는 다음 두 범주 중 하나에 해당한다.

- 마이크로서비스를 실행 중인 인프라가 침해됐을 수 있다. 인프라에는 쿠버네티스 노드를 실행하는 EC2 인스턴스나 마이크로서비스와 통신하

458

는 다른 서비스 또는 자체 호스팅 서버에 설치된 악성 애플리케이션을 포함한다.

- 비인가 사용자가 높은 접근 권한을 얻을 수 있게 허용하는 애플리케이션 계층의 버그나 취약점이 있을 수 있다.

이러한 보안 이벤트에 대한 대응은 다음 2가지 가능성 중 어떤 것이 보안 사고를 초래했는지에 따라 달라진다.

가능성 1: 인프라 침해

인프라가 침해됐을 경우의 문제는 고객이 AWS 공동 책임 모델에 따라 인프라 보안을 책임져야 하는 환경에 마이크로서비스를 배포할 때 발생한다.

이번 예제에서는 쿠버네티스 노드를 호스팅하는 EC2 인스턴스에 악성코드가 배포될 가능성이 있다. 공격자는 자신이 운영하는 서비스에 알려진 취약점 공격 도구를 미리 업로드해두고 해당 도구를 사용해 클라우드 인프라 접근 권한을 얻을 수 있다.

마이크로서비스를 실행 중인 EC2 인스턴스가 침해를 당하는 경우 취약점은 EC2 인스턴스를 실행하는 한 인프라에 계속 존재하기 때문에 서비스를 중단하더라도 위협을 효과적으로 억제하지 못하는 경우가 있을 수 있다. 이러한 상황에서 가장 큰 목표는 문제가 발생한 마이크로서비스뿐만 아니라 근본적인 클라우드 리소스를 격리하는 것이다.

AWS가 인프라 보안 책임을 맡은 경우 AWS가 최종 사용자에게 침해 사고를 알리지 않고 선제적으로 사고를 해결한다. 따라서 Fargate mode에서 실행 중인 경우 람다, EKS 또는 ECS 컨테이너를 실행하는 인프라에 관해 걱정할 필요가 없다. 이러한 상황에서 걱정해야 할 유일한 대상은 애플리케이션 계층에서 침해를 유발한 코드다.

AWS 사고 대응 가이드(https://oreil.ly/tsuXP)는 심도 있는 분석을 수행하고자 영향을 받는 모든 하드웨어를 차단하고 완전히 격리한 후 네트워크 계층에서부터 분석을 시작할 것을 권장한다. AWS의 가이드는 AWS 고객이 영향을 받는 인프라를 대상으로 분석을 수행할 수 있게 격리 작업을 책임 있게 수행하기 위한 단계별 프로세스를 규정한다.

1. **스냅샷 캡처.** 영향을 받는 모든 클라우드 인프라의 메타데이터를 캡처한다. 공격을 받은 당시의 인프라 상태를 등록해 포렌식 활동이 인프라에 관한 중요 정보를 손상시키지 않도록 보장해야 한다. 애플리케이션을 EC2 인스턴스에서 실행 중이라면 아마존 EBS 볼륨의 스냅샷 생성이 필요하고, 침해를 당한 RDS 인스턴스가 있다면 DB 스냅샷을 생성해야 한다.

2. **인스턴스 중단.** 애플리케이션의 초기 상태를 스냅샷에 등록하면 인프라의 상태를 변경할 가능성이 있는 자동화 프로세스를 비활성화할 필요가 있다. 따라서 인스턴스에서 자동 종료를 활성화해뒀거나 인스턴스의 상태를 수정하는 다른 정책이 있는 경우 해당 정책이 포렌식 분석에 영향을 주지 않게 해야 한다.

3. **격리.** 스냅샷을 생성하고 인스턴스를 중단했다면 인스턴스를 격리할 준비를 마쳤다. 5장에서 설명한 것처럼 네트워크 ACL은 서브넷 단위의 네트워크 리소스를 대상으로 접근을 차단하는 정책을 지정할 때 가장 적합하다. 네트워크 ACL은 서브넷 수준에서 적용되므로 침해 사고에 영향을 받는 리소스를 별도의 서브넷으로 옮기고 네트워크 ACL(필요시 보안 그룹을 함께 사용)을 사용해 해당 리소스에 대한 모든 접근을 격리하고 차단할 수 있다. 네트워크 ACL은 포렌식 분석 이외의 모든 접근을 서브넷 접근 정책에서 명시적으로 거부하도록 설정해야 한다. 이러한 격리를 통해 보안 엔지니어만 침해를 당한 리소스에 접근할 수 있고 나머지 애플리케이션을 중단시킬 필요 없이 계속 작동하게 할 수 있다.

4. **완화.** 격리 조치를 완료하면 리소스가 속해 있는 모든 Auto Scaling 그룹이나 로드밸런싱 대상 그룹에서도 리소스를 제거해야 한다.

460

5. **기록 유지.** 마지막으로 기록 보관을 위해 침해를 당한 리소스를 디지털 포렌식 목적으로 격리한 상태로 유지하고 분석을 완료한 후 폐기할 수 있음을 나타내도록 사전에 정의한 AWS 태그를 해당 리소스에 지정해야 한다.

그림 9-10은 인프라에 침해가 발생했을 때 사고를 성공적으로 억제한 결과를 보여준다.

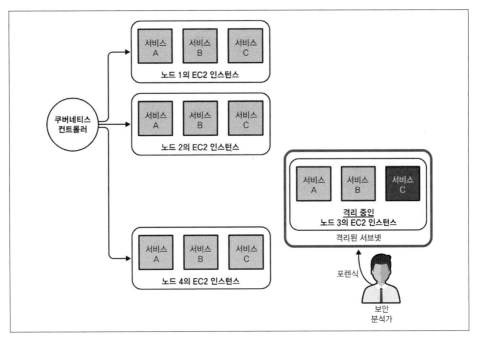

그림 9-10. 억제 및 격리 단계를 거친 후 침해를 당한 노드를 새로운 노드로 대체함으로써 침해 사고 발생 이전의 인프라와 유사한 구조로 원복한다.

가능성 2: 애플리케이션 침해

비인가 사용자가 높은 접근 권한을 획득할 수 있게 허용하는 애플리케이션 계층 버그나 취약점이 존재하는 경우 다른 인프라에서 동일한 애플리케이션을 다시 시작하면 해당 리소스에서도 침해 사고가 발생할 수 있기 때문에 인스턴스 격리는 의미가 없다.

인프라만 침해를 당한 경우 최선의 비즈니스 연속성 계획은 새로운 클라우드 인프라에서 모든 서비스를 가동하는 것이지만 침해 사고를 유발한 애플리케이션 로직을 그대로 가져와 새로운 리소스에서 서비스를 가동하면 취약점이 복제된다. 즉, 애플리케이션에 취약점이 존재하면 근본 원인을 해결하는 동안 중요 서비스의 중단에 대비해야 한다. 마이크로세분화는 인프라 수준에서 애플리케이션 내의 세그먼트를 격리하는 데 도움을 주기 때문에 마이크로세분화한 시스템은 공격을 억제하기가 훨씬 더 수월하다.

게다가 침해 사고를 유발한 원인이 애플리케이션 로직이기 때문에 람다나 ECS/EKS Fargate와 같은 완전 관리형 AWS 환경에서 호스팅하는 서비스도 지속적으로 동일한 이슈에 직면할 가능성이 높다.

이러한 상황에서 나머지 마이크로서비스를 기존 인프라에서 계속 실행하는 것이 일반적이고 영향을 받는 서비스에 한해 보안 분석가가 통제된 환경에서 보안 취약점을 신중하게 평가할 수 있도록 별도의 격리된 환경으로 이동시킨다. 그림 9-11은 영향을 받는 서비스를 격리된 환경에서 분석하는 프로세스를 설명한다.

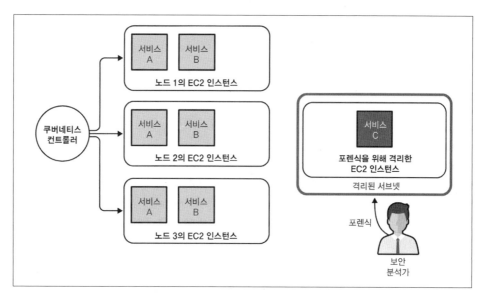

그림 9-11. 침해된 서비스와 인스턴스를 네트워크 ACL로 격리하면 보안 전문가는 안전하고 격리된 환경에서 포렌식을 수행할 수 있고 나머지 애플리케이션도 정상적으로 서비스 제공이 가능하다.

 IAM은 보안 전문가가 침해를 당한 애플리케이션을 완화하고자 선택할 수 있는 또 다른 도구다. 가장 좋은 조치는 애플리케이션이 다른 AWS 리소스에 접근하는 데 사용하는 역할에 대한 접근 권한을 줄이는 것이다. 이렇게 하면 침해를 당한 마이크로서비스가 전체 아키텍처에 영향을 줄 가능성을 낮출 수 있다.

단계 4: 포렌식 분석

보안 전문가는 침해 사고를 성공적으로 억제한 후 사고의 원인을 파악하는 데 집중해야 한다. 원인 파악을 위해 보안 엔지니어는 사고 당시의 애플리케이션 상태를 조사하고 침해 사고를 유발한 원인에 대한 단서와 증거를 찾아야 한다. 포렌식 분석 과정 중에 수집한 증거는 확정적이라기보다는 정황적인 증거인 경우가 대부분이라 타당성을 평가하려면 포렌식 분야에 경험이 풍부한 분석가가 필요하다.

디페이싱 공격이나 공격자의 금전적 요구가 있는 경우와 같은 일부 사고는 인지하기 쉽다. 하지만 대부분의 사고는 탐지가 어렵고 사고 발생을 인지하려면 정밀한 모니터링이 필요하다. 탐지 및 분석 단계에서 이벤트를 탐지하기 전에는 몇 시간, 심지어 몇 달간 사고 발생을 인지하지 못하는 경우도 빈번하다. 포렌식 분석 단계에서는 사고를 실제로 인지한 시점 이후의 로그를 분석하는 것뿐만 아니라 사고 발생을 인지하기 이전의 로그를 분석하는 것이 표준 관행이다.

 포렌식 분석에는 시간이 많이 소요될 수 있어 사고가 실제로 억제됐는지 확인하는 것이 중요하다. 종종 보안 전문가는 억제 및 격리 단계에서 수행한 사고의 영향을 최소화하는 활동이 충분하지 않아 추가적인 억제 및 격리 조치를 해야 하는 경우도 있다.

아마존 Athena

보안 전문가는 포렌식 분석 과정에서 보안 사고에 관한 증거를 찾고자 로그 파일을 분석하고 선별해야 한다. 이미 강조했지만 CloudTrail 로그, CloudWatch 로그, VPC 플로 로그 등 다양한 유형의 AWS 활동에 관한 로깅을 활성화하는 것은 중요하다. 아마존 Athena는 보안 전문가가 S3 내의 파일을 분석하는 데 사용할 수 있는 다용도 도구다.

Athena는 표준 SQL을 사용해 S3 내의 데이터를 AWS 사용자가 직접 손쉽게 분석할 수 있게 해주는 대화형 쿼리 서비스다. Athena에서 로그 형식을 지정할 수 있고 Athena는 보안 전문가가 로그 파일을 마치 쿼리 가능한 데이터베이스의 일부인 것처럼 심도 있게 분석할 수 있게 해준다. 아마존은 Athena로 분석할 수 있는 AWS 로그 데이터 세트에 대한 샘플 스크립트(https://oreil.ly/3nEIE)를 제공한다.

라이브 박스 포렌식

억제 및 격리 조치에 자신 있는 조직에서 사고를 분석하는 가장 좋은 방법은 영향을 받는 리소스를 계속 실행 상태로 두고 사고가 발생한 실제 환경을 분석하는 것이다. 이러한 분석은 영향을 받은 리소스와 동일한 리소스에서 수행하기 때문에 라이브 박스 포렌식 분석^{live-box forensic analysis}이라 불린다.

즉, 라이브 박스 포렌식은 EC2 인스턴스가 침해를 당했을 경우 보안 전문가가 시스템에 로그인해 메모리 덤프 결과를 가져와 악성코드 패턴을 분석한다는 의미다. 라이브 박스 포렌식은 원본 증거의 대부분을 보존하기 때문에 가장 효율적인 분석 방법으로, 보안 전문가가 활성 증거를 분석하지 못할 위험을 낮추면서 침해가 발생한 라이브 환경에 알려진 취약점이 존재하는지 확인할 수 있는 스캐너를 실행할 수 있다. 라이브 박스 기법은 인스턴스의 메모리, 캐시 및 기타 런타임 프로세스로부터 중요한 증거를 보존하고 수집한다.

데드 박스 포렌식

라이브 박스 포렌식이 분석을 수행하는 데 적합하긴 하지만 보안 분석가는 격리 정도와 무관하게 침해된 시스템을 실행 상태로 유지하는 것이 불편할 수 있다. 더욱이 탐지 및 분석 단계에서 보안 전문가는 이미 존재하는 증거를 조작했을 가능성이 있는 시스템을 격리하면서 조치를 취했을 수도 있다. 결과적으로 보안 분석가가 근본적인 원인 분석을 수행하고자 라이브 박스 포렌식 외의 대안적인 방법을 사용할 수도 있다.

이 대안적인 방법은 이미 생성해둔 스냅샷들을 사용해 공격이 실제로 발생했을 때와 동일한 시스템과 환경을 다시 생성한다. 침해 사고 발생 당시의 휘발성 데이터를 포함하지는 않지만 다시 생성한 환경을 기반으로 분석하는 이러한 방법을 데드 박스 포렌식 분석^{dead-box forensic analysis}이라 부른다.

데드 박스 포렌식은 동일 리소스를 대상으로 좀 더 상세한 조사를 병렬적으로 수행할 수 있게 해주며, 보안 전문가가 다시 생성한 인스턴스에 의존하기 때문에 분석을 수행한 후 인스턴스의 상태를 분석 이전으로 되돌릴 수 있다.

여러 분석가가 스냅샷 이미지에서 리소스를 다시 생성해 리소스가 침해된 환경을 다시 생성할 수 있어 병렬 분석이 가능하다. 그렇긴 해도 메모리 내의 중요 정보가 손실되면 데드 박스 포렌식은 메모리 공격 방법에만 의존하는 공격을 분석할 수 없게 된다.

디지털 포렌식 분석 도구

이번 절에서는 보안 전문가가 AWS에서 포렌식 분석을 수행할 때 사용할 수 있는 몇 가지 도구를 소개한다.

명령 실행^{Run Command}. 8장에서 AWS SSM 명령 실행에 대한 개요와 일반 사용자의 권한을 승격할 때 필요한 사전 정의된 스크립트 실행을 허용하는 데 SSM이 어떻게 도움을 줄 수 있는지 이미 설명했지만 포렌식 분석 과정에서도 AWS 명령 실행을 사용할 수 있다.

억제 및 격리 단계에서 설명한 과정에 따라 침해를 당한 EC2를 격리했다고 가정하면 명령 실행으로 인스턴스를 분석할 수 있다. 명령 실행을 사용하면 인스턴스와 인스턴스 외부와의 연결을 활성화하지 않고도 폐쇄된 경계 내부의 EC2 인스턴스에서 안전하게 명령을 실행할 수 있다. AWS 콘솔을 통해 명령을 실행해 라이브 박스나 데드 박스 포렌식을 원격에서 수행할 수 있도록 SSM 에이전트는 폐쇄된 경계 내에 위치한 시스템과 연결하고 AWS 사용자를 대신해 명령을 실행하는 역할을 수행한다.

EventBridge 이벤트 다시 재생. EventBridge를 사용하면 보안 전문가가 나중에 애플리케이션의 과거 특정 상태로 돌아갈 수 있게 해주는 이벤트 다시 재생^{event replay}을 시작함으로써 추후 다시 처리할 수 있는 이벤트 아카이브를 생성할 수 있다. 마이크로서비스 이벤트 저장소와 결합된 이벤트 다시 재생은 특정 보안 이벤트가 발생할 수 있는 시나리오를 복제하는 데 도움을 주기 때문에 좀 더 쉽고 효율적인 디버깅 및 포렌식을 가능하게 한다.

마켓플레이스 솔루션. 인프라에서 수행할 수 있는 모든 분석 외에도 AWS는 디지털 포렌식 과정에서 AWS 사용자를 지원할 수 있는 다른 서드파티 솔루션 공급자와 파트너십을 맺고 있다. 서드파티 솔루션은 머신러닝을 통한 로그 분석과 고성능의 알려진 취약점 탐지 및 분석 목적의 솔루션까지 포함하며, 포렌식 관련 마켓플레이스 솔루션 목록은 아마존 홈페이지(https://aws.amazon.com/mp/scenarios/security/forensics)에서 찾을 수 있다.

단계 5: 재발 방지

일반적으로 대규모 조직에서 재발 방지 조치는 포렌식 분석 단계와 병렬적으로 수행한다. 재발 방지 단계의 목표는 보안 사고의 근본 원인을 제거하고 존재하는 모든 취약점을 공격자가 더 이상 악용할 수 없게 만드는 것이다. 또한 발생한 사고와 유사하지만 동일하지는 않은 향후 발생할 수 있는 침해 사고에 대비하고자 보안 규정 준수를 보장할 수 있는 추가 보안 조치를 포함하는 것도 이번 단계의 일부다.

정리

내 경험상 공격자와 닿은 모든 것이 손상됐다고 가정하는 것이 좋다. 클라우드 관리자가 재발 방지의 일환으로 수행할 수 있는 몇 가지 일반적인 활동은 다음과 같지만 다음 활동들이 전부는 아니다.

- 새로운 CMK를 사용해 모든 민감 데이터와 스냅샷을 다시 암호화
- 사용자 비밀번호 변경을 강제하고 조직 전반을 대상으로 더 강력한 비밀번호 정책 시행

- 손상됐을 가능성이 있는 데이터 및 리소스에 태그를 지정하고 해당 리소스에 대한 추가 모니터링 설정

보안 태세

침해 사고가 발생한 근본적인 원인은 유출된 보안키, 취약한 비밀번호, 취약한 암호문 또는 단순한 무차별 대입 공격 때문일 수 있다. 하지만 재발 방지 활동을 수행할 때는 공격 이후에 발생한 현상까지 고려해야 한다. 일반적으로 보안 전문가는 유사한 공격이 재발하지 않도록 보안 사고를 조직의 보안 태세를 개선할 수 있는 기회로 삼는다. 조직의 보안 태세 개선 활동은 다음과 같은 조치를 포함한다.

- 침해를 당한 리소스에 접근하려는 모든 권한 주체에게 멀티팩터 인증 적용
- 불필요하고 공격자가 악용할 수 있는 모든 접근 패턴을 차단하는 새로운 방화벽 규칙 적용
- 조직 전반의 접근 통제를 검토하고 지나치게 광범위하거나 공격자에게 비인가 접근을 허용할 가능성이 있는 역할에 대한 접근 제한

단계 6: 사후 활동

단계 1부터 5까지를 모두 완료하면 보안 전문가는 사고를 종결하고 인프라에서 정상적인 활동을 재개하는 프로세스를 시작한다.

복구

많은 마이크로서비스가 리소스에 의존적이지는 않지만 클라우드 관리자는 사고 대응 과정에서 변경되거나 수정됐을 가능성이 있는 일부 인프라를 여전히

재사용하기를 희망하곤 한다. EC2에서 쿠버네티스 노드를 실행 중이고 악성코드에 감염된 것으로 의심된다면 EC2를 격리해야 하며 악성코드를 성공적으로 제거한 이후에야 인스턴스를 재사용할 수 있다. 리소스 복구는 매우 신중하고 통제된 방식으로 원래 상태로 되돌리기 시작하는 단계다.

리소스 외에도 복구가 필요한 대상이 더 있을 수 있다. 탐지 및 분석 단계에서 마이크로서비스의 애플리케이션 로직에 취약점이 있는 것으로 의심되는 경우 애플리케이션을 중단했어야 하고, 공격을 유발한 취약점을 해결하고자 개발 팀에서 사용할 수 있는 패치가 있다면 취약점 패치 후 종료했던 서비스를 재개할 수 있다.

복구 과정은 취약점을 포함하지 않은 스냅샷을 사용한 시스템 복원, 시스템 재구축, 손상된 파일을 정상적인 파일로 교체하는 등의 작업을 포함한다. 복구 과정에서 새로운 문제가 발생할 가능성이 있기 때문에 지속적인 모니터링도 함께 진행해야 한다.

시뮬레이션 및 반복

복구는 위험한 과정이다. 취약점을 개선하기 위한 패치가 항상 완전하진 않다. 보안 전문가는 취약점을 패치하면 비즈니스를 재개할 수 있다고 일반적으로 판단하지만 그렇게 해서는 안 되는 경우도 있음을 알아야 한다. 따라서 보안 전문가는 탐지 및 분석 단계로 되돌아가 전체 프로세스를 반복해야 할 가능성에 대비할 필요가 있다. AWS의 보안 사고 대응 백서(https://oreil.ly/jj3lr)는 사용자가 다양한 보안 사고를 시뮬레이션하고 사고를 종결하기 전에 시행했던 보안 조치를 지속적으로 반복할 것을 권장한다.

보안 인프라 보호

사고 대응 프레임워크는 클라우드 보안 전문가를 위한 훌륭한 출발점이다. 그러나 사고 대응 프레임워크는 사고의 영향을 성공적으로 완화시키고자 로깅, 지표 및 기타 서비스에 의존한다는 치명적인 결함이 있다. 공격자들은 시스템 접근 권한을 얻으면 감사 기능을 비활성화하거나 남겨진 흔적을 삭제하기도 한다(https://oreil.ly/QBHr0). 흔적을 지우거나 조작하는 이러한 행동을 안티포렌식 anti-forensic이라 부르며, 사고 대응 프레임워크를 쓸모없게 만들고 악의적인 행위자를 탐지할 수 없게 하는 결과를 초래할 수 있다. 따라서 보안 관리자로서 안티포렌식을 제한하는 방법까지 고려해 설계하는 것이 중요하다.

이번에는 사고 대응 시스템이 손상될 가능성을 낮추는 보안 인프라 보호를 위한 몇 가지 모범 사례를 살펴본다.

CloudTrail 보안

지금까지는 사고 관리 목적으로 AWS CloudTrail 사용의 중요성에 관해 설명했다. 그러나 로깅 인프라는 일반적으로 악의적인 행위자가 공격 대상 시스템에 비인가 접근에 성공한 후 첫 번째 공격 대상이 된다. 따라서 CloudTrail 로그를 암호화하고 안전하게 저장해야 한다. 이번 절에서는 CloudTrail 로그의 보안과 무결성을 보장할 수 있는 몇 가지 방법을 살펴본다.

로그 암호화

CloudTrail은 AWS 관리형 암호화로 S3에 로그를 암호화해 저장할 수 있다. CloudTrail 로그는 S3 객체이기 때문에 암호화를 활성화하고 조정하는 프로세스는 다른 S3 객체와 동일하다.

S3의 디폴트 암호화 방법은 아마존 S3 관리형 키(SSE-S3)를 사용한 서버 측 암호화다. 그러나 4장에서 설명한 것처럼 버킷을 보호하는 데 사용할 AWS KMS 키를 지정하는 SSE-KMS 유형의 키를 사용하면 암호화 프로세스를 더 잘 통제할 수 있다.

로그를 암호화하면 인프라 보안 외의 규제 준수 관점에서도 도움이 된다. 민감한 데이터를 로그에 함께 기록하는 것은 보통 허용되지 않지만 로그를 암호화하면 애플리케이션이 의도치 않게 실수로 더 많은 데이터를 로그에 기록하는 경우 우려를 최소화하고 이러한 상황에서 회사가 규제를 위반하지 않게 해준다.

로그 검증

보안 관점에서 중요한 원칙은 부인 방지nonrepudiation다. 로그를 변조할 수 없는 형태로 기록하는 것은 규제 준수를 입증할 수 있는 훌륭한 방법이다. AWS는 로그 파일 검증으로 불리는 디지털 서명 메커니즘을 통해 CloudTrail 로그의 무결성을 입증할 수 있는 기능을 관리자에게 제공한다.

그림 9-12에서 볼 수 있는 것처럼 추적을 생성하는 과정에서 AWS 관리 콘솔을 통해 추적별로 로그 파일 검증을 활성화할 수 있다.

스토리지 위치 정보

◉ 새 S3 버킷 생성
추적에 대한 로그를 저장할 버킷을 생성합니다.

○ 기존 S3 버킷 사용
이 추적에 대한 로그를 저장할 기존 버킷을 선택합니다.

추적 로그 버킷 및 폴더
로그를 저장할 새 S3 버킷 이름 및 폴더(접두사)를 입력합니다. 버킷 이름은 전역적으로 고유해야 합니다.

aws-cloudtrail-logs-506096764565-40494707

로그는 aws-cloudtrail-logs-506096764565-40494707/AWSLogs/506096764565에 저장됨

로그 파일 SSE-KMS 암호화 정보
☑ 활성화됨

고객 관리형 AWS KMS 키
◉ 신규
○ 기존

AWS KMS 별칭

KMS 별칭 입력

KMS 키와 S3 버킷이 동일한 리전에 있어야 합니다.

▼ 추가 설정
로그 파일 검증 정보
☑ 활성화됨

SNS 알림 전송 정보
☐ 활성화됨

그림 9-12. AWS 관리 콘솔에서 CloudTrail 로그 파일 검증 활성화

로그 파일 검증을 활성화하면 AWS는 AWS 사용자를 대신해 CloudTrail 로그를 해시 처리하고 디지털 서명을 시작한다. 따라서 규제 기관이 로그의 신뢰성 보장에 대한 증거를 필요로 하는 경우 AWS CloudTrail은 필요한 확신을 제공할 수 있다.

목적 기반 계정

목적 기반 계정에 대해서는 8장에서 이미 설명했다. 로깅과 모니터링은 공격자가 로그 파일에 접근하지 못하게 목적 기반 계정을 운영할 수 있는 대표적인 기능 중 하나다.

CloudTrail이나 VPC 흐름 로그를 동일한 계정 내에 저장하지 않고 로깅 목적의

전용 계정에 저장하려고 할 때의 절차는 다음과 같다.

1. 별도의 AWS 계정을 AWS 조직 하위에 생성하거나 경우에 따라 완전히 별도의 계정을 생성한다.

2. 마이크로서비스를 실행하는 AWS 계정 내에 있는 개별 도메인이나 경계 콘텍스트의 로그를 수집하기 위한 독립된 계정에서 새로운 아마존 S3 버킷을 생성한다.

3. 버킷 정책(S3 버킷에 대한 AWS 리소스 정책)을 사용해 CloudTrail이 버킷에 객체를 생성할 수 있는 권한을 부여하고, 로그를 보내주는 계정의 모든 리소스와 권한 주체가 새로 생성한 S3 버킷의 객체를 삭제하거나 읽을 수 없게 설정한다.

4. 수집한 로그를 확인해야 하는 분석가를 위해 로깅 목적의 전용 계정 내에 파일을 생성하거나 삭제할 수는 없지만 읽을 수는 있는 독립적인 역할을 생성한다.

그림 9-13은 감사 인력이나 분석가가 안전하게 접근할 수 있는, Cloudtrail 및 VPC 흐름 로그를 저장할 목적의 일반적인 목적 기반 계정을 보여준다.

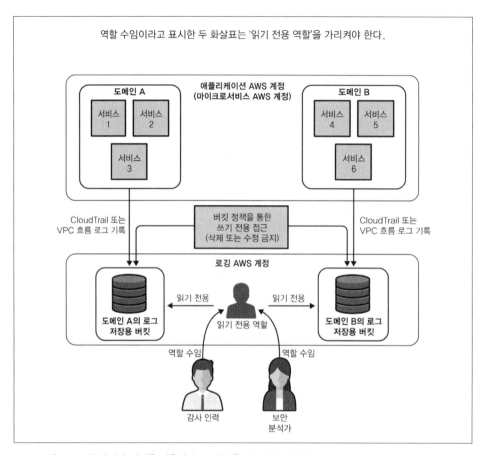

역할 수임이라고 표시한 두 화살표는 '읽기 전용 역할'을 가리켜야 한다.

도메인 A

서비스 1   서비스 2

서비스 3

애플리케이션 AWS 계정
(마이크로서비스 AWS 계정)

도메인 B

서비스 4   서비스 5

서비스 6

CloudTrail 또는
VPC 흐름 로그 기록

버킷 정책을 통한
쓰기 전용 접근
(삭제 또는 수정 금지)

CloudTrail 또는
VPC 흐름 로그 기록

로깅 AWS 계정

도메인 A의 로그
저장용 버킷

읽기 전용   읽기 전용

읽기 전용 역할

도메인 B의 로그
저장용 버킷

역할 수임   역할 수임

감사 인력   보안
분석가

그림 9–13. 목적 기반 계정을 사용하면 S3 버킷을 인프라의 나머지 부분과 독립적으로 유지 가능하다.

목적 기반 계정을 사용하면 로깅 인프라를 애플리케이션의 나머지 부분과 독립적으로 유지할 수 있다. 로그를 보내주는 원래 계정의 권한 주체는 대상 버킷에 새로운 파일을 쓸 수만 있기 때문에 원래 계정이 침해를 당하더라도 로그 파일은 악의적인 사용자로부터 안전하게 유지된다.

보안 팀이 서드파티 소속의 컨설턴트에게 로그 분석을 맡기기로 결정한 경우 보안 계정 내에서 새로운 역할을 생성할 수 있다. 보안 계정 내에서 역할을 생성하기만 하면 로그 파일에 대한 접근을 세밀하게 통제할 수 있다.

규제 준수 여부에 대한 감사의 경우 감사 인력은 로그 파일을 읽을 수만 있는,

제한된 역할을 통해 S3 버킷에 대한 세분화된 읽기 전용 접근 권한을 부여받을 수 있다. 이렇게 하면 로그를 로깅 목적의 목적 기반 계정으로 보내주는 권한, 보안 및 접근 통제 로직을 애플리케이션의 나머지 부분과 분리하고 격리할 수 있다.

요약

사고 대응은 보안 전문가의 업무 중에 가장 중요한 업무지만 내 경험상 가장 간과하는 업무 중 하나이기도 하다. 마이크로서비스와 도메인 주도 설계는 보안 팀이 설계의 중심에서 모니터링 및 사고 대응 전략을 수립할 수 있는 좋은 기회를 제공한다. 아키텍트들은 이러한 기회를 포착해 사고 예방 및 사고 대응 전략을 마련하는 것이 중요하다. 9장에서는 사고 예방 및 사고 대응 프로세스를 공식화하는 몇 가지 잘 알려진 프레임워크를 설명했다. 방향성을 제시하고자 주로 언급한 프레임워크는 미국 국립 표준 기술원의 컴퓨터 보안 사고 대응 가이드에서 제안한 사고 대응 프레임워크다. 또한 미국 국립 표준 기술원의 사고 대응 프레임워크의 중요 단계를 쉽게 구현할 수 있는 다양한 서비스에 대해 얘기했다. 그리고 마지막으로 사고 대응 인프라를 공격으로부터 보호하기 위한 통제를 구현하는 방법에 대해 설명함으로써 9장을 마무리했다.

테라폼 클라우드에 대한 짧은 소개

클라우드 인프라는 애플리케이션 코드와 동일한 방식으로 프로비저닝하고 관리하는 체제를 필요로 한다. AWS 관리 콘솔 화면에서 직접 클릭하면서 인프라 관리를 시작하는 것이 가장 쉬운 방법이지만 대규모 인프라를 운영하는 조직에서 모든 인프라를 동일한 형태로 관리하는 것은 불가능에 가깝다. 요즘은 클라우드포메이션^{CloudFormation}, AWS CDK, 테라폼^{Terraform}과 같은 유용한 도구가 많다. 테라폼은 하시코프^{HashiCorp}에서 Go 언어로 작성한 오픈소스 코드형 인프라^{infrastructure as code} 도구이며, 간단한 설명 언어로 모든 클라우드 리소스를 정의한다. 테라폼은 AWS에서 실행 중인 모든 인프라에 대한 상세한 지도를 작성하면서 전체 서버 인스턴스를 생성하는 데 특화돼 있어 AWS의 리소스를 대규모로 관리하는 데 매우 효과적인 도구다.

테라폼은 모듈화가 잘돼 있고 인프라 프로비저닝 코드를 효율적으로 재사용할 수 있게 해주기 때문에 팀을 추가하거나 환경에 변경이 있어 인프라를 다시 만들어야 하는 경우 테라폼의 모듈화된 설계는 사용자가 동일한 목적의 코드를 처음부터 새로 개발하지 않게 도와준다. 모듈화는 용도별로 복제 가능한 아키텍처를 독립적으로 실행하는 것이 일반적이기 때문에 마이크로서비스 환경에서 특히 유용하다.

테라폼을 주제로 한 많은 책이 있지만 개인적으로 예브게니 브리크만^{Yevgeniy}

Brikman이 쓴 『테라폼 설치에서 운영까지』(제이펍, 2019)를 즐겨 읽는다. 또한 하시코프는 홈페이지를 통해 테라폼에 관해 상세한 내용을 알고 싶어 하는 사용자들을 위한 훌륭한 문서를 제공한다. 부록 A는 테라폼 코드를 사용할 때 필요한 기본적인 내용을 설명한다. 부록 A의 설명을 위해 독자들이 자신의 코드를 테스트하는 데 사용할 수 있는 샘플 깃허브 리포지터리(repository)(https://oreil.ly/VAzWS)도 만들어뒀다.

계정 생성

완전 관리형 클라우드 제품인 테라폼 클라우드^{Terraform Cloud}에 가입하면 가장 쉽고 빠르게 테라폼을 사용할 수 있다. 테라폼 클라우드는 그림 A-1처럼 무료로 가입할 수 있다.

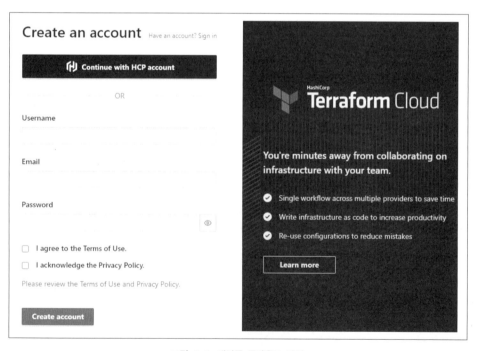

그림 A-1. 테라폼 클라우드 가입

워크스페이스 생성

테라폼 클라우드 계정에서 클라우드 환경에 배포하려는 인프라 설정을 미러링하는 워크스페이스^{workspace}를 생성해야 한다. 개별 워크스페이스는 테라폼 스크립트를 준비하고 저장할 수 있는 깃^{Git} 저장소에 해당한다. 그림 A-2처럼 워크스페이스를 생성하는 과정에서 버전 컨트롤 워크플로^{version control workflow}를 선택할 수 있다.

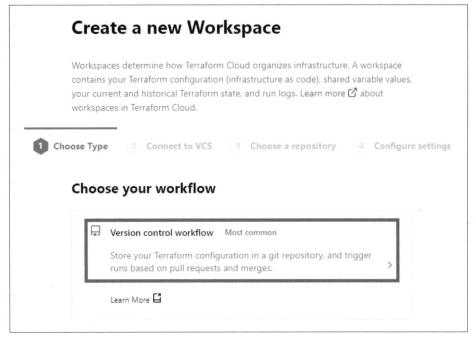

그림 A-2. 버전 컨트롤 워크플로를 선택하면 선택한 버전 컨트롤 시스템을 테라폼 클라우드와 연결할 수 있다.

버전 컨트롤 워크플로는 깃허브 저장소와 테라폼 클라우드를 연결하는 가장 쉬운 방법이며, 코드에 변경이 있을 때마다 클라우드 공급자에게 자동으로 배포하는 깃으로 버전 관리 중인 인프라 설정을 깃허브 저장소에 포함할 수 있다. 그림 A-3은 이러한 트리거를 활성화하는 방법을 보여준다.

Version Control

Connected to VCS

Provider	GitHub
Repository	chimbs86/Security-And-Microservices-On-AWS

Change source

Workspace Settings

Terraform Working Directory

The directory that Terraform will execute within. This defaults to the root of your repository and is typically set to a subdirectory matching the environment when multiple environments exist within the same repository.

Apply Method

○ **Auto apply**

Automatically apply changes when a Terraform plan is successful. Plans that have no changes will not be applied. If this workspace is linked to version control, a push to the default branch of the linked repository will trigger a plan and apply.

◉ **Manual apply**

Require an operator to confirm the result of the Terraform plan before applying. If this workspace is linked to version control, a push to the default branch of the linked repository will only trigger a plan and then wait for confirmation.

Run Triggers

Automatic Run Triggering

Workspaces with no Terraform working directory will always trigger runs.

◉ **Always trigger runs**

○ **Only trigger runs when files in specified paths change**
Supports either glob patterns or prefixes.

○ **Trigger runs when a git tag is published**
Git tags allow you to manage releases.

그림 A-3. 새 VCS와 연결하고 인프라 코드를 변경할 때마다 계획을 적용하는 트리거를 제공한다.

테라폼 클라우드는 사용자가 제공한 트리거를 기반으로 인프라 변경 사항을 저장소에 푸시^{Push}하는 즉시 인프라 변경 사항을 배포해 인프라 설정과 배포를 원활하게 할 수 있게 해준다.

AWS 액세스키와 보안 액세스키 추가

워크스페이스 내의 Variables 페이지에 가보면 테라폼 클라우드는 테라폼 변수와 환경 변수를 모두 지원함을 알 수 있다. 이번 설명에서는 2가지 유형의 변수를 모두 사용한다. Variables 영역까지 스크롤을 내린 후 다음과 같은 2개의 환경 변수를 생성하자.

- AWS_ACCESS_KEY_ID

- AWS_SECRET_ACCESS_KEY

두 변수 모두 Sensitive 체크박스를 선택하고 Save variable 버튼을 클릭해 저장해야 한다. 환경 변수로 생성을 완료하면 그림 A-4와 같은 화면을 확인할 수 있다.

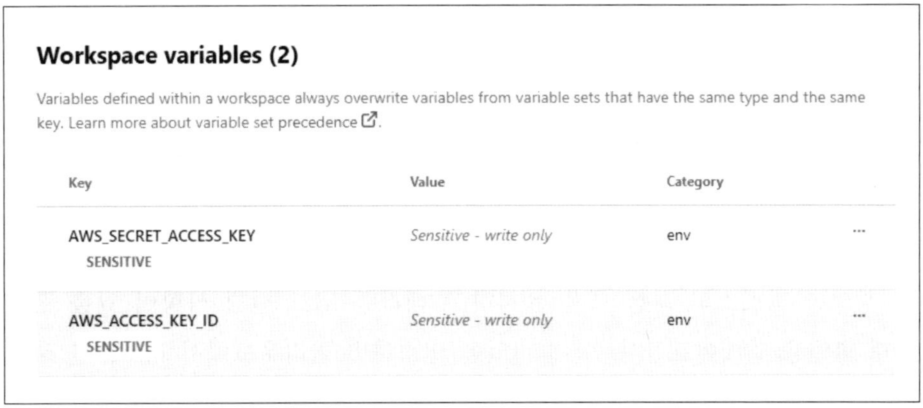

Workspace variables (2)

Variables defined within a workspace always overwrite variables from variable sets that have the same type and the same key. Learn more about variable set precedence ⎘.

Key	Value	Category	
AWS_SECRET_ACCESS_KEY SENSITIVE	*Sensitive - write only*	env	...
AWS_ACCESS_KEY_ID SENSITIVE	*Sensitive - write only*	env	...

그림 A-4. 테라폼이 AWS의 인증을 받는 데 사용할 환경 변수 입력

테라폼 프로세스

이번 절에서는 테라폼 관리 코드를 AWS 클라우드 리소스로 변환할 수 있는 테라폼 프로세스의 구성 요소를 안내한다.

공급자

테라폼은 provider를 사용해 다양한 클라우드 시스템을 통합한다. 공급자는 테라폼 구문을 가져와 사용 중인 클라우드 시스템(이번 예에서는 AWS)에 맞는 API 호출로 변환한다. provider로 테라폼을 이용해 구성할 공급자를 선언하면 다양한 리소스를 프로비저닝할 수 있다.

테라폼은 주요 클라우드 공급자 지원 기능을 내장하고 있다. 이번 예제에서는 provider에 aws를 지정해 us-east-1 리전의 AWS 공급자와 연결할 수 있는 provider를 생성하도록 테라폼에 요청한다.

```
provider "aws" {
  version = "2.33.0"
  region = "us-east-1"
}
```

상태

테라폼 상태^{State} 파일은 테라폼이 생성한 인프라에 대한 결과이며, AWS 계정에서 생성한 리소스의 최신 맵을 유지하고 테라폼 코드 변경 사항이 있을 경우 상태 파일을 업데이트한다. 상태 파일을 변경하면 클라우드에서 리소스를 추가하거나 삭제할 수 있게 해준다.

계획

테라폼의 계획^{Plans} 단계는 변경하려는 AWS 계정의 인프라 상태와 현재 인프라 상태를 비교하는 실행 계획을 작성한다. 테라폼이 리소스나 루트 모듈 출력값의 어떠한 변경 사항도 감지하지 못하는 경우 terraform plan 명령을 실행하더라도 변경이 필요하지 않은 것으로 평가한다. 변경 사항을 평가한 다음 클라우드에서 생성하거나 삭제가 필요한 리소스 목록을 생성하고 마지막으로 코드 구문에 대한 기본적인 유효성 검사를 수행한다.

적용

테라폼의 적용^{Apply} 단계는 테라폼 계획 단계에서 생성한 변경 사항을 가져와 공급자(이번 예에서는 AWS)에 적용함으로써 희망하는 인프라 상태와 일치하는 인프라 상태를 만든다.

코드로 테라폼 인프라 작성

지금까지 테라폼의 기본적인 구성 요소를 살펴봤기 때문에 이번에는 테라폼 모듈이 구현되는 방법을 살펴본다.

루트 모듈과 폴더 구조

작업 중인 디렉터리에서 terraform plan이나 terraform apply 명령을 실행하면 .tf 파일과 함께 루트 모듈을 형성한다. tf 파일 내에서 선언한 모든 리소스는 계획 단계에서 원하는 상태에 추가되고 이 계획을 적용할 때 클라우드에 생성된다. 루트 모듈은 다른 모듈을 호출할 수도 있어 코드 재사용이 가능하다.

입력 변수

다음 구문을 사용해 .tf 파일 내에 입력 변수^{Input Variables}를 선언할 수 있다.

```
variable "table_name" {
  type = string
}
```

그림 A-5에서 볼 수 있는 것처럼 환경 변수를 전달한 것과 동일한 인터페이스를 통해 입력 변수를 main 모듈에 전달할 수 있다. 비밀스러운 내용이나 기타 민감한 변수는 테라폼 변수로 전달하기 적합한 후보들이다.

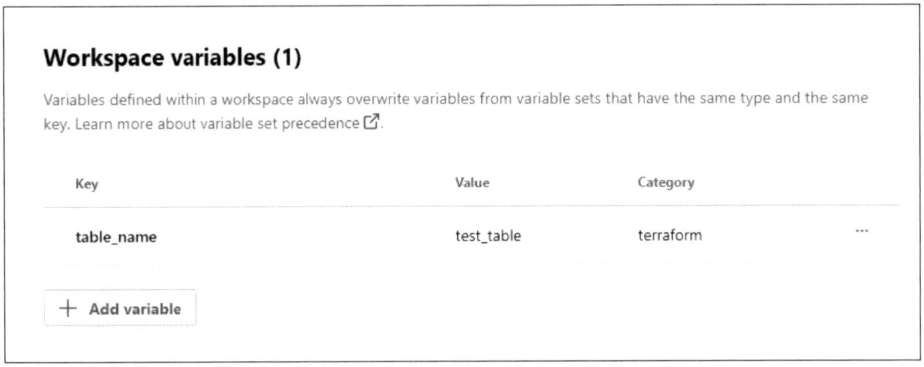

Workspace variables (1)

Variables defined within a workspace always overwrite variables from variable sets that have the same type and the same key. Learn more about variable set precedence ☐.

Key	Value	Category	
table_name	test_table	terraform	⋯

＋ Add variable

그림 A-5. main 모듈에 변수 전달

다음 구문을 사용하면 사전에 선언해둔 변수를 참조할 수 있다.

```
var.<variable_name>
  table_name = var.table_name
```

코드 재사용을 촉진하고자 로컬 변수(로컬 값으로도 불림)를 선언할 수도 있다. 다음 코드를 추가하면 .tf 파일에 로컬 변수를 포함할 수 있다.

484

```
locals {
  table_name = "test_table"
}
```

로컬 변수를 참조하려면 다음과 같은 구문을 사용해야 한다.

```
local.<value_name>
table_name = local.table_name
```

리소스

모듈의 개별 리소스는 아마존 EC2 인스턴스, DynamoDB 테이블 또는 AWS의 기타 저장소 서비스와 같은 하나 이상의 인프라 항목을 정의한다. 모듈의 목표는 AWS 클라우드에서 리소스를 생성하고 테라폼 설정 파일을 통해 리소스의 상태를 추적하는 것이다.

```
resource "aws_dynamodb_table" "test_table" {
  name = "test_table"
  read_capacity = 1
  write_capacity = 1
  hash_key = "UUID"
  attribute {
    name = "UUID"
    type = "S"
  }
}
```

계획 실행 및 적용

마지막 단계는 계획을 실행하고 적용함으로써 리소스를 생성하는 단계다. 그림 A-6처럼 Start new run을 클릭해 계획을 실행한다.

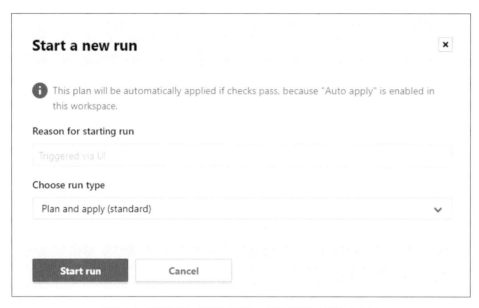

그림 A-6. 실행을 하는 이유를 입력하고 실행 유형을 선택할 수 있다.

설정에 맞게끔 테라폼 클라우드는 그림 A-7처럼 계획을 실행하고 적용한다. 적용 단계에서 관리자는 테라폼이 현재 상태에서 설정에 따른 상태로 이동할 때 예상치 못한 일이 발생하지 않도록 실행 유형을 Plan only로 선택해 계획 단계의 결과를 먼저 확인하는 것도 좋은 방법이다.

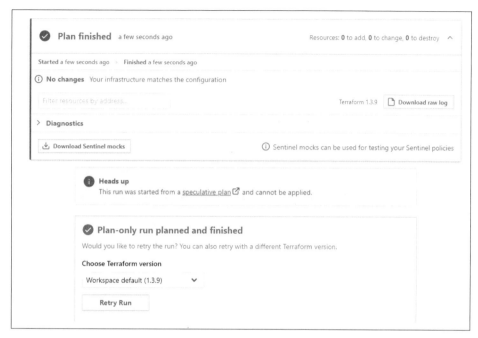

그림 A-7. 'Plan only' 유형을 선택해 계획까지만 실행함으로써 계획 적용 전에
예상치 못한 일이 발생하는지 확인할 수 있다.

모든 것을 순조롭게 진행하면 계획이 AWS 클라우드 계정에 성공적으로 적용되
는 것을 확인할 수 있고 그림 A-8처럼 적용을 성공적으로 마쳤음을 확인할 수
있다.

그림 A-8. 계획을 AWS 계정에 적용 성공

계획을 적용하면 AWS 계정에서 리소스가 생성되는 것을 확인할 수 있다.

AWS와의 연동을 지원하는 SAML 신원 공급자의 예

대부분의 회사는 액티브 디렉터리와 같은 선호하는 신원 공급 시스템에 직원 정보를 등록해 직원들의 계정을 관리하고 해당 직원들에게 강력한 보안 관행을 유지하게 요구함으로써 회사 계정을 보호하려 한다. 8장에서 강력한 인증을 적용해 팀 단위로 별도의 AWS 계정을 부여할 필요성에 대해 주장한 적이 있었는데, 별도의 AWS 계정을 부여한다는 것은 회사에서 여러 개의 신원 모음을 관리해야 함을 의미한다. 신원 모음은 선택한 신원 공급 시스템 내의 회사 계정뿐만 아니라 해당 신원 관리 시스템을 기반으로 부여한 여러 팀 단위의 AWS 계정 내의 신원들도 포함한다. 이렇게 여러 개의 신원을 가진 구조는 관리적인 복잡성을 크게 증가시키고 회사가 이러한 모든 신원 모음에 포함돼 있는 직원별 신원을 발급, 관리, 폐기하는 것을 더 어렵게 만든다.

보안 전문가는 신원 관리의 어려움을 해소하고자 2장에서 설명한 신원 연동을 권장한다. 신원을 연동하면 사용자가 자신의 신원을 여러 번 증명하지 않고도 다양한 시스템의 인증에 사용할 수 있게 된다.

신원 연동 설정 실습

AWS는 AWS 사용자가 호환 가능한 신원 공급자^{IdP, Identity Provider}와 연동해 해당 공급자를 통해 인증을 관리할 수 있도록 허용한다. 요즘 인기 있는 신원 공급자에는 옥타^{Okta}(https://www.okta.com), 원로그인^{OneLogin}(https://www.onelogin.com), 핑 아이덴티티^{Ping Identity}(https://www.pingidentity.com), 점프클라우드^{JumpCloud}(https://jumpcloud.com) 등이 있으며, AWS는 연동 표준인 OIDC^{OpenID Connect}나 SAML^{Security Assertion Markup Language} 중 하나를 사용해 신원을 연동한다. 부록 B는 내가 개인적으로 친숙한 외부 신원 공급자인 점프클라우드와 AWS IAM을 사용해 신원 연동을 구현하는 방법을 설명한다.

신원 연동을 구현하는 과정에서 2장에서 설명한 사용자 속성을 사용해 신원을 통제하는 방법을 살펴보고 역할 기반 접근 통제를 사용하는 방법까지 설명할 예정이다. 간단히 말해 점프클라우드 내의 개별 신원이 수임할 수 있는 역할은 점프클라우드 관리자가 이러한 신원에 추가한 사용자 정의 속성에 의해 결정된다. 즉, 더 많은 사용자 정의 속성을 추가한다면 더 많은 접근 권한을 부여할 수 있고, 이러한 속성을 제거한다면 접근 권한을 축소할 수 있다. 이러한 모든 작업은 SAML을 사용해 처리된다.

부록 B에서는 독자들이 SAML 신원 공급자를 이미 설정한 상태라는 가정하에 설명을 진행한다. 이러한 신원 공급자는 AWS 계정을 대상으로 인증을 허용하려는 모든 신원을 갖고 있다. 이 책에서는 신원 공급자로 점프클라우드를 선택하지만 원하는 SAML 공급자를 자유롭게 선택할 수 있다.

이미 2장에서 설명한 것처럼 신원을 확인하는 절차는 그림 B-1처럼 작동한다.

 개인이나 그룹 구성원 자격을 사용해 SSO(Single Sign-On) 프로세스를 단순하게 운영하려는 경우 적합한 도구는 8장에서 소개한 AWS SSO다. 다만 부록 B는 속성 기반 신원에 중점을 두고 있기 때문에 AWS IAM으로 신원 연동을 설정할 예정이다.

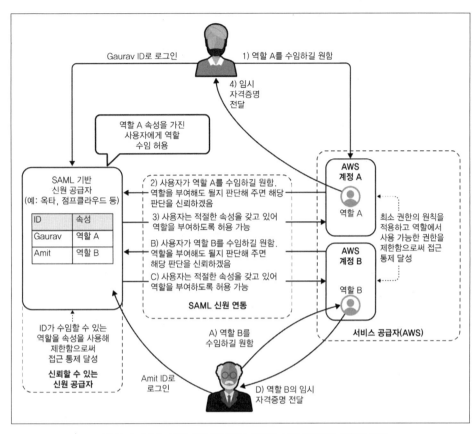

그림 B-1. SAML 기반 신원 공급자를 사용한 신원 연동으로 사용자 인증

SAML 기반 신원 공급자와의 연동 절차는 다음과 같다.

1. AWS 계정을 대상으로 인증 및 신원 서비스를 제공할 수 있도록 신원 공급자를 설정한다.

2. AWS 계정에 업로드하고자 신원 공급자에서 SAML 메타데이터를 내보내기^export 한다. SAML 메타데이터는 암호화키와 인증서를 포함하며 AWS와 신원 공급자 간의 신뢰와 상호 운용성 기준을 수립하기 위한 SAML 프로세스의 일환으로 메타데이터 내보내기가 필요하다.

3. 신원 공급자에서 처리하는 신원 검증을 신뢰할 수 있도록 AWS 계정을

구성한다. AWS 계정 구성은 신원 공급자를 신뢰할 수 있는 신원 공급자로, AWS 계정에 추가하고 단계 2에서 내보내기한 메타데이터를 업로드함으로써 달성할 수 있다.

4. SAML 기반 신원 공급자(점프클라우드)를 신뢰하도록 AWS 계정을 구성했기 때문에 신원 공급자의 인증을 통과한 ID가 수임할 수 있는 AWS 계정 내의 역할을 생성해야 한다. 역할을 생성하면 해당 역할에 IAM 정책을 할당하고 최소 권한의 원칙을 적용해 보호해야 한다(최소 권한의 원칙은 2장 참고).

5. AWS에는 이미 여러 개의 역할이 있을 수 있어 신원 공급자의 ID와 AWS의 역할과의 연결 방식을 통제하길 희망할 수 있다. 점프클라우드의 경우 ID에 사용자 정의 속성을 추가함으로써 연결 방식 통제가 가능하다. 단계 5는 사용하는 신원 공급자에 따라 달라질 수 있으며 AWS 내에서 역할 기반 접근 통제를 사용한다면 사용자 정의 속성에 따라 ID가 수임할 수 있는 역할이 결정된다.

단계 1: 신원 공급자 설정

신원 연동 기반 인증 시스템을 구성하기 위한 첫 번째 단계는 SAML 기반 인증 서비스를 AWS에 제공하도록 신원 공급자를 설정하는 것이다. 점프클라우드는 그림 B-2처럼 점프클라우드 계정을 사용한 SSO 서비스로 AWS에 접속할 수 있는 기능을 갖고 있으며 AWS 외에도 880개의 서비스와의 SSO 연동을 지원한다.

그림 B-2. 점프클라우드를 SSO로 사용하려는 애플리케이션에 AWS 추가

그림 B-2에서 설명한 단계를 거치면 SSO 메뉴에서 애플리케이션을 추가할 수 있다. 애플리케이션을 추가하는 과정은 AWS가 최종 사용자의 신원을 검증하고자 리다이렉션시키는 점프클라우드의 인증 페이지(랜딩 페이지라고도 불림) URL을 지정하고 생성하는 과정도 포함하며, 이러한 인증 페이지에서 처리한 인증의 결과를 신뢰하도록 AWS를 구성해야 한다. 내 경우에는 인증 페이지 URL로 https://sso.jumpcloud.com/saml2/login-url을 사용했다. 점프클라우드 계정으로 새로 추가한 서비스 공급자인 AWS에 신원 서비스를 제공하려면 관련 정보를 모두 입력해 설정을 완료해야 한다.

단계 2: AWS 계정으로 가져올 메타데이터 내보내기

SSO 요청을 수락하도록 신원 공급자를 구성했기 때문에 AWS 계정이 신원 공급자의 신원 서비스를 신뢰하게 해야 한다. SAML은 신원 공급자와 서비스 공급자 간의 신뢰를 수립할 수 있도록 표준화된 절차를 갖고 있다.

신뢰할 수 있는 신원 연결을 만들기 위한 첫 번째 단계는 AWS와 점프클라우드 간에 메타데이터를 교환하는 것이다. 이러한 메타데이터는 인증 엔드포인트, 암호화키와 같은 정보를 포함한다.

그림 B-3은 AWS 계정으로 가져오고자 점프클라우드에서 메타데이터를 내보내기 하는 화면을 보여준다.

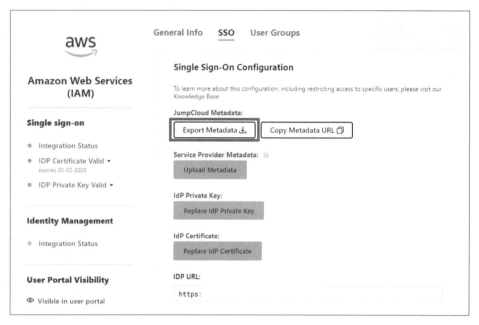

그림 B-3. 신원 공급자와 서비스 공급자 간의 신뢰를 수립하려면 SAML 메타데이터 교환이 필요해 점프클라우드에서 'Export Metadata' 버튼을 클릭해 메타데이터 내보내기 작업이 필요하다.

단계 3: SAML 신원 공급자를 신뢰할 수 있는 자격증명 공급자로 추가

그림 B-4처럼 AWS에서 SAML 메타데이터를 가져올 수 있는 자격증명 공급자를 생성해야 한다. AWS에 생성하는 이러한 자격증명 공급자는 점프클라우드와 같은 외부 신원 공급자에 대한 프록시 역할을 한다.[1]

---

1. 이 책 전반에 걸쳐 Identity를 '신원'으로 표기했다. 단, 이번에는 AWS 관리 콘솔 내 메뉴명이 '자격증명 공급자'라 일부에 한해 Identity를 '자격증명'으로 표기했다. - 옮긴이

그림 B-4. 루트 계정으로 AWS 관리 콘솔의 IAM 페이지에서 점프클라우드를 자격증명 공급자로 추가한다.

AWS 관리 콘솔의 IAM 페이지에서 **자격증명 공급자** 탭을 클릭한 다음 **공급자 추가** 버튼을 클릭해야 한다. 점프클라우드는 SAML 공급자이기 때문에 **공급자 유형으로 SAML을 선택**하고 단계 2에서 준비한 metadata.xml 파일을 업로드한 후 **공급자 추가** 버튼을 클릭하면 자격증명 공급자 목록에 새로운 공급자가 나타남을 확인할 수 있다.

단계 3을 마치면 SAML의 메타데이터 교환을 완료하고 AWS가 서드파티 신원 공급자인 점프클라우드를 신뢰하게 된다.

단계 4: 자격증명 공급자에 등록된 사용자가 AWS에서 수임할 역할 생성

AWS 쪽에 신뢰할 수 있는 자격증명 공급자 설정을 완료했기 때문에 외부 신원에게 AWS 리소스에 대한 세분화된 권한을 부여하도록 허용할 차례다. 권한을 허용하려면 신원 공급자의 인증을 통과한 사용자가 서비스 공급자인 AWS 계정 내에서 역할을 수임하도록 허용한 다음 역할 기반 접근 통제를 사용해 접근을 통제하면 된다. 이렇게 하려면 그림 B-5처럼 외부 신원이 수임할 역할을 만들어야 한다.

그림 B-5. SSO 서비스 위치와 같은 파라미터들이 그림 B-3에서 입력한 것과 일치하는지 확인한 후 신원 공급자의 인증을 통과한 사용자가 수임할 새로운 역할을 생성하고 새로 추가한 자격증명 공급자의 ARN을 메모해둬야 한다.

점프클라우드의 인증을 통과하면 외부 신원에게 AWS 역할을 부여하기 때문에 2장에서 설명한 최소 권한의 원칙을 사용해 역할을 제한할 책임은 여러분에게 있다.

그림 B-6처럼 AWS 관리 콘솔에서 역할 생성 마법사를 통해 역할을 생성할 수 있다.

그림 B-6. 신뢰할 수 있는 개체 유형으로 SAML 2.0 연동을 선택하고 그림 B-5에서 생성한 자격증명 공급자를 SAML 공급자로 선택한다.

생성할 역할에 대한 적절한 AWS 정책은 미리 생각해뒀다고 가정한다. 적절한 통제를 위해서는 최소 권한의 원칙을 사용해 역할에 대한 보안 정책의 틀을 잡는 것이 중요하다. 역할에 대한 권한을 생성하는 프로세스에 관해서는 2장에서 이미 설명했기 때문에 이번에는 상세히 다루지 않는다.

회사 사용자가 신원 공급자의 인증을 통해 획득하는 권한은 그림 B-7처럼 역할에 할당한 접근 권한에 의해 결정된다. 대규모 회사에서는 사용자마다 여러 개의 역할을 갖는 것이 일반적이라 수행 중인 작업에 맞는 적절한 역할을 수임할 것을 요구 받는다.

그림 B-7. 최소 권한의 원칙을 적용해 역할이 갖고 있는 접근 권한을 제한하는 것이 중요하다.

방금 생성한 역할이 신원 연동 프로세스를 통한 클라우드 인프라의 접근 권한을 나타내기 때문에 역할 생성을 마치면 생성한 역할의 ARN을 메모해둬야 한다.

단계 5: 사용자 정의 속성을 사용해 신원 공급자 내에서 역할에 대한 접근 통제

마지막으로 사용자가 인증을 시도할 역할을 신원 공급자에게 알려주고자 단계 4에서 메모해둔 역할의 ARN을 신원 공급자 계정에 입력해야 한다. 점 프클라우드에 입력하는 역할은 '역할의 ARN, 신원 공급자의 ARN' 형식으로(예: arn:aws:iam::YOUR_AWS_ACCOUNT_NUMBER:role/ROLE_1,arn:aws:iam::YOUR_AWS_ACCOUNT_NUMBER:saml-provider/

JumpCloud) 그림 B-8처럼 추가해야 한다.

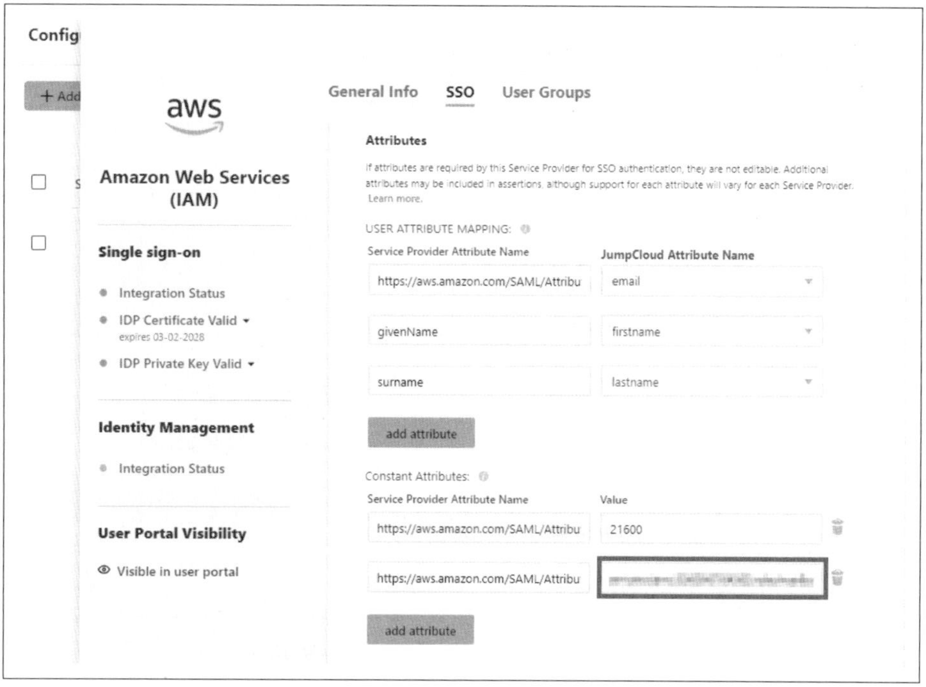

그림 B-8. AWS 관리 콘솔에서 생성한 역할과 자격증명 공급자의 ARN을 조합해 점프클라우드의 SSO 애플리케이션 속성으로 입력한다.

단계 4에서 설명한 것처럼 IAM 권한 정책을 사용해 AWS의 클라우드 리소스에 대한 접근을 통제할 수 있다. 클라우드 리소스에 접근하려는 모든 사용자는 특정 목적을 위해 생성한 역할을 수임해야 한다. 그러나 조직 내의 모든 사용자가 생성한 모든 AWS 역할을 수임할 수 있게 운영해서는 안 된다. 이는 기술적인 관점에서 신원 공급자의 신원을 제한할 필요가 있다는 의미이고 속성 기반 신원 공급자는 개별 사용자가 수임할 수 있게 허용된 역할을 지정하는 사용자 정의 속성을 통해 제한을 달성할 수 있다. 제한을 설정하면 사용자는 사용자 정의 속성에 의해 설명되는 특정 역할만 수임할 수 있어 신원 관리자는 모든 계정에 최소 권한의 원칙을 적용한 속성을 설정할 수 있다. 그림 B-9는 점프클라우드 사용자가 AWS 계정 내에서 수임할 수 있는 역할을 지정하기 위한 사용자 정의 속성의 설정 예를 보여준다.

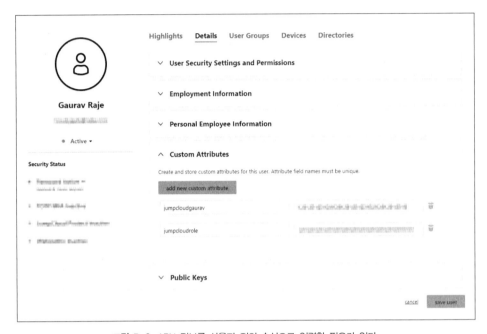

그림 B-9. ARN 정보를 사용자 정의 속성으로 입력할 필요가 있다.

특정 역할만 수임할 수 있게 사용자 정의 속성을 입력함으로써 단계 5를 완료하면 단계 1에서 언급한 URL인 https://sso.jumpcloud.com/saml2/login-url에 방문해 AWS 계정에 로그인할 수 있다.

요약

신원 연동은 규모가 큰 조직에서 많은 수의 신원을 관리하는 데 적합하다. AWS IAM 기반 신원 공급자는 부록 B에서 설명한 것처럼 사용자 속성을 사용해 신원 관리 작업을 할 때 가장 잘 작동한다. AWS SSO는 중앙 집중식 디렉터리 서비스 내의 사용자 신원을 기반으로 신원 연동을 제공하고 접근을 통제할 수 있는 또 다른 방법이며, 또한 사용자 정의 속성으로 접근 권한을 세분화할 수 있다.

사용자 정의 속성을 사용하기로 결정했던 이유는 사용자 정의 속성이 신원 연동을 개념적으로 이해하는 데 도움을 준다고 믿었기 때문이다.

AWS KMS를 사용한 암호화 실습

3장에서 AWS에 저장된 모든 데이터를 암호화해야 할 필요성에 대해 설명했다. AWS KMS를 사용하면 데이터 암호화 프로세스를 간소화할 수 있고 데이터 암호화에 필요한 암호화키를 관리할 수 있다. 부록 C는 KMS를 사용한 암호화 프로세스에 대한 실질적인 개요를 설명하고 봉투 암호화로 AWS에 저장된 민감한 데이터를 암호화하는 방법을 살펴본다. 복습 차원에서 언급해보면 봉투 암호화는 데이터 키로 불리는 암호화키로 대량의 데이터를 암호화한 다음 AWS KMS의 CMK(고객 마스터키)를 사용해 데이터 키를 암호화하는 프로세스를 의미한다.

실습하고자 PC에 설치해야 하는 애플리케이션은 다음과 같다.

- AWS CLI^{Command-Line Interface}(https://oreil.ly/SrihY)

- OpenSSL(https://oreil.ly/LJ1Ow)

CMK를 생성한 후에 해당 CMK로 평문 데이터를 암호화해볼 예정인데, 바이너리 데이터를 암호화하려면 Base64 인코딩을 먼저 해야 한다. Base64는 바이너리를 텍스트로 인코딩하는 체계이며 아스키^{ASCII} 문자열 형식으로 바이너리 데이터를 표현한다. 일반적으로 Base64 인코딩은 텍스트를 처리하는 알고리듬을 사용해 디지털 데이터를 인코딩해야 할 때 사용하며, 이러한 인코딩을 통해 암호화 및 복호화 과정에서도 데이터를 온전히 유지할 수 있다.

CMK를 사용한 기본 암호화

기본 암호화 절차는 다음과 같다.

1. AWS에서 CMK를 생성한다. CMK는 데이터를 암호화하는 데 사용하는 키다.

2. Base64(https://oreil.ly/oyTPr)로 메시지를 인코딩한다. 대부분의 암호화 과정은 암호화 전에 메시지를 인코딩하는 절차를 공통적으로 필요로 하며, 인코딩을 함으로써 바이너리 데이터를 수정 없이 전송할 수 있게 해준다.

3. `aws kms encrypt` 명령을 실행해 CMK로 메시지를 암호화한다.

참고로 CMK는 주로 봉투 암호화를 사용해 데이터 키를 암호화하는 데 사용한다. 그림 C-1은 AWS 관리 콘솔에서 CMK를 생성하는 방법을 보여준다.

CMK를 생성했으면 데이터를 Base64로 인코딩하는 다음 명령을 실행해야 한다.

```
$ echo <평문 메시지> | base64
```

마지막으로 CMK를 사용해 데이터를 암호화해야 한다.

```
$ aws kms encrypt --plaintext $(echo <평문 메시지> | base64) --key-id
alias/worklaptop
```

그림 C-1. AWS 관리 콘솔에서 키 구성 요소 원본을 KMS로 지정해 키를 생성한다.

CMK를 사용해 기본 암호화한 데이터 복호화

복호화 프로세스는 암호화 프로세스와 유사하다. 복호화하려는 데이터를 --ciphertext-blob 옵션에 대한 파라미터로 전달하면서 AWS KMS 서비스를 호출하기만 하면 끝이다.

```
$ aws kms decrypt --ciphertext-blob
"AQECAHjbw6xdyJKSCUiwAFsMp6vMYbXV2mHSY9cg2qHmkIZ2gwAAAGswaQYJKoZIhvcNAQcGoF
```

wwWgIBADBVBgkqhkiG9w0BBwEwHgYJYIZIAWUDBAEuMBEEDFPI6F3UdqaYj6iBMwIBEIAoCz2Lr
Ues+3SM70iFjgqAkxQoQYB/I617gN5zK4h/1aAp/ciweS8+5g=="

CMK를 사용한 봉투 암호화

3장에서 설명했듯이 기본 암호화는 작은 크기의 페이로드를 암호화하는 데 적합하고 AWS KMS는 기본 암호화로 암호화할 수 있는 데이터의 크기를 4KB 미만으로 제한한다. 따라서 크기가 큰 데이터를 암호화해야 할 때는 봉투 암호화를 사용해야 한다. 봉투 암호화 프로세스를 다시 설명하면 다음과 같다.

1. 마스터키를 생성한다. 생성한 마스터키는 데이터 키를 포함한 작은 크기의 페이로드를 암호화하거나 복호화하는 데 사용한다.

2. 실제 평문 데이터를 암호화하거나 복호화하는 데이터 키를 생성한다.

3. 데이터 키를 사용해 데이터를 암호화하고 CMK를 사용해 데이터 키를 암호화한다. 암호화한 데이터 키를 암호문과 함께 저장하고 평문 데이터 키를 삭제해야 한다.

암호문을 복호화하려면 반드시 데이터 키를 먼저 복호화해야 하고, 데이터 키를 복호화할 수 있게 허용된 인원 외에는 누구도 데이터 키를 사용할 수 없다.

마스터키 생성은 앞에서 설명한 기본 암호화의 첫 번째 절차와 동일하기 때문에 AWS CLI나 AWS 관리 콘솔에서 CMK를 생성하면 된다.

AWS CLI에서 generate-data-key 명령을 실행하면 데이터 키를 만들 수 있다. 명령을 실행하면 평문 데이터 키와 암호화된 데이터 키를 사용자에게 리턴하는데, 획득한 데이터 키로 평문 데이터를 암호화할 수 있다.

```
$ aws kms generate-data-key --key-id alias/demo --key-spec AES_256
{
    "CiphertextBlob":
    "AQEDAHjbw6xdyJKSCUiwAFsMp6vMYbXV2mHSY9cg2qHmkIZ2gwAAAH4wfAYJKoZIhvc
    NAQcGoG8wbQIBADBoBgkqhkiG9w0BBwEwHgYJYJYJIZIAWUDBAEuMBEEDD2ZhMHl8hgr2DP
    AawIBEIA7Z14WGErIjA/T+qZi7cVsXIHeySa8FYSuox07nyHs7JO6g39jBo1XSWsVjSu
    YL8paWRgqbFKcUQX482w=",
    "Plaintext": "IyBK1p9nMFCFtwDT/PbFf3DjM/nRlUcw37MTb/+KYgs=",
    "KeyId": "arn:aws:kms:us-east-1:248285616257:key/27d9aa85-f403-483e-
    9239-da01d5be4842"
}
```

다음 단계에서 평문 데이터 키를 사용해 평문 데이터를 암호화한다. AWS가 리턴하는 키는 Base64 인코딩이 돼 있기 때문에 암호화 알고리듬이 Base64 디코딩한 평문 데이터 키를 필요로 하는 경우 다음과 같은 명령을 실행해 데이터 키를 디코딩한 후 저장해야 한다.

```
$ echo IyBK1p9nMFCFtwDT/PbFf3DjM/nRlUcw37MTb/+KYgs= | base64
--decode > plain-text-data-key.txt
```

또한 암호화된 데이터와 함께 암호화된 데이터 키를 저장해야 하기 때문에 이번 단계에서 저장해두자.

```
$ echo
    "AQEDAHjbw6xdyJKSCUiwAFsMp6vMYbXV2mHSY9cg2qHmkIZ2gwAAAH4wfAYJKoZIhvc
    NAQcGoG8wbQIBADBoBgkqhkiG9w0BBwEwHgYJYJYJIZIAWUDBAEuMBEEDD2ZhMHl8hgr2DP
    AawIBEIA7Z14WGErIjA/T+qZi7cVsXIHeySa8FYSuox07nyHs7JO6g39jBo1XSWsVjSu
    YL8paWRgqbFKcUQX482w=" > cipher-text-data-key.txt
```

단계 2에서 생성한 평문 데이터 키를 사용해 AES-256 알고리듬(https://oreil.ly/878Ev)

으로 데이터를 암호화해보자. OpenSSL로 암호화하는 경우 평문을 암호화해 txt 파일(cipher-text-data-blob.txt)에 저장할 수 있다.

```
$ openssl enc -e -aes256 -in <평문 데이터를 저장한 텍스트 파일> -out
cipher-text-data-blob.txt -k plain-text-data-key.txt
```

 암호화를 완료하면 평문 데이터 키(plain-text-data-key.txt 파일)를 삭제해 암호화된 데이터 키(cipher-text-data-key.txt 파일)를 복호화해야만 데이터 복호화가 가능하게 만들어야 한다.

```
$ rm ./plain-text-data-key.txt && rm ./<평문 데이터를 저장한 텍스트 파일>
```

봉투 암호화된 메시지 복호화

복호화 프로세스는 암호화 프로세스와 유사하다.

1. 디스크에 저장된 데이터 키의 평문 버전을 획득한다.

2. 평문 데이터 키를 사용해 cipher-text-data-blob.txt를 복호화한다.

평문 데이터 키는 AWS KMS를 사용해 cipher-text-data-key.txt 파일 내의 데이터를 복호화해 획득할 수 있다.

```
$ aws kms decrypt --ciphertext-blob $(cat ./cipher-text-data-key.txt)
{
  "KeyId":
  "arn:aws:kms:us-east-1:248285616257:key/27d9aa85-f403-483e-9239
    -da01d5be4842,
  "Plaintext": "IyBK1p9nMFCFtwDT/PbFf3DjM/nRlUcw37MTb/+KYgs=",
```

```
        "EncryptionAlgorithm": "SYMMETRIC_DEFAULT"
    }
```

짐작했겠지만 평문 데이터 키는 Base64 인코딩이 돼 있어 사용하는 복호화 알고리듬이 Base64 디코딩된 키를 필요로 한다면 데이터 키를 Base64 디코딩해야 한다.

```
$ echo IyBK1p9nMFCFtwDT/PbFf3DjM/nRlUcw37MTb/+KYgs= | base64
--decode > plain-text-data-key.txt
```

이제 평문 데이터 키를 사용해 cipher-text-data-blob.txt 파일 내의 데이터(텍스트)를 복호화할 수 있다. 암호문뿐만 아니라 데이터를 복호하는 데 필요한 평문 키까지 갖고 있기 때문에 암호화할 때 사용한 OpenSSL 도구를 사용해 암호문을 복호화하면 된다.

```
$ openssl enc -d -aes256 -in cipher-text-data-blob.txt -k ./plain-text-data-key.txt
<평문 텍스트 데이터>
```

최소 권한의 원칙 적용 실습

부록 D에서는 보안 전문가가 AWS에서 최소 권한의 원칙을 적용해 IAM 정책을 생성하는 방법에 대한 실습 예제를 설명할 예정이다. 2장에서 최소 권한의 원칙에 대해 상세히 설명했지만 최소 권한의 원칙을 적용하는 목적은 조직 내의 개별 권한 주체(AWS 사용자 또는 역할)에게 업무를 수행하는 데 필요한 최소한의 접근권한만 부여하는 것이다. AWS에서는 IAM 정책을 사용해 권한 주체의 접근을 통제하는데, 개별 IAM 정책은 용도를 구체적으로 정의해 해당 용도로만 사용해야 하며 연결된 권한 주체와 독립적으로 존재해야 한다.

여러 부서가 있는 일반적인 조직에서 조직 내 재무^{finance} 부서의 직원이 조직의 AWS 계정 내의 특정한 S3 버킷에 있는 객체에 접근할 수 있게 허용하려는 상황을 가정해보자. 책임감 있는 보안 관리자라면 조직 내 권한 주체의 접근 정책을 정의하는 과정에서 최소 권한의 원칙이 적용됐는지, 접근 과정이 안전한지를 확인해야 한다.

S3를 대상으로 한 접근을 안전하게 보호하려면 다음과 같은 조건을 적용해야 한다.

- IAM 정책 연결 대상인 권한 주체에게 키를 department로, 값을 finance로 지정한 AWS 태그를 부여해 S3 객체에 대한 접근 권한을 필요로 하는 권한 주체가 재무 부서에 속해 있는지 확인할 수 있는 환경을 구성한다.

- 모든 종류의 데이터에 대한 접근 권한을 부여하기 전에 권한 주체의 계정에서 멀티팩터 인증^{MFA}을 활성화해야 한다. 멀티팩터 인증을 활성화하면 공격자가 인증 시스템을 속이고 정보를 탈취해가는 것을 방지할 수 있다.

- S3 객체는 HTTPS 프로토콜을 사용한 안전한 연결만을 허용해야 한다.

단계 1: 업무 수행에 필요한 AWS IAM 정책 생성

그림 D-1처럼 AWS 관리 콘솔에서 Identity and Access Management(IAM) 페이지로 이동한 후 **정책 생성**을 클릭해 AWS 시각적 편집기에서 접근 정책을 생성한다.

그림 D-1. IAM 정책 생성을 위해 IAM 페이지의 정책 탭에서 시각적 편집기 실행

IAM 정책 생성을 위한 시각적 편집기를 실행하면 IAM 정책 구성을 시작할 수 있다. IAM 정책을 구성하면 계정의 권한 주체에게 연결할 수 있고 정책을 권한 주체에게 연결하면 AWS 리소스에 대한 적절한 접근 권한이 부여된다. 2장에서 설명한 것처럼 IAM 정책은 리소스에 대한 접근을 허용하거나 거부하는 명령문의 모음이라 IAM 정책 내에서 개별 명령문을 정의해야 한다.

단계 2: IAM 정책의 서비스, 작업 및 영향 정책 요소 정의

접근을 허용하거나 거부하려는 서비스로 S3를 선택한 후 작업을 지정해 정책 명령문을 하나씩 정의할 수 있다. 아니면 AWS에서 이미 만들어둔 관리형 정책에서 정책 명령문을 가져올 수도 있다. AWS 관리 콘솔에서 정책 요소를 정의하는 과정은 그림 D-2와 같다.

그림 D-2. AWS 관리형 정책에서 정책 명령문을 가져와 커스터마이징하거나❶ 접근을 통제하려는 서비스와 작업을 선택❷한 후 허용/거부 여부를 선택❸해 IAM 정책을 지정할 수 있다.

애플리케이션의 목적에 부합하는 AWS 관리형 정책이 이미 있는 경우 그림 D-3처럼 해당 AWS 관리형 정책에서 명령문을 가져와 그대로 활용할 수 있다.

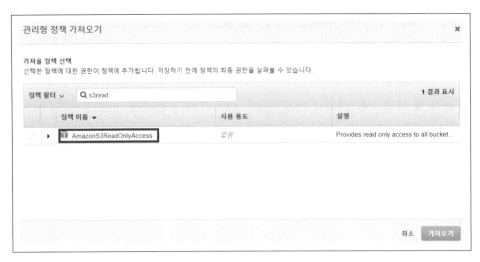

그림 D-3. AWS 관리형 정책이 포함하고 있는 정책 명령문 내의 AWS 기본 정책을 참고해 보안 통제를 강화할 수 있다.

단계 3: 리소스 정의

단계 2에서 정의한 서비스의 모든 리소스에 대한 접근을 허용해 정책을 쉽고 편리하게 생성하고 싶은 유혹이 있지만 접근 권한을 부여해야 하는 리소스로만 한정해 접근을 허용해야만 한다. 그림 D-4에서 볼 수 있는 것처럼 정책 생성 화면의 리소스 영역에서 리소스를 명시적으로 지정함으로써 접근을 최소한으로 허용할 수 있다.

514

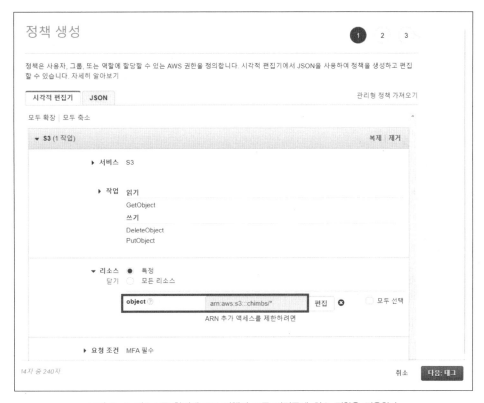

그림 D-4. 리소스를 한정해 IAM 정책의 모든 명령문에 최소 권한을 적용한다.

단계 4: 요청 조건 지정

AWS는 접근 통제 정책에 조건을 추가할 수 있는 강력한 기능을 사용자에게 제공한다. 조건을 지정하면 접근을 허용할지 거부할지를 결정할 때 요청 콘텍스트를 고려할 수 있다. 이러한 요청 조건들을 지정하는 화면은 그림 D-5와 같다.

그림 D-5. IAM 조건은 리소스 접근을 세부적으로 통제할 수 있는 강력한 방법으로 {department: finance} 태그를 갖고 있다. 멀티팩터 인증 통과 및 https 프로토콜로 접근을 시도하는 권한 주체에게만 S3 접근을 허용하도록 강제화할 수 있다.

그림 D-5에서 볼 수 있는 것처럼 접근을 허용하거나 차단할 수 있는 2가지 방법은 다음과 같다.

- 리소스 접근을 허용하는 조건을 명령문 내에 지정한다.

- 조건을 충족하지 않는 모든 요청을 거부하는 별도의 명령문을 생성한다.

 접근을 명시적으로 거부하는 명령문이 접근을 허용하는 명령문보다 우선순위가 높기 때문에 내 경험상 '거부' 섹션을 포함한 여러 개의 명령문으로 조건 로직을 평가하게 구성하는 것이 가장 좋다.

AWS는 예상할 수 있는 모든 사용 사례에서 접근 통제 메커니즘을 강화하는 데 사용할 수 있는 강력한 조건들을 많이 보유하고 있다. AWS의 모든 조건 목록은 AWS 사용 설명서 'AWS 글로벌 조건 콘텍스트 키'에서 확인할 수 있다.[1]

단계 5: 생성할 정책 확인

정책의 JSON 탭으로 이동해 명령문을 확인함으로써 지금까지 생성한 정책을 확인할 수 있다. 그림 D-6은 지금까지 생성한 모든 명령문을 JSON 형식으로 요약해 보여준다.

---

1. 조건 목록을 포함한 AWS 사용 설명서의 한국어 버전은 웹 사이트(https://docs.aws.amazon.com/ko_kr/IAM/latest/UserGuide/reference_policies_condition-keys.html)에서 확인할 수 있다. - 옮긴이

```
1  {
2      "Version": "2012-10-17",
3      "Statement": [
4          {
5              "Sid": "VisualEditor0",
6              "Effect": "Allow",
7              "Action": [
8                  "s3:PutObject",
9                  "s3:GetObject",
10                 "s3:DeleteObject"
11             ],
12             "Resource": "arn:aws:s3:::chimbs/*",
13             "Condition": {
14                 "StringEquals": {
15                     "aws:PrincipalTag/department": "finance"
16                 },
17                 "BoolIfExists": {
18                     "aws:MultiFactorAuthPresent": "true"
19                 }
20             }
21         },
22         {
23             "Sid": "VisualEditor1",
24             "Effect": "Deny",
25             "Action": "s3:*",
26             "Resource": "*",
27             "Condition": {
28                 "Bool": {
29                     "aws:SecureTransport": "false"
30                 }
31             }
32         }
33     ]
34  }
```

그림 D-6. 시각적 편집기에서 생성한 정책을 JSON 탭에서도 확인할 수 있다.

단계 6: 정책 생성

의도한 대로 정책 설명문이 작성됐음을 확인했다면 그림 D-7처럼 고객 관리형 정책으로 AWS 계정 내에 정책을 저장할 수 있다.

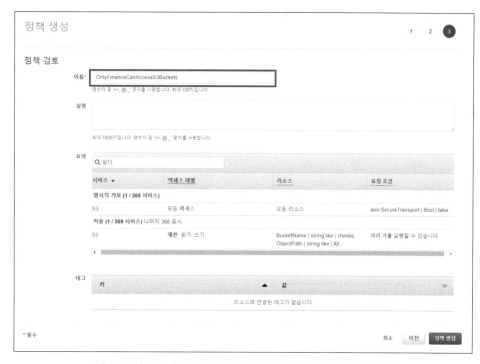

그림 D-7. 정책에 대한 요약 정보를 확인한 후 정책 이름을 지정해 정책 생성

정책을 설명할 수 있는 이름을 지정해 정책을 생성해야 한다. 확장성 관점에서 IAM 정책을 재사용해할 수 있음을 염두에 두고 정책 이름을 직관적으로 지정한다면 향후 정책의 용도를 파악하는 데 불필요한 시간을 낭비하지 않게 된다.

단계 7: 권한 주체에게 정책 연결

새로운 직원이 재무 부서에 합류할 때마다 해당 직원에게 정책을 연결해 S3 버킷을 대상으로 한 접근 권한을 부여할 수 있다. 그림 D-8은 사용자 gaurav에게 IAM 정책을 연결하는 예를 보여준다.

그림 D-8. 'Identity and Access Management(IAM)' 페이지의 '사용자' 탭에서 사용자를 지정한 후 '권한 추가'를 클릭해 사용자 또는 역할에 정책을 연결한다('역할' 탭에서 역할에 권한 정책을 연결하는 방법도 가능).

요약

부록 D에서는 AWS의 시각적 편집기를 사용해 비인가 접근을 세밀하고 정확하게 통제할 수 있는 강력하고 집중적인 AWS 정책을 생성하는 방법을 살펴봤다. IAM 정책은 리소스에 대한 접근 권한은 부여하되 최소 권한의 원칙을 적용할 수 있는 여러 명령문을 포함할 수 있다. 접근 통제를 좀 더 세부적으로 구현할 수 있도록 IAM 정책 조건을 사용해 조직 내의 다양한 보안 정책 요구 사항을 준수할 수 있다.

명령문과 정책 조건으로 구현해야 하는 접근 통제 요건은 다음과 같다.

- 정당한 권한 주체에게만 리소스 접근 권한 부여

- 요청 콘텍스트를 검사해 적절한 상황에서만 접근 권한 부여

- 접근을 요청하는 과정에서 필요한 보안 조건을 충족하지 못하면 접근을 명시적으로 거부

찾아보기

AWS 마이크로서비스 보안

AWS에서 마이크로서비스를 안전하게 운영하기 위한 보안 설계

발 행 | 2024년 3월 8일

옮긴이 | 박 상 영
지은이 | 고라브 라제

펴낸이 | 권 성 준
편집장 | 황 영 주
편 집 | 김 진 아
        임 지 원
        김 은 비
디자인 | 윤 서 빈

에이콘출판주식회사
서울특별시 양천구 국회대로 287 (목동)
전화 02-2653-7600, 팩스 02-2653-0433
www.acornpub.co.kr / editor@acornpub.co.kr

한국어판 ⓒ 에이콘출판주식회사, 2024, Printed in Korea.
ISBN 979-11-6175-823-7
http://www.acornpub.co.kr/book/security-msa-aws

책값은 뒤표지에 있습니다.